피터 럭크만의 주석서

베드로전후서

피터 럭크만 지음

편 집 부 옮김

말씀보존학회

THE BIBLE BELIEVER'S COMMENTARY

I & II PETER

By

Peter S. Ruckman, Ph.D.

Bible Baptist Bookstore

Pensacola, Florida

2002 / Korean by Word of God Preservation Society

Seoul, Korea

이 책을 내면서

베드로전후서는 일반서신이라 불리는 책들 가운데 속해 있어서, 바울의 서신들과는 사뭇 다른 분위기를 느끼게 된다. 학자들에 따라서는 베드로전후서를 포함한 일반서신을 "히브리 그리스도인의 서신"이라고 분류하기도 한다. 하지만 오히려 베드로전서는 일반서신들 중에서 가장 바울 서신과 가깝다고 할 수 있는데, 그 교리 면에서도 그렇거니와 그 수신자 또한 유대인이라기보다는 이방인 그리스도인들에게 우선적으로 적용되기 때문이다.

베드로전서의 수신자의 문제는 여러 학자들의 논쟁의 중심이 되었는데, 그 수신자를 어떻게 보느냐에 따라서 해당 교리가 달라질 수 있기 때문이다. 하지만 피터 럭크만 박사는 충분한 근거를 갖고 그 수신자를 이방인 그리스도인들로 규정하고 있으며, 그래서 이 책은 바울 서신과 동일한 관점을 갖고 교회 시대의 성도들에게 중요한 교훈들을 주고 있다. 그리스도의 보혈로 인한 속죄와 혼의 구원의 교리, 교회시대의 신비에 관한 것들, 거듭난 성도들의 위치 변화, 성도의 행실과 침례의 의미, 그리고 목양에 관한 교훈과 영적 전쟁의 원리까지, 참으로 성도들에게 필요한 중요

교리들이 가득 차 있다. 사도행전 10장에서 코넬료에게 갔을 때까지만 해도 이방인들을 위한 하나님의 구원계획을 제대로 깨닫지 못했던 베드로에게 이제 이 모든 것들은 밝히 계시되고 있는 것이다.

그러면서도 베드로는 유대인들을 위한 일꾼답게 유대인들과 연관된 교리도 전개시키는데, 베드로전서는 물론 베드로후서에서도 "마지막 날들"과 연관해서 대환란과 재림에 대한 중요한 면들을 밝히고 있다. 즉 이방인 그리스도인들과 유대인 그리스도인들에게 주는 적절한 교리와 교훈이 가득찬 이 책들은 신약 성경에서 절대 빠져서는 안되는 중요한 기둥으로서의 역할을 하고 있는 것이다.

특별히 베드로는 변형산에서 주님의 영광을 목도했음에도 불구하고 주님을 부인했었으나, 바닷가에서 다시 만난 주님으로부터 다시 부름받음으로써, 그때 받은 목양의 사명이 그의 글에 여실히 묻어 나 있다. 따라서 베드로전서에서 목자들에게 주는 교훈은 모든 사역자들에게 귀한 지침이 될 뿐 아니라, 오늘날의 모든 목자들의 귀에 경종을 울리고 있다.

이 모든 교리와 교훈들이, 때로는 환란과 재림을 다룸에 있어서 다소 난해하다고 여겨졌던 교리들이 이 주석서에서 피터 럭크만 박사의 명석한 해석으로 명확하게 풀리고 있다. 또한 본서는 피터 럭크만 박사의 강의 테잎을 직접 옮긴 것이기 때문에 그 말투 하나하나에 이르기까지 생생한 강의의 분위기를 느낄 수 있어, 독자들의 눈은 하나님의 말씀에 더 크게 열리게 될 것이다.

이제 예수 그리스도의 수제자이며 초대 교회의 기둥이었던 베드로 사도를 통해 말씀하시는 하나님의 음성에 귀 기울여 보자.

2002년 7월

편집인

차 례

이 책에 인용된 성경 구절은 〈한글킹제임스성경〉입니다.

베드로전서 서문

베드로전서는 전체 5장 105절로 되어 있고, 영어 〈킹제임스성경〉의 경우 전체 2,482개의 단어로 기술되었다. 시몬 베드로에 의해 기록된 이 서신서는 대략 A.D. 60년경으로 그 기록 연대를 잡는 것이 보통인데, C. I. 스코필드 역시 여기에 동의하고 있다.

그런데, 당신이 만약 벌링거 파(派) 사람이거나, 혹은 오헤어나 스탬 같은 사람들의 추종자라면, 당신은 필경 베드로전서가 야고보서와 마찬가지로 유대인에게 보낸 서신서라고 배웠을 것이다. 만약 그렇게 배웠다면 당신은 아주 잘못 배운 것이고 그들은 당신에게 아주 잘못 가르친 것이다. 이것은 베드로전서 3:21을 읽으면서 "물침례 구원"을 정당화하는 구절로 이해하는 것만큼이나 어처구니없는 사람이 아닌 다음에야 있을 수 없는 일이다. 성경을 조금만 제대로 읽는 사람이라면 베드로전서가 유대인을 대상으로 한 서신서라고 생각할 사람은 아무도 없다. 조금만 올바른 관점을 갖고 성경을 대하는 사람이라면 누구도 베드로전서 3:21이 "물침례" 구원설을 뒷받침하는 근거가 된다고는 생각하지 않는다. 당신이 오헤어든, 스탬이든, 베이커든, 아무튼 그런 부류의 사람들을 따르는 사람이라면 당신은 필경 베드로전서 3:21을 물침례 구원설을 정당화시키는 근거 구절로 받아들일 뿐더러 거기에 한술 더 떠서 베드로전서가 유대인에게 보낸 편지라고 억지를 부리는 사람일 게 분명하다.

그렇지만 당신은 그 어처구니없이 잘못된 생각 때문에 조만간 아주 골치 아픈 문제에 부딪치게 될 텐데, 당신이 정신나간 사람들을 추종하고 그들의 견해를 받아들이는 바람에 스스로 자초하게 된 그 골칫거리가 멀리 갈 것도 없이 당장 1절에서부터 당신을 곤경에 빠뜨린다.

자, 그럼 이제 그 1절부터 읽어 보라.

베드로전서 1장

1:1 예수 그리스도의 사도 베드로는 폰토, 갈라디아, 캅파도키아, 아시아
와 비두니아에 흩어져 있는 타국인들
2 곧 하나님 아버지의 미리 아심을 따라 성령의 거룩케 하심을 통하여,
순종함과 예수 그리스도의 피뿌림으로 택함받은 자들에게 *편지하노니,*
은혜와 평강이 너희에게 충만할지어다.

『**예수 그리스도의 사도 베드로는 폰토, 갈라디아, 캅파도키아, 아시아와 비두니아에 흩어져 있는 타국인들**』(1절).

예수 그리스도의 사도 시몬 베드로는 지금 이 편지를 누구에게 써 보낸다고 말하고 있는가? 어디어디에 흩어져 있는 "유대인들에게"라고 과연 밝히고 있는가? 그렇지 않다. 베드로는 지금 어디어디에 흩어져 있는 "타국인들에게"(to the strangers)라고 말하고 있다. 반면에 야고보서 1:1은 뭐라고 돼 있는가? 『**널리 흩어져 있는 열두 지파에게**』라고 언급하고 있다. "열두 지파"라면 누구를 말하는가? "열두 지파"라면 성경에서 단 한

번의 예외도 없이 유대인들을 지칭한다. 그러나 여기 베드로전서 1:1은 "유대인"도 아니고 "열두 지파"도 아닌 『**타국인들**』에게라고 명백하게 적고 있다.

그렇다면 "타국인들"은 누구를 말하는가? "타국인들"(strangers)이라는 단어는 구약 중에서도 첫 번째 책인 창세기에서부터 나오는 말이다. 그리고 이것은 자기 나라 사람이 아닌 "외국인들"을 일컬을 때 성경이 사용하는 단어다. 지금은 "외국인들" 또는 "타국인들"을 영어로 표기할 때 보통 "foreigners"라는 단어를 쓴다. 가끔 "aliens"라는 단어를 쓰기도 하지만, 이것은 요즘에 와서 "외계인들"이라는 의미로 자주 쓰이기 때문에 지구상의 외국인들에게는 특별한 경우 외에는 잘 쓰지 않게 되었다. 그러나 성경에서는 외국인들을 유대인의 입장에서 "타국인들"이라고 말하고, 영어로는"strangers"라고 쓴다. 원래 "낯선 사람들"이라는 의미를 가진 이 단어는 『**타국인들**』 외에도 "나그네들," 또는 "여행자들"이라는 의미로 성경에서 사용되고 있다.

『**타국인들**』이 교리적으로는 유대인 사회에 들어와 사는 비유대인들, 유대인과 함께 살기는 하되 유대인들이 아닌 사람들, 곧 유대인들과 섞여 사는 이방인들을 일컫는 말이다. 물론 유대인들도 남의 나라에 살면 그 나라 사람들에게는 타국인들이다. 하나님께서 모세에게 여러 가지 율법들을 주시면서 유대인들이 자기네들 속에 들어와 함께 살고 있는 외국인들(이방인들)을 어떻게 대할 것인지에 대해 이렇게 말씀하셨다. 『**너는 타국인을 학대하거나 압제하지 말라. 이는 너희도 이집트 땅에서 타국인들이었음이라**』(출 22:21). 이집트인들의 입장에서는 이집트 땅에 살던 유대인들이 "외국인들," 곧 『**타국인들**』이었다. 그 반면에 유대인들의 입장에서 보면 오히려 이집트인들이 『**타국인들**』이요, 이방인들이었다.

그런즉, 유대인인 베드로가 여기 1절에서 『**폰토, 갈라디아, 캅파도키아,**

아시아와 비두니아에 흩어져 있는 타국인들』이라고 말했다면, 그것은 이들 각 지방에 흩어져 사는 그 지방 사람들, 즉 폰토에 사는 타국인들과 갈라디아에 사는 타국인들, 캅파도키아에 사는 타국인들과 아시아에 사는 타국인들, 그리고 비두니아에 사는 타국인들을 일컫는 게 분명하다. 이들은 비유대인들인 것이다. 유대인들이 볼 때 유대인이 아닌 사람은 누구나 다 타국인일 수밖에 없다. 교리적으로 성경에서 "타국인"이라는 말은 곧 "비유대인"을 지칭하는 말이다. 성경에서 본국에 살고 있는 유대인이 외국에 나가 살고 있는 유대인들을 일컬어 "타국인들"이라고 부르는 예는 없다. 유대인들이 이집트에 들어가 살고 있던 당시를 회상하며 자신들이 이집트에서 "타국인들"이었다고 표현하는 예는 있지만, 팔레스타인에 사는 유대인들이 다른 나라에 살고 있는 동족을 보고 "타국인들"이라고 부르는 예는 없다는 얘기다. 내가 당신에게 그 예를 한 군데 보여 주겠는데, 이런 예라면 뭐니뭐니 해도 사도행전 2장만한 데가 없을 것이다. 왜냐하면, 사도행전 2장에는 때마침 오순절을 맞아 당시 신앙심이 깊은 유대인들이 『**천하 각국으로부터 와서**』 예루살렘에 머물고 있는 상황이 서술되고 있기 때문이다(행 2:5). 이들은 분명히 유대인들이기는 유대인들이었지만, 파대, 메데, 엘람, 메소포타미아, 유대, 캅파도키아, 폰토, 아시아, 프루기아, 팜필리아, 이집트, 쿠레네에서 가까운 리비아의 여러 지방, 그리고 또 크레테와 아라비아 등, 팔레스타인이 아닌 타국 땅에서 출생했거나 거기에 살고 있는 유대인들이다(행 2:8-11). 이들이 명절을 고국에서 보내기 위해 예루살렘에 잠시 귀향해 있었던 것이다. 그러나 이들을 보고 "타국인들"이라 부르고 있지는 않다. 한편, 여기에 또 유대인이 아닌 로마에서 온 『**타국인들**』, 즉 로마인들이 또 그들 가운데 섞여 있었는데, 이 『**타국인들**』 역시 그 "타국인들"(strangers)이라는 말이다(행 2:10). 사도행전 2:10은 『**로마에서 온 타국인들**』을 가리켜 『**유대교로 개종한 자들**』

이라고 같은 절 안에서 정의하고 있다. 『**유대인과 유대교로 개종한 자들**』, 즉 위에서 열거한 대로 "천하 각국으로부터 온 유대인과 로마에서 유대교로 개종한 타국인들"이 오순절을 맞아 예루살렘에 운집해 있었던 것이다. 이처럼 외국에 살고 있는 유대인들은 "유대인"이라 지칭하고, 외국에 살고 있으되 유대인 사회에 합류해 유대교로 개종하여 유대인들과 한 공동체를 이루고 살고 있는 외국인들은 "타국인들"이라고 따로 구별해서 지칭하고 있는 것이다.

그럼 다시 베드로전서 1:1로 돌아오자.

베드로전서는 이처럼 유대인이 아닌 『**타국인들**』을 대상으로 한 서신서인 것이다. 물론 이 책에도 유대인들을 지시하는 구절들이 없는 것은 아니다. 어찌 보면 이 책은 서신서의 수신자들이 유대인들이 주류를 이루고 있는 것 같은 인상을 풍길 만큼 유대인들을 상대로 한 언급들이 꽤 많이 나오는 게 사실이다. 이를테면, 좀 약하기는 하지만 1:5이 그것이고, 1:10 역시 좀 약하기는 하지만 유대인들을 지시하고 있으며, 1:18에서는 이것이 아주 강하게 나타나고 있고, 좀 모호하기는 하지만 1:7도 그러하며, 2:12도 그럴 가능성이 매우 농후하고, 4:3은 유대인과 이방인들 양쪽에 다 걸치지만 어쨌든 부분적이나마 유대인도 지시하고 있음이 분명하다. 이들 구절들은 주로 구원받고 거듭난 유대인들과 관련되는 구절들로 보아 무방한데, 바울이 주로 이방인들에게 복음을 전파한 데 반하여 베드로는 야고보나 요한처럼 "주로" 유대인들을 상대로 복음을 전파했다는 사실을 감안해 볼 때 충분히 있을 수 있는 일이다. (그렇다고 해서 베드로가 오로지 유대인들만을 상대로 복음을 전파했다는 얘기는 아니다. 이에 대해서는 뒤에서 살펴보겠다). 반면에 베드로전서 중에서 주로 이방인들을 지시하고 있는 구절들을 예로 들자면, 좀 약하기는 하지만 1:9이 있고,

1:23도 좀 약하기는 하지만 최소한 대환란과 무관한 것만은 확실하며, 1:20도 꽤 약하지만 이방인들을 지시하고 있고, 구원받은 이방인들은 유대인들과는 전혀 다른 부류에 속한다는 점에서 2:9은 아주 강하게 이방인들을 지시하고 있음이 분명하며, 좀 모호하지만 2:11도 그러하고, 4:3은 아주 강하게 그것이 드러난다.

어떤 서신서든 간에 그 대상으로 유대인이 주가 되고 이방인들이 부수적일 경우 그 서신서의 수신자는 유대인이라고 보아 무방하고 그 반대일 경우에는 이방인들이 그 수신자라고 보아야 무리가 없으며, 그 비중이 비슷하면 양쪽이 모두 수신자들이라고 간주할 수 있거니와, 신약 서신서들 가운데서도 믿음으로 말미암아 은혜로 받는 구원을 유달리 강력하게 가르치고 예수 그리스도에 의하여 이 일이 완성되었음을 역설하며, 그리스도의 피의 구속과 그리스도에 대한 믿음 안에 거할 것을 강조하는 서신서들은 두말할 것도 없이 비유대인들, 즉 이방인들을 대상으로 하고 있다. 4:16에서 『**만일 너희가 그리스도인으로서 고난을 당하면 부끄러워하지 말고 오히려 그 일로 인하여 하나님께 영광을 돌리라.**』고 말하고 있는 베드로의 언급이야말로 아주 강력하게 이것을 나타내고 있는 예에 속한다.

편지는 써 보낸 사람이 있고 그것을 받는 사람이 있기 마련이다. 그 가운데 지금 우리가 공부하기 시작한 베드로전서는 써 보낸 사람이 물론 시몬 베드로이고 그 수신자가 『**폰토, 갈라디아, 캅파도키아, 아시아와 비두니아에 흩어져 있는 타국인들**』(1절)로 돼 있는 서신서이다. 이들은 『**타국인들**』, 즉 이방인들이었으되, 유대인 사회에 들어와 유대교로 개종하여 유대인들과 한 공동체를 이루고 살게 된 사람들이었지만, 『**하나님 아버지의 미리 아심을 따라 성령의 거룩케 하심을 통하여, 순종함과 예수 그리스도의 피뿌림으로 택함받은 자들**』(2절), 즉 구원받고 거듭난 그리스도인들,

곧 "교회"로 그 소속을 옮긴 사람들이다. 이들은 원래부터 유대인이 아니었고, 여기서 비록 『**타국인들**』이라고 지칭되고는 있으되, 이제는 더 이상 이방인들이 아닌 "교회"에 속한 그리스도인들이다.

나중에 설명하겠지만, 바울의 경우, "타국인들"은 "구원받지 못한 이방인들"이라는 뜻이었다. 이것은 사실상 베드로의 경우에도 마찬가지겠지만, 이 서신서의 서두에서 『**타국인들**』이라고 지칭된 사람들은 "구원받는 이방인들"을 편리상 그렇게 부른 것뿐이었음을 문맥의 흐름에서 우리는 알게 된다. 베드로도 뒤에 가서는 이들을 『**그리스도인**』이라 부르고 있기 때문이다. 구원받은 이방인들은 유대인들이 볼 때 육신적으로는 여전히 『**타국인들**』이다. 그러나 영적으로는 이미 『**타국인들**』이 아닌 그리스도인들인 것이다.

성경에서 『**타국인들**』이란 기본적으로는 "낯선 사람들"("strangers")이라는 뜻이다. 유대인이 볼 때 "낯선 사람들"이요, 하나님의 언약으로부터 "낯선 사람들," 즉 이방인들인 것이다. 물론 〈킹제임스성경〉에서는 간혹 순례자처럼 나그네 생활을 하는 유대인들도 "strangers"라는 단어로 표기하기도 한다. 그러나 이 경우 "strangers"는 "타국인들"이라기보다 "나그네들"이라는 의미로 사용된 것이다. 이국땅에 흩어져 있기에 "나그네들"이요, 약속의 땅에 들어가기까지 순례자적 삶을 살아간다는 뜻에서도 "나그네들"인 것이다. "타국인들"이라는 말은 "유대인들"과 대조되는 말인데 반하여 "나그네들"이란 영원한 안식의 땅을 향하여 발길을 옮기고 있는 순례자적 인생행로를 부각하는 일종의 서술어이다.

아무튼 베드로전서를 둘러싸고 가장 많이 논란이 되고 있는 가운데 학자들 사이에 가장 크게 견해가 엇갈리고 있는 것은 이 서신서의 수신자가 유대인 출신 그리스도인들이냐, 아니면 이방인 출신 그리스도인들이냐

하는 점인데, 양측이 다같이 1:1의 『**타국인들**』("strangers")이라는 용어를 누구로 해석하느냐를 놓고 논쟁을 벌이고 있는 것이다. 우리는 이미 위에서 이에 대해 상세히 살펴보았기 때문에 이 『**타국인들**』이 유대인 사회에 들어와 유대인들과 한 공동체를 이룬 가운데 그들과 서로 가깝게 지내면서 하나님께서 유대인들에게 약속하신 길을 따라 유대인들과 함께 걷고 있는 사람들을 일컫는다는 것으로 이해한다. 하지만 그럼에도 불구하고 우리가 베드로전서의 수신자에 대해 주의해야 하는데, 그것은 이 책의 군데군데에서 이 『**타국인들**』이 거듭난 유대인들의 현재 상황을 언급하고 있는지도 모른다는 인상을 짙게 풍기는 구절들이 눈에 띄기 때문이다. 예컨대, 1:5이라든가, 1:10, 2:12, 4:3 같은 구절들에서는 『**타국인들**』이 어쩌면 나그네들처럼 순례의 길을 걷고 있는 거듭난 히브리인들을 지칭하는지도 모른다.

앞에서도 내가 인정하였듯이 베드로전서나 베드로후서가 실제로 유대인들을 다루고 있는 구절들을 상당히 많이 포함하고 있기 때문에 이 두 책이 "주로" 유대인들에게 쓴 서신서들이라고 주장한다면, 나는 그런 대로 그 주장을 받아들일 용의가 있다. 하지만 벌링거 일파와 스템 일파가 주장하듯 이 서신서들이 "오직" 유대인들에게만 보낸 편지라고 극단으로 국한시키려 한다면 나는 절대로 승복할 수가 없다. 그들이 이 서신서를 유독 유대인들에게만 배타적으로 적용하려고 고집부리는 태도는 베드로전서 3:21을 물침례를 정당화시키는 근거 구절이라는 자신들의 견해를 끝까지 합리화시키려는 고집스러운 태도나 하나도 다름이 없을 뿐더러 또 이것을 합리화하려는 의도가 깔려 있기 때문이라는 것을 나는 훤히 알고 있기 때문에 그런 태도와 의도를 나로서는 절대로 수용할 수가 없다.

벌링거와 스템, 오헤어, 레인저 및 그 추종자들이 갖고 있는 이 이상야릇한 생각은 갈라디아서 2장에서 "할례자들을 향한 복음"이 베드로에게 위임되었고, "무할례자들을 향한 복음"은 바울에게 위임되었다는 사실을 근거로 바울 서신서들을 통하여 바울이 무할례자들에게 전파한 복음은 베드로전·후서를 통하여 베드로가 "흩어져 있는 유대인들"에게 전파한 복음과는 전혀 다른 것이었다는 주장으로까지 사실상 확대되었다. 물론 이런 주장이 말도 되지 않는 소리라는 것은 아주 쉽게 판명된다. 시몬 베드로가 이 서신서 가운데서 하나님의 자녀로 거듭나는 새로운 출생에 대해 언급하고 있다는 것은 2:2에서도 명백하게 드러난다. 그가 그리스도인들을 『**산 돌들로서 영적인 집으로 지어지고**』(2:5) 있는 사람들로 서술하고 있는 것 역시 명백한 사실이다. 베드로의 이러한 서술들은 바울 서신서인 에베소서 1장과 2장에서 바울이 서술하고 있는 내용과 정확하게 일치한다(엡 2:20-22).

베드로는 또 여기 베드로전서 1장에서 이들에게 전해져야 될 복음을 제대로 전하고 있으며, 1:19을 보면 또 그가 그리스도의 보배로운 피의 구속에 관해 언급하고 있다. 이것만 보아도 베드로가 할례 받은 자들(유대인들)에게 "다른" 복음을 전하고 있다는 주장은 신성모독에 가까운 주장이다. 그들이 이런 터무니없는 주장을 내놓게 된 것은 베드로가 이 서신서를 쓰면서 바울 서신서들 같은 다른 성경책들을 기반으로 하여 복음을 전하고 있다는 이 명료한 사실조차 부주의하게 묵과해 버린 데 기인한 것으로서, 알고 보면 그 이유가 아주 간단하면서도 어처구니가 없다. 이를테면, 베드로후서 3:15,16을 보라. 『**또 우리 주의 오래 참으심이 구원인 줄로 생각하라. 우리의 사랑하는 형제 바울도 그가 받은 지혜대로 너희에게 그렇게 썼고 그의 모든 편지에서도 이런 것에 관하여 말하고 있으나 그 가운데는 깨닫기 어려운 것이 더러 있어 무식한 자들과 견고하지 못한 자들이 다른 성경들처럼 억지로 풀다가 스스로 멸망에 이르느니라.**』 이 구절만 보아도 베드로는 『**모든 편지**』들을 익히 알고 있었을 뿐만 아니라 『**그의 모든 편지**』들을 통하여 바울이 전파하고 있는 복음의 내용들을 이해하고 또 그 복음에 동조하고 있었음이 분명하게 드러난다. 이것은 또 사역자들에 의해 복음이 유대인들에게도 전해졌음을 재확인하는 언급이기도 하다. 베드로는 1:12에서도 『**성령으로 너희에게 복음을 전한 자들을 통하여 너희에게 이제 전해졌으며**』라고 언급하고 있다. 베드로가 할례 받은 자들에게 복음을 전한 것은 한때 그가 할례 받은 자들을 대상으로 사역하고 있었기 때문이지 바울이 전한 복음과 "다른" 복음을 전하기 위해서가 아니었던 것이다. 베드로는 또 주로 이방인들에게 복음을 전했던 바울 역시 유대인들에게도 복음을 전했음을 명백하게 천명하고 있는데, 자기가 전하고 있는 이 복음이 바울이 『**모든 편지**』를 통하여 『**너희에게 그렇게 썼고**』라고 언급하고 있는 데서 우리는 그것을 확실히 알 수 있다. 히브리서는 바울이 거듭난 유대인 출신 그리스도인들을 주 대상으로 한 대표적인 서신서이다. 좀더 엄밀히 말한다면, 히브리서는 대환란 기간 동안에 구원받게 될 유대인들을 주 대상으로 한 바울의 서신서인 것이다.

결론적으로 말해서 베드로전·후서가 주로 구원받은 유대인들을 대상으로 하였다고 설사 못박는다 할지라도 이 서신서들이 유독 구원받은 유대인들만 제한적으로 다루고 있는 것은 결코 아니라고 보는 것이 한결 안전하고 적절한 관점이다. 이 서신서들이 설사 구원받은 유대인들을 주로 상대하고 있다고 인정하더라도 베드로는 이들을 직접적으로 상대하고 있는 것도 아니요, 그들만을 제한적으로 상대하고 있는 것은 더더욱 아니다.

성경에 나오는 "strangers"라는 단어의 용례를 제대로 된 성구사전을 통해 면밀히 연구하면서 이 단어가 흩어져 있는 유대인들을 지칭하는 경우와 비유대인들을 지칭하는 경우를 대비해 볼 때, 후자의 경우가 결정적으로 더 많다는 사실을 확인하기는 어렵지 않을 것이다. 가령, 예수 그리스도의 지상 사역 당시의 유대인 대제사장 카야파를 보라. 그는 흩어져 있는 유대인들을 지칭하고자 했을 때 "strangers," 즉 "나그네들"이나 "타국인들"이라는 용어를 쓰지 않고 『**멀리 흩어진 하나님의 자녀들**』("the children of God that were scattered abroad")이라고 부르고 있음을 우리는 본다(요 11:52). 신·구약을 통틀어 성경에서 "strangers"라고 말할 때, 열 번 중 아홉 번은 "이스라엘에게 낯선 자들"을 의미한다. 바울 자신도 이 단어를 정확히 이런 뜻으로 사용했는데, 그는 그리스도인들이 아직 "구원받지 못한 이방인"의 처지에 있었을 때 이를 두고 "strangers"라고 말했다. 『**그 때에 너희는 그리스도로부터 분리되어 있었고 이스라엘 나라에 속하지 않는 타국인이요, 약속의 언약들로부터는 생소한 사람이었으며...**』(엡 2:12)

『곧 하나님 아버지의 **미리 아심을 따라** 성령의 **거룩케 하심을 통하여, 순종함과** 예수 그리스도의 **피뿌림으로 택함받은 자들에게** *편지하노니*, **은혜와 평강이 너희에게 충만할지어다**』(2절).

이 구절을 읽으면서 눈이 번쩍 뜨일 사람들이 누구인지 나는 뻔히 알고 있다. 그들이 이 구절을 읽으면서 정신이 버쩍 드는 까닭은 『**택함받은 자들**』이라는 말 때문이다. 그들은 이 구절을 읽으면서 벌써부터 어찌나 흥분이 되던지 다른 것은 하나도 눈에 들어오지 않고 다만 『**택함받은 자들**』이라는 말만 잔뜩 붙잡고 늘어진 채 넋을 잃고 있다.

『**택함받은 자들**』, 이 구절은 이들이 "영원 전부터 택함받은 자들"이라고 언급하고 있는가? 그야 물론 아니다. 그럼 무어라고 말씀하는가? 『**택함받은 자들**』이 도대체 어떤 사람들이라고 이 구절은 설명하는가?

『**택함받은 자들**』은 첫째, 『**성령의 거룩케 하심**』과 관계가 있는 사람들이라고 이 구절은 밝힌다. 구원받는 순간 성령께서 당신 안에 들어오셔서 당신의 한 부분이 되심으로써 당신에게는 『**성령의 거룩케 하심**』이 일어나게 된다. 이 구절은 지금 이것을 말씀한다. 다시 말해서, 당신이 주 예수 그리스도를 믿고 그분을 당신의 구주로 영접하는 순간 당신은 『**성령의 거룩케 하심**』을 받게 된다는 말이다. 이것은 구원 따로 있고 『**성령의 거룩케 하심**』이 또 따로 있는 게 아니다. 이 두 가지는 손바닥과 손등의 관계요, 동전의 앞뒷면과 같다. 이것은 함께 일어나는 일이요, 함께 있는 일이다.

『**택함받은 자들**』은 둘째, 『**순종함과 예수 그리스도의 피뿌림**』에 관련되는 사람들이라고 이 구절은 말씀한다. 다시 말해서, 하나님께 순종하고 예수 그리스도의 피뿌림을 받기 전에는 『**택함**』이 발생하지 않는다는 말씀인 것이다. 예수 그리스도께서 피를 뿌려 놓지 않으셨다면, 당신이 아무리 예수 그리스도를 영접했다 한들 그것만으로 당신에게 『**택함**』이 일어났겠는가? 반면, 예수 그리스도께서 아무리 피를 뿌려 놓으셨다 한들, 당신이 하나님께 『**순종**』하여 복음을 받아들이지도 않았는데 당신에게 『**택함**』이 일어났겠는가? 당신이 『**택함받은 자들**』의 대열에 끼게 된 데에는 두 가지 조건이 동시에 선세되었기 때문이다. 첫째는 예수 그리스도께서 피를 뿌려놓으셨고, 둘째는 당신이 복음에 순종하였던 것이다. 당신이 복음에 순종하여 예수 그리스도께서 당신의 죄들을 위해 피를 흘리셨음을 믿었을 때 비로소 당신은 하나님의 『**택함**』을 받았던 것이다.

『**택함**』 받는 데에는 또 중요한 조건이 있다. 『**하나님 아버지의 미리 아심**』, 이것이 그 조건이다. 따라서 "무조건적인 택함받음"을 내세우는 칼빈주의 사상은 이단이다. 칼빈주의의 "절대적인 예정설" 역시 같은 맥락에서 이단이다. 왜냐하면 "예정"은 하나님의 『**미리 아심**』(foreknowledge)에 근거하기 때문이다. 로마서 8:29을 또 보라. 『**그분께서는 미리 아신 자들을 자기 아들의 형상과 일치하게 하시려고 또한 예정하셨으니...**』라고 말씀한다. 하나님의 이 『**미리 아심**』이 전제되지 않았다면 『**예정**』이란 애초부터 성립할 수가 없었다. 마찬가지로 칼빈주의의 "무조건적인 택함받음"이 이단인 까닭도 여기 베드로전서 1:2에서 밝히고 있는 대로 『**택함받은 자들**』이 하나님의 『**미리 아심**』이라는 조건에 근거하고 있다는 사실을 묵살했던 데서 나온 이단적 발상이었다.

『곧 하나님 아버지의 **미리 아심을 따라... 택함받은 자들에게** *편지하노니...*』

보라, 『**택함받은 자들**』은 『**하나님 아버지의 미리 아심**』이라는 전제에 근거하고 있음이 명료하게 진술되고 있지 않은가? 하나님의 『**미리 아심**』이라는 전제에 근거하기 때문에 주님께서는 어떤 사람에 대하여 무엇인가를 아시고 나서 그 사람을 택하신다는 얘기다. 당신이 구원받았다면, 당신은 그렇게 해서 하나님께로부터 『**택함받은**』 것이다. 하나님께서는 당신에 관하여 무엇인가를 아시고 나서야 『**성령의 거룩하심을 통하여**』 당신을 택하신 것이다. 당신은 세상의 기초가 놓이기 이전부터 택함을 받아 둔 게 아니었다는 말이다. 당신이 『**택함받은 자**』가 되었다면, 그것은 『**성령의 거룩하심을 통하여**』 된 것이지 칼빈의 예정설에 의해 된 것이 아니다.

『**순종함과** 예수 **그리스도의 피뿌림으로...**』

당신은 예수 그리스도를 믿고 신뢰했으며 하나님께서는 당신의 믿음과 신뢰를 순종으로 받아들이셨다. 그러자 예수 그리스도께서 갈보리 십자가에서 흘려놓으신 피가 당신에게 즉각 유효하게 적용되어 당신은 『**택함받은 자**』, 즉 하나님의 자녀로 거듭난 자가 될 수 있었던 것이다. 그리고 당신에게 『**은혜와 평강**』이 주어졌은즉, 베드로는 그러한 당신에게 그 『**은혜와 평강**』이 『**충만**』하기를 기원하고 있는 것이다. 당신이 예수 그리스도를 믿고 그분을 당신의 구세주로 영접하는 순간 성령께서는 당신을 세상으로부터 떼어내어 『**택함받은 자**』가 되게 하시고 그리스도의 피가 당신에게 적용되도록 하신다. 이 모두가 당신이 주 예수 그리스도를 믿고 그분을 당신 개인의 구세주로 영접하는 순간 이루어진다. 예수 그리스도께서는 당신에게 적용될 피를 갈보리에서 미리 흘려놓으셨던 것이다. 그렇지 않았더라면 당신은 순종하고서도 그리스도의 피뿌림을 받지 못했을 것이고 따라서 『**택함받은 자**』가 될 수 없었을 것이다.

혹자는 하나님의 명령에 순종하는 것만으로 구원받을 수 있다고 가르치지만, 말도 안 되는 소리다. 구약 시대에도 숱한 사람들이 순종했지만, 예수 그리스도의 피뿌림을 받지는 못했다. 그리스도께서는 구약 시대에는 아직 피를 흘려놓으시지 않았기 때문이었다. 칼빈주의자들은 이 사실을 무시하기 때문에 끊임없이 과오를 범하고 있는 것이다. 존 칼빈이 주창했던 칼빈 신학 체계에서 벗어나지 못하면 누구나 다 이렇게 끊인 줄 모르는 오류 속에서 끊임없이 완벽한 혼돈의 덫에 갇혀 허우적거리게 된다.

1:3 하나님, 곧 우리 주 예수 그리스도의 아버지를 송축하리로다. 그분은 그의 풍성하신 자비하심을 따라 죽은 자들로부터의 예수 그리스도의 부활로 인하여, 우리를 거듭나게 하사 산 소망을 갖게 하셨으며
4 너희를 위하여 하늘에 썩지 않고 더럽지 않고 쇠잔하지 않는 유업을 간직해 두셨으니
5 너희는 마지막 때에 나타내려고 예비하신 구원을 얻기 위하여 믿음으로 말미암아 하나님의 능력으로 보호받고 있느니라.

『**하나님, 곧 우리 주 예수 그리스도의 아버지를 송축하리로다. 그분은 그**

의 풍성하신 자비하심을 따라 죽은 자들로부터의 예수 그리스도의 부활로 인하여, 우리를 거듭나게 하사 산 소망을 갖게 하셨으며』(3절).

새로운 출생을 언급하는 구절이다. 만약 이 서신서가 이스라엘을 대상으로 한 것이었다면, 이 구절은 이스라엘이 거듭났음을 천명하고 있는 문맥이어야 하는데, 이것은 물론 어불성설이다. 예수 그리스도와 그분께서 전한 복음과 관련해 생각해 볼 때, 유대인들이 어떤 사람들이었던가? 성경에 따르면, 그들은 주 예수 그리스도와 자기들의 선지자들을 죽였고 그분의 복음을 전파하는 사람들을 박해하였으며 하나님을 기쁘시게 하지 아니하고 모든 사람들을 대적하여 바울이 이방인들의 구원을 위하여 말하는 것조차 금지시킴으로써 항상 자신들의 죄들을 채웠던 사람들이다. 바울은 유대인들이 이러했던 이유를 이렇게 진단했다. 『**이는 그들에게 임한 진노가 극에 달하였음이니라**』(살전 2:16). 유대인들은 복음의 원수였다. 그 결과 그들은 하나님의 원수가 되고 말았다는 것이 바울의 선언이었던 것이다.

그런데 베드로는 여기서 『**우리를 거듭나게 하사**』라고 언급한다. 베드로는 유대인이었다. 유대인인 그가 『**우리**』라고 말한다면 이 『**우리**』가 유대인들이 아니고 누구이겠느냐고 혹자는 이의를 제기한다. 그러나 베드로가 『**우리**』라고 말했다고 해서 그것이 반드시 유대인들을 가리킨다고 생각하는 것은 어리석기에 앞서 성경에 대한 무지를 드러낼 뿐이다. 성경은 그렇게 아무렇게나 슬렁슬렁 읽고 말 책이 아니다. 그러므로 당신은 한 문장, 한 소절, 한 단어라도 아주 주의를 집중하여 성경을 읽지 않으면 안 된다. 바울은 이렇게 말한다. 『**너희 가운데 그리스도 안으로 침례를 받은 사람은 그리스도로 옷입었느니라**』(갈 3:27). 이게 무슨 뜻인가? 당신이 이방인이건, 유대인이건, 일단 구원받고 거듭났다면 당신은 『**그리스도 안으로 침례를 받은 사람**』이요, 『**그리스도**』라는 유니폼을 입고 있는 똑같은 신분이 되었다는 것이다. 그렇기 때문에 여기에는 유대인이나 헬라인도 없고 종이나 자유인도 없으며 남자와 여자도 차별이 없다. 『**모두가 그리스도 예수 안에서 하나이기 때문**』이다(갈 3:28). 그리스도 예수 안에 있으면 당신과 내가 모두 "우리"요, 유대인과 이방인의 구별이 없이 모두 "우리"인 것이다. 바울은 『**너희가 그리스도의 것이면 너희는 아브라함의 씨요, 약속에 따른 상속자들이니라**』(갈 3:29)고 한층 적극적인 표현으로 이 사실을 역설한다. 베드로는 바로 이런 맥락에서 외국의 이방인 그리스도인들을 향하여 『**우리**』라고 부르고 있는 것이다.

이에 반하여 이방인들의 사도였던 바울도 본래는 유대인이었는지라 『**우리는 본래 유대인이요, 이방의 죄인들이 아니로되**』(갈 2:15)라고 언급한 바가 있었는데, 『**사람이 율법의 행위로 의롭게 되는 것이 아니요, 예수 그리스도를 믿음으로 인하여 되는 줄 알고**』(갈 2:16) 예수 그리스도를 믿고 구원받은 유대인이 됨으로써 자신을 포함한 거듭난 그리스도인들을 『**우리**』라는 대명사로 표현하고 있다. 이 점에 있어서는 베드로도 마찬가지 맥락에 서 있는 입상이었다. 베드로 역시 바울이 갈라디아서 4장에서 『**우리도 어린아이였을 때에는 세상의 초등 학문 아래서 종 노릇 하였으나**』(갈 4:3)라고 말했듯이 그런 유대인이었으나 하나님께서 자기 아들을 보내시어 여자에게서 나게 하시고 율법 아래 나게 하셔서 율법 아래 있는 자들, 즉 유대인들을 구속하셔서 그들로 하여금 아들의 신분을 얻게 하심으로써(갈 4:3-5) 비로소 그리스도인으로 거듭난 유대인들로서의 『**우리**』의 일원이 된 사람이었다. 하나님께서는 이처럼 주 예수 그리스도를 믿고 구원받은 사람이면 유대인이었건 이방인이었건 누구나 그리스도 예수 안에서 아들의 신분을 얻은 『**우리**』로 간주하신다.

그런즉, 베드로가 1:3에서 『**우리**』라고 지칭한 부류의 사람들은 거듭난 유대인들이나 거듭난 이방인들 모두를 지칭할 수 있는 대명사인 것이다.

베드로는 2:2에서 이들을 『**갓난 아기들**』이라고 부른다.

『**예수 그리스도의 부활로 인하여, 우리를 거듭나게 하사 산 소망을 갖게 하셨으며**』라고 3절은 또 말씀한다. 『**산 소망**』(lively hope)이란 무엇인가? 문자 그대로 "살아 있는 소망"(living hope)을 말한다. 그럼 무엇이 "살아 있는 소망"인가? "진짜 소망"이란 뜻이다. 추상적이고 가상적이며 말뿐인 소망이 아니라 구체적이고 실제적이며 확실한 소망 말이다. 유대인의 경우라면, 민족적으로 볼 때, 예수 그리스도께서 다시 오실 때 이스라엘 전체가 전면적으로 회복되는 것, 이것이 그들의 『**산 소망**』이다. 이에 대해서는 뒤에서 베드로가 문맥상 대환란에 처해 있는 유대인들에게 그리스도의 재림을 기다리도록 격려하고 있는 것으로 보이는 부분이 나올 때 거기서 더 상세히 살펴보기로 하자. 그렇다고 해서 지금 이 3절에서 베드로가 대환란을 거치게 될 유대인들을 지목하여 그들의 민족적 회복이라는 『**산 소망**』을 다루고 있다는 말은 아니다. 여기서는 문맥상으로 보나 교리적으로 볼 때 예수 그리스도의 재림을 기다리는 거듭난 모든 사람들의 『**산 소망**』, 그 중에서도 특히 1:1에 나열된 여러 지역에 흩어져 있는 『**타국인들**』, 즉 베드로전서라는 이 서신서의 수신인들인 거듭난 그리스도인들의 『**산 소망**』을 언급하고 있다. 그러면서도 한편으로는 대환란을 거쳐 그리스도께서 다시 오실 때 이루어질 유대인들의 민족적 회복이라는 『**산 소망**』을 간접적으로 암시하고 있는 것도 사실이다. 이런 점에서 이 구절에서는 『**산 소망**』이 이중적 의미가 중복돼 있는 말이라고 할 수 있다.

『**너희를 위하여 하늘에 썩지 않고 더럽지 않고 쇠잔하지 않는 유업을 간직해 두셨으니**』(4절).

『**유업**』이라고 말할 때 이것은 천년왕국 시대에서 통치에 참여하는 것을 의미하는 게 보통이지만, 이 구절에서 언급하고 있는 『**유업**』은 그런 것이 아니다. 이것은 『**썩지 않고 더럽지 않고 쇠잔하지 않는 유업**』으로서 천년왕국에서의 유업이 아니라 하나님께서 모든 거듭난 자들을 위해 『**하늘에... 간직해**』 두신 것, 즉 영원한 생명 가운데서 누리게 될 영원한 세계라는 의미에서의 『**유업**』을 말한다. 다시 말해서, 이 『**유업**』은 『**새 하늘**』(계 21:1)과 『**새 예루살렘**』(계 21:2)이다. 이것은 『**썩지 않고**』 또 『**더럽지 않고**』, 즉 더럽혀지지 않고, 『**쇠잔하지 않는**』, 즉 점점 닳아 없어지거나 허약해지는 일이 없이 영원토록 존속하는 유업이며 이 땅이나 천년왕국 정도가 아니라 하나님의 자녀가 된 당신을 위해 하나님께서 『**하늘에... 간직해**』 두신 유업이다. 당신을 위해서, 하나님의 능력 안에서 보호받고 있는 당신을 위해서 그 보호하심이 영원무궁토록 지속되게 하기 위해서 그곳에 간직해 두신 유업이다. 이 『**유업**』은 신약적인 유형으로서이 그리스도의 몸과 같은 것이다.

『**너희는 마지막 때에 나타내려고 예비하신 구원을 얻기 위하여 믿음으로 말미암아 하나님의 능력으로 보호받고 있느니라**』(5절).

이 구절은 재림 관련 구절일 수도 있다. 그리스도인들의 경우에는 『**마지막 때에**』 예수 그리스도께서 공중 재림하실 때 하늘로 끌려 올라가도록 예비된 휴거에 관련되는 말씀이다. 그때까지 그리스도인들은 이 땅에서 『**믿음으로 말미암아**』 이루어진 구원 가운데서 『**하나님의 능력으로 보호받고**』 있다. 예수 그리스도께서 이 땅에 다시 오실 때, 그것은 지구상의 모든 사람들에게 공개적으로 나타나는 나타나심이지만, 공중 재림의 경우에는 그리스도인들에게만 공개될 나타나심이다. 공중 재림은 그리스도 안에서 잠든 모든 성도들과 지상에 살아 있는 모든 성도들을 대환란 직전에 하늘로 들어올리는 휴거에 그 목적이 있다.

여기서 잠시 바울 서신서들 가운데서 디모데후서 4장으로 가보자. 『**그러므로 내가 하나님과 주 예수 그리스도, 곧 그가 나타나실 때와 그의 왕국에서 산 자들과 죽은 자들을 심판하실 분 앞에서 네게 명하노니**』(딤후 4:1)라는 바울의 언급이 있다. 여기서 『**산 자들**』이란 거듭난 당신처럼 그리스도 안에서 영원한 생명을 갖고 살아 있는 사람들을 말한다. 당신은 지난날 허물과 죄들 가운데서 죽어 있었으되, 주 예수 그리스도를 믿음으로 말미암아 그분께서 살리셨다(엡 2:1,5). 그래서 당신은 지금 『**산 자들**』 가운데 하나가 되었다.

이 『**산 자들**』에게 있어 『**그가 나타나실 때**』는 바로 휴거의 시점에 해당한다. 이처럼 예수 그리스도의 "나타나심"은 휴거와 지상 재림의 두 가지 사건으로 나타나도록 되어 있으되, 그리스도인들에게는 그분의 나타나심이 곧 휴거를 의미한다는 것은 두말할 나위도 없다. 그리스도인들은 절대로 대환란을 거치지 않기 때문에 이 지상에 남아 있을 필요도 없고 남아 있어서도 안 된다. 그리스도인들은 대환란이 시작되기 직전에 하늘로 끌려 올라가 지상에서 사라지게 되어 있다. 이것이 예수 그리스도의 나타나심의 첫 국면이다. 반면에, 대환란이 끝나갈 무렵 주님께서는 이 지상에 몸소 나타나셔서 적그리스도의 세력을 진압하시고 천년왕국을 세우시게 된다. 이것이 그분의 나타나심의 두 번째 국면이다. 흔히 "재림"이라고 말할 때, 이것은 보통 그분의 나타나심의 두 번째 국면을 일컫는다. 그러나 그리스도인들에게는 첫 번째 국면인 공중 재림, 즉 휴거를 의미한다.

『마지막 때에 나타내려고 예비하신 구원...』

위에서 설명한 것처럼 여기서 언급되는 예수 그리스도의 나타나심은 문맥상 그리스도인들의 휴거 시점에 관련된다. 휴거는 몸의 구속을 수반하기 때문에 지금 누리고 있는 혼의 구원과 더불어 구원의 완성된 결과라고 말할 수 있다. 『**마지막 때에 나타내려고 예비하신 구원**』이란 이렇게 이해해야 한다. 혼의 구원은 지금도 완성된 상태다. 그러나 영적인 의미에서 그러하다. 영적으로는 그리스도인들이 이미 현재 천상에 가 있다(엡 2:6). 그러나 구원이 실질적이고도 물리적으로 완성되는 것은 구속받은 몸을 입고 휴거될 때 이루어진다.

1:6 그러므로 필요하다면 너희가 여러 가지 시험으로 잠시 슬퍼할 수밖에 없지만 그것을 크게 기뻐하는 것은

7 너희 믿음의 시련이, 불로써 단련될지라도 없어져 버리는 금보다 훨씬 더 귀하게 되어 예수 그리스도께서 **나타나실 때에 칭찬과 존귀와 영광을 받게 하려 함이니라.**

『**그러므로 필요하다면 너희가 여러 가지 시험으로 잠시 슬퍼할 수밖에 없지만 그것을 크게 기뻐하는 것은**』(6절).

이 구절은 구원받고 거듭난 그리스도인이라면 누구에게나 적용되는 말씀이다. 지금 이 책을 읽고 있는 당신이 정말로 구원받은 사람이라면 당신은 지금 자신의 구원을 『**크게 기뻐하는**』 그리스도인이다. 비록 당신이 『**필요하다면**』, 즉 "그럴만한 이유가 있어서" 지금 『**잠시**』 동안 슬픔을 겪어야 할는지도 모른다. 그러나 그럼에도 불구하고 당신에게는 구원으로 인한 『**산 소망**』을 갖고 있기에 지금 『**크게 기뻐**』하고 있는 것이다.

이렇게 볼 때, 그리스도인들은 지상에서 상반된 요소들이 공존하는 모순된 삶을 살아가는 사람들이다. 그리스도인들은 삶 가운데 『**슬픔**』과 『**기쁨**』이 병존하고 있는 것이다. 슬프거나 기쁘거나 둘 중 하나이거나, 한때는 슬프기도 하고 한때는 기쁘기도 한 그런 삶이 아니라 슬픈 중에 기쁘고 기쁜 중에 슬픈 그런 삶이다. 물론 『**여러 가지 시험**』이 없다면 당신의 삶은 『**크게 기뻐**』하기만 하는 삶일 수도 있겠다. 그리스도인의 기쁨은 잠시 있다가 사라지고 사라졌다가 또 찾아오는 그런 간헐적이고 변덕스러운 기쁨이 아니니까 말이다. 그러나 『**여러 가지 시험**』은 『**필요하다면**』 당신에게 닥쳐오되, 그렇지 않다면 당신에게 까닭 없이 찾아오지 않는다. 하지만 현실적으로 아주 흔한 경우에 시험은 모든 그리스도인들에게 필요한지라, 그리스도인에게 슬픔이 떠날 날이 없는 게 일상이다. 이런 삶이기에 이것은 기쁨과 슬픔이라는 상반된 요소가 언제나 공존하는 모순된 삶이 아닐 수 없다.

그리스도인의 모순된 삶을 가장 생생하게 서술하는 구절로는 고린도후서 6:7에서 『**진리의 말씀과 하나님의 능력과 오른손과 왼손에 든 의의 병기로써**』라는 말로 시작되어 10절에서 『**아무것도 없는 것 같으나 모든 것을 가졌느니라.**』는 말로 끝나는 바울의 진술이야말로 압권이다.

한번 읽어 보자.

8절, 『**영광과 오욕으로써...**』, 두 가지 상반된 요소가 공존한다.

역시 8절, 『**악평과 호평으로써 그리하였고...**』, 모순 가운데서 서로 부딪히는 두 가지 요소가 또 공존한다.

『**속이는 자들 같으나 진실하며**』(8절), 또 모순된 두 가지가 함께 나타난다.

9절, 『**이름 없는 자 같으나 유명하고**』, 마찬가지다.

9절 계속, 『**죽은 자 같으나, 보라, 우리가 살아 있으며**』, 실로 대단한 모순이다.

『**매를 맞았으나 죽지 아니하였고**』(9절), 그리스도인의 삶 속에는 이렇게 두 가지 엄연히 반대되는 요소가 병존하고 있다.

10절, 『**슬퍼하는 자 같으나 항상 기뻐하며**』, 세상에 이런 모순이 또 어디 있단 말인가!

『**가난한 자 같으나 많은 사람을 부요하게 하고**』(10절), 당신은 가난한데 그러면서도 다른 많은 사람들을 부유하고 풍성하게 만들어준다. 지독한 모순이다.

그리고 10절 마지막은 또 어떤가? 『**아무것도 없는 것 같으나 모든 것을 가졌느니라.**』 아, 이보다 더 진실한 이야기가 어디 있을까마는 이보다 더 지독한 모순 덩어리가 또 어디 있으랴!

이것이 바울이 진술한 그리스도인의 삶이다. 그리스도인은 『**이름 없는 자 같으나 유명**』하다. 사실이다. 당신이 그리스도인으로서 길모퉁이에 서서 거리설교를 하고 복음을 전파하며 전도지를 나누어 주고 죄인들의 혼을 그리스도께로 이겨오기 위해 구령 활동을 아무리 열심히 한다 해도 당신은 여전히 『**이름 없는 자**』다. 하지만 『**이름 없는 자 같으나**』 당신은 어느 새 유명한 사람이 된다. 이것은 내가 보장한다. 당신이 예수 그리스도를 증거하기 시작하면 당신은 곧 유명해진다. 당신은 이름 없는 자요, 거리를 지나는 사람들이 당신을 아랑곳하지도 않으며, 당신의 음성에 누구도 귀를 기울여 주지 않는지라 당신의 목소리가 시가지의 소음 속에 묻혀버리고 만다. 그러나 그런 것 같지만, 누구인가는 당신을 알게 된다. 이렇게 하루가 지나고 또 하루가 지나고 또 하루가 지나다 보면, 모른 척하면서도 내심으로는 당신을 알아보는 사람들의 수가 점점 많아져서 당신은 어느 새 아주 유명한 사람이 된다. 그러다가 당신의 설교를 듣거나 당신이 나누어 준 전도지를 읽거나, 때로는 당신이 전하는 복음에 아주 적극적으로 관심을 나타내며 당신에게 다가와 주 예수 그리스도를 영접하고 구원받는 사람들이 하나 둘 생기기 시작하면 당신은 더할 나위 없는 유명인사가 될 수도 있다. 하다못해 당신을 비방하고 손가락질하고 때로는 고함을 치며 구령 활동을 방해하는 자들이 당신 주변에 하나 둘 늘어나더라도 당신은 그만큼 유명해지고 있는 것이다.

그러나 이것보다 더욱 중요한 사실은 당신의 이름이 하늘나라에 기록되고 그곳에 있는 당신의 구령일지가 하루하루 기록돼 나감에 따라 당신은 하늘나라에서 유명해진다는 사실이다. 죄인들의 혼을 그리스도께로 이겨오는 일은 먼저 하나님을 사랑하지 않고는 아무나 못한다. 당신이 열심히 복음을 전파하는 것은 당신이 그만큼 하나님을 사랑하기 때문이다. 그래서 당신의 이름이 하나님께 알려지게 되는 것이다. 『**만일 누구라도 하나님을 사랑한다면 그는 그분께 알려진 사람이라.**』(고전 8:3)고 성경은 말씀한다. 그러므로 당신은 세상에서 『**이름 없는 자 같으나**』 천만의 말씀이다. 당신은 하나님께 유명한 사람이다!

이처럼 그리스도인들은 모순된 삶 가운데서 상반된 요소들이 서로 부딪히는 묘한 삶을 살아간다. 그리스도인은 저 높은 산 정상에 발을 딛고 서 있으면서 한편으로는 어두운 골짜기에 서 있는 사람들이다.

『**너희 믿음의 시련이, 불로써 단련될지라도 없어져 버리는 금보다 훨씬 더 귀하게 되어 예수 그리스도께서 나타나실 때에 칭찬과 존귀와 영광을 받게 하려 함이니라**』(7절).

이 구절은 상반되는 요소들이 공존하는 모순된 삶 가운데서 그리스도인들이 힘든 시련과 역경과 슬픔에 부딪쳐 신음하면서도 『**산 소망**』을 꽉 잡고 놓지 않는 이유를 설명한다. 우리에게는 『**믿음의 시련**』이 있기 마련이다. 그리스도인이라면 누구나 이 『**믿음의 시련**』을 거치는 법이다. 어째서 그런가? 당신이 시련을 이기지 못해 믿음을 내던지고 구원을 포기하는지, 그렇지 않은지 알아보기 위해서 그런 것인가? 그러나 본문은 그렇게 말씀하지 않는다. 이 구절은 『**예수 그리스도께서 나타나실 때에 칭찬과 존

귀와 영광을 받게 하려 함』이라고 그 이유를 선명하게 밝힌다. 당신으로 하여금 『**믿음의 시련**』을 겪도록 하시는 것은 주님께서 다시 오실 때, 당신을 칭찬하시고 존귀하게 여겨주시며 영광스럽게 하시고자 함이라고 베드로는 언급한다. 이 얼마나 힘이 솟게 하는 말씀인가!

『**불로써 단련될지라도 없어져 버리는 금보다 훨씬 더 귀하게 되어**』. 당신은 휴거되면 곧장 그리스도의 심판석 앞에 서게 될 것이다(롬 14:10). 그리하여 선이든지 악이든지 당신이 행한 것에 따라 그에 상응하는 상을 받게 될 것이다(고후 5:10). 당신을 예수 그리스도의 기초 위에 집을 짓는 건축자에 비유하고 또 당신이 행한 모든 일들을 그 기초 위에 쌓아올린 건축 재료들에 비유할 때, 그것이 『**금이나 은이나 보석이나 나무나 짚이나 그루터기**』(고전 3:12) 중에서 어떤 종류였는지를 주님께서는 『**불로써**』 시험해 보실 터인즉, 당신의 일한 것이 세운 그대로 있으면 상을 받을 것이요, 그렇지 못하고 불타 버리면 당신은 『**손해**』를 당하게 될 것이라고 성경은 말씀한다(고전 3:9-15). 불태워 시험해 보았을 때, 거기에 『**금**』이 남아 있다면, 이것은 당신이 지난날 모든 삶의 과정에서 하나님을 최우선의 자리에 모시고 섬기는 가운데 그분께 영광을 돌려드렸음을 입증하게 될 것이다. 말하자면, 당신은 이 세상에 사는 동안 땅에다 보물을 쌓아두지 아니하고 하늘에다 보물을 쌓아두었음이 증명되는 것이다. 주님께서는 이것을 불로써 확인해 보실 것이다. 그리고 그에 합당한 상을 내리실 것이다. 그런데, 이 금보다 더 귀한 것이 당신의 『**믿음**』이요, 이 믿음은 그리스도의 심판석 앞에 나아가기 전 이 지상에 사는 동안에 벌써 시험을 받게 되고, 그 시험을 믿음으로 이겨내고 통과하게 될 때, 당신의 믿음은 금보다도 더 귀하게 평가될 것이다. 그리하여 『**그리스도께서 나타나실 때에 칭찬과 존귀와 영광을 받게**』 될 것이라고 베드로는 여기 7절에서 우리를 격려한다.

1:8 너희가 그를 보지 못하였으나 사랑하며, 지금도 그를 보지 못하나 믿고 있으며, 또 말할 수 없이 영광으로 가득 찬 기쁨으로 즐거워하나니
9 이는 너희 믿음의 결과, 곧 너희 혼들의 구원을 받음이니라.
10 이 구원에 관해서는, 너희에게 임할 은혜에 관하여 예언한 선지자들이 열심히 조사하고 살펴보던 것이며,
11 그들 안에 계셨던 그리스도의 영이 그리스도의 고난과 다가올 영광을 미리 증거하실 때, 그 영이 무엇을, 또 어떤 시기를 지시하시는지 탐구하던 것이니라.

『**너희가 그를 보지 못하였으나 사랑하며, 지금도 그를 보지 못하나 믿고 있으며, 또 말할 수 없이 영광으로 가득 찬 기쁨으로 즐거워하나니**』(8절).

지금 이 편지를 쓰고 있는 시몬 베드로는 주님을 직접 보았다. 보았을 뿐만 아니라 3년이 넘게 그분과 함께 살았던 사람이다. 그러나 당신은 주 예수 그리스도를 한 번도 뵙지 못했다. 그런데도 당신은 주님을 사랑한다. 그렇게 주님을 사랑하면서도 당신은 지금 그분을 눈으로는 보지 못하고 있다. 당신 안에 하나님의 영이 들어와 살고 계시기는 하지만, 주 예수 그리스도께서는 지금 하나님의 보좌 우편에 앉아 계신다. 그래서 당신은 그분을 눈으로 직접 보지는 못한다. 그런데도 당신은 그분을 믿고 있다. 그리고 그 믿음 가운데서 『**말할 수 없이 영광으로 가득 찬 기쁨으로 즐거워**』하고 있다. 그런 당신에게 시몬 베드로가 지금 이 편지를 쓰고 있고 당신을 격려하며 힘을 북돋워주고 있는 것이다.

교리적으로 볼 때, 이것은 주님의 지상 재림을 기다리는 환란 성도들에게는 적용되지 않는다. 이것은 휴거를 기다리고 있는 지금 이 교회 시대의 성도들에게 적용되는 말씀이다. 다음 9절을 보면 이것이 확인된다.

『**이는 너희 믿음의 결과, 곧 너희 혼들의 구원을 받음이니라**』(9절).

당신이 주 예수 그리스도를 믿었더니 그 믿음의 결과는 무엇으로 나타났는가? 당신의 혼이 구원받게 된 것이 아니던가? 그러나 당신의 혼이 구원받은 결과는 지금 가시적으로 나타나지는 않는다. 이것은 19절에서 언급되는 『**그리스도의 보배로운 피로 된**』 구속도 마찬가지요, 22절의 『**혼들을 정결케**』 하신 것도 마찬가지다. 장차 실제적 구원으로 나타나게 될 것이고, 그것을 물리적, 가시적으로 보게 될 것이다. 현재의 혼의 구원은 주 예수 그리스도께서 다시 나타나실 때 "휴거"라는 구체적이고도 실제적이며 아주 놀라운 사건으로 확인되고 입증될 것이다. 이것이 바로 앞서 5절에서 언급되었던 『**너희는 마지막 때에 나타내려고 예비하신 구원을 얻기 위하여**』라는 말씀의 본 뜻이었다. 다른 말로 표현해서 구원의 완성인 것이다. 그때 가서야 구원받는다는 것이 아니라 그때 구원의 결과가 구체적이고도 물리적으로 나타난다는 말이다.

당신의 구원은 현재로서는 단지 지상에서 성령의 열매로 구원의 증거가 나타날 뿐이다. 구원받고 거듭난 당신이 성령 안에서 살기에 성령 안에서 행하고 그 열매를 드러내게 되는 것은 지상에서 구원에 대한 가장 강렬한 증거 자료인 셈이다. 『**사랑과 기쁨과 화평과 오래 참음과 친절과 선함과 믿음과 온유와 절제**』(갈 5:22,23), 이것이 바로 당신이 구원받았다는 강력한 증거다. 당신에게서 드러나는 이 성령의 열매를 보고 당신 자신이 구원받았다는 사실을 당신 스스로가 확인해 볼 수 있고 당신의 형제들이 알게 되며 이웃들이 수긍하게 된다. 그리스도인이라 자처하면서도 그에게서 성령의 열매가 엿보이지 않는다면, 그 구원에는 분명 문제가 있다. 사실 누가 어떻게 보느냐는 그렇게 중요하지 않다. 문제는 자신의 구원을 당신 스스로가 확인하고 있느냐 하는 것이다. 주님께서 다시 오실 때, 당신의 구원은 "휴거"라는 실제적 사건으로 나타나게 될 것이므로 그 때는 모든 것이 확실하게 드러날 것이다. 그러나 문제는 지금이다. 지금 확인되지 못한다면, 그 때는 이미 늦은 것이다. 당신의 아내는 갑자기 지상에서 사라졌는데, 당신은 두 눈을 멀뚱거리며 지상에 그냥 남아 있는 자신을 바라보며 낭패를 당하게 된다.

구원의 확신이 있는 사람은 주님께서 다시 오실 때 『**칭찬과 존귀와 영광을 받게**』되리라는 것을 안다. 이것을 알고 또 믿고 있기 때문에 당신은 지금 『**말할 수 없이 영광으로 가득 찬 기쁨으로 즐거워**』하고 있는 것이다. 구원받지 못한 죄인들은 이 기쁨을 도저히 이해하지 못한다. 그들은 당신이 분명 어떤 시련에 처해 있음을 아는데, 그런데도 당신이 『**크게 기뻐하는 것**』(6절)을 보고 실성했다고 여길지도 모른다. 그러나 정작 당신은 남들이야 그러거나 말거나 『**말할 수 없이 영광으로 가득 찬 기쁨으로 즐거워**』한다.

주님께서는 이러한 당신을 얼마나 귀하게 여기시는지 모른다. 주님께서 보시기에 당신은 대환란이라는 끔찍한 재앙을 거치기에는 너무나 귀한 사람이다. 한번 생각해 보라. 주님께서는 당신을 위해서 목숨까지 내놓으셨던 분이 아니신가!

그래서 주님께서는 대환란이 시작되기 직전 당신을 하늘로 데려가신다. 이것이 곧 "휴거"이다. 당신은 휴거될 때, 썩지 아니하고 죽지 아니할 몸을 입고 하늘로 끌려 올라가게 될 것이다. 바울은 이를 두고 다음과 같이 진술했다.

『**보라, 내가 너희에게 한 가지 신비를 말하노니 우리가 다 잠잘 것이 아니요 오히려 우리가 모두 변화될 것이니 마지막 나팔에 눈깜짝하는 순간에 그러하리라. 나팔 소리가 나면 죽은 자들이 썩지 아니하는 몸으로 일으켜지며 우리도 변화되리라. 그리하여 이 썩을 몸이 반드시 썩지 아니할 몸을 입고 이 죽을 몸이 반드시 죽지 아니할 몸을 입으리라**』(고전 15:51-53).

그러므로 당신은 대환란을 거칠 수도 없고, 대환란을 거칠 필요도 없으며, 그 끔찍한 재난을 거쳐서도 안 되게 된 것이다.

따라서 이 부분의 문단에서 『**잠시 슬퍼할 수밖에 없지만**』(6절)이라든지, 『**믿음의 시련**』(7절)이라든지, 『**그를 보지 못하나 믿고 있으며**』(8절)라고 언급되고 있는 말씀들은 지금의 당신에게 적용되는 것이지 환란 성도들에게 해당하는 말씀이 아니다. 환란 성도들은 『**하나님의 계명들과 예수의 믿음을 지키는 자들**』(계 14:12)이다. 다시 말해서, 그들은 구원받기 위하여 "믿음"뿐만 아니라 계명들을 지키는 "행위"가 요구되는 사람들이다. 베드로는 지금 이들에게 편지를 쓰고 있는 게 아니다. 『**마지막 때에 나타내려고 예비하신 구원을 얻기 위하여 믿음으로 말미암아** 하나님의 **능력으로 보호받고**』 있는 사람들(5절), 즉 "휴거"를 통한 구원의 결과와 구원의 완성을 기다리고 있는 사람들, 지금 이미 『**믿음의 결과**』로 『**혼들의 구원**』(9절)이 완성되어 있는 이 교회 시대에 살고 있는 사람들, 바로 이런 사람들에게 베드로는 지금 편지를 쓰고 있는 것이다. 요컨대, 이 문단은 교회 시대에 관련되는 부분인 것이다. 이 사실은 다음 10절에서도 재삼 확인된다.

『이 구원에 관해서는, 너희에게 임할 은혜에 관하여 예언한 선지자들이 열심히 조사하고 살펴보던 것이며,』(10절).

이 『**구원**』은 대환란 성도들의 구원이 아니다. 이것은 하나님의 『**은혜**』와 관련되는 『**구원**』이기 때문이다. 선지자들은 대환란 성도들의 구원에 대해서는 이해하고 있었지만, 교회 시대의 구원에 대해서는 잘 모르고 있었다. 그래서 그들은 이 『**구원**』에 관하여, 그리고 하나님의 그 『**은혜**』에 관하여, 『**열심히 조사하고 살펴보던**』 사람들이다. 선지자들은 대환란 시대의 구원이라면 그렇게 『**열심히 조사하고 살펴**』볼 필요가 없었다. 이에 대해서는 이미 잘 알고 있었기 때문이다. 그러나 믿음만이 전제되는 교회 시대의 구원과 하나님의 은혜에 관해서는 몰랐다. 사실상 이 구원과 하나님의 은혜는 성경에 이미 언급되고 있었다. 그러나 그들로서는 이것이 도저히 이해할 수 없는 하나의 신비였다. 그래서 그들은 이를 둘러싸고 이렇게도 조사해 보고 저렇게도 살펴보는 가운데 그 기록들을 읽고 또 읽으면서 그것이 무엇인지 열심히 생각하고 연구했다. 이런 것들을 기록했던 장본인들은 정작 그들 자신이었다. 그런데도 그들은 이에 대해 하나님께서 말씀하신 것들을 제 손으로 받아쓰면서도 그것이 무엇인지 이해하지 못하였고, 기록해 놓은 다음 다시 읽고 또 읽어 보아도 이해하기가 어려웠다.

『그들 안에 계셨던 그리스도의 영이 그리스도의 고난과 다가올 영광을 미리 증거하실 때, 그 영이 무엇을, 또 어떤 시기를 지시하시는지 탐구하던 것이니라』(11절).

선지자들 안에는 『**그리스도의 영**』이 들어와 계셨다. 그리고 그 영이 그들에게 『**그리스도의 고난과 다가올 영광을 미리 증거**』하셨다. 다시 말해서, 『**그리스도의 고난**』, 즉 예수 그리스도의 초림과 『**다가올 영광**』, 즉 예수 그리스도의 재림과 그에 이어서 그분께 다가올 영광에 관해서 『**그리스도의 영**』께서는 그들에게 증거하셨던 것이다. 그리고 그들은 성령께서 증거하시는 말씀들을 낱낱이 기록해 두었다. 그러나 그러면서도 그들은 성령께서 증거하셨던 초림과 재림이 『**어떤 시기를 지시하시는지**』 도무지 알 수가 없었다. 그리하여 이것을 알고자 선지자들은 성령의 증거를 열심히 『**탐구**』했다. 그들은 그리스도의 『**고난**』과 『**영광**』에 대하여 같은 종이에 적어 놓았으되, 그 『**고난**』과 『**영광**』이 어떻게 구별되며, 이 양자 사이에 어떤 관계가 있는지 생각해 낼 수가 없었다. 그런 터에 『**고난**』과 『**영광**』이 시간적으로 차이가 있으리라는 것은 더더욱 상상하기 어려운 일이었다.

『**고난**』과 『**영광**』, 이 양자는 서로 상반되는 모순이며 동시에 양립할 수 없는 반대 개념이다. 그리스도의 『**고난**』이라면 이것은 그분으로서는 수치스러운 오욕이다 그러나 그리스도의 『**영광**』이라면 이것은 지극히 당연하고 그분께 합당하다. 이 상반되는 두 가지가 어떻게 동시에 공존할 수 있난 말인가? 그래서 선지자들은 서로 상반되고 상충하는 이 두 가지 사실에 대한 성령의 증거와 예언의 『**시기**』를 생각해 낼 수가 없었다. 그들의 시야에는 분명히 갈보리의 봉우리가 들어왔다. 그런데 또 재림의 봉우리가 거기에 중첩된 채 그들의 시야에 들어왔던 것이다. 그리고 두 봉우리 사이에 걸쳐 가려져 있는 계곡은 둘 사이에 낀 채 숨어 있는지라 그들로서는 볼 수가 없었다. 그리하여 그들은 서로 상치되는 두 봉우리가 어떻게 거기에 같이 서 있을 수 있는지 도저히 이해할 수가 없었던 것이다.

예수 그리스도의 초림이라면 또 몰라도 그분의 재림이 구약 어디에 언급돼 있느냐고 당신은 혹시 어리둥절해 있을지도 모르겠다. 그러나 그리스도의 "오심"에 관한 한, 구약에는 주님의 초림보다 재림에 관한 예언들이 훨씬 더 많이, 훨씬 더 자주 언급돼 있음을 알아야 한다. 그런데 이들 재림 관련 구절들이 그분의 초림을 예언하는 구절들과 함께 있거나 바로 뒤이어서 나오고 있음을 우리는 본다. 가령, 이사야 53장을 보라. 이 장은 분명 예수 그리스도의 초림을 다룬다. 그런데 바로 그 다음 54장은 그분의 재림을 예언한다.

『**그는 사람들에게서 멸시받고 거부되었으며 슬픔의 사람이요 질고에 익숙한 사람이라**』(사 53:3). 분명히 초림이다.

『**우리가 우리의 얼굴을 그로부터 숨긴 것같이 그는 멸시받았고 우리는 그를 존중하지 아니하였도다**』(사 53:3). 역시 초림에 대한 예언임이 틀림없다.

『**실로 그가 우리의 질고를 지고 우리의 슬픔을 지었는데도 우리는 그가 형벌을 받아 하나님께 맞으며 고난당한 줄로 생각하였도다**』(사 53:4). 누가 보아도 이사야는 지금 예수 그리스도의 초림을 언급하고 있다.

『**그가 억압을 당하고 고난을 당하여도 그의 입을 열지 아니하였으니 그가 어린양처럼 도살장으로 끌려가며... 그가 내 백성의 허물로 인하여 형벌을 받았음이라**』(사 53:7,8). 이처럼 이사야 53장은 초림하셨던 예수 그리스도의 고난에 대하여 집중적으로 다룬다.

그런데 그 다음에 이어지는 54장은 『**노래하라.**』는 외침으로 1절을 연다. 그리고 『**네 장막의 터를 넓히고... 처소의 휘장을 펴게 하라.**』는 환호의 외침이 2절에 이어진다. 그리고 3절에서 이스라엘의 완전한 회복이 선포된다. 『**네 씨가 이방인들을 유업으로 받아 황폐한 성읍들로 사람이 살도록 하게 할 것이기 때문이라.**』 54장은 이것으로 끝나지 않고 주님의 재림과 영광, 그리고 천년왕국으로 들어가 완전히 회복된 이스라엘의 모습을 계속해서 펼친다.

『**네 젊은 시절의 수치를 잊을 것이며, 네 과부 때의 치욕을 더 이상**

기억하지 않을 것이라』(4절). 재림이다.

『너를 지으신 분이 네 **남편이니 만군의 주가 그의 이름이며, 너의** 구속주, **이스라엘의** 거룩한 **분이라. 그가** '**온 땅의** 하나님**이라.**' **칭함을 받으리라**』(5절). 재림이다.

『**잠시 동안 내가 너를 버렸으나 큰 자비로 내가 너를 모을 것이니라… 내가 영원한 인자함으로 네게 자비를 베풀리라**』(7,8절). 역시 재림이다.

『**오 너 고통받고 광풍에 까불리고 위로받지 못한 자여, 보라, 내가 아름다운 색상으로 네 돌들을 놓으며 사파이어로 네 기초들을 놓으리라**』(11절). 또 역시 재림이다.

그리고 54장 마지막 17절, 『**너를 대적하려고 만들어진 어떤 무기도 성공하지 못할 것이요, 재판에서 너를 대적하여 일어나는 어떤 혀도 네가 정죄할 것이라. 이것이 주의 종들의 유업이요, 그들의 의는 내게서 받은 것이니라. 주가 말하노라.**』 마찬가지로 재림 관련 구절이다.

이처럼 성령께서는 주님의 초림을 예언하는 이사야 53장을 그분의 재림을 예언하는 54장과 동시에 이사야 선지자에게 들려주셨고, 이사야는 이것을 같은 자리에 기록해 놓았던 것이다. 그래 놓고 보니 주님의 『**고난**』과 『**영광**』이 동시에 언급되고 있었고 자신은 이것을 같은 자리에 기록해 놓을 수밖에 없었던 것이다. 그리고는 서로 상반되는 내용 때문에 고심하면서 그것을 이해하려고 『**열심히 조사하고 살펴**』보았으며 또 『**탐구**』했던 것이다.

그런가 하면, 시편 22편은 또 어떤가?

시편 22편은 1절에서 『**나의** 하나님, **나의** 하나님, **어찌하여 주께서는 나를 버리셨나이까?**』라는 말씀으로 서두를 연다. 당신은 이 부르짖음을 누구에게서 들었는가? 당신은 이 절규를 어디서 들었는가? 『**엘리, 엘리,**

라마 사박타니?』, 이것은 주님께서 갈보리 십자가에 달리셨을 때, 『**제육시에서 제구시까지 어두움이 온 땅을 덮었더니 제구시경에 예수께서 큰 음성으로 소리질러**』 외치셨던 바로 그 부르짖음이었다(마 27:45,46). 이것이 무슨 말씀이었던가? 『**이는 "나의 하나님, 나의 하나님, 어찌하여 나를 버리셨나이까?"라는 말이라.**』(마 27:46)고 성경 스스로가 해석하고 있다. 시편 22:1의 말씀 그대로였던 것이다. 시편 22편은 예수 그리스도의 초림에 대한 예언으로 시작하고 있고 그 1절은 미리 갈보리의 모습을 여실히 보여 주고 있는 선명한 그림이다.

그러나 시편 22편은 후반부에서 예수 그리스도의 재림으로 그 초점이 옮겨간다. 『**세상의 모든 끝이 기억하고 주께로 돌이키리니 민족들의 모든 족속들이 주 앞에 경배하리이다. 이는 왕국이 주의 것이요, 주께서 민족들 가운데 통치자시기 때문이니이다**』(시 22:27,28).

자, 다윗이 읊었던 이 예언의 시, 선지자들은 이 시편 22편을 읽었을 것이다. 그러나 이것을 읽으면서 그들은 무엇을 보고 있었을까? 그들은 한 그림 속에서 십자가에 달리신 채 『"**엘리, 엘리, 라마 사박타니?**"』 하고 부르짖으시는 주님, 『**나는 벌레요, 사람이 아니라. 사람들의 비방거리요, 백성들에게 멸시거리니이다.**』(시 22:6) 하고 하소연하고 계신 가련한 주님을 보고 있었고 그와 동시에 『**민족들 가운데 통치자**』, 『**모든 족속들이... 경배**』드리는 주님, 곧 『**왕국**』의 주인이신 그분을 보고 있었다. 그렇다면, 선지자들이 이 그림을 온전히 이해할 수 있었겠는가? 『**비방거리요**』 『**멸시거리**』이신 주님과 『**왕국**』의 주인이신 『**통치자**』로서의 주님, 이 얼마나 어처구니없는 아이러니요, 모순이며 터무니없는 대조란 말인가! 당신이 선지자였다면, 이 두 가지가 한 책, 같은 장에 겹쳐서 기록되고 한 그림 속에 중첩되어 나타났을 때, 이것을 구분하고 그 『**시기**』의 차이를 제대로 읽어 낼 수 있었겠는가?

그래서 베드로는 여기서 『**은혜에 관하여 예언한 선지자들이... 그리스도의 영이 그리스도의 고난과 다가올 영광을 미리 증거하실 때**』 『**열심히 조사하고 살펴**』보면서 『**탐구**』했다고 언급하고 있는 것이다. 만약 당신마저도 지금 성경을 읽으면서 예수 그리스도의 초림과 재림을 혼동하고 있다면, 그런 당신에게 주님께서는 이렇게 꾸짖으신다. 『**오 어리석은 자들아, ...그리스도가 이러한 고난을 당하고서 그의 영광에 들어가는 것이 당연하지 않느냐?**』(눅 24:25,26)

초림과 재림을 한 그림 속에서 보여 주는 이러한 예는 구약 도처에서 발견된다. 출애굽기 12장 또한 그런 예들 가운데 하나다. 출애굽기 12장은 유월절 양의 피를 통한 그리스도의 구속을 다루는 장으로 유명한 장이다. 『**모세가... 말하기를... "어린양 한 마리를 골라내어 가져다가 유월절 양으로 잡고... 피로 문 인방과 양쪽 기둥에다 뿌리고..."**』(출 12:21,22)라고 명령했다. 그리고 『**주께서... 피를 보시면... 멸망시키는 자로**』(23절) 그 집을 그냥 지나지게 하심으로써 그들을 구원하셨다. 이것은 그리스도의 초림을 보여주는 명백한 그림이었다. 주님께서 초림하셨을 때 그분께서는 어린양으로 오셨다. 그리고 갈보리에서 희생제물이 되어 피를 흘리셨다. 그런데 출애굽기 12장은 마지막에 절에 가서 『**바로 그 날 주께서 이스라엘 자손들을 그들의 군대들대로 이집트 땅에서 데리고 나오셨더라.**』(출 12:51)는 말씀으로 장을 끝낸다. 이스라엘 자손과 주님의 영광이 아름답게 펼쳐지는 그림이다. 이것은 이스라엘의 구속이 완성되는 재림의 그림이다.

초림과 재림, 이 두 가지 그림이 공존하는 예언들 가운데서 선지자들은 그리스도의 십자가 고난과 다윗의 보좌에 앉으신 그분의 영광을 동시에 보았던 것이다. 그러면서도 이 둘 사이에 가로놓인 교회 시대는 보지 못했다. 이것은 그들에게 신비였고, 바울을 통하여 이 신비가 밝혀질 때까지는 누구도 이것을 알지 못했다.

하지만, 지금 우리는 다르다. 우리는 이 신비가 완전히 밝혀진 시대에 살고 있기 때문이다. 우리는 초림과 재림 사이에 펼쳐져 있는 교회 시대의 계곡에 서 있으며 여기서 초림의 갈보리와 재림의 올리브 산을 동시에 보면서도 이쪽과 저쪽으로 뚜렷이 구분돼 있는 두 산봉우리를 보고 있는 것이다.

이 신비를 밝혔던 바울은 이에 대해 에베소서 3:1-4에서 『**이런 까닭에 나 바울은 너희 이방인들을 위하여 예수 그리스도의 죄수가 되었으니, 과연 너희를 위하여 내게 주신 하나님의 은혜의 경륜을 너희가 들었을진대 이것은 그분이 계시로 내게 신비를 알게 하신 것이며 (내가 전에 간략하게 쓴 것과 같으니 너희가 읽을 때 거기서 그리스도의 신비 안에 있는 나의 지식을 이해하게 되리라.)**』고 언급한 다음 5절에서 『**그것이 성령으로 그의 거룩한 사도들과 선지자들에게 지금 계시된 것처럼 다른 시대들에서는 사람들의 아들들에게 알려지지 아니하였으니**』라고 언급함으로써 교회 시대의 신비가 자신에게 계시됨으로써 최초로 알려지게 되었음을 확인해주고 있다. 그리고 이 『**하나님의 은혜의 경륜**』 시대에 이르러 이방인들이 복음을 통하여 그리스도 안에서 공동 상속자가 되고 한 몸이 되며 그의 약속에 동참자가 된다는 것이고, 이로써 그리스도의 능력이 효과적으로 역사하심으로써 자기에게 주신 하나님의 은혜의 선물을 따라 자신이 복음의 일꾼이 되었다고 선언하는 한편, 모든 성도들 가운데서 가장 작은 자보다도 더 작은 자기에게 하나님께서 그런 은혜를 주신 것은 이방인들 가운데 헤아릴 수 없는 그리스도의 풍요함을 전파하게 하시고자 함이었다고 설명한다(엡 3:6-8). 요컨대, 교회 시대의 경륜에서는 이방인들이나 유대인들이 그리스도 안에서 한 몸을 이루게 되거니와, 이 사실은 구약 시대에는 그 누구에게도 알려지지 않았던 일이라는 것이다. 위에서도 설명했듯이 이것은 물론 구약 시대에 이미 명백히 계시되어 있던 사실이었다. 그러나 구약 시대 사람들은 이것을 알고 이해하지 못했던 것이다.

1:12 그들이 행한 사역들은 자신들을 위한 것이 아니라 우리를 위한 것
임이 그들에게 계시되었고 이것이 하늘로부터 보내신 성령으로 너희에게 복음을 전한 자들을 통하여 너희에게 이제 전해졌으며 천사들도 살펴보기를 간절히 바라는 것들이니라.
13 그러므로 너희는 생각의 허리를 동이고 정신을 차려 예수 그리스도
께서 나타나실 때 너희에게 가져올 은혜를 끝까지 바라라.
14 순종하는 자녀들로서, 이전에 무지하던 때의 정욕에 너희 자신을
맞추지 말고
15 오히려 너희를 부르신 그분께서 거룩하신 것처럼 너희도 모든 행
실에 거룩하라.
16 이는 기록되기를 "내가 거룩하니, 너희도 거룩하라."고 하시기 때문
이니라.

『**그들이 행한 사역들은 자신들을 위한 것이 아니라 우리를 위한 것임이 그들에게 계시되었고 이것이 하늘로부터 보내신 성령으로 너희에게 복음을 전한 자들을 통하여 너희에게 이제 전해졌으며 천사들도 살펴보기를 간절히 바라는 것들이니라**』(12절).

보라, 그것은 『**그들에게 계시되었고**』라고 언급한다. 그러나 선지자들은 그것을 이해하지 못했다. 왜? 그것은 그들 『**자신들을 위한 것이 아니라 우리를 위한 것**』이기 때문이었다고 베드로는 말한다. 그것은 구약 시대의 『**그들**』에게 계시되기는 하였지만, 정작 『**그들**』을 위한 것이 아니라 신약 시대의 우리를 위한 것이었다. 그래서 그들은 그것을 잘 이해하지 못했다. 그러던 것이 주님께서 이 땅에 오셔서 고난을 받으시고 갈보리 십자가에 처형되신 후 죽은 자들로부터 부활하시고 또 승천하셨다. 그리고 그 뒤를 이어서 그분의 약속대로 『**하늘로부터 보내신 성령**』께서 이 땅에 오시자 그분의 도우심으로 『**이것이... 복음을 전한 자들을 통하여**』 이제 우리들에게 전해졌던 것이다. 바꿔 말해서, 구원의 복음과 교회의 신비는 구약 시대에 이미 선지자들에게 계시되었으되, 갈보리 이후 신약 시대가 되고 나서야 비로소 이것을 우리들에게 전해주는 사역이 성령에 의해 수행되기에 이른 것이다. 그렇기 때문에 이사야나 예레미야나 에스겔, 다니엘 같은 선지서들과 시편 곳곳에서 우리가 지금 발견하는 그 숱한 진리들이 사실은 그 모두가 지금 이 시대의 우리들을 위한 것들이었다.

이렇게 볼 때, 구약 시대의 선지자들은 복음을 계시받고 그것을 기록하고서도 그것을 어떻게 누구에게 전해야 할지 그 사역을 타당하게 실행할 수 있는 방도를 알지 못했다는 것은 당연한 일이다. 왜냐하면, 복음에 관한 한 그들이 사역해야 할 대상들은 그들 당시에는 세상에 존재하지 않았기 때문이다. 복음에 관한 한 구약 시대 선지자들이 사역해야 할 대상들은 짧게는 수백 년에서 길게는 2천 년에 이르는 긴 시간이 흐르고 난 뒤에야 이 세상에 존재하게 되었으니 말이다. 베드로는 지금 이것을 말하고 있는 것이다.

『천사들도 살펴보기를 간절히 바라는 것들이니라.』

이 언급은 아주 재미있는 서술이지만, 이게 무슨 말인지 이해하려면 이런 식으로 한번 상정해 보는 것이 좋겠다. 즉, 구약의 선지자들이 하나님께로부터 들은 바를 자신들의 손으로 성경에 기록까지 했으면서도 그것이 무엇인지 알지 못했는지라, 그것을 알려고 조사하고 살펴보고 또 탐구했지만, 그 누구도 알아내지 못했다. 그래서 그들은 이 부분에 관한 한 성경책을 덮어두어야만 했다. 그러니 천사들인들 그게 무엇인지 살펴볼 방도가 없었다. 책을 덮어두었으니 천사들도 별도리가 없었던 것이다. 그런데 드디어 그 신비가 신약 시대에 들어와 바울을 통하여 밝혀짐으로써 지금 우리는 그것이 무엇인지 훤히 알게 되었다. 그래서 우리는 항상 성경을 펼쳐 놓고 그 말씀들과 예언들을 읽고 또 읽으면서 하나님의 경륜에 감복하기도 하고 또 그 은혜에 감사하면서 마음속에 새긴다. 천사가 이러한 우리들을 보고 또 우리들 앞에 펼쳐져 있는 성경책을 어깨 너머로 들여다본다. 구약 시대에는 닫혀 있었는지라 그렇지 않아도 오랫동안 궁금하던 차였는데, 마침내 신약 시대에 들어와 그 성경이 다시 펼쳐지는 것을 보더니 그들은 옳지 됐다 싶어 우리 앞에 펼쳐진 성경을 기웃거리면서 그게 뭔가 싶어 『**살펴보기를 간절히**』 바란다. 베드로의 이 말은 이러한 정황을 설명하고 있는 것이다. 성경은 당신이 보아야 당신의 천사도 읽을 수가 있는 것이다. 당신이 성경을 덮어두면 천사 역시 성경에 대해 소경이 되고 만다. 그런데도 당신은 그 성경책을 자꾸만 덮어버린다. 자꾸 덮기만 하는 게 아니라 아예 덮어둔 채 선반에 올려놓고 먼지만 쌓이게 놔둔다. 그러면 천사는 답답해 죽을 지경이다. 궁금한 게 한두 가지가 아니어서 성경책을 들여다보고 싶은데 당신이 그만 탁 덮어두었으니 천사들이 어깨너머로도 읽을 수가 없다. 그러니 오죽이나 답답해서 안달하겠는가? 그래서 천사들은 당신이 성경을 다시 펼칠 때까지 이제나저제나 하고 기다리면서 성경을 『**살펴보기를 간절히**』 바라고 있다. 베드로는 지금 아마 이런 상황을 머릿속에 그리고 있을 게다.

이게 만일 사실이라면, 하나님의 자녀들이라고 하는 그 숱한 그리스도인들보다도 천사들이 하나님의 말씀을 더 열심히 배우고 공부하고 싶어

하는 게 틀림없다. 아마 천사들은 성경을 덮어두고 있는 당신더러 이렇게 말하고 있는지도 모른다. "야, 넌 도대체 어찌 된 사람이냐? 너는 궁금하지도 않단 말이냐? 그러고도 네가 그리스도인이요, 하나님의 자녀란 말이냐? 너는 도대체 누구냐? 네가 그러는 통에 우리마저 성경 읽을 기회를 얻지 못하고 있지 않느냐? 언제까지 그러고 있을 참이냐?" 이게 만일 사실이라면, 이보다 더 부끄러운 일이 어디 있겠는가! 내가 믿기로는 천사들이야말로 그 누구보다도 이 책의 가치를 알고 이 책을 무엇보다도 가장 귀하게 여기는 존재들이다.

『**그러므로 너희는 생각의 허리를 동이고 정신을 차려** 예수 **그리스도께서 나타나실 때 너희에게 가져올 은혜를 끝까지 바라라**』(13절).

생각의 허리를 동인다는 말은 비유적인 표현이다. 당신은 허리띠를 맨다. 중대한 상황에 처하여 긴장감이 감도는 경우에는 더욱더 허리띠를 졸라맨다. 반대로 긴장이 풀리고 머리가 멍한 상태가 되면 될수록 허리띠를 푼다. 무엇인가 중대한 일을 준비하면서 결단에 차 있다면, 당신은 허리띠부터 단단히 매는 법이다. 정신을 바짝 차리고 있는 상태라면 더욱 그러하다. 당신은 허리띠를 끌러 놓은 채로는 아무것도 할 수가 없다. 당신의 몸도 그러할진대 『**생각**』이라고 해서 다를 바가 있겠는가? 그래서 베드로는 당신더러 『**생각의 허리를 동이고 정신을 차려**』 멍하니 앉아 있지 말라고 충고한다. 그리고 예수 그리스도께서 다시 오실 때를 기다리고 있으라고 권한다. 그분께서 오실 때 당신에게 가져오실 『**은혜**』를 한시도 잊지 말고 기다리면서 말이다. "깨어 있으라."는 명령은 주님의 다시 오심과 관련하여 성경에서 늘 곁들여지는 명령이다. 『**뿐만 아니라 우리가 그 때를 아노니 지금은 바로 잠에서 깨어나야 할 시간이로다. 이는 지금이 우리가 믿었던 때보다 우리의 구원이 더 가까워졌음이라**』(롬 13:11). 주님께서도 이것을 역설하셨다. 『**그러므로 깨어 있으라. 어떤 시간에 너희 주께서 오실는지 너희가 알지 못하기 때문이라**』(마 24:42).

그분께서 다시 오시는 상황을 밤에 도둑이 오는 것에 비유하는 것은 바울도 마찬가지였다. 『**주의 날이 밤에 도둑같이 오리라는 것을 너희 자신이 정확히 알고... 그들이 "평안하다. 안전하다."고 말할 때에... 갑작스런 멸망이 그들에게 임하리니... 그러므로 우리는 다른 사람들과 같이 자지 말고 깨어 있어 정신을 차리자**』(살전 5:2-6).

요한 역시 영 안에서 셋째 하늘에 올라갔을 때 이런 경고를 다시 한 번 더 확인했다. 『**만일 네가 깨어 있지 아니하면 내가 도둑같이 네게 임하리니 어느 때에 너에게 올 것인지 네가 알지 못하리라**』(계 3:3).

주님께서 다시 오시는 때를 우리에게 알려주지 않으시는 이유들 가운데 하나가 바로 우리로 하여금 항상 깨어 있도록 하기 위함이다. 우리가 만약 주님께서 다시 오시는 때가 언제일지 그것을 알고 있다면, 지금 당신은 쿨쿨 잠들어 있을 게 분명하니까 말이다. 설사 잠들어 있지 않는다 할지라도 당신은 아마도 있어서는 안 될 자리에서 무엇인가 해서는 안 될 무가치하고 수치스러운 어떤 일을 열심히 하고 있을지도 모른다.

그러나 사실상 이 구절은 교리적으로 재림 관련 구절이다. 이 구절을 위에서처럼 적용한다면, 이 말씀은 이 시대의 그리스도인들에게 주는 영적 경고로 보는 것도 얼마든지 가능하겠지만, 여기서 언급되는 『**은혜**』(13절)는 9절과 10절에서처럼 믿음의 결과로 오는 혼의 구원에 관련되는 하나님의 『**은혜**』라기보다 대환란을 거치고 있는 유대인들을 위한 『**은혜**』, 즉 그리스도의 재림과 함께 이스라엘의 민족적 회복이라는 의미에서의 『**은혜**』를 말한다. 『**예수 그리스도께서 나타나실 때 너희에게 가져올 은혜**』라면, 이렇게 해석하는 것이 교리적으로 타당하다. 그리스도의 지상 재림은 이스라엘에게는 『**은혜**』이되, 그리스도인들에게는 관계가 없기 때문에 은혜가 될 수 없다. 만약 이것이 공중 재림 때의 휴거라고 한다면 그것은 그리스도인들에게도 『**은혜**』가 될 수 있을 것이다. 하나님의 "은혜"라고 말할 때, 이것을 믿음으로 말미암아 구원받게 해주시는 하나님의 값없는 선물에만 국한할 수는 없다. 그리스도인들은 이 은혜 말고도 이루 헤아릴 수 없이 많은 다양한 은혜를 하나님께로부터 받고 있기 때문이다. 그리스도인들은 이미 하나님의 무한하신 『**은혜**』 가운데 들어와 있는 게 사실이다. 그리스도인들은 이미 그리스도의 몸 안에 들어가 있기 때문에 그 자체가 하나님의 무한하신 은혜 속에 들어가 있는 것이다. 그러나 이것으로 하나님의 은혜가 끝나는 것은 아니다. 솔직히 말해서 나는 하나님께서 내게 앞으로 더 베풀어주실 은혜들을 일일이 헤아려 알 수가 없다. 이렇게 볼 때, 이 구절의 『**은혜**』를 영적으로 적용하여 그리스도의 공중 재림과 함께 있을 휴거에 수반되는 은혜로 볼 수도 있겠지만, 교리적으로는 그리스도의 지상 재림과 함께 이루어질 이스라엘의 민족적 회복과 관련되는 은혜로 보아야 타당하다.

따라서 이 구절에서 언급되는 『**예수 그리스도께서 나타나실 때**』란 요한계시록에서 언급되는 나타나심, 즉 지상 재림의 시점을 의미한다. 요한계시록 5장에 주님께서 『**보좌에 앉으신 분의 오른손에서 그 책을 취**』하시는 장면이 나온다(계 5:7). 여기서 『**그 책**』에는 주님께서 이 땅에 재림하셔서 이스라엘에게 펼치실 『**은혜**』가 수록돼 있는 책이다.

『**순종하는 자녀로서, 이전에 무지하던 때의 정욕에 너희 자신을 맞추지 말고 오히려 너희를 부르신 그분께서 거룩하신 것처럼 너희도 모든 행실에 거룩하라**』(14,15절).

하나님의 자녀들은 주님께 순종한다. 순종은 거듭난 그리스도인들에게서 나타나야 할 기본적인 요건이다. 거듭나기 전 죄의 종이었을 때는 하나님에 관하여 무지했고, 이 무지 속에서 『**정욕**』에 따라 생각하고 행동했다. 그러나 이제는 상황이 전혀 다르다. 영으로 거듭나서 하나님의 자녀가 되었기 때문이다. 이제는 하나님의 아들로서 하나님의 가족이 되었다. 하나님께서는 거룩하시다. 그러므로 당신도 거룩해야 한다. 순종의 결과는 거룩함으로 나타난다. 하나님의 가족이라면 하나님의 가족다워야 한다. 그것이 거룩함이다. 모든 행실에서 거룩해야 하나님의 자녀임이 입증된다. 거룩하다는 것은 세상의 온갖 더러운 것들로부터 구별되어 있는 것을 의미한다. 더러움에 오염되지 않기 위해서 더러운 것들로부터 멀리 떨어져 있는 것, 이것이 거룩한 것이다. 그래서 거룩한 사람은 언제나 정결하고 언제나 순수하다. 거룩함을 유지하는 것은 수동적인 어떤 상황에서 자연히 기인하는 것이 아니라 능동적인 행동으로부터 나오는 결과다.

여기서 『**행실**』이라는 말이 "conversation"이라는 단어로 표기되고 있음에 유의하라. 이것은 3:1-3에서도 마찬가지다. 『**아내의 말없는 행실**』은 말씀에 순종하지 않는 남편을 그리스도께로 돌이키게 하는 능력을 갖는다(3:1). 남편은 아내의 『**정숙한 행실**』을 두려움 가운데서 본다(3:2). 따라서 여기서 말하는 『**행실**』이란 어떤 도덕적 관념이나 윤리적 개념 같은 것을 말하는 게 아니라 하나의 "생활 방식"(manner of life)을 뜻하는 것으로, 실생활에서 가시적이고도 구체적으로 드러나는 실질적이고도 능동적인 행위를 말한다. 실질적인 행위로 나타나는 생활 방식은 주위 사람들에게 직접적이고 강력한 영향력을 미치기 때문에 능동적이다. 이것을 성경에서는 『**행실**』이라고 일컫는다.

거룩함은 다음 절에서 언급하듯 『**스스로 성결케**』(레 11:44) 하는 『**행실**』에서 나오고 성결한 『**행실**』로 유지되며 또 성결한 『**행실**』로 표현된다.

『**이는 기록되기를 "내가 거룩하니, 너희도 거룩하라."고 하시기 때문이니라**』(16절).

베드로는 여기서 레위기 11:44의 말씀을 인용하고 있는데, 하나님께서는 레위기 11:44에서 『**스스로 성결케 하여 거룩하게 될지니라.**』고 말씀하시는 가운데 거룩케 될 수 있는 실제적인 방법을 제시하신다. 『**스스로 성결케**』 하는 것, 이것이 거룩해질 수 있는 실제적이고도 가장 효과적인 방법이다. 스스로 성결케 한다는 것은 스스로 불결한 것들로부터 떨어져 있음으로 해서 순수성을 지킨다는 것을 의미한다. 말하자면, 세상의 온갖 더러운 것들을 멀리하여 그것들에 오염되지 않도록 스스로를 지키는 것이 곧 성결케 하는 것이고 이렇게 해야 자신의 순수함을 지켜 거룩함을 유지케 되는 것이다. 『**스스로 성결케**』 하는 것은 여기 베드로전서 1:16에서 베드로가 언급하는 『**행실**』로써 이행되고 유지되고 표현된다.

1:17 또 외모로 보지 않으시고 각 사람의 행위에 따라 판단하시는 분을 너희가 아버지라 부른다면 너희의 이곳 나그네 시절을 두려움 속에서 지내라.

18 이는 너희가 아는 바와 같이, 너희가 너희 조상들로부터 전통으로 이어받은 너희의 허망한 행실에서 은이나 금 같은 썩어질 것들로 구속된 것이 아니라,

19 흠도 없고 점도 없는 어린양 같은 그리스도의 보배로운 피로 된 것이기 때문이니라.

20 그는 실로 세상의 기초가 놓이기 이전에 미리 정해지셨으나 너희를 위하여 이 마지막 때에 나타나셨으며

21 너희는 그를 통하여 그를 죽은 자들로부터 살리셨고 그에게 영광을

주신 하나님을 믿는 자들이니 이는 너희 믿음과 소망이 하나님 안에 있게 하려는 것이라.

『**또 외모로 보지 않으시고 각 사람의 행위에 따라 판단하시는 분을 너희가 아버지라 부른다면 너희의 이곳 나그네 시절을 두려움 속에서 지내라**』(17절).

『**이곳 나그네 시절을 두려움 속에서 지내라.**』는 말은 바울이 빌립보서 2:12에서 『**더욱더 두려움과 떨림으로 너희 구원을 온전히 이루라.**』고 했던 말과 맥을 같이 한다. 당신이 정말로 하나님에 대한 『**두려움과 떨림**』을 지니고 있다면, 그것은 당신의 마음속에만 머무르지 않고 구체적인 『**행위**』로 나타나는 법이다. 만약 당신의 행위로 『**두려움과 떨림**』이 드러나지 않는다면, 당신의 마음속에도 하나님에 대한 『**두려움과 떨림**』이 없다는 증거다. 그래서 하나님께서는 『**각 사람의 행위에 따라 판단**』하시는 것이다. 『**외모**』란 당신의 내면의 표출이 아니라 내면이 "가장된" 모습이다. 당신의 속마음은 『**외모**』에 반영되는 것이 아니라 『**행위**』에 반영되기 마련이다. 『**외모**』는 당신의 내면을 가리고 있는 가면에 불과하다. 그러나 실제적인 『**행위**』는 당신의 내면의 진실한 반영이다. 하나님께서는 당신의 『**행위**』가 아니더라도 당신의 마음속을 훤히 다 들여다보고 계신다. 그런데도 『**행위로 판단하시는**』 까닭은 『**행위**』, 즉 『**행실**』로 당신의 거룩한 삶이 유지될 수 있고 이것으로 당신의 거룩함이 열매를 맺을 수 있기 때문이다. 당신의 『**아버지**』께서는 거룩하신 분이다. 당신이 그분을 『**아버지**』라 부른다면, 당신 또한 거룩해야 하는 것은 너무나 당연하다. 『**이곳 나그네 시절을 두려움 속에서 지내**』고 있다면, 당신에게 거룩하기를 바라시는 당신 『**아버지**』의 요구를 모른 체할 수가 없다. 그래서 당신은 그 요구에 순종하여 『**행위**』로 거룩함을 지키고 나타낸다.

『**이는 너희가 아는 바와 같이, 너희가 너희 조상들로부터 전통으로 이어받은 너희의 허망한 행실에서 은이나 금 같은 썩어질 것들로 구속된 것이 아니라,**』(18절).

『**은이나 금 같은 썩어질 것들로 구속된 것**』에 대한 예는 레위기 25장에서 찾을 수 있겠다. 레위기 25장에 보면 가난한 자들이 부자들에게 종으로 팔려가는 경우가 나오는데, 이때 그 종을 다시 사오기 위해서는 "속전"(redemption money), 즉 "구속"하기 위한 값을 치러야 한다. 이것이 바로 "너희 조상들로부터 전통으로 이어받은" 것이며, 은이나 금 같은 것들을 속전으로 삼아 이루어진 구속이다. 이렇게 해서 구속을 받기는 하였으되, 그것으로 영원한 생명을 보장받는 것은 결코 아니었기에 베드로는 이 구절에서 이것을 두고 『**은이나 금 같은 썩어질 것들로 구속된 것이 아니라**』고 언급하고 있는 것이며, 더 나아가 당신의 구속이 그런 허망한 구속이 아니라는 것을 강조하고 있는 것이다. 다음 19절에서 우리는 이것을 알 수 있다.

『**흠도 없고 점도 없는 어린양 같은 그리스도의 보배로운 피로 된 것이기 때문이니라**』(19절).

당신의 구속은 『**그리스도의 보배로운 피로 된 것**』이다. 그리스도의 피는 곧 하나님의 피다. 죄와 죽음의 노예였던 당신의 몸값을 하나님께서는 자신의 보배로운 피로 지불하셨던 것이다. 그것은 희생 제물로 드려진 짐승의 피도 아니었고 인간의 피도 아니었다. 그것은 『**흠도 없고 점도 없는 어린양 같은 그리스도의 보배로운 피**』였다. 당신 몸값을 계산하여 그 귀한 피로 속전을 지불하심으로써 당신이 받게 된 구속은, 그래서 『**은이나**

금 같은 썩어질 것들로』 된 구속이 아니다.

『**그는 실로 세상의 기초가 놓이기 이전에 미리 정해지셨으나 너희를 위하여 이 마지막 때에 나타나셨으며**』(20절).

흠도 없고 점도 없으신 그리스도께서 당신을 구속하시기 위해 보배로운 피를 흘리신 것은 『**실로 세상의 기초가 놓이기 이전에 미리 정해**』져 있던 일이었다. 그분께서 『**마지막 때에 나타나셨**』는데, 이것을 "과거형"으로 서술하고 있다는 것으로 보아 초림 때를 말하는 것이 분명하다. 그러나 이것 때문에 이 『**마지막 때**』가 예수 그리스도의 초림에서부터 재림 때까지에 걸치는 전체 기간을 의미하는 것으로 이해하는 사람들이 많다. 이것은 히브리서 1:2의 경우에도 마찬가지다. 히브리서 1:2은 『**이 마지막 날들에 그의** 아들을 **통하여 우리에게 말씀하셨으니, 이 아들을 만물의 상속자로 세우시고, 또 그를 통하여 그분께서 세상들을 지으셨느니라.**』고 말씀하고 있는데, 이 구절은 초림 관련 구절임이 분명하지만, 『**마지막 날들**』이라는 용어를 사용함으로 인해 그리스도의 초림 때부터 계속해서 "마지막 날들"이라고 사람들은 생각한다.

베드로전서 1:20이나 히브리서 1:2이 모두 시제 상으로는 과거 시점을 지시하고 있는 게 사실이며, 그것이 예수 그리스도의 초림 시점이라는 것 역시 사실이다. 그러나 히브리서 1:2의 경우 우리는 거기에 언급되고 있는 『**상속자**』라는 말에 주목하지 않을 수 없다. 성경에서 『**상속자**』는 "유업," 특히 "땅의 유업"을 상속받게 될 사람을 의미한다. 따라서 『**이 아들을 만물의 상속자로 세우시고**』라는 언급은 예수 그리스도께서 땅을 유업으로 상속받으시고 통치하시게 될 것을 서술하고 있는 말씀이다. 그러나 지금 이 교회 시대에 그리스도께서 땅을 유업으로 상속받으시고 통치하고 계신 것은 결코 아니다. 오히려 지금 이 땅은 마귀가 지배하고 있고 예수 그리스도께서는 지금 셋째 하늘 하나님의 보좌 우편에 앉아 계신다. 그렇다면, 그리스도께서 이 땅을 유업으로 받으시고 통치하시게 될 시점은 지금 이 교회 시대가 아니라 미래의 일임이 확실하다. 이 미래의 시점을 성경은 천년왕국으로 지칭한다. 이 미래의 왕국에서 그리스도께서는 『**상속자**』요, 통치자로 세워지실 것이다.

그런데 어째서 이들 구절들은 이것이 미래가 아니라 마치 과거의 일인 것처럼 과거시제 내지 현재완료형으로 표기하고 있는 것일까?

그것은 예수 그리스도께서 "과거에" 초림하셨을 때 바로 이 왕국도 원래는 그 "과거에" 임할 수 있었기 때문이다. 이것은 사실이었다. 침례인 요한이 예수 그리스도에 앞서 와 그분의 길을 예비하면서 유대인들에게 부르짖었던 외침이 이것이었다. 『**너희는 회개하라. 천국이 가까이 왔느니라**』(마 3:2). 그리고 이것은 예수 그리스도께서도 친히 외치셨던 바다. 『**그 때부터 예수께서 전파하기 시작하여, 말씀하시기를 "회개하라. 천국이 가까이 왔느니라."고 하시더라**』(마 4:17). 그리고 주님께서는 두루 다니시면서 유대인들에게 계속해서 왕국 복음(천국 복음)을 전파하셨다. 『**예수께서 온 갈릴리에 두루 다니시며 그들의 회당에서 가르치시고, 또 왕국 복음을 전파하시며, 백성 가운데 모든 질병과 모든 허약함을 고쳐 주시더라**』(마 4:23).

그러나 유대인들은 자신들의 왕으로 오신 메시야 예수 그리스도와 그분의 왕국을 거부했다. 그리고 그분을 십자가에 매달아 처형했다. 그 뒤로도 얼마동안 이 왕국 복음은 제자들과 주님을 따랐던 사람들에 의하여 계속 전파되었다. 그러나 유대인들은 끝내 이 왕국 복음을 받아들이지 않았다. 그들이 사도행전 7장에서 스테판이 마지막으로 전한 메시지를 받아들이기만 했더라도 그들에게는 약속되었던 왕국이 임했을 것이다. 그러나 그들은 끝내 이것을 거부했다. 그래서 그들의 왕은 초림 때 다윗의 보좌에 앉지 못하셨고 왕국은 뒤로 연기될 수밖에 없었던 것이다. 그것을 우리는 지금 "재림"이라 부른다. 유대인들이 자신들의 왕이신 예수 그리스도를 받아들였더라면 "재림"은 초림 때 이루어졌을 것인즉, "재림" 자체가 필요치 않았을 것이다.

그러므로 성경에서 『**마지막 날들**』(last days), 또는 『**마지막 때**』(last times)라고 말씀할 때, 이것은 과거든 미래든 "왕국 복음이 전파되는 기간," 즉 그분의 왕국이 임하기 직전 상황을 의미한다고 정리해 볼 수 있다. 다시 말해서, 마태복음 3장의 침례인 요한이 왕국 복음을 전파하기 시작한 때로부터 사도행전 7장의 스테판이 마지막으로 왕국 복음을 전파했던 시점에 이르기까지의 기간은 『**마지막 날들**』이었고 또 『**마지막 때**』에 해당하는 기간이었던 것이다. 그리고 교회 시대의 종료와 함께 성도들이 휴거되고 난 뒤부터 대환란이 끝나고 그리스도께서 재림하실 때까지의 기간, 즉 대환란 기간 또한 『**마지막 날들**』(last days)이요, 『**마지막 때**』(last times)인 것이다. 이 기간 동안 왕국 복음이 다시 전파될 것이기 때문이다. 그리고 마침내 대환란의 종료와 함께 그리스도의 재림으로 왕국 시대가 실제로 열리게 될 것이다.

자, 이만하면 여기 베드로전서 1:20의 『**마지막 때**』가 지시하는 시점이 언제인지 충분히 이해하게 되었을 것이다. 이것은 과거였고 동시에 미래인 것이다. 구약의 선지자들은 이 두 시점을 한꺼번에 보고 있었다. 그들은 갈보리의 십자가와 함께 다윗의 보좌를 또 같은 자리에 놓고 보고 있었던 것이다. 그들의 눈에는 주님께서 탄생하실 베들레헴도 마지막 날들의 그림 속에서 보았고 갈보리의 십자가도 마지막 날들의 그림 속에서 보았으며 다윗의 보좌가 준비되는 장면 또한 마지막 날들의 그림 속에서 보고 있었던 것이다. 그러나 그들은 그 그림 속에서 교회 시대는 볼 수가 없었다. 마지막 날들의 그림 속에는 교회 시대가 나타나 있지 않았기 때문이다.

『너희는 그를 통하여 그를 죽은 자들로부터 살리셨고 그에게 영광을 주신 하나님을 믿는 자들이니 이는 너희 믿음과 소망이 하나님 안에 있게 하려는 것이라』(21절).

예수 그리스도께서는 죽은 자들로부터 부활하셨고, 하늘에 오르시어 영광을 받으셨다. 또한 그분께서 영광받으시는 것은 재림 때에 더욱 분명해질 것이다. 따라서 앞의 "마지막 때"와 연관된 설명을 기억할 때, 베드로는 지금의 우리들과 똑같이 재림의 소망을 갖고 있었고, 아직 이것을 갖지 못한 사람들에게 이 서신서를 통하여 그 믿음과 소망을 촉구하고 있는 것이다.

1:22 너희가 성령을 통하여 진리에 순종함으로써 너희 혼들을 정결케 하여 가식 없는 형제 사랑에 이르렀으니 순결한 마음으로 서로 뜨겁게 사랑하라.
23 너희가 거듭난 것은 썩어질 씨로 된 것이 아니라 썩지 아니할 씨로 된 것이니 살아 있고 영원히 거하는 하나님의 말씀으로 되었느니라.
24 이는 모든 육체는 풀과 같고 사람의 모든 영광은 풀의 꽃과 같으며, 풀은 마르고 꽃은 져도
25 주의 말씀은 영원토록 남아 있음이라. 이것이 너희에게 복음으로 전해진 말씀이니라.

『너희가 성령을 통하여 진리에 순종함으로써 너희 혼들을 정결케 하여 가식 없는 형제 사랑에 이르렀으니 순결한 마음으로 서로 뜨겁게 사랑하라』(22절).

"물침례" 구원에 매달리고 있는 자들은 이 구절을 읽으면서 "물침례에 순종함으로써 너희 혼들을 정결케 하여"라고 되어 있지 않은 것을 못내 아쉬워할 것이다. 예루살렘 회의에서 사도들과 장로들이 믿는 이방인들을 위한 할례 문제를 놓고 많은 논의가 있은 후에 베드로가 일어나서 매우 중대한 설교를 했다. 그 설교가 이러했다. 하나님께서 오래전부터 사도들을 택하셨고 그 가운데 자기도 택하셔서 그의 입을 통하여 이방인들이 복음의 말씀을 듣고 믿게 하셨다. 이것은 당신네들도 다 알고 있는 사실이다. 마음을 아시는 하나님께서는 우리 사도들에게 행하신 것과 마찬가지로 이방인들에게도 증거하시어 성령을 주심으로써 우리와 그들 사이에 어떤 차이도 두지 아니하셨다. 이렇게 말한 다음 베드로는 『**믿음으로 그들의 마음을 정결케 하셨느니라.**』(행 15:9)고 역설했다. 그러나 "물침례"로 그들의 마음을 정결케 하셨다고는 결코 말하지 않았다. 하나님께서는 『**성령을 통하여**』 당신으로 하여금 『**진리에 순종케**』 하셨다. 다시 말해서 주 예수 그리스도를 믿게 하셨다. 그리고 그 『**믿음으로**』 당신의 혼을 『**정결케**』 하셨다.

『**가식 없는 형제 사랑에 이르렀으니**』. 이것은 믿음으로 혼이 정결케 된 결과다. 형제 사랑에 가식이 없으려면 당신의 마음이 정결해야 한다. 당신의 마음이 정결하려면 먼저 믿음이 있어야 한다. 하나님께서는 성령을 통해서 이 모든 일련의 일들이 당신에게 일어나도록 역사하셨다. 그러므로 『**순결한 마음으로 서로 뜨겁게 사랑하라.**』고 베드로는 당신에게 촉구한다.

이것은 그리스도인으로 거듭난 사람의 증거다. 당신이 하나님의 자녀로 새롭게 태어났다면, 당신은 다른 모든 그리스도인들과의 형제 사랑으로 당신의 새로운 출생을 입증하게 된다. 당신의 형제 사랑은 정결한 혼에서 우러나오는 『**가식 없는**』 사랑이요, 『**순전한**』 사랑이며 또 뜨거운 사랑이다. 만약 당신에게서 이런 사랑이 엿보이지 않는다면, 당신이 과연 하나님의 참된 자녀로 새롭게 태어난 사람인지가 의심스럽다. 이것은 당신 스스로가 점검해 볼 일이다.

그리스도인들이 "사랑"이라고 말할 때, 의외로 많은 사람들이 오해하고 있는 것을 본다. 그리스도인들은 세상을 사랑하지 않는다. 따라서 그리스도인들은 세상 사람들 역시 사랑할 수가 없다. 만약 누가 세상을 사랑하지는 않되, 세상 사람들만은 사랑한다고 말한다면, 그 사람은 거짓말을 하고 있는 것이다. 그 사람은 세상을 사랑하거나 아니면 세상 사람을 사랑하지 않거나 둘 중 하나다. 구원받지 못한 죄인들은 마귀의 자식들이다. 그런데 당신은 하나님의 자녀이다. 그렇기 때문에 당신이 마귀의 자식들을 사랑한다면 그것은 참 이상한 일이다. 마귀의 자식들은 하나님의 원수다. 이렇게 말하면, 당신은 대뜸 마태복음 5장을 내 앞에 들이대고 『**나는 너희에게 말하노니, 너희 원수들을 사랑하고, 너희를 저주하는 자들을 축복하며, 너희를 미워하는 자들에게 잘해 주고, 너희를 천대하고 박해하는 자들을 위하여 기도하라.**』(마 5:44)는 주님의 말씀을 환기시키려 할 것이다. 이 말씀이 주님께서 유대인들에게 가르쳐 주셨던 왕국 복음에 속하는 왕국에서의 법이요 명령이긴 하였으되 이것을 얼마든지 지금 우리들에게 적용하여 영적 교훈으로 삼을 수가 있다는 것은 두말할 나위가 없다. 그러나 이 말씀을 영적으로 적용한다 해도 이것은 세상에 대하여 증오에 불타거나 원수들에게 저주를 퍼붓는 것을 하나님께서는 허락지 않으신다는 뜻으로 받아들여야 한다. 하나님께서는 죄인들을 사랑하지는 않으시되 그들에게 자비와 은혜를 베푸시고 허물과 죄를 묻지 않으시며 선하게 인도하셔서 주 예수 그리스도를 믿고 구주로 영접할 수 있는 기회를 항상 열어 놓으신다.

이렇게 말하면 이번에는 또 "죄인에게 복음을 전해주고 그리스도께로 인도하는 것은 그러니까 그들을 사랑해서가 아니겠느냐?" 하고 당신은 내게 반문할 것이다. 그러나 내 대답은 여전히 "아니다."이다. 당신이 죄인들의 혼을 그리스도께로 이겨오는 것은 당신이 그들을 사랑해서가 아니라 하나님을 사랑하기 때문이다. 그리스도인들은 죄인들을 그리스도께로 인도하여 구원받고 거듭나게 한 다음에야 그들을 사랑한다. 이것이 곧 『**형제 사랑**』이다.

그럼 또 당신은 이렇게 내게 다그쳐 물을 것이다. "하나님께서는 세상을 사랑하시지 않는가? 그래서 독생자까지 주지 않으셨던가?" 옳은 말이다. 하나님께서는 세상을 "사랑하셨다." 그래서 독생자를 내어 주셨다. 그러나 그 독생자가 십자가에 처형되신 이후 지금은 사정이 다르다. 하나님께서는 독생자의 십자가 처형과 피흘리심으로 그분의 사랑을 조금도 모자람 없이, 온전히, 완벽하게, 남김없이 다 드러내셨다. 그런데도 세상 사람들이 하나님을 믿지 않고 주 예수 그리스도를 구주로 영접하지 않은 채 죄인으로 남아 있다면, 하나님께서는 이들에게 더 베풀어주실 사랑이 없으시다. 그분께서는 지난날 생명까지 그들을 위해 내어놓으셨다. 이보다 더 어떻게 사랑하란 말인가? 성경에 따르면 이들에게는 사랑이 아니라 하나님의 진노가 머물러 있다. 그래서 그들은 지옥으로 보내질 수밖에 없다. 『**아들을 믿는 자는 영생을 가졌고 그 아들을 믿지 않는 자는 생명을 보지 못하고 오히려 하나님의 진노가 그 사람 위에 머물러 있느니라**』(요 3:36).

이 세상에는 갈보리의 십자가와 관계가 없는 "하나님의 사랑"이란 존재하지 않는다. 예수 그리스도께서는 세상을 위해서는 기도조차 하지 않으셨다. 『**나는 세상을 위하여는 기도하지 아니하고 다만 아버지께서 내게 주신 자들을 위하여 기도하나이다**』(요 17:9).

주님께서는 당신에게도 세상을 사랑하지 말라고 명령하신다. 당신이 세상을 사랑하면 아버지를 사랑함이 당신 속에 있지 않음이라고 잘라 말씀하신다(요일 2:15).

세상 죄인들은 이따금씩 자신을 성찰해 보고 무엇인가 자기가 크게 잘못되어 있음을 발견하고 고뇌하며 좌절감에 빠지기도 한다. 사실, 양심이 조금이라도 살아 있는 사람이라면, 누구라도 한두 번쯤은 이런 체험을 하기 마련이다. 그러나 이 세상 정신과 의사들은 이들에게 이렇게 조언하고 충고해 준다. "당신에게는 아무 문제가 없다. 당신에게는 아무 죄가 없다. 당신은 괜찮다. '심리학적으로' 따져 볼 때, 당신은 자학 증세를 나타내고 있으나 그것은 순전히 망상일 뿐이다. 당신은 지극히 정상적이다."

그들은 인간의 양심으로 발견한 죄를 치료하는 법을 가르쳐 주는 게 아니라 '이성적으로' 그 죄를 교묘히 부인하고 숨기는 방법을 가르쳐 주고 돈을 받는다.

그런데, 현대 교회 목사들 대부분이 정신과 의사들이 써먹는 이런 돌팔이 식 죄의 치료 방식을 도입해 쓰고 있다. "하나님께서는 당신을 사랑하십니다. 당신은 아무 죄도 없습니다. 당신의 죄가 비록 주홍같이 붉을지라도 눈같이 희게 만들어주십니다. 그러니 죄를 좀 지었다고 해서 그렇게 고민할 필요가 없습니다. 자, 우리 교회로 오십시오. 여기에는 사랑이 넘친답니다. 우리는 당신을 사랑합니다. 우리 서로 사랑합시다."

그들의 말을 듣고 죄인들이 교회에 가 본다. 그런데 한 달이 지나고 두 달이 지나도 도무지 복음을 듣지 못한다. 하고 많은 날 들리는 말은 사랑타령뿐이요, 그 다음에는 돈타령뿐이다. 그들은 죄인들의 죄를 치료하기는커녕 그들을 지옥으로 내몬다.

사실, 이것은 현대 사회의 전반적 특징이기도 하다. "긍정적 사고," "자아가치 발견," "속박으로부터의 해방," "상대적 가치," "주관적 신리," "진화론적 발전과 향상," "새로운 역사의 창출," "개인적 잠재능력의 극대화," 현대 사회를 이끌어 가는 기본 사상이란 모두가 이런 것들을 기반으로 한다.

『**하나님께서 세상을 이처럼 사랑하셔서 그의 독생자를 주셨으니...**』(요 3:16) 이 말씀을 빙자하여 함부로 남발되는 "사랑"에 속지 말라. 갈보리의 십자가를 가르치지 않는다면, 그리고 당신에게 지옥을 설교하지 않는다면, 그것은 진정한 사랑이 아니다. 그것은 『**가식 없는**』 사랑도 아니요, 『**순전한**』 사랑도 아니며, 『**뜨겁게**』 하는 사랑도 아니다. 이런 사랑은 그리스도 안에서 형제가 된 사람들 사이에서나 오고 가는 사랑이기에 아무 데서나 기대하지 않는 게 좋다.

『**너희가 거듭난 것은 썩어질 씨로 된 것이 아니라 썩지 아니할 씨로 된 것이니 살아 있고 영원히 거하는 하나님의 말씀으로 되었느니라**』(23절).

참으로 위대한 구절이다. 반드시 암송해 두도록 하라. 당신이 그리스도인으로 거듭난 것은 당신이 육신적으로 어미의 태에 잉태되도록 만든 육신적인 아비의 씨, 그 『**썩어질 씨로 된 것**』이 아니다. 당신의 아버지가 아무리 우생학적으로 우수한 품종의 씨로 당신을 낳았다 해도 그 씨는 『**썩어질 씨**』이기에 당신은 죽어야 한다. 당신이 자녀들을 낳더라도 그들은 죽는다. 당신의 씨가 좋은 씨가 아니기 때문이다. 당신의 씨 역시 『**썩어질 씨**』이기 때문이다. 당신의 부모들은 세상을 떠났다. 그들이 당신의 조부모로부터 받은 씨가 좋은 씨가 아니라 신통치 않은 씨였기 때문이다.

그러나 당신이 거듭나는 새로운 출생은 사뭇 다르다. 당신의 거듭남은 『**살아 있고 영원히 거하는 하나님의 말씀**』, 즉 성경이라는 『**썩지 아니할 씨로 된 것**』이기 때문이다. 그렇기 때문에 당신이 거듭나면서 새로이 얻게 된 생명은 영원히 썩지 아니하는 생명이다. 당신은 이 생명을 하나님의 말씀을 통하여 얻었다. 예수님께서는 『**말씀**』을 『**씨**』에 비유하여 말씀하셨다. 마태복음 13장에서 씨 뿌리는 자에 관한 비유의 말씀이 나온다. 어떤 씨는 길가에 떨어져 새들이 와서 쪼아먹고, 어떤 씨는 돌짝밭에 떨어져 싹이 나오더라도 곧 말라죽고, 또 어떤 씨는 가시떨기 사이에 떨어져 잘 자라지 못하는가 하면, 또 어떤 씨는 좋은 밭에 떨어져 많은 열매를 맺는다는 그 이야기 말이다. "좋은 밭"이란 예수 그리스도께서 뿌리시는 말씀의 씨를 받아들이고 믿으며 그 말씀으로 잘 양육되고 성장하는 사람을 일컫는다.

주님께서는 『**하늘과 땅은 없어져도 내 말들은 결코 없어지지 아니하리라.**』(마 24:35, 막 13:31, 눅 21:33)고 말씀하셨다. 『**하늘**』을 두고 성경은 무엇이라 말씀하는지 아는가? 하늘들도 주님의 손으로 만드신 작품이지만 『**그것들은 모두 겉옷처럼 낡아지리이다.**』(히 1:11)라고 말씀한다. 그리고 주님께서 이 하늘들을 말아버리실 것인즉 『**그것들은 바뀌질 것**』(히 1:12)이라고 말씀한다. 요한은 별들이 무화과가 떨어지듯 땅에 떨어지고 하늘이 두루마리처럼 말려서 쓸려 가는 것을 보았다(계 6:13,14). 『**땅**』이라고 해서 하늘과 다르겠는가? 『**또 내가 새 하늘과 새 땅을 보니, 처음 하늘과 처음 땅은 사라지고, 바다도 더 이상 있지 아니하더라**』(계 21:1). 아담이 범죄하였을 때 이미 이 땅은 저주를 받았고 그 위에 사는 인간에게 가시나무와 엉겅퀴를 내게 되어 인간은 이 저주의 땅 위에서 고통 중에 그 소산을 먹지 않으면 안 되게 되었다(창 3:17,18). 카인이 살인자가 되었을 때, 그는 땅으로부터 저주를 받았고 경작해도 그 효력을 내지 않게 되었으며 땅에서 도피자와 유랑자 신세가 되고 말았다. 하늘과 땅은 그리하여 언젠가는 사라지도록 되어 있다.

자, 그런데 당신 책상 위에 놓여 있는 성경을 보라. 바로 그 성경을 두고 주님께서 하신 말씀이 『**하늘과 땅은 없어져도 내 말들은 결코 없어지지 아니하리라.**』였다. 성경은 실로 인간으로서는 헤아릴 수 없을 만큼 엄청난 책인 게 분명하다. 한번 생각해 보라. 하늘과 땅이 없어진다. 상상이나 할 수 있겠는가? 그런데도 주님의 말씀들은 그대로 영원히 있다. 정말 놀랍지 않은가? 지금 당신은 그 대단한 주님의 말씀을 앞에 놓고 있는 것이다. 그 성경을 펼쳐 읽을 때, 말씀의 활력, 즉 생명 에너지가 당신에게로 흘러 들어온다. 그것은 마치 전기 에너지를 끌어들일 수 있는 인입선에 전기 코드를 꽂는 순간과 마찬가지다. 당신이 성경으로부터 공급받는 생명 에너지는 결코 없어지지 않고 끊어지지도 않을 영원한 에너지다. 그리하여 당신은 그 에너지로 엄청난 힘을 내며 발동기처럼 힘차게 돌아가거나 등불처럼 환히 빛을 비추게 된다. 인입선에 코드가 접속되어 있는 한 당신은 언제까지나 그러한 에너지를 공급받고 힘을 발휘한다. 그러나 성경에서 플러그를 뽑는 순간 당신은 즉시 무력하게 되어 아무짝에도 쓸데가 없는 존재로 전락해 버리고 만다. 당신이 다시 성경을 펼지고 말씀으로부터 에너지를 공급받지 않는다면 당신은 그대로 서서히 삭아 없어지고 썩어버리고 만다. 성경은 바로 그런 책이다.

베드로는 지금 이 구절에서 『**살아 있고 영원히 거하는 하나님의 말씀**』이라는 서술을 통하여 하나님의 말씀이 살아 있음을 명백하게 천명한다. 바울 역시 이 사실을 명백하게 천명했다. 『**하나님의 말씀은 살아 있고 능력이 있어 양날이 있는 어떤 칼보다도 예리하여 혼과 영, 그리고 관절과 골수를 찔러 가르고 마음의 생각들과 의도들을 판별하느니라**』(히 4:12).

이처럼 하나님의 말씀은 살아 있기 때문에 당신이 성경을 집어드는 순간 당신의 손에는 단순한 어떤 물건이 들려져 있는 게 아니라 생명을 가진 유기체가 들려져 있는 것이다. 생명체는 활력이 있어 움직이고 숨을 쉬고 에너지를 발산하게 된다. 하나님의 말씀은 그 어떤 유기체보다도 엄청난 힘을 발휘한다. 얼마나 엄청난 위력을 발휘할 수 있었으면 하나님께서 그 "말씀"으로 심지어 하늘과 땅을 지으실 수 있었겠는가! 그래서 하나님의 말씀은 살아 있는 것이다. 성경은 살아 있는 책이다. 성경은 다른 책들과 전혀 다르다. 성경이 아닌 다른 어떤 책들도 그것은 죽어 있는 책들이다.

『**이는 모든 육체는 풀과 같고 사람의 모든 영광은 풀의 꽃과 같으며, 풀은 마르고 꽃은 져도**』(24절).

『**모든 육체**』라면 우리까지 포함해서 하는 말이다. 모든 육체는 풀과 같이 잠시 살다가 죽는다. 세상에는 별의별 풀들이 있지만, 어떤 풀이라도 한 철 살다가 곧 죽어 사라지고 만다. 그런즉 당신이 아무리 영광을 누리더라도 그 영광은 『**풀의 꽃**』처럼 잠시 반짝하다가 곧 사라지고 만다. 『**풀의 꽃**』은 풀의 가장 귀한 부분이다. 당신의 가장 귀한 부분이라도 이 『**풀의 꽃**』처럼 잠깐 그 자태를 뽐내다가 곧 사라져 없어지고 만다.

『**주의 말씀은 영원토록 남아 있음이라. 이것이 너희에게 복음으로 전해진 말씀이니라**』(25절).

그러나 하나님의 말씀은 영원하다. 모든 피조물들이 사라져 없어져도 주님의 말씀은 영원무궁토록 존속한다. 지금 당신 손에 들고 있는 그 책 말이다. 한번 곰곰이 생각해 보라. 지금 당신 손에 들려져 있는 그 책이 영원무궁토록 남아 있으리라는 사실, 생각만 해도 당신은 전율을 느끼지 않는가? 세상의 모든 피조물들이 불에 타 없어지는데, 유독 당신이 들고 있는 성경만은 영원히 남아 있다니!

베드로는 『**이것이... 말씀**』이라고 말한다. 세상은 없어져도 절대로 없어지지 않는 이것, "이것이 그 말씀"이라는 것이다! "그 말씀"이 당신에게 『**복음으로 전해진**』다. 그러니까, 『**복음**』은 "그 말씀"으로 되어 있다. 시몬 베드로는 성경을 가리키며 "이것이 그 말씀이다."라고 말한다. 그리고 "그 말씀이 복음이 되어 전해진다."고 말한다. 그 말씀으로 된 복음이 전파되고 당신은 그것을 읽고 듣는다. 하나님의 말씀은 전파되고, 귀에 들리고, 또 읽혀진다. "자, 그 말씀이 여기 있다. 내가 그 말씀을 그대에게 주노라." 베드로는 지금 당신에게 이렇게 말하고 있는 것이다. 그 말씀이 이제 2장에서 당신에게 개진된다.

베드로전서 2장

2:1 그러므로 모든 악의와 모든 속임수와 위선과 시기와 온갖 비방하는 말을 버리고
2 갓난 아기들로서 순수한 말씀의 젖을 사모하라. 이는 너희가 그것으로 인하여 자라게 하려 함이니라.
3 그렇게 함으로 너희가 주의 인자하심을 맛보았느니라.
4 사람들로부터는 정녕 버림받았으나 하나님께는 택하심을 받은 귀중한 산 돌이신 그분께 나아와서
5 너희도 산 돌들로서 영적인 집으로 지어지고 예수 그리스도로 인하여 하나님께서 기뻐하실 영적인 제물들을 드리는 거룩한 제사장이 되느니라.

『**그러므로 모든 악의와 모든 속임수와 위선과 시기와 온갖 비방하는 말을 버리고**』(1절).

『**악의**』가 무엇인가? 한마디로 "고약한 성질"(bad temper)을 말한다. "고

악한 성질"이란 하고 많은 날 "나쁜 일"만 생각하고 "나쁜 짓"만 하고 싶어하는 저주받은 성질을 말한다. "나쁜 일"이나 "나쁜 짓"이란 다른 사람에게 해를 끼치고자 하는 모든 생각들과 행동들을 말한다. 다른 사람에게 해를 끼치고자 하는 생각은 증오심과 이기심에서 나온다. 사람이 누구를 미워하기 시작하면 그 사람에게 어떻게든 해를 끼치고 싶은 생각이 마음 속에 자리잡게 된다. 이것이 바로 『**악의**』라는 것이다. 이기심은 그 자체가 다른 사람에게 해를 끼치게 된다. 그래서 이기심이 많은 사람치고 다른 사람을 생각하고 사랑한다는 일은 있을 수가 없다. 이기적인 사람은 기본 바탕이 다른 사람에 대한 증오심으로 가득 차 있는 사람이다. 이기심 때문에 다른 사람에게 의도적으로 해를 끼쳐 놓고 나서 "네가 미워서 그랬던 것은 아냐." 하고 말한다면, 그것은 거짓말이다. 이런 성질을 성경에서는 『**악의**』라고 말한다. 말할 것도 없이 이것은 마귀의 대표적인 속성이다.

『**속임수**』가 무엇인가? 이게 무엇인지 모르는 사람은 없을 것이다. "진실에 대한 반역," 이것이 곧 『**속임수**』이다. "진리에 역행하는 것," 이것이 곧 『**속임수**』이다. "거짓"은 본래적으로 "진실"을 싫어하고 미워한다. "거짓된 사람"은 천성적으로 "진리"를 미워하고 그에 역행하기를 좋아한다. 무엇이나 "진리"에 속하는 "진실한" 것이면, 거기에 반항하고 대적코자 하는 데서 나온 모든 생각들과 행동들이 곧 『**속임수**』이다. 『**속임수**』와 『**악의**』는 바늘과 실의 관계와 같다.

『**위선**』은 또 무엇인가? "겉 다르고 속 다른 것," "한 입으로 두 말 하는 것," "말만 앞세우고 행위로 나타내지 않는 것," 이런 것들이 모두 『**위선**』이다. 이 역시 『**속임수**』의 일종인데, 문제는 『**속임수**』를 『**속임수**』가 아닌 것처럼 『**속임수**』를 쓰면서도 절대로 그렇지 않은척 하는 것을 『**위선**』이라고 말한다. 『**위선**』이라는 말을 직역하면 "가짜 선"이다.

그런가 하면 또, 입으로는 "진실"을 말하는 척하면서도 행동은 딴판인 경우를 『**위선**』이라고 말하는데, 이것은 설사 의도하지 않았더라도 진실을 지킬 만한 실제적인 용기가 없거나 진리를 수호코자 하는 열정이 없을 경우에도 나타나는 현상으로서 결과적으로는 다른 사람들을 속이게 된다는 점에서 여전히 『**위선**』이다. 『**위선**』의 결과는 다른 사람들을 속이고 해를 끼치게 된다. 이런 점에서 『**악의**』와 『**속임수**』와 『**위선**』은 모두 한통속이다.

『**시기**』는 무엇인가? 남이 잘되는 것을 참지 못해 괴로워하고 어떻게든 그것을 깎아 내리는 것을 말한다. 남을 시기하는 것은 이기심이 발동하기 때문이다. 이기심이 『**악의**』와 밀접한 관계가 있다는 것은 위에서 언급했다. 『**시기**』하는 사람치고 그 속에 『**악의**』가 없는 사람은 거의 없다. 그런가 하면 또 『**시기**』하는 사람치고 『**속임수**』를 쓰고 싶은 유혹을 느끼지 않는 사람도 없다. 또 『**시기**』하는 사람치고 자기가 『**시기**』하고 있다고 말하는 사람을 나는 한 번도 보지 못했다. 『**시기**』는 이렇게 『**위선**』의 모습을 띠게 된다. 남을 시기하다 보면 위선자가 되는 것은 필연이다. 그러니까, 『**시기**』는 『**악의**』와 『**속임수**』와 『**위선**』과 한 통속이 아니 될 수가 없다.

『**비방**』은 또 무엇인가? 『**악의**』에서 나온 욕을 『**비방**』이라고 말한다. 『**비방**』의 특징은 또 안 그런 척하고 사람들을 속이는 『**속임수**』로 가장될 때 그 위력을 발휘한다는 점이다. 남을 비방하면서 비방처럼 들리게 비방하면, 그것은 아주 미숙한 비방이다. 비방이 설득력을 갖고 사람들에게 먹혀 들어가게 하려면 부득불 『**속임수**』를 써야 하는데, 그것을 숨기자니 『**위선**』은 필수적이다. 『**비방**』은 『**시기**』에서 나온다. 당신이 다른 사람을 시기하기 시작하면 당신의 입에서는 어떻게든 비방이 나오게 돼 있다. 시기하면서도 끝까지 비방하지 않는다면, 당신은 대단히 훈련이 잘 된 사람이다. 만약 그렇다면, 당신은 시기심도 능히 극복할 수 있을는지도 모른다.

사람은 누구나 정도의 차이는 있으되, 『**악의**』와 『**속임수**』와 『**위선**』과 『**시기**』하는 마음을 조금이라도 갖고 있기 마련이요, 『**비방하는 말**』이 그 입에 붙어 다니기 마련이다. 아무리 점잖은 척하고 안 그런 척하더라도 그 속을 들여다보거나 그 태도를 잘 관찰해 보면 누구나 조금씩은 다 그렇다는 것을 알 수 있다. 이것은 인간의 특징이기 때문에 당신이 아무리 부인하려고 해도 소용이 없다. 세상은 이런 인간으로 가득 차 있다. 내 말은, 세상 사람들이란 다 그렇다는 것이다. 모든 사람이 죄를 지었으므로 하나님의 영광에 이르지 못한다고 성경은 말씀한다(롬 3:23). 성경은 또 하나님은 참되시나 사람은 모두 거짓말쟁이라고 못박는다(롬 3:4). 인간은 원래 이런 고약한 속성들을 태어날 때부터 타고난다.

『**보소서, 내가 죄악 중에서 조성되었고, 죄 중에서 내 어머니가 나를 배었나이다.**』(시 51:5) 하고 다윗은 통렬하게 자백했다. 만일 누가 자기에게는 아무 죄가 없다고 말한다면 그 사람은 자신을 속이는 것이고, 진리가 그 사람 안에 있지 않음을 드러낼 뿐이다(요일 1:8).

이러한 인간이 복음에 순종하여 주 예수 그리스도를 믿고 하나님의 자녀로 새롭게 거듭나 하나님의 말씀으로 양육되고 성장하기 전에는 이러한 속성들은 결코 씻겨지지 않을 뿐더러 용서받을 길도 없다. 복음을 거부하고 자신들의 정욕대로 살아가고자 하는 사람들을 하나님께서는 『**자기들의 마음의 정욕에 따른 더러움에 내버려 두시어 그들의 몸을 서로**

욕되게』하시고(롬 1:24) 『**그들을 버림받은 마음에 내버려 두시어 온당치 아니한 일을 하게**』(롬 1:28) 하신다고 성경은 말씀한다.

하나님을 믿지 않고 거듭나지 못한 죄인들에 대해 바울이 해부하고 있는 인간의 속성들을 보면 소름이 끼친다. 그들은 모든 불의, 음행, 사악, 탐욕, 악의로 가득 찼고, 시기, 살인, 분쟁, 사기, 악독이 가득한데다가 수군거리기 잘하고, 비방하고, 하나님을 미워하고, 모욕을 주고, 교만하고, 자기 자랑만 하고, 악한 일들만 꾀하고, 부모에게 거역하고, 몰지각하며, 약속을 밥 먹듯이 저버리고, 무정하고, 화해할 줄 모르며, 또 무자비하다(롬 1:29-31). 이것이 바울이 낱낱이 밝히고 있는 인간의 특징이요 속성이다. 성경에 따르면, 이 더럽고 추잡하고 악하고 가증스러운 것들이 실은 『**육신의 일들**』(갈 5:19)이요, 『**하나님의 나라를 상속받지 못할**』(갈 5:21) 일들이다. 이러한 인간의 고약하고 더럽고 추잡한 단면들은 모두가 인간의 내면에 잠재해 있는 것들로서 계제가 닿을 때마다 속에서 고개를 쳐들고 나오는 은밀하고 비열한 속성들인데, 이에 대해서는 예수 그리스도께서도 철저하게 해부하시고 신랄하게 지적한 바 있으시다. 『**사람에게서 나오는 것이 그 사람을 더럽히느니라. 이는 속에서, 즉 사람들의 마음에서 나오는 것은 악한 생각과 간음과 음행과 살인과 도둑질과 탐욕과 악의와 사기와 방탕과 악한 눈과 하나님을 모독함과 교만과 어리석음이기 때문이니, 이런 모든 악한 것은 속에서 나와, 그 사람을 더럽히느니라**』(막 7:20-23).

한편, 성경은 인간 자신이 자신의 이러한 더러운 측면을 들여다보고 인지할 수 있는 양심과 이성을 갖고 있다고 말씀한다. 『**율법이 없는 이방인들이 본성으로 율법에 있는 일들을 행할 때에는 율법이 없어도 이것들이 스스로에게 율법이 되나니 그들의 양심도 증거하고 그들의 이성이 송사**

하거나 서로 변명하여 그들의 마음에 기록된 율법의 행위를 보여 주느니라』(롬 2:14,15). 자기가 무엇인가 본성적으로 잘못돼 있다는 것을 양심이 증거하고 이성이 제소해 온다는 것이다. 그러나 문제는 그럼에도 불구하고 수많은 사람들이 자신이 이런 죄인이라는 사실을 마음으로부터 인정하기를 거부한다는 데에 있다. 이것을 성경에서는 완악하다고 기술한다. 인간이 이처럼 완악해지는 것은 양심이 다 더럽혀져 있거나(딛 1:15), 양심이 화인을 맞아 위선에 차 있기 때문(딤전 4:2)이라고 성경은 또 말씀한다.

죄인이 자신의 죄를 인정하고 자백하는 것은 구원의 문턱을 넘어서는 출발점이다. 자기 죄를 시인하지 않고 자신의 죄인 됨을 끝까지 부인하는 사람은 그래서 절망적인 사람이다. 그런 사람에게는 갈보리에서 흘려 놓으신 주 예수 그리스도의 보혈이 작용할 수가 없어 아무 효력도 낼 수 없기 때문이다. 예수 그리스도의 보혈의 능력을 힘입지 않고서는 그 누구도 자신의 죄들을 깨끗하게 씻고 용서받을 수 있는 방도를 찾아낼 길이 없다. 『**우리가 아직 죄인이었을 때 그리스도께서 우리를 위하여 죽으심으로써 하나님께서는 우리를 향한 그의 사랑을 나타내셨느니라.**』(롬 5:8)고 성경이 말씀할진대, 당신 자신이 죄인임을 부인한다면 당신은 하나님의 사랑도 거부한다는 뜻이고 그리스도께서 당신의 죄들을 위해 죽으셨다는 사실도 받아들이지 않겠다는 뜻이기 때문에 갈보리 십자가나 하나님의 사랑이 모두 당신에게는 아무 소용이 없다. 그리하여 당신은 자신의 죄들을 용서받을 길이 없다. 당신의 미래가 절망적인 것은 이 까닭이다. 당신은 지옥으로 가는 수밖에 없다.

『**갓난 아기들로서 순수한 말씀의 젖을 사모하라. 이는 너희가 그것으**

로 인하여 자라게 하려 함이니라』(2절).

1절에서 모든 악의와 모든 속임수, 그리고 모든 위선과 시기와 비방을 버리라고 조언했던 베드로는 이어서 『**갓난 아기들로서 순수한 말씀의 젖을 사모하라.**』고 또 충고한다. 구원받는 순간의 당신을 두고 성경은 『**갓난 아기**』라고 부른다. 당신의 옛 사람, 『**썩어질 씨**』로 되었던 과거의 당신 자신은 예수 그리스도와 함께 갈보리에서 죽었고 거듭난 당신은 이제 『**썩지 아니할 씨**』(1:23)로 새롭게 태어난 『**갓난 아기**』인 것이다.

『**갓난 아기**』는 『**젖**』을 먹어야 한다. 왜? 『**그것으로 인하여 자라게**』 되기 때문이다. ASV와 NASV를 위시한 모든 부패한 현대판 역본들은 이것을 "너희가 구원 안에서 자라게 하려 함이니라." 식으로 고쳐 놓았다. 이것은 새빨간 거짓말이다. 당신이 거듭나 갓난아기가 되었다면, 당신은 이미 구원받은 것이기 때문에 구원 안에서 자라는 게 아니다. "구원 안에서 자란다."는 말을 뒤집어 생각해 보면 여기에는 "구원 밖에서 자라지 말고 구원 안에서 자라야 한다."는 개념이 깔려 있다. 그러나 지금 『**갓난 아기**』는 이미 구원받은 사람이다. 그렇기 때문에 『**갓난 아기**』가 구원 밖에서 자란다는 것은 있을 수가 없다. 구원 밖에 있는 사람은 죽은 사람이기 때문에 자란다는 것도 있을 수 없다. 그런데도 이런 식으로 말하는 데에는 구원을 놓칠 수도 있다는 이단적인 발상에서 나온 것이고, 구원받은 그리스도인들에게 겁을 집어먹게 하려는 저의에서 나온 엄포다. 현대판 역본들이 이 구절을 이렇게 난도질해 놓은 까닭은 구원받은 당신에게 은근히 위협을 가하려는 의도에서 나온 것이다.

당신이 갓 구원받은 아기라면 당신은 『**젖**』을 먹고 자라야 한다. 그것도 "섞음질 하지 않은"(sincere) 순수한 『**젖**』이어야 한다. 바로 하나님의 『**순수한 말씀의 젖**』 말이다. 이 『**젖**』은 무엇보다 순수해야 하고 어떤 목적으로든 무엇 하나 이물질이 첨가되거나 본래의 성분을 제거하지 않은 보통 그대로의 가공되지 않은 순수한 『**젖**』이어야 한다. 모든 현대판 역본들은 『**말씀의 젖**』에 향료를 첨가하기도 했고 탈지시켰는가 하면, 또 가공 처리해서 어떤 역본들은 그 맛이 요구르트 같기도 하고 어떤 것들은 버터밀크 같기도 하다. 이런 것들은 절대로 순수하지 못하고 이렇게 저렇게 가공되어 보통 그대로의 진짜 『**젖**』이 결코 아닌 가짜로 변질돼 버렸다. 갓난아기는 이런 가짜 젖을 먹고 자랄 수는 없다. 이 구절에서 베드로가 역설하고 있는 내용이 바로 이것이다. 『**갓난 아기들로서 순수한 말씀의 젖을 사모하라.**』 베드로는 어째서 이것을 강조하고 있는가? 『**그것으로 인하여 자라게 하려 함**』, 이것이 그 목적이다. 이것이 아니면 『**갓난 아기**』가 자라지 못한다는 것이다. 하나님께서 섭리로 보존하신 『**순수한 말씀의 젖**』, 〈킹제임스성경〉이 바로 그것이다. 사람들이 손댄 오염된 역본들이 아니라 그대로 간직돼 있는 순수한 말씀 말이다.

죄인이 구원받고 나서 『**갓난 아기**』(babe)로 태어났다면, 과연 언제까지가 『**갓난 아기**』 상태일까에 대해서 궁금해 하는 사람들이 많다. 이것을 통상적인 시간적 길이로 나타내는 데에는 문제가 없지 않지만, 기본적으로 성경에는 거듭난 사람의 성장 단계에 따라 그 계층을 이렇게 일곱 단계로 나눈다. 갓난아기들, 어린아이들, 아이들, 청년 또는 젊은이들, 어른들, 장로들, 그리고 노인 또는 늙은이들, 이렇게 일곱 단계로 말이다. 당신이 구원받고 나서 20년 정도가 경과했다면, 당신은 비로소 성숙한 그리스도인이라 할 만한 사람이 된 것이다. 그러나 문제는 단순한 시간적 길이가 아니라 당신이 하나님의 말씀을 읽고 공부하는 데 얼마나 많은 시간을 보냈느냐 하는 데 달렸다. 구원받고 나서 20년이 아니라 30년, 40년이 흘렀는데도 아직 젖을 떼지 못한 늙은 『**갓난 아기**』가 있는가 하면, 거듭난 지 겨우 5년밖에 되지 않았는데도 어찌나 많은 시간들을 성경을 읽고 공부하는 데 투자했던지 그 성숙도가 장로급에 도달한 젊은이들도 숱하다.

어쨌든 그리스도인으로 거듭난 갓난아기는 『**말씀의 젖**』을 먹지 않고는 자랄 수가 없고 그것도 『**순수한 말씀의 젖**』이어야 한다. 베드로가 2절에서 『**갓난 아기들로서 순수한 젖을 사모하라. 이는 너희가 그것으로 인하여 자라게 하려 함이니라.**』고 언급하고 있는 것은 『**순수한**』 젖이 아니고서는 자랄 수가 없다는 사실을 강조하고 있는 것이다. 그렇기 때문에 당신이 성경을 읽는 데 충분한 시간을 소비할 수 없다면, 당신은 정상적인 성장을 기대하기가 어렵다.

그리스도인으로 거듭난 갓난아기가 얼마나 신속하게 정상적으로 성장해 가느냐 하는 데에는 이처럼 성경을 읽고 공부하는 데 어느 정도의 시간을 소비하느냐에 비례하지만, 그 아기가 태어난 주위 환경에 따라 성경을 읽는 시간과 그 공부의 질이 달라지고 그 결과 성장에 미치는 영향 또한 달라지기도 한다.

『**그렇게 함으로 너희가 주의 인자하심을 맛보았느니라**』(3절).

이렇게 『**순수한 말씀의 젖**』을 먹고 자란 갓난아기는 『**주**』의 인자하심을 맛보게 된다. 즉 『**말씀**』을 먹고 자란 갓난아기는 인자하신 『**주**』를 맛본 것이다. 이렇게 『**말씀**』과 『**주**』를 동일선상에 놓고 동격화 해서 서술하고 있다.

사실 알고 보면, 성경과 예수 그리스도를 동일시하고 있는 예는 성경 곳곳에서 관찰된다. 이를테면, 로마서 9:17에서 바울은 이런 서술법을 쓰고 있다. 『**성경이 파라오에게 말하기를 "이 목적을 위하여 내가 너를 세웠으니..."**』. "성경"이 이집트 왕 파라오를 세웠고 그 사실을 "성경"이 파라오에게 말했다는 것이다. 놀랍지 않은가! 모세가 출애굽을 앞두고 파라오와 맞섰을 때 이 세상에 "성경책"이 있기나 했던가? 바울은 갈라디아서 3:8에서도 이런 서술법을 구사한다. 『**성경은 하나님께서 이방인들을 믿음으로 말미암아 의롭게 하실 것을 미리 보고 먼저 아브라함에게 복음을 전파하기를...**』 우리는 믿음으로 말미암아 하나님의 은혜로 의롭게 되어 구원받았다. "성경"은 진작부터 이것을 멀리 내다보고 있었다. 그리고 아브라함에게 먼저 이 복음을 전파했다는 것이다. "성경"이 말이다. "성경"이 미리 내다보고 "성경"이 복음을 전파했다니! 아브라함은 고사하고 모세가 파라오와 맞섰을 당시에도 성경책은 없지 않았던가? 그런 터에 성경이 아브라함에게 복음을 전파했다니! 이쯤 되면 당신은 바울이 "성경"과 주님을 얼마나 스스럼없이 동일시하고 있는가를 알 수 있을 것이다.

성경은 주 예수 그리스도의 또 다른 이름으로 그분을 아예 『**말씀**』이라고 부른다. 요한복음 1장을 보라. 『**태초에 말씀이 계셨고, 그 말씀이 하나님과 함께 계셨으니, 그 말씀은 하나님이셨느니라. 그 말씀이 태초에 하나님과 함께 계셨느니라**』(요 1:1,2). 태초에 계셨고, 태초에 하나님과 함께 계셨다면, 이분은 예수 그리스도시다. 그분을 바로 『**말씀**』(Word)이라고 지칭하는 것이다. 즉 『**말씀**』은 예수 그리스도의 또 다른 이름인 것이다. 이 『**말씀**』이 말씀하시고 그 말씀하신 바를 문자로 기록해 놓았으며 기록된 말씀이 전파되고 또 읽혀지는 것을 우리는 『**말씀**』(word)이라고 부르는데, 이것이 곧 『**성경**』이다. 이 『**말씀**』, 즉 『**성경**』을 베드로나 바울은 주 예수 그리스도와 동일시하고 있는 것이다. 그리하여 『**말씀**』(Word)과 『**말씀**』(word)을 굳이 구별한다면 『**말씀**』은 주 하나님, 곧 주 예수 그리스도이시고 『**말씀**』은 그분께서 말씀하신 말씀이요, 이것을 기록해 놓고 전파되게 하고 또 읽혀지게 해놓으신 『**성경**』이다. 그런데 이 『**말씀**』, 즉 『**성경**』은 기록되고 전파되고 읽혀지는 것으로만 끝나는 게 아니라 "살아서 역사한다." 다시 말해서, 창조하고 또 생명을 주시며, 말씀하시고 복음을 전파하시며 또 만물을 주관하신다. 『**주의 말씀에 의하여 하늘들이 지음을 받았으며 그것들의 모든 군상도 그의 입김으로 되었도다.**』(시 33:6) 라고 성경은 말씀한다. 성경은 『**이는 만물이 그에 의하여 창조되되 하늘에 있는 것들과 땅에 있는 것들...**』(골 1:16)이라고 말씀한다. 성경은 또 『**그분 안에 생명이 있었으니 그 생명은 사람들의 빛이라.**』(요 1:4)고 말씀한다. 그래서 『**말씀**』을 주 예수 그리스도와 동일시하여 표현한 베드로와 바울의 서술은 절대적으로 옳았다.

사실, 주 예수 그리스도와 성경은 매우 중요한 부분에서 공통된 본성을 공유한다. 가령, "인자"이신 예수 그리스도께서는 하나님이시되 또 사람이시기에 하나님으로서의 본성과 인간으로서의 본성을 고스란히 갖고 계시거니와, 하나님으로서의 본성은 성령으로 나타나고 인간으로서의 본성은 성경으로 나타난다. 그리고 성경은 또 하나님의 영감으로 주어진 것이기에 하나님의 본성이신 성령을 그 안에 내포할 뿐더러 창조하고 생명을 주며 말씀하고 복음을 전파하며 만물을 주관하고 심판함으로써 그야말로 "살아서 역사한다."는 점에서 하나님의 인격성을 고스란히 갖고 있다. 그러므로 주 예수 그리스도와 성경은 하나님과 사람으로서의 본성을 공통적으로 소유한다.

뿐만 아니라 예수 그리스도와 성경은 다같이 사람들의 사랑과 증오의 대상이 된다는 점에서 정확하게 일치하는 공통성을 가지며, 또한 성경은 영원히 살아 있다는 점에서 주 예수 그리스도와 완전히 일치하는 본성을 공유한다(마 24:35, 막 13:31, 눅 21:33). 마지막 날에 심판자가 되신다는 점도 이 둘의 공통점이다.

그렇기 때문에 『**갓난 아기들로서 순수한 말씀의 젖을 사모**』하여 그 젖을 먹은 사람은 인자하신 주 예수 그리스도를 맛본 사람이라는 베드로의 서술은 대단히 정확하고도 적절한 표현이었다.

『사람들로부터는 정녕 버림받았으나 하나님께는 택하심을 받은 귀중한 산 돌이신 그분께 나아와서』(4절).

예수 그리스도께서는 『**산 돌**』(a living stone)이시다. 그리고 우리는 그분이 살리심으로 인해 『**산 돌들**』(lively stones, 5절)이 되었다.

예수 그리스도께서는 사람들로부터 버림을 받으셨다. 성경은 또한 『**사람들 가운데서 크게 높임을 받는 것이 하나님 보시기에는 가증스러움**』(눅 16:15)이라고 말씀한다. 다시 말하면 "하나님 보시기에 가증스럽지 않은 사람은 사람들 가운데서 높임을 받지 못한다."는 말인데, 이것은 어떤 사람이 하나님 보시기에 가증스러운가 여부를 가늠해 볼 때 아주 유용한 척도가 된다. 당신이 만약 사람들 사이에서 크게 높임을 받고 있다면, 다시 생각해 볼 일이다. 사람들에게 높임을 받고 있는 당신은 필경 하나님께는 가증스러울 테니 말이다. 사람들에게 높임을 받을 것이냐, 하나님께서 기뻐하시는 사람이 될 것이냐 하는 것은 순전히 당신이 선택할 일이다. 예수 그리스도께서는 사람들에게 버림받으셨기에 하나님께는 귀중한 『**산 돌**』로 여겨지셨다. 우리들 『**산 돌들**』은 하나님께서 귀중하게 택하신 『**산 돌**』이신 그리스도께로 나아가 그분과 함께 쓰임 받아야 하지 않겠는가?

『너희도 산 돌들로서 영적인 집으로 지어지고 예수 그리스도로 인하여 하나님께서 기뻐하실 영적인 제물들을 드리는 거룩한 제사장이 되느니라』(5절).

성도들이 어째서 『**돌들**』이냐 하면, 『**영적인 집**』으로 지어져 올라가기 때문이다. 이 『**영적인 집**』은 "살아 있는 집"이요, 그렇기 때문에 "자라는 집"이다. 이 집이 살아 있고 자라는 집인 까닭은 그 집을 지어 올리고 있는 당신이 『**산 돌들**』이기 때문이다. 당신이 죽은 돌이라면, 그 집도 죽은 집이요, 자라지 못하는 집이 되었을 것이다.

이 『**영적인 집**』은 또 거룩한 성전이요, 그렇기 때문에 하나님의 거처가 되는 건물이다. 에베소서 2장을 보라. 『**그러므로 이제부터 너희는 더 이상 나그네도 타국인도 아니요, 오히려 성도들과 같은 시민이며** 하나님**의 가족이니라. 너희는 사도들과 선지자들의 기초 위에 세워졌으며** 예수 **그리스도께서 친히 귀중한 모퉁잇돌이 되셨고 그분 안에서 건물 전체가 함께 알맞게 맞추어져 주 안에서 거룩한 성전으로 자라 가며 또한 그분 안에서 너희도** 성령을 **통하여** 하나님의 **거처로 함께 지어져 가고 있는 것이니라**』(엡 2:19-22).

당신이 『**산 돌들**』이 되어 지어져 올라가는 이 『**영적인 집**』, 즉 『**하나님의 거처**』인 그 『**거룩한 성전**』은 『**산 돌**』이신 예수 그리스도께서 친히 『**모퉁잇돌**』이 되셨고, 당신은 그 『**모퉁잇돌**』에 『**알맞게 맞추어져**』 쌓아 올려져 가는데, 그 기초는 사도들과 선지자들이다. 이 거룩한 하나님의 거처를 짓는 데에 『**산 돌**』이 『**모퉁잇돌**』이 되셨고, 선지자들과 사도들이 그 기초가 되었으며 『**산 돌들**』이 그 기초 위에 지어져 올라갔다면, 이 얼마나 귀중한 재료들이며 또 귀한 집인가! 그런데 이 귀중한 돌이 『**사람들로부터는 정녕 버림받았**』던 돌이었다니!

이렇게 지어져 올라가는 거룩한 성전은 『**자라가며**』 또 『**지어져 가고**』 있다. 그리고 완성되고 나면 그것으로 모든 게 끝나는 것이 아니라 당신은 또 『**하나님께서 기뻐하실 영적인 제물들을 드리는 거룩한 제사장**』이 된다. 그리고 당신이 제사장이 되어 하나님께 드리는 『**영적인 제물들**』을 하나님께서 기뻐하신다고 베드로는 말한다. 이 또한 얼마나 아름답고 즐거운 일인가! 베드로는 또 우리가 드리는 『**영적인 제물들**』을 하나님께서 기뻐하시는 까닭이 『**예수 그리스도로 인하여**』라고 말한다. 이보다 더 영광스러운 일이 또 어디 있는가!

그렇다면 『**영적인 제물들**』은 무엇인가? 그것은 로마카톨릭이 매주 일요일 "미사"라는 이름으로 행하고 있는 가증한 희생제사를 말하는 것이 아니다. 『**하나님께서 기뻐하실 영적인 제물들**』은 로마카톨릭 사제들이 드리는 것이 아니라, 거듭난 성도들이 드리는 말 그대로 "영적인" 제물들이다.

히브리서 13장을 보라. 『**그러므로 우리가 그분을 통해서 찬양의 제물을 하나님께 계속해서 드리자. 이것이 그의 이름에 감사하는 우리 입술의 열매니라. 또한 선을 행함과 함께 나누는 것을 잊지 말자. 하나님께서는 그러한 제물들을 기뻐하시느니라**』(히 13:15,16).

『**찬양의 제물**』, 『**감사**』, 『**선을 행함**』, 그리고 『**함께 나누는 것**』, 하나님께서는 이러한 제물들을 기뻐하신다고 말씀한다! 이것이 곧 하나님께서 기뻐하시는 『**영적인 제물들**』이다. 우리는 이 『**영적인 제물들**』을 『**그분을 통해서**』 드린다. 하나님께서는 『**예수 그리스도로 인하여**』 그 제물들을 기뻐하시기 때문이다.

이 『**영적인 제물들**』은 사실 구약 시대에도 실제 제물들과 함께 드려졌다. 레위기 7장을 보라. 『**만일 그가 감사함으로 그것을 드리려면 그는 기름에 섞은 누룩 없는 과자와... 고운 가루에 기름을 섞어 튀긴 과자를 감사의 희생제물과 함께 드릴지니라. 과자 외에도 그는 자기 제사를 위하여 누룩 있는 빵을 그의 화목제의 감사의 희생제물과 함께 드릴지니라**』(레 7:12,13).

『**감사의 희생제물**』은 히브리서 13장에서 말씀하고 있는 『**영적인 제물들**』 가운데서 두 번째로 제시되는 제물이다. 『**누룩 있는 빵**』을 제물로 드렸던 것은 죄인의 입장에서 『**화목제의 감사의 희생제물**』을 드렸기 때문이다. 죄인은 완전하지가 못한 사람이기에 제물도 이처럼 온전하지 못한 『**누룩 있는 빵**』으로 드림으로써 자신의 완전치 못함을 제물로 고백했던 것이다. 욥은 자식들과 재산들을 모두 일시에 잃고 나서 『**주신 분도 주시요, 빼앗아 가신 분도 주시니 주의 이름을 송축하나이다.**』(욥 1:21)라고 말한다. 이것은 욥이 하나님께 드렸던 누룩 없는 희생제물이었다. 당신도 누룩 없는 온전한 희생제물을 드리려면 욥처럼 온전해져야 한다. 그러나 인간은 언제나 그렇게 완전할 수가 없다. 모든 것을 잃고 나서도 하나님을 송축할 수 있을 만큼 완전했던 욥도 시간이 지남에 따라 그 온전함을 무너뜨리고 마는 것을 우리는 본다. 문제는 시간이다. 마귀는 당신에게 이 시간이라는 것을 주어서 당신을 스스로 허물어뜨릴 수 있는 기회를 마련하는 전략을 써먹는다. 만약 욥이 『**주신 분도 주시요, 빼앗아 가신 분도 주시니 주의 이름을 송축하나이다.**』라고 말한 다음 죽어서 낙원으로 갔다면, 그는 지상에 있는 동안 온전함을 온전하게 간직한 채 하나님께로 갈 수 있었을 것이다. 그러나 욥에게는 그 뒤로도 시간이라는 것이 주어졌다. 이 시간이 주어지고 있던 동안 입을 열지 않고 침묵하고 있던 그가 칠일 만에 비로소 입을 열어 내뱉은 말이 겨우 『**그의 날을 저주**』하는 말이었다(욥 3:1). 『**어찌하여 내가 태에서 죽어 나오지 아니하였던가? 어찌하여 내가 배에서 나왔을 때 숨을 거두지 아니하였던가?**』(욥 3:11) 겨우 칠일밖에 안 되는 시간이었지만, 욥처럼 온전하던 사람도 자신의 온전함을 무너뜨리는 데에는 충분한 시간이었던 것이다. 이런 점에서 볼 때, 갈보리에서 십자가에 매달린 상태에서 구원받았던 강도는 자신의 온전함을 망가뜨릴 수 있는 시간을 갖지 못한 채 온전한 상태에서 숨을 거두었기에 행복한 사람이었던 셈이다. 마귀는 그 강도에게만은 그의 온전함을 망가뜨릴 수 있는 시간을 미쳐 주지 못했던 것이다.

이처럼 인간은 아무리 온전하려고 애를 써도 하루 24시간, 일 년 365일

한결같이 그 온전함을 유지하기가 어렵다. 당신이 아무리 발버둥 쳐도 하나님과 온전한 교제 속에 있는 순간만을 제외하고는 결코 온전한 상태를 유지할 수가 없다. 그렇기 때문에 당신이 드리는 감사의 희생제물도 『**누룩 있는 빵**』처럼 온전한 제물일 수가 없다. 바로 그렇기 때문에 하나님께서는 당신의 온전하지 못한 영적 제물들을 예수 그리스도를 통하여 받기를 원하시고 그분을 통하여 받으시는 제물을 그분으로 인하여 기뻐하시는 것이다.

2:6 그러므로 성경에도 이런 말씀이 있으니 "보라, 내가 택한 귀중한 모퉁잇돌을 시온에 두노니 그를 믿는 사람은 수치를 당하지 아니하리라."고 하였느니라.

7 그러므로 믿는 너희에게는 그가 귀중하나 불순종하는 자들에게는 건축자들이 버린 그 돌이 모퉁이의 머릿돌이 되고

8 또 넘어지게 하는 돌과 거치는 반석이 되었으니, 곧 불순종함으로 말씀에 걸려 넘어지는 자들에게니라. 그들은 또한 그렇게 되기로 정해졌느니라.

『**그러므로 성경에도 이런 말씀이 있으니 "보라, 내가 택한 귀중한 모퉁잇돌을 시온에 두노니 그를 믿는 사람은 수치를 당하지 아니하리라."고 하였느니라**』(6절).

『**모퉁잇돌**』이 예수 그리스도이신 것은 이제 재론의 여지가 없다. 이 돌에 대해 이 구절이 서술하고 있는 것과 성경 다른 곳에서 언급하고 있는 바를 좀더 살펴보자면, 첫째, 『**모퉁잇돌**』은 "초석"(corner stone)을 말한다. 따라서 『**모퉁잇돌**』은 건물의 토대가 되는 돌이다. 어떤 건물이든지 "초석"

은 가장 긴요한 돌이다. 둘째, 이 『**모퉁잇돌**』은 하나님께서 『**택한**』 돌이다. 셋째, 이 『**모퉁잇돌**』은 『**귀중한**』 돌이다. 그리고 더 나아가 이 『**모퉁잇돌**』은 『**넘어지게 하는 돌**』이고 또, 『**거치는 반석**』(8절)이 되는 돌이다.

그런가 하면 이 돌은 또, "쳐서 산산이 부수는 돌"(단 2:34)이다. 다니엘 2장에서 이 돌은 바빌론 왕 느부갓넷살이 꿈에서 본 형상의 발을 쳐서 산산조각 냄으로써 지상에 나타나게 될 이방인들의 왕국들 중 마지막 왕국을 거머쥐게 될 적그리스도의 세력을 괴멸시키고 마는 것을 우리는 읽는다. 마태복음 21:44은 『**또 누구든지 이 돌 위에 떨어지는 사람은 부서질 것이요, 이 돌이 누구에게든지 떨어지면 그 사람을 가루로 만들 것이라.**』고 주님께서 말씀한다.

『**모퉁잇돌**』은 건물의 초석으로서 건물 네 귀퉁이 중 전면 오른쪽 귀퉁이 맨 아래쪽 지면 바로 위에 놓이는 게 보통이다. 이 초석에는 흔히 그 건물의 건축 기공 연월일을 새겨 두는 게 보통이어서 오랜 세월이 지난 후 그 건물이 붕괴되고 흔적 없이 사라지더라도 그 초석만은 남아서 후세 사람들에게 건물의 건축일과 대강의 규모를 알려주게 된다. 어떤 점에서는 이 『**모퉁잇돌**』이 건물을 대표하는 상징성을 갖고 있어서 사람들이 건물 사진을 찍는다든지 할 때 흔히들 이 초석 사진을 건물 전경 사진 밑에 곁들여 놓는 수가 많다.

그러나 여기서의 『**모퉁잇돌**』은 이런 보통의 "초석"이 아니라는 데에 우리는 주의를 기울여야 한다. 이 『**모퉁잇돌**』은 피라미드의 맨 꼭대기 정점에 놓여져 꼭지점을 이루는 정석(頂石, capstone)과 같은 돌이 되기도 하는 특수한 돌이다. 다시 말해서, 건물의 맨 밑 한 모퉁이에 놓이는 "머릿돌"로서의 초석(礎石)을 말하는데 원래는 건물의 맨 꼭대기 "머리"에 해

당하는 정점에 놓일 돌이다. 이 돌을 흔히 "관석"(冠石)이라 부르지만, 실은 정점에 놓이기 때문에 "정석"(頂石)이라 해야 정확하다. "관석"이란 고인돌의 "지붕 돌" 같은 것을 의미하기 때문에 구조물의 "머리"에 놓이는 돌로서의 의미를 희석시킨다. 건물의 머리 부분에 놓인다는 점에서 이 돌이야말로 어찌 보면 진짜 "머릿돌"이라고 할 수 있다. 이 건물은 "살아 있는 돌들"로 지어져 "자라 가는" 유기체적 생명체라는 점에서 바로 그리스도의 몸을 나타내는 건물이다. 그리고 그리스도의 몸의 "머리"는 예수 그리스도시다. 그렇기 때문에 이 건물의 『**모퉁잇돌**』이 원래는 건물 맨 아래 모퉁이에 놓이는 초석이 아니라 맨 꼭대기 정점 머리 부분에 놓이는 "정석"(頂石)인 것은 당연하다.

피라미드 정점의 꼭짓점을 이루는 이 돌은 구조물의 단순한 마무리 돌로서 그냥 맨 꼭대기에 놓이는 게 아니라 사실은 그 이상의 매우 중요한 역학적(力學的) 기능을 발휘하는 돌인데, 이 돌이 놓임으로써 그 아래에 차곡차곡 쌓아 올린 돌들이 긴 세월이 지나도 서로 어긋나거나 도괴되지 않고 서로 힘의 균형을 유지하며 버틸 수가 있는 것이다. 피라미드 구조물의 경우 사면 벽이 경사를 이루고 있어 쌓아 올린 돌들이 역학적으로 안정을 유지하지 못하고 세월이 지남에 따라 붕괴할 위험이 매우 크다. 그러나 맨 꼭대기에 놓여진 이 "정석"이 경사를 이루고 있는 사면 벽 꼭대기 한 중간에 마치 쐐기처럼 끼워져 일종의 버팀 돌 역할을 해주기 때문에 구조물 전체가 힘의 균형을 유지하며 견고하게 버틸 수가 있는 것이다. 미국의 1달러짜리 지폐 뒷면에 보면 피라미드 도안이 그려져 있다. 그런데 그 도안이 아주 묘하다. 피라미드 맨 꼭대기 정석에 해당하는 꼭지점 부분이 아래 구조물의 몸체로부터 분리되어 공중에 붕 떠 있는 그림으로 그려져 있는 것이다. 그리고 공중에 떠 있는 이 꼭지점 정석을 일컬어 "THE GREAT SEAL"이라고 써 놓았다. 피라미드 도안 아래쪽에 인쇄된 문자를 유심히 살펴보아라. 여기서 "SEAL"이라는 말이 바로 "봉인"이라는 뜻인데, 위에서 언급한 것처럼 이것은 피라미드 구조물의 완벽한 역학적 균형을 쐐기처럼 "봉인"하고 있는 정석(頂石)임을 의미한다. 그리고 이 "봉인 돌"을 "위대한 봉인"(THE GREAT SEAL)이라고 명명하고 있는 것이다. 이처럼 성경에서 예수 그리스도를 일컬어 『**모퉁잇돌**』이라 말하는 돌은 바로 이 피라미드의 맨 꼭대기 정점 꼭짓점을 이루는 정석(頂石)을 의미하기도 하는 말로서 다른 말로 "봉인석"(封印石, seal-stone)이라고 칭하고 있는 것이다. 이 "봉인석"은 피라미드와 똑같이 삼각형 모양의 네 면과 정사각형 모양의 바탕 면을 가진 5면체이다. 그래서 옆에서 보면 벽면이 삼각형이지만 위에서 보면 정사각형이다.

그런데, "봉인석"에 해당하는 이 『**모퉁잇돌**』은 현재 피라미드 구조물에서 분리되어 어디론가 사라져 버렸다. 그렇기 때문에 그 아래 경사면을 이루고 있는 피라미드 구조물의 사면 벽은 역학적으로 여간 불안한 게 아니어서 언제 붕괴되어 버릴지 모르는 형편이다. 꼭대기에서 꽉 봉인하여 힘의 균형을 단단히 지탱해 주던 돌이 떨어져 나가 어디론지 사라져 버렸기 때문이다. 1달러짜리 미국 화폐 뒷면에 그려진 피라미드 도안에서도 그 꼭대기의 "THE GREAT SEAL" 즉, "위대한 봉인석"이 분리되어 있고 그 한 가운데 "모든 것을 보는 눈"(All-seeing Eye) 하나가 커다랗게 그려져 있는 것을 볼 수 있다. 더 흥미로운 것은 피라미드 몸체에서 분리되어 마치 비행접시처럼 공중에 떠 있는 듯한 이 "봉인석"이 사방으로 광채를 발하고 있다는 점이다. 이 봉인석이 성경에서 말하는 『**모퉁잇돌**』이고, 이것이 예수 그리스도를 상징하므로 이 봉인석에서 눈부신 광채가 사방으로 퍼져나가고 있는 것을 그림으로 나타낸 것은 일리가 있다. 그러나 어떻게 해서 이런 도안이 미국 지폐에 그려지게 되었느냐 하는 것이 우리의 의문인데, 백악관을 위시한 미국 정부 기관을 장악하고 있는 프리메이슨(Free

Mason) 비밀 지하조직에 의하여 이런 도안이 채택되었다는 것은 이미 잘 알려진 사실이지만, 그들이 어째서 이런 도안을 그것도 가장 널리 통용되는 기본 지폐에 그려 넣을 생각을 했는지는 하나의 미스터리가 아닐 수 없다. 하지만 그들의 의도가 어디에 있었고 무엇을 노렸든지 간에 한 가지 분명한 사실은 그들이 다니엘 2장과 마태복음 21장 및 베드로전서 2장의 말씀을 흉내내고 위조했으리라는 점이다. 마귀는 "위조"의 대가인지라 마귀의 추종자들이 성경을 흉내내고 위조하는 것은 흔해 빠진 일이다. 그들은 모든 점에서 예수 그리스도를 흉내내는 가짜 그리스도, 즉 적그리스도를 마음속에 품고 이런 짓을 했을 게 틀림없다. 그야말로 흉내 쳐놓고는 걸작품이 아닐 수 없다고 하겠다. 이 『**모퉁잇돌**』이신 예수 그리스도께서는 『**산 돌**』(living stone)이시기에 "모든 것을 보는 눈"을 그 봉인석에 커다랗게 그려 넣었다는 것 또한 아주 그럴싸한 발상이다.

피라미드 구조물의 맨 꼭대기 머리 부분에 놓이는 이 "봉인석"이 떨어져 나간 채 마치 머리가 잘려나간 것처럼 그려져 있는 아래 부분 구조물 몸체는 한 민족으로서의 이스라엘을 나타낸다. 이스라엘은 한 민족으로서 한층 한층 돌이 쌓여져 올라갔는데, 맨 마지막에 가서 그 머리에 놓여져야 할 "정석"(頂石, capstone)이 떨어져 나간 신세다. 그리고 그 봉인석이 언젠가는 다시 제자리에 놓이게 되겠지만, 아직은 놓여지지 않은 미완성의 민족이다. 예수 그리스도께서 초림하셨을 때가 바로 그분께서 이 "정석"이 되시고자 오셨던 것이고 이스라엘 민족의 머리에 앉으실 왕으로서 제자리에 놓이기 위해 오셨던 것이었지만, 이스라엘은 자신들의 그 "정석"을 받아들이지 않고 버렸다. 그 결과 주님께서는 『**건축자들이 버린 돌**』(시 118:22)이 되셨고 그 "머리"를 두실 곳이 없으셨다(마 8:20). 이처럼 예수 그리스도의 초림은 이스라엘 민족이라는 피라미드의 정석(頂石)으로서의 『**머릿돌**』(마 21:42)이 되시고자 오셨던 사건이었다. 이스라엘은 그분을 거부함으로써 자신들의 민족적 "머리"가 제자리에 놓이는 것을 거절하고 말았다. 그리하여 지금까지 이스라엘은 꼭대기 "봉인석"이 놓이지 못한 미완의 피라미드 신세를 면치 못해 왔던 것이다. 이 "봉인석"이 놓이지 않았기 때문에 그들은 오랜 세월 동안 붕괴된 피라미드 신세가 되어 뿔뿔이 흩어져야만 했던 것이다. 이 "머리"이신 돌은 장차 이 땅에 재림하셔서 피라미드의 꼭대기 정점에 놓이게 될 것이다. 이 "정석"이 그 자리에 놓일 때, 그 밑에 그 동안 올려 놓여졌던 모든 "죽은 돌들"은 그 무게를 이기지 못하여 산산이 부서지고 가루가 될 것이다.

지금 이 교회 시대에는 그 피라미드 구조물의 정석이 머리 부분에 놓이지 않은 채 영적으로 건물의 "초석"이 되어 『**모퉁잇돌**』로서의 기초가 되고 있지만 우리 눈에는 보이지 않는다. 예수 그리스도를 거부한 것은 건물의 "정석"으로서의 그 돌을 거부하고 그 돌을 그 자리에 올려놓기를 거부하고 버리는 행위였다. 그리하여 그 돌은 놓여져야 할 꼭대기에 놓여지지 않고 버려져 있다가 『**모퉁잇돌**』이 되셨다.

예수 그리스도를 거부하는 자들에게는 이 돌이 또 『**거치는 반석**』(벧전 2:8)이 된다. 그리하여 주님을 거부한 자들은 이 『**거치는 반석**』에 걸려 넘어지게 된다. 그리고 예수 그리스도께서 다시 오실 때 그 돌은 그들을 쳐서 산산조각 내고 가루로 만들어 버릴 것이다.

『**그러므로 성경에도 이런 말씀이 있으니 "보라, 내가 택한 귀중한 모퉁잇돌을 시온에 두노니 그를 믿는 사람은 수치를 당하지 아니하리라."고 하였느니라**』(6절).

이 구절에서 『**모퉁잇돌**』을 『**그**』(him)라는 인칭대명사로 받고 있다는 데에 주목하라. 이 돌은 돌이되, "돌"이라는 어떤 물건이 아니라 『**그**』라는 어떤 사람이다. 당신은 『**그**』라는 이 사람이 예수 그리스도이신 것을 안다.

이 구절은 하나님께서 택하셔서 그 귀중한 『**모퉁잇돌**』로 삼으신 이 "사람"을 믿는 사람은 수치를 당하지 않으리라고 말한다. 이것은 베드로의 입에서 나온 말이다. 베드로는 자기를 믿으라고 말하지 않는다. 그는 『**그**』를 믿으라고 말한다. 『**모퉁잇돌**』이신 예수 그리스도를 믿으면 수치를 당하지 않는다고 말이다.

그러니까, 그 "돌"은 베드로가 아닌 게 분명하다. 그 "돌"은 예수 그리스도이시다. 로마카톨릭은 이 "돌"이 베드로라고 부득불 우겨대고 그를 초대 교황으로 추대하는 웃지 못할 해프닝을 벌였다. 『**너는 베드로라. 그리고 이 반석 위에 내가 나의 교회를 세우리니, 지옥의 문들이 그것을 이기지 못하리라**』(마 16:18). 이 구절에서 『**반석**』(rock)은 베드로가 아니라 예수 그리스도시다. 이것은 베드로 자신이 여기 베드로전서 2장에서 밝히고 있는 바다. 『**사람들로부터는 정녕 버림받았으나 하나님께는 택하심을 받은 귀중한 산 돌이신 그분께 나아와서**』(2:4)라고 그는 말하지 않는가? 이게 어디 베드로가 자기 자신이 그 "돌"이라고 언급하고 있는 말인가? 베드로는 예수 그리스도께서 『**또 넘어지게 하는 돌과 거치는 반석이 되었으니**』(2:8)라고 말하고 있지 않은가? 안 그런가? 베드로는 자기가 그 『**반석**』이 아니라 그리스도께서 그 『**반석**』이시라고 말한다.

바울도 그 『**반석**』이 예수 그리스도시라고 밝힌다. 『**...이는 그들이 그들을 따랐던 그 영적 반석에서 나온 것을 마셨음이요, 그 반석은 그리스도셨음이라**』(고전 10:4). 예수님께서도 몸소 자신을 가리켜 그 "돌"이라고 말씀하셨다. 『**"너희는 성경에서 '건축자들이 버린 돌이 모퉁이의 머릿돌이 되었도다. 이는 주께서 하신 일이라. 우리 눈에 기이하도다.' 하신 말씀을 읽어 보지 못하였느냐?... 누구든지 이 돌 위에 떨어지는 사람은 부서질 것이요, 이 돌이 누구에게든지 떨어지면 그 사람을 가루로 만들 것이라." 고 하시니**』(마 21:42,44).

로마카톨릭은 "베드로"라는 "작은 돌멩이" 위에 세워진 종교 집단이다. 이 종교 집단은 『**반석**』이라는 거대한 『**산 돌**』이신 예수 그리스도의 기초 위에 세워진 게 아니다. 로마카톨릭이 이 『**반석**』을 베드로라고 우겨대는 이유는 자기네들이 베드로를 통해서 사도권을 계승했다는 주장을 뒷받침하려는 속이 훤히 들여다보이는 의도에서다. 그러나 민망스럽게도 로마카톨릭이 떠받드는 교부들조차도 이런 주장에 대해 이의를 제기했다. "하나님께서 교회를 베드로 위에만 세우셨다면 요한 같은 다른 사도들은 어떻게 되었단 말인가?" 이것은 오리겐이 한 말이었다. 어거스틴 역시 "반석"이 "베드로가 고백한 대로 예수님 자신을 일컫는다."고 자인했다. 그 밖에도 제롬, 그레고리, 싸이릴, 암부로스 같은 교부들 역시 베드로가 반석이라는 주장에 반대했다. 그런데도 로마카톨릭은 자신들의 교회가 베드로 위에 세워진 교회라는 주장을 고집스럽게 견지한다. 그 바람에 그들은 베드로라는 "작은 돌" 위에 세워진 어떤 이상한 집단임을 본의 아니게 인정하게 된 꼴이다.

『**그러므로 믿는 너희에게는 그가 귀중하나 불순종하는 자들에게는 건축자들이 버린 그 돌이 모퉁이의 머릿돌이 되고**』(7절).

이 구절에서도 그 "돌"을 『**그**』(he)라는 인칭대명사로 받고 있다.

『**건축자들이 버린 그 돌이 모퉁이의 머릿돌이 되고**』가 무슨 말씀인지에 대해서는 위에서 이미 충분히 살펴보았다. 건물 꼭대기 "머리"에 놓여야 할 돌이 이스라엘의 거부로 말미암아 『**건축자들이 버린**』 돌이 되어 건물의 정점에서 옮겨져 『**모퉁이의 머릿돌**』이 되셨다. 그러나 이 『**머릿돌**』은 예수 그리스도께서 재림하실 때 다시 제자리인 정상에 놓이게 될 것이다.

『**또 넘어지게 하는 돌과 거치는 반석이 되었으니, 곧 불순종함으로 말씀에 걸려 넘어지는 자들에게니라. 그들은 또한 그렇게 되기로 정해졌느니라**』(8절).

하나님의 말씀을 믿지 않고 불순종하는 자들에게는 예수 그리스도라는 머릿돌과 반석이 오히려 넘어지게 하는 돌이요, 거치는 반석이 되도록 『**정해졌느니라.**』고 이 구절은 말씀한다. 그러므로 하나님의 말씀에 순종하지 않고서도 용케 예수 그리스도의 돌에 걸려 넘어지지 않는다는 것은 있을 수가 없다. 이것은 그렇게 되도록 이미 정해져 있는 일이기 때문에 누구도 피할 수가 없게 돼 있다. 마태복음 21:44에서 주님께서 말씀하셨던 바가 바로 이것이었다. 주님의 말씀에 불순종하는 자들은 또한 예수 그리스도라는 돌 위에 떨어져 부서질 것이요, 또 이 돌이 그들 위에 떨어져 그들을 가루로 만들어버릴 것이다. 여기서 『**돌 위에 떨어지는 사람은 부서질 것**』이라는 말씀은 그분을 거부했던 초림 당시의 상황을 말씀한 것이고, 『**이 돌이 누구에게든지 떨어지면 그 사람을 가루로 만들 것**』이라는 말씀은 재림하실 때의 상황을 두고 하신 말씀이었다.

2:9 그러나 너희는 선택받은 세대요 왕 같은 제사장이며, 거룩한 민족이요, 독특한 백성이니, 이는 너희를 어두움에서 불러내어 그의 놀라운 빛으로 들어가게 하신 분의 덕을 너희로 선포하게 하려는 것이니라.

10 너희가 전에는 백성이 아니었으나 이제는 하나님의 백성이며, 전에는 자비를 받지 못했으나 이제는 자비를 받았느니라.

11 사랑하는 자들아, 타국인 같고 순례자 같은 너희에게 권고하노니 혼을 거슬러 싸우는 육신의 정욕들을 멀리하라.

12 이는 너희가 이방인들 가운데 행실을 바르게 하여 그들이 너희에게 악을 행하는 자라고 말하다가도 너희의 선한 일들을 보고 감찰하시는 그 날에 그들로 하나님께 영광을 돌리게 하려 함이라.

『**그러나 너희는 선택받은 세대요 왕 같은 제사장이며, 거룩한 민족이요, 독특한 백성이니, 이는 너희를 어두움에서 불러내어 그의 놀라운 빛으로 들어가게 하신 분의 덕을 너희로 선포하게 하려는 것이니라**』(9절).

『**선택받은 세대**』라든가, 『**왕 같은 제사장**』, 『**거룩한 민족**』, 그리고 『**독특한 백성**』 등과 같은 서술들은 일견 이스라엘 백성을 가리키는 듯한 분위기가 물씬 풍기는 표현들이다. 그러나 자세히 들여다보면 이스라엘 백성에게는 어울리지 않는 서술들임을 알 수 있다. 이 구절은 분명히 그리스도인들을 서술하는 말씀이다. 출애굽기 19장을 보라. 거기 보면 이스라엘에 대해서 서술하는 표현들이 이것과는 어딘지 좀 다르다는 것을 알게 될 것이다. 모세가 시내 산에 올라갔을 때 하나님께서 이스라엘 자손에게 고하도록 모세에게 이런 말씀을 하셨다. 『**그러므로 이제 만일 너희가 참으로 내 음성에 복종하고 나의 언약을 지키면 너희는 모든 백성보다 나에게 독특한 보물이 되리니, 이는 온 땅이 내 것임이라. 너희는 나에게 제사장들의 왕국이 되며 거룩한 민족이 되리라**』(출 19:5,6). 이 말씀을 베드로전서 2:9과 비교해 보면 표현상 미묘한 차이가 있음을 발견할 수 있을 것이다. 베드로전서 2장에서는 『**독특한 백성**』인데 반하여 출애굽기 19장에서는 이스라엘에 대하여 『**독특한 보물**』이라고 표현하고 있다. 또한 베드로전서 2장에서 『**왕 같은 제사장**』이라고 한 것을 출애굽기 19장에서는 이스라엘에 대하여 『**제사장들의 왕국**』이라고 서술하고 있다. 그리고 『**거룩한 민족**』(벧전 2:9)과 『**거룩한 민족**』(출 19:6) 이 두 표현은 동일하다. 이에 덧붙여서 베드로전서 2:9에서는 『**선택받은 세대**』라는 서술이 맨 앞에 나오고 있다.

베드로가 그리스도인에 대해 내린 정의 가운데 첫째가 『**선택받은 세대**』라는 것이다. 당신은 주님을 자신의 구주로 선택했고 주님께서는 당신을 자녀로 선택하셨다. 그래서 당신은 그리스도인이 되었다. 주님께서는 당신을 양자로 입양하셔서 하나님의 자녀가 되도록 당신을 선택하셨고(갈 4:5, 엡 1:5), 예수 그리스도를 많은 형제 가운데서 첫태생이 되게 하시려고 당신을 그 아들의 형상과 일치하도록 당신을 선택하셨다(롬 8:29).

『**세대**』(generation)라는 말은 "낳다."라는 뜻의 "generate"에서 파생된 말이다. 즉 당신은 주님께서 "낳으신" 세대인 것이다. 당신은 거듭나 새로이 출생했다는 말이다. 주님께서는 당신에게 생명을 주셔서 "generate," 즉 새로운 생명체로 태어나게 만드셨다.

『**왕 같은 제사장**』, 이것이 베드로가 그리스도인에 대해 내린 두 번째 정의다. 하나님의 자녀가 된 사람들은 누구나 『**제사장**』의 신분을 취득한 『**제사장**』들임을 분명하게 천명했던 것이다. 그것도 『**왕 같은 제사장**』들이다. 이제는 더 이상 레위인들만 제사장이 되는 게 아니라 우리들 모든 그리스도인들이 제사장들인 것이다. 그리고 예수 그리스도께서는 지금 대제사장이시다.

『**그러므로 그가 모든 일에 마땅히 자기 형제들과 같이 되셔야 했으니, 이는 하나님과 관련된 일들에 자비롭고 신실한 대제사장이 되셔서 백성의 죄들을 위해 화해를 이루려 하심이라**』(히 2:17).

『**그러므로 하늘의 부르심에 참여하는 거룩한 형제들아, 우리의 고백하는 바 사도이며 대제사장이신 그리스도 예수를 깊이 생각하라**』(히 3:1).

주님께서 대제사장이시라면, 그분을 따르는 우리가 제사장들인 것은 당연하다.

베드로가 그리스도인에 대해 내린 정의 가운데 세 번째는 『**거룩한 민족**』이라는 사실이다. 지구상에 존재하는 모든 민족을 크게 나누면 거룩한 민족과 거룩하지 못한 민족들로 양분되는데, 거듭난 그리스도인들은 『**거룩한 민족**』에 속하게 된다. 거듭난 그리스도인들은 세상의 다른 민족들로부터 불러내심을 받아 그들로부터 성별된 민족이 된 사람들이다. 당신이 그리스도인이라면 당신은 이미 지상 국가의 국적을 상실한 사람이다. 이런 점에서 성경에서 『**거룩한 민족**』이라 일컬어지는 이스라엘 역시 더 이상 세상 민족들 가운데의 하나로 분류되는 민족이 아니다. 마찬가지로 그리스도인들 역시 그 누구도 세상 국가나 세상 민족에 속한 사람이 아니라 이제는 하나님의 민족이 된 사람이다. 우리의 시민권은 하늘에 있다(빌 3:20). 이제 내 조국 땅의 수도는 "새 예루살렘"이지 더 이상 워싱턴 D.C.가 아니다. 이제 내 국적은 미국이니, 영국이니, 독일이니 하는 식으로 말할 수가 없다. 나는 그리스도 안에서 더 이상 이방인 민족이 아니다.

그리스도 안에 있다는 사실이 어찌나 강력한 의미를 갖는지 여기에서는 남자와 여자의 구별조차도 없다. 영적으로는 말이다. 당신이 만약 그리스도 안에 있으면서 아직 "여자"라고 생각한다면, 또는 그리스도 안에서 아직도 "남자"라고 생각한다면, 당신은 그리스도 안에 있다는 사실의 그 강력한 의미를 아직 실감하고 있지 않기 때문에 그렇게 생각하는 것이다. 당신은 그리스도 안에서 남자도 여자도 아니다. 당신은 그냥 『**거룩한 민족**』일 뿐이다.

『**독특한 백성**』, 이것이 또 베드로가 그리스도인에 대해 내린 정의다. 그리스도인이 독특한 백성에 속한다는 사실은 뭐니뭐니 해도 영원한 생명을 지녔다는 점에서 그러하다. 그리스도인이 영생을 가졌다는 사실이야말로 다른 백성들과는 극명하게 구별되는 독특성이다. 지금 현재 우리가 영적으로는 천상에 가 있다든지(엡 2:6), 하늘나라 시민권을 갖고 있다든지(빌 3:20), 그리스도께서 나타나실 때 휴거된다든지(살전 4:17), 썩지 않을 새 몸을 입게 된다든지(고전 15:52,53), 그리스도의 심판석에서 상을 받게 된다든지(고후 5:10), 주님의 신부로서 하늘에서 혼인잔치를 열게 된다든지(계 19:7,8), 천년왕국에서 주님과 함께 통치에 참여하게 된다든지(계 20:6), 백보좌 심판석에서 주님과 함께 산 자와 죽은 자를 심판하게 된다든지(단 7:9,10, 고전 6:3) 하는 사실들이 모두 그리스도인들이 『**독특한 백성**』임을 말한다.

세상 사람들은 아닌 게 아니라 그리스도인들을 대할 때마다 "독특하다."고 느끼는 게 사실이다. 좋게 말해서 "독특하다"는 것이지 실은 이들이 그리스도인들을 보고 "별난 사람들"이라거나 "기묘한 사람들"이라고 느낀다. 영어 〈킹제임스성경〉에서도 『**독특한**』이라는 말을 "peculiar"라는 단어로 표기하고 있는데, 이 단어는 "독특한" 외에도 "두드러진, 기묘한, 괴상한, 별난" 등과 같은 뜻을 갖는다. 하지만, "기묘하다."고 부르든, "별나다."고 손가락질하든, "괴상하다."고 빈정대든, 세상 사람들이야 무어라고 느끼든, 그리스도인들이 그들과는 다른 아주 유별나게 『**독특한**』 사람들인 것만은 사실인데, 『**거룩한 민족**』으로 『**선택받은 세대**』인지라 이것은 지극히 당연하다. 그리스도인들은 세상 사람들로부터 그냥 분리돼 있는 정도가 아니라 그들이 볼 때 아주 "별난" 사람들로서 딴 세상 사람들이다. 그리스도인들이 "별난" 사람들로 그들에게 비쳐지는 것은 오히려 아주 다행한 일이다. 하나님의 자녀가 세상 사람들과 같아서야 어디 말이 되겠는가! 예컨대, 누가 당신을 보고 이렇게 평가한다고 한번 가정해 보라. "아무개는 그리스도인이긴 하지만, 어디서나 그리스도인 티를 내지 않고 우리들과 잘 어울릴 줄 아는 아주 멋진 사람이야." 당신은 이것을 칭찬으로 받아들일 것인가, 아니면 흉보는 것으로 받아들일 것인가? 당신은 이런 말을 듣고 얼굴을 붉힐 것인가, 아니면 기분이 좋아서 미소 지을 것인가? 당신은 부끄러운가, 아니면 자랑스러운가?

베드로가 진술하고 있는 그리스도인들의 이러한 독특한 신분과 관련하여 잊지 말아야 할 것은 이러한 것들이 장차 그렇게 되도록 조치가 취해지리라는 것이 아니라 이 모든 일들이 그리스도 안에서 이미 법적으로 확정된 사실들이라는 점이다. 이 세상 죄인들은 이것을 알지 못하고 일년 사시사철 완벽하게 쾌적한 날씨를 갖기는커녕 지구 온난화 현상이니, 지구 환경 문제라느니 하면서 법석을 떨고 있고, 인류의 기아문제 해결이니, 새로운 에너지 자원의 개발이니, 여성의 인권 향상이라느니, 전쟁 종식과 지상 평화의 건설이라느니 등등 잡다한 문제로 골머리를 앓고 있지만, 이들은 이미 임박해 있는 그리스도의 재림과 천년왕국으로 이러한 일들이 모두 이루어지도록 법으로 확정되어 있다는 사실을 까맣게 모르고 있다. 그리고 우리가 이 사실을 그들에게 아무리 가르쳐 주어도 곧이들으려고 하지 않는다. 여성의 인권이 짓밟히고 있다느니, 남녀평등이 이루어지지 않았다느니 하면서 여자들이 투덜대면서 여성해방운동인가 뭔가 하는 꼴사나운 일에 뛰어들어 꼴사납게 추태를 부리고 있지만, 자기들이 구원받고 그리스도인이 되기만 하면 이런 것을 걱정하지 않아도 된다는 사실을 그들은 전혀 모른다. 주님께서 다시 오실 때, 남자든 여자든 모두가 주님과 같이 되어 하늘로 들려 올라가게 되면, 여자는 더 이상 남편에게 복종하지 않아도 되고 누리고 싶은 만큼의 모든 권리를 완벽하게 갖게 될 터인데도 그들은 이것을 모르고 이 세상에서만 날뛴다. 여자들이 구원받기를 거부하기 때문에 죽을 때까지 남편들에게 복종해야만 한다는 것을 그들은 모르고 있는 것이다. 만약 주님께서 오시지 않는다면, 그들이 아무리 발버둥친다 한들 앞으로 1,500억 년이 흘러도 여성 해방은 이루어지지 않는다는 것을 그들은 모르고 있는 것이다. 이것은 하나님께서 정해 놓으신 법칙이다.

『**이는 너희를 어두움에서 불러내어 그의 놀라운 빛으로 들어가게 하신 분의 덕을 너희로 선포하게 하려는 것이니라**』(9절). 당신이 믿음으로 말미암아 하나님의 은혜로 구원받은 것은 어두움에서 빛으로 불러냄을 받은 것이다. 왜 하나님께서는 당신을 빛으로 불러내셨는가? 당신을 구원하신 하나님의 덕을 세상에 선포하기 위함이라고 이 구절은 그 목적을 설명한다. "여보게들, 내가 구원받았더니 내가 눈을 떠 아주 눈부시게 밝은 빛을 보게 되었다네. 자네들도 여기로 들어와 이 밝은 빛을 좀 보게나!" 하고 외치면서 어둠 속에 있는 다른 사람들에게 하나님의 은혜를 선포하게 하시려고 하나님께서는 당신을 어두움에서 빛 가운데로 불러내셨다는 것이다. 이것이 하나님을 향한 우리의 찬양이다. "아, 이 눈부신 밝음이여, 하나님께서 내 눈을 뜨게 하시고 어둠을 밝히셨도다!" 이렇게 당신은 하나님을 향한 당신의 찬양을 세상 사람들에게 선포해야 한다. 『**오 하나님이여, 주의 서원이 내게 있으니 내가 주께 찬양을 드리리이다. 이는 주께서 내 혼을 죽음에서 구해 내셨으니... 나로 하나님 앞에서 산 자들의 빛 가운데로 다니게 하지 아니하시겠나이까?**』(시 56:12,13)하고 다윗도 하나님께 대한 찬양을 선포했다. 그는 또 『**빛은 의인을 위하여 뿌려졌고 기쁨은 마음이 정직한 자를 위하여 뿌려졌느니라. 너희 의로운 자들아, 주 안에서 기뻐하고 그의 거룩하심을 기억하여 감사를 드리라.**』(시 97:11, 12)고 외쳤다. 『**정직한 자에게는 암흑 속에서 빛이 일어나니 그는 은혜로우며 긍휼이 충만하고 의롭도다.**』(시 112:4) 하고 다윗은 하나님의 덕을 널리 선포했다. 그러면서 또 『**주의 말씀은 내 발에 등불이요, 내 길에 빛이니이다.**』(시 119:105) 하고 하나님의 말씀이 곧 빛이심을 선포했다.

당신이 『**그의 놀라운 빛으로 들어가게 하신 분의 덕**』을 찬양하며 선포할 때, 당신은 또 어째서 당신이 하나님을 그렇게 찬양하는지, 당신이 하나님의 어떤 점을 찬양하고 있는 것인지, 그 이유를 사람들에게 간증해야 한다. 그리고 또 하나님께서는 찬양 받으시기에 합당하신 분이심을 사람들에게 가르쳐 주어야 한다. 바로 이렇게 하라고 하나님께서는 당신을 불러내셨다고 베드로는 말한다. 당신은 세상 사람들 앞에서 하나님을 찬양하는가? 당신은 골방에 숨어서만 하나님을 찬양하고 있지나 않은가? 당신은 하나님을 찬양하고 있기나 한가?

『**너희가 전에는 백성이 아니었으나 이제는 하나님의 백성이며, 전에는 자비를 받지 못했으나 이제는 자비를 받았느니라**』(10절).

이 말씀은 일찍이 호세아 선지자를 통하여 유대인들에게 하셨던 말씀이었다. 호세아 1:10과 2:23을 보라.

『**'너희는 내 백성이 아니라.' 했던 그곳에서 그들에게 '너희는 살아 계신 하나님의 아들들이라.'고 말하리라**』(호 1:10).

『**내가 땅에서 나를 위하여 그녀를 심고, 내가 자비를 얻지 못하였던 그녀를 위하여 자비를 베풀리라 또 내가 내 백성이 아닌 자들에게 말하기를 "너는 내 백성이라." 하리니, 그들이 말하기를 "주는 나의 하나님이시니이다." 하리라**』(호 2:23).

바울 역시 이방인들에게 호세아 1:10과 2:23의 말씀을 인용하며 이와 똑같은 말을 로마서 9장에서 한다.

『**하나님께서 그의 진노를 나타내시고 또 그의 능력을 알게 하시려고 멸하기에 합당한 진노의 그릇들을 심히 오래 참음으로 인내하시며 영광에 이르도록 예비된 자비의 그릇들에게 그의 영광의 풍요함을 알게 하고**

자 하셨다면 어찌하겠느냐? 곧 우리에게니 그가 우리를 부르셨으되 유대인들 중에서뿐만 아니라 이방인들 중에서도 부르셨느니라. 호세아의 글에서도 말씀하신 바와 같이 "내가 내 백성이 아니었던 자들을 내 백성이라, 사랑받지 않았던 그녀를 사랑받는 자라고 부르리라. '너희는 나의 백성이 아니라.'고 그들에게 말한 그곳에서 그들이 '살아 계신 하나님의 자녀들'이라고 불리리라."고 하셨느니라』(롬 9:22-26).

당신은 하나님의 백성이 아니었으되, 하나님의 백성이라 불려지게 되었고, 당신은 하나님의 사랑을 받지 못하였으되, 이제는 사랑 받는 자라고 불려지게 되었다. 당신은 심지어 『**살아 계신 하나님의 자녀들**』이라고 불려지게 되었다. 그런데 어찌 그분의 덕을 선포하지 않으리요? 그런데 어찌 그분을 찬양하지 않으리요?

『**사랑하는 자들아, 타국인 같고 순례자 같은 너희에게 권고하노니 혼을 거슬러 싸우는 육신의 정욕들을 멀리하라**』(11절).

여기서 『**타국인**』이라는 말은 타국에 사는 유대인들이라든지, 유대인 사회에 들어와 사는 비유대인들이라든지 하는 그런 의미에서의 『**타국인**』이 아니라 지상에서의 삶을 하늘 나라 본향을 향해 가는 순례의 길에 비견하고 이 길을 걸어가는 우리들을 "나그네"(strangers)에 비견한 영적인 의미로 사용된 말이다. 그리스도인들은 누구나 다 나그네들이요, 순례자들이다. 만약 당신이 그리스도인이면서 이 땅에 살고 있는 동안 나그네도 아니요, 순례자도 아니라고 생각한다면, 당신은 아주 크게 잘못된 사람들이다. 왜냐하면, 당신은 이 땅이 자기 고향인 줄로 생각하고 있기 때문이다. 이것은 대단한 착각이다. 그리스도인의 고향은 하늘 나라이지 이 세상이 아니다. 이에 대해서는 당신도 "그야 그렇죠." 하고 즉각 동의할 것이다. 그런데도 당신이 나그네요, 순례자가 아니라고 생각한다면, 당신은 이 세상이 마치 하늘 나라나 되는 것처럼 착각하고 있거나 "그야 그렇죠." 라고 한 말이 거짓말이거나 둘 중 하나다. 만약 이도 저도 아니라면 당신은 자신이 "유랑자"라고 생각하고 있는지도 모른다. 이 역시 대단히 잘못된 생각이다. 당신이 정말로 "유랑자"라고 생각한다면 당신은 구원받지 못한 사람임이 분명하다. 구원받지 못한 사람들이나 유랑자들이요 방랑자들이다. 구원받지 못한 사람들은 고향에서 쫓겨난 "도피자"이다. 그들은 법을 피해 도망 다니는 사람들이다. 그들은 법이 뒤쫓고 있는 도망자들이다. 도망 다니되 갈 곳이 없는 사람들, 이들이 바로 구원받지 못한 사람들이다. 살인자 카인이 하나님께 무어라고 하소연했던가? 『**보소서, 주께서 오늘 지면으로부터 나를 쫓아내시오니, 내가 주의 낯으로부터 감추어지리이다. 그리하여 내가 땅에서 도피자와 유랑자가 되리니 나를 만나는 자마다 나를 죽이리이다**』(창 4:14). 이것이 카인의 절규였다. 죄인들은 어디를 보나 숨을 곳이 없고 발길을 향할 곳이 없다. 그래서 죽은 다음에도 "지옥"이라는 쓰레기 하치장으로 가게 된다.

이 세상은 구원받지 못한 사람들에게 절대로 편히 쉴 고향이 못된다. 이것은 하나님의 자녀들에게도 마찬가지다. 이 세상은 그리스도인들에게도 편히 쉴 곳이 못된다. 그러나 그리스도인들에게는 갈 곳이 있다. 그들은 하늘나라를 향해 발걸음을 옮긴다. 그들에게는 방향이 있고 목표가 정해져 있다. 그래서 구원받은 그리스도인들은 이 세상에서 나그네들이요, 순례자들인 것이다. 그리스도인들은 결코 도피자가 아니요, 유랑자도 아니다.

나그네와 도피자는 엄연히 다르다. 순례자와 유랑자는 전혀 다르다. 도피자는 법에 쫓겨 도망 다니는 자들이다. 도망 다니되 누구 하나 도와주는 사람이 없고 어디에도 은신처나 피난처가 없는 사람들이다. 그러나 그리스도인들은 법에 쫓겨 도망 다니지 않는다. 그리스도인들은 하나님의 은혜 안에 있기 때문이다. 법은 그리스도인들을 쫓아다니지 못한다. 그리스도인들은 하나님의 은혜로 보호받고 있는 나그네들이다. 그들은 쫓겨다니는 도망자가 아니다. 그들은 단지 정해진 여정의 한 과정을 거치고 있는 사람들이다.

유랑자는 갈 곳이 없어 정처 없이 방황하는 방랑자이다. 그러나 순례자는 목표가 있고 갈 곳이 정해져 있다. 그리스도인들에게는 고향이 있다. 그들은 고향을 향해 걸어가고 있는 사람들이다. 그들은 결코 유랑하거나 방황하는 사람들이 아니다. 그러나 구원받지 못한 사람들은 그 어디에도 갈 곳이 없다. 그 어디를 찾아보아도 그들을 기다려주는 사람도 없고 그들을 숨겨줄 곳도 없다. 그래서 그들은 유랑한다. 그들은 도망자들이다.

『**너희에게 권고하노니 혼을 거슬러 싸우는 육신의 정욕들을 멀리하라**』(11절).

바울도 로마서 6장에서 이와 유사한 권고를 한다. 당신은 그리스도인이므로 당신의 혼은 구원받은 혼이다. 당신의 혼은 이제 하나님을 사랑하고 하나님의 일들을 생각하며 하나님을 기쁘시게 할 일들만을 찾아서 하고 싶어한다. 그러나 당신의 육신은 그러한 당신의 혼을 방해한다. 육신의 정욕은 혼이 하고자 하는 일들을 가로막는다. 바울은 이 정욕을 "죽을 몸 안에서 군림하는 죄"라고 정의한다. 그리고 이러한 육신의 정욕을 멀리하지 않는 것은 "죄에게 순종하는 것"이라고 규정하고 당신이 죄에게 순종하면 자신을 불의의 병기로 죄에게 내어 주게 된다고 경고한다. 그리고 바울은 구원받은 당신이 죽은 자들로부터 살아난 사람답게 자신을 의의 병기로 하나님께 드리라고 권고한다(롬 6:11-13).

『**이는 너희가 이방인들 가운데 행실을 바르게 하여 그들이 너희에게**

악을 행하는 자라고 말하다가도 너희의 선한 일들을 보고 감찰하시는 그날에 그들로 하나님께 영광을 돌리게 하려 함이라』(12절).

이방인들 가운데서 행실을 바르게 하라는 권고는 유대인들에게 해당하는 충고 같지만, 구원받은 그리스도인들에게도 얼마든지 적용되는 권면이다. 그리스도인들은 지난날 이방인이었으되, 거듭난 뒤에는 더 이상 이방인이 아니다. 앞에서도 어디에선가 말했듯이 이 세상에는 유대인과 이방인, 그리고 교회 이렇게 세 부류의 사람들이 있다. 이 세상 그 누구도 유대인도 아니요, 이방인도 아니며, 교회도 아닌 부류에 속하는 사람은 없다. 그리스도인들은 교회에 속하는 사람들이다. "교회"란 그리스도의 몸이다. 그리스도인들은 거듭나는 순간 그리스도의 몸 안으로 들어간 사람들이다. 그래서 그들은 더 이상 이방인들이 아니다. "이방인"이라고 말할 때, 이것은 구원받지 못한 비유대인을 지칭한다. 유대인은 구원받지 못했더라도 여전히 유대인이다. 한편, 유대인도 구원받으면 더 이상 유대인이 아니라 "교회"가 된다. 베드로는 지금 "교회"가 된 구원받은 그리스도인들을 향하여 이방인들 앞에서 행실을 바르게 하라고 촉구하고 있는 것이다.

『**감찰하시는 그날**』(the day of visitation)이란 다른 말로 표현하면 주님께서 "찾아오시는 그날"이라는 뜻이다. 이것은 그리스도께서 2천 년 전에 찾아오셨던 그날일 뿐만 아니라 다시 오셔서 영광을 받으시는 재림의 날이기도 하다. 주님께서 찾아오시는 것은 사람들의 죄의 문제를 해결하기 위해서거나 아니면, 죄인들을 처리하시기 위해서이다. 그리스도께서 2천 년 전에 이 땅에 찾아오셨을 때는 죄의 문제를 해결하시기 위해서였다. 그리고 장차 언젠가 다시 오실 때에는 죄인들을 다루시기 위해서 오신다. 주님께서 죄의 문제를 해결하기 위해 찾아오셨던 『**그날**』은 지금 이 교회 시대에도 계속 진행되고 있다. 하나님께서는 지금도 성령을 통하여 구원받지 못한 이방인들에게 찾아오신다. 그리고 갈보리 십자가를 가리키시며 구원받고 거듭날 것을 촉구하신다. 죄인들의 죄를 해결하고 계신 것이다.

여기 12절에서 언급하는 『**감찰하시는 그날**』이란 이렇게 이해해야 타당하다. 『**감찰**』하신다는 것은 구원받지 못한 죄인들의 죄들을 들춰내시고 그들로 하여금 스스로 죄인들임을 시인토록 하신다는 뜻으로 받아들이는 게 좋겠다. 죄인들이 구원받으려면 무엇보다도 먼저 자신들이 죄인들이라는 사실을 자각하고 주님 앞에서 그것을 시인해야만 한다. 그리고 갈보리 십자가를 통하여 주님께서 자신의 죄들을 해결해 놓으셨음을 믿고 그분을 자신의 구원주로 영접해야 한다.

『**감찰하시는 그날**』, 즉 하나님께서 "찾아오시는 그날"과 관련하여 사도행전 15장에서 야고보가 어떻게 정리하고 있는지 한번 살펴보자.

『**그들이 잠잠해진 후에 야고보가 대답하여 말하기를 "형제 여러분, 내게 경청하라. 하나님께서 그의 이름을 위하여 이방인들 가운데서 한 백성을 취하시려고 처음에 어떻게 그들을 찾으셨는가를 시므온이 설명하였으니 이것은 선지자들의 말과 일치된 것이라. 기록된 바와 같이 '이 일 후에 내가 다시 돌아와서 쓰러진 다윗의 장막을 다시 세울 것이며 또 거기에 파괴된 것들을 다시 세워 일으키리라. 그리하여 남은 자들로 주를 찾게 할 것이며 또 내 이름으로 불리는 모든 이방인들도 그러하리라. 이 모든 일을 행하시는 주가 말하노라**』(행 15:13-17).

여기서 야고보는 하나님께서 그의 이름을 위하여 이방인들 가운데서 한 백성을 취하시려고 처음에 그들을 찾으셨다고 언급한다. 이것은 갈보리 십자가 이후 성령께서 구원받지 못한 이방인들을 찾아다니시는 지금 이 교회 시대의 현재 상황을 의미한다. 하나님께서는 지금 이 교회 시대에 성령을 통하여 구원받지 못한 이방인들에게 찾아가신다. 성령께서는 죄인들에게 찾아오셔서 갈보리 십자가를 가리키신다. 하나님께서 이방인들에게 찾아오시는 것은 『**한 백성을 취하시려고**』 그러시는 것이다. 이방인들로부터 한 백성을 취하셔서 『**선택받은 세대요 왕 같은 제사장이며, 거룩한 민족이요, 독특한 백성**』(벧전 2:9)으로 삼으시려는 것이다. 당신이 구원받았다면, 당신은 여기에 호응하고 순종하고 동참한 사람이다.

이렇게 찾아오신 주님을 맞아 당신은 그분을 영접하였고 구원받아 『**거룩한 민족이요, 독특한 백성**』이 되었다. 그러나 당신이 구원받은 것만으로 하나님의 찾아오심이 그 목적을 다 끝낸 것은 아니다. 당신 말고도 아직 구원받지 못한 이방인들은 당신 주위에 수두룩하다. 당신은 사실상 구원받지 못한 사람들에게 사방으로 포위되어 있다. 당신은 이미 구원받은 그리스도인으로서 이들 구원받지 못한 주위의 『**이방인들 가운데서 행실을 바르게 하여**』 거룩한 민족이요 독특한 백성답게 모범을 보임으로써 그들이 처음에는 당신더러 『**악을 행하는 자라고 말하다가도**』 결국 당신이 지속적으로 행하는 『**선한 일들을 보고**』 감명을 받게 해야 한다. 그리하여 하나님께서 『**감찰하시는 그날**』, 즉 자신들에게도 성령을 통하여 하나님께서 찾아오시는 날, 그리하여 그들의 죄들을 『**감찰**』하실 때, 자신들이 죄인들임을 시인하고 주님을 영접함으로써 그리스도인으로 거듭나게 될 것이다. 그리고 당신도 그랬듯이 그들도 『**하나님께 영광을 돌리게**』 될 것이다. 그렇기 때문에 당신은 이방인들 가운데서 행실을 바르게 하고 『**선한 일들**』을 행해야 한다. 베드로가 여기 12절에서 당신에게 권고하고 있는 말이 바로 이것이다.

당신이 이방인들 가운데서 행하는 『**선한 일들**』이란 어떤 일들을 말하는 것일까? 도덕적으로 지탄받는 악한 일을 하지 않고, 술 마시지 않고 담배 피우지 않으며, 다른 사람에 대해 험담하지 않고 비방하지 않으며, 가난한 이웃을 도우며, 법과 사회 질서를 잘 지키고, 사회 부조리를 척결하기 위하여 사회 개혁 운동에 가담하여 활발히 뛰어 다니고 하는, 뭐 이런 일들을 말하는 것일까? 이런 것들은 최소한 악한 일들은 아니다. 그러나 이런 것들이 과연 여기서 언급하는 『**선한 일들**』인가? 이런 것들은 그리스도인이 아닌 구원받지 못한 죄인들도 얼마든지 하고 있는 일들이 아닌가? 적어도 그리스도인이라면 이런 것들을 행하고서 『**선한 일들**』을 했다고 자부할 수 있겠는가?

아니면, 일요일마다 하루도 거르지 않고 성경을 끼고 교회에 열심히 다니고, 이웃들에게 "하나님은 당신을 사랑하십니다. 우리도 서로 사랑합시다. 우리 교회에 나와 보세요. 우리 교회에는 사랑이 넘치지요." 하고 당신 교회로 잡아끈다거나, "우리 교회 목사님한테 안수 받아 보세요. 병이 말끔히 나을 겁니다. 사업도 번창하고요." 하고 조언해 주는 것일까? 이런 것들은 구원받지 못한 채 교회만 다니는 얼치기 "교인들"이 주로 하고 다니는 짓이 아닌가? 설사 구원받았다 하더라도 은사주의자들에게 사로잡혀 갓난아기 신세를 면치 못한 젖먹이 그리스도인들이 흔히 하고 있는 짓이 이런 것들이 아니던가?

당신이 만약 이런 것들이 『**선한 일들**』이라고 생각한다면, 당신은 아주 크게 잘못 생각하고 있는 것이다. 왜냐하면, 당신은 『**하나님께서 그의 이름을 위하여 이방인들 가운데서 한 백성을 취하시려고**』(행 15:14) 그들에게 찾아오시는 목적을 조금도 염두에 두지 않은 채 아주 엉뚱한 것을 염두에 두고 있기 때문이다. 『**선한 일들**』이란 죄인들을 구원받게 해주는 일들을 말한다. 예수 그리스도를 증거하고 복음을 전파하며 지옥을 설교하고 죄인들의 혼을 예수 그리스도께로 이겨오는 일 말이다. 이리하여 궁극적으로 하나님께 영광을 돌려 드리는 일들을 말한다. 이것이 『**선한 일들**』이다. 당신이 이웃들을 아무리 사랑하고 돕는다 해도 그들이 지옥에 떨어지는 것을 보고도 가만히 보고만 있다면, 그들에 대해서나 하나님에 대해서 그것은 절대로 『**선한 일들**』이 될 수가 없다. 그것은 하나님께 영광을 돌려드리는 일이 아니기 때문이다.

2:13 주를 위하여 인간의 모든 법령에 복종하되, 권세 있는 왕에게나
14 혹은 악을 행하는 자들을 벌하고, 선을 행하는 자들을 칭찬하라고 그 가 보낸 관리들에게 하라.
15 이는 하나님의 뜻이 그러함이니, 너희가 선을 행함으로 어리석은 사 람들의 무지를 잠잠케 하려는 것이니라.

『**주를 위하여 인간의 모든 법령에 복종하되, 권세 있는 왕에게나**』(13절).

여기서부터는 모든 그리스도인들에게 적용되는 일반적인 규칙(rule)이 개진된다. 이 규칙들은 물론 그리스도인들뿐만 아니라 유대인들에게도 적용되는 원칙들이다. 그런데, 모든 그리스도인들이 이 규칙들을 준수하면서 왜 이들 규칙들을 지켜야 하는지 그 이유를 항상 염두에 두고 있어야 하는데, 그것은 이런 규칙들의 준수가 항상 주님과 관련되기 때문이다.

『**인간의 모든 법령**』을 준수하고 『**권세 있는 왕**』에게 복종해야 하는 그 목적이 인간이나 국가 사회를 위해서가 아니라 『**주를 위해서**』라고 여기 13절에서 못박고 있다. 이것은 14절에서도 마찬가지고 15절, 16절, 17절, 18절, 19절, 20절 모두 마찬가지다. 당신이 그리스도인으로서 모든 법령들에 복종하고 국가 통치권을 가진 권세자들에게 복종해야 하는 것은 그 근원적 이유와 목적이 하나님을 위해서이고 하나님께서 그렇게 정하셨기 때문이며, 그들이 하나님께서 세우신 사람들이고 이들에게 복종하는 것이 하나님께서 요구하시는 일이기 때문이다. 당신은 하나님의 종이다. 그렇기 때문에 당신은 하나님의 종들로서 그분의 요구와 명령에 따를 수밖에 없다. 베드로는 여기서 이것을 강조하고 있다. 『**너희의 자유를... 하나님의 종들로서 사용하라**』(16절).

『**인간의 모든 법령**』과 『**권세 있는 왕**』을 비롯한 『**관리들**』에게 복종한다는 것은 사실 말같이 쉬운 일이 아니다. 세상에는 도저히 승복하기 어려운 법령들과 악한 권력자들이 허다하다. 그래서 복종하기보다는 저항하고 대결하는 사람들이 많고 아예 무시해 버리고 등을 돌리는 사람들도 세상에는 많다. 그러나 성경은 복종하고 존중하라고 명령한다. 당신에게는 "그건 너무해요!" 하고 항변할 수 있는 권한이 주어지지 않았다. 그러나 그렇다고 해서 꾹 참으라는 게 아니다. 성경은 『**하나님을 위해서**』라는 전제를 단다. 마지못해 꾹 참고 복종하는 것이 아니라 『**하나님을 위해서**』 기꺼이 그렇게 하는 것이다. 그리스도인일진대, 『**하나님을 위해서**』라면 무엇인들 못하랴! 『**하나님께서 기뻐하실 만한 것**』(20절)이라면 그리스도인들이 무엇인들 마다하랴! 어렵고 힘들더라도 『**하나님을 위해서**』라면 기꺼이 하는 사람들, 이들이 곧 그리스도인들이다.

『**하나님을 위해서**』, 또는 『**하나님께서 기뻐하실 만한 것**』이라는 요소를 배제하면 성경에는 "그건 너무해요!" 하고 항변하고 싶은 명령들이 한두 가지가 아니다. 가령 여기 베드로전서 3:1만 해도 『**이와 같이 너희 아내들아, 너희 자신의 남편에게 복종하라.**』고 명령하고 있다. 너무나 당연한 얘기지만, 경우에 따라서는 아내들이 남편들에게 도저히 복종하기 어려운 경우도 허다하다. 그래도 성경은 남편에게 복종하라고 아내들에게 명령하고 있다. 심지어는 『**아내들아, 너희는 너희 자신의 남편에게 복종하기를 주께 하듯 하라.**』(엡 5:22)고까지 말씀한다. 그러나 그렇지 못한 아내들이 얼마나 많은가? 왜 그런가? 『**하나님을 위해서**』라는 것을 생각하지 않기 때문이다. 『**하나님께서 기뻐하실 만한 것**』을 망각하기 때문이다. 설사, 아내들이 남편에게 복종한다 할지라도, 그것이 『**하나님을 위해서**』가 아니라면, 『**하나님께서 기뻐하실 만한 것**』을 그들의 마음속에 떠올리지 않으면서 하는 것이라면, 그것은 하나님께 별 의미가 없다.

성경은 또 종들에게도 주인들에게 『**두려움과 떨림으로 복종하되 순전한 마음으로 그리스도께 하듯**』(엡 6:5) 하라고 명령한다. 당신이 다니는 직장 상사들 중에는 당신이 도저히 순전한 마음으로 주님께 하듯 복종할 수가 없는 사람들이 많다. 그래도 성경은 당신더러 그들에게 복종하라고 명령한다. 그런데, 여기서도 바울이 이런 권고를 하면서 맨 처음 『**하나님을 두려워함으로 서로 복종하라.**』(엡 5:21)는 전제를 먼저 제시한다. 여기 베드로전서 2장에서와 그 맥락이 똑같은 것이다. 사람을 위해서가 아니라 『**하나님을 위해서**』, 사람을 기쁘게 하기 위해서가 아니라 『**하나님께서 기뻐하실 만한 것**』을 하기 위해서, 그리고 사람을 두려워해서가 아니라 『**하나님을 두려워함으로**』 하라고 명령한다.

『**주를 위하여 인간의 모든 법령에 복종하되, 권세 있는 왕에게나**』(13절).

17절에서는 『**왕을 존경하라.**』고 권고한다. 여기서 『**왕**』은 베드로에게 있어 역사상 포악하기로 이름난 네로 황제였다. 네로는 잔인무도한 희대의 마귀적 살인자였다. 그런 네로를 두고 베드로는 『**존경하라.**』는 것이다! 그것이 하나님께서 원하시는 바라면 당신은 네로라도 존경해야 한다. 하나님께서 원하신다면 말이다. 『**하나님을 위해서**』라면 당신에게는 다른 선택의 여지가 없다.

한편, 그리스도인들을 향한 『**모든 법령**』에 복종하라는 이 명령을 잘 생각해 보면 여기에는 매우 깊고도 오묘한 의미가 함축돼 있음을 알 수 있다. 이것은 『**모든 법령**』에 따르지 않는 무법자들, 그들이 설사 권세를 쥔 왕이었건, 관리들이었건, 대통령이든, 상원의원이든, 시장이든, 주지사든, 누구라도 『**모든 법령**』에 복종하지 않는 자가 있다면, 『**모든 법령**』에 따라 이들 무법자들에게 이의를 제기하고 반대하며 저항할 수 있는 기회와 권한이 그리스도인들에게 주어져 있음을 다분히 함축하고 있는 말이다. 그리스도인들이 이러한 법적 기회와 권한을 행사하려면 그리스도인들부터가 먼저 『**모든 법령**』에 복종하고 있지 않으면 안 된다는 것은 두말할 필요도 없다. 반면에 『**모든 법령**』에 복종하고 있는 그리스도인들은 『**모든 법령**』에 복종하고 있기 때문에 모든 그릇되고 불법적인 권력자들에게 저항할 수 있는 권한과 명분이 그리스도인들에게 제공된다. 권력자들에게 저항하고 반대하고 불복종하는 것이 하나님을 위하는 것이요, 하나님을 기쁘시게 해드리는 일이라고 판단될 경우, 당신은 그들에게 저항할 수 있는 권한과 명분을 갖는다. 당신은 누구보다 먼저 하나님을 위하여 인간의 모든 법령에 복종하고 있기 때문에 이것이 가능하다. 그래서 『**모든 법령**』에 복종하라는 명령은 기회와 권한의 억제가 아니라 반대로 기회와 권한의 보장이 될 수도 있는 것이다.

그런가 하면 또, 그리스도인들도 관리들이나 권력 당국의 부당한 결정이나 판단과 잘못된 법 집행으로 인하여 부당한 처우를 받는 수가 많다. 이러할 때 당신은 그런 부당한 처사에 이의를 제기하고 그 부당성을 지적하며 반항할 수 있는 기회가 법으로 보장돼 있다. 가령, 당신이 부당하게 경찰에 체포되었을 경우, 당신은 변호사를 통하여 그 부당한 처우를 모면할 수 있다거나, 기소되더라고 스스로 변호할 수 있는 법적 장치가 마련되어 있으며, 재판에서 억울한 판결을 받더라도 상급 법원에 항소할 수 있는 법적 제도가 마련되어 있다. 당신은 이러한 법적 제도에 힘입어 억울한 처사에서 벗어나려고 노력하게 된다. 이런 이유에서라도 그리스도인들은 인간의 모든 법령에 복종하지 않을 수가 없다. 그리스도인이 법령을 무시한다면 그 법에 호소하고 그 법의 보호를 받을 수 있는 기회도 포기해야 마땅하다. 그리스도인이 법령을 무시한다면 그 법령으로 무법자들에게 이의를 제기하고 대항할 수 있는 권리도 제한될 수밖에 없다. 『**인간의 모든 법령에 복종**』하라는 이 말씀 가운데에는 이러한 오묘한 의미도 함축되어 있는 것이다.

『**혹은 악을 행하는 자들을 벌하고, 선을 행하는 자들을 칭찬하라고 그가 보낸 관리들에게 하라**』(14절).

『**그가 보낸 관리들**』이란 베드로의 경우 네로가 보낸 빌라도라든가 헤롯 같은 인물들이다. 관리들이란 본디 통치자가 『**악을 행하는 자들을 벌하고, 선을 행하는 자들을 칭찬하라고**』 세운 사람들이고 파견한 공무원들이다. 이런 자들이 오히려 악을 행하는 자들을 칭찬하고 선을 행하는 자들을 벌하는 수도 얼마든지 있다. 부패한 공무원들은 인류 역사상 어느 시대에도 있어 왔다. 아니, 오히려 이런 자들이 훨씬 더 많았던 게 사실이다. 그러나 그리스도인들은 이런 자들에게 복종하는 것이 일차적인 원칙이다. 이 역시 『**하나님을 위해서**』요, 『**하나님께서 기뻐하실 만한 것**』이라면 말이다.

『**이는 하나님의 뜻이 그러함이니, 너희가 선을 행함으로 어리석은 사람들의 무지를 잠잠케 하려는 것이니라**』(15절).

권세 있는 왕에게 복종하고 그가 세운 관리들에게 복종하는 것이 『**하나님의 뜻이 그러함이니**』라고 베드로는 말한다. 그게 하나님의 뜻이라는 것이다. 이게 하나님의 뜻인 것은 당신이 그렇게 함으로써 『**어리석은 사**

람들의 무지를 잠잠케 하려는 것』이 하나님의 뜻이기 때문이라고 베드로는 또 말한다. 당신이 통치자들과 관리들에게 복종하는 것은 하나님의 뜻에 순종하는 것이기 때문에 『**선을 행함**』에 해당한다. 당신이 복종하는 것이 만약 사람의 뜻에 순종하고 사람을 기쁘게 하기 위해서라면 같은 복종이라도 그것은 『**선을 행함**』에 속하지 않는다.

당신이 법령들과 권세자들, 그리고 그들이 세운 관리들에게 복종하는 것을 보고 당신 주변 사람들은 이주 못마땅하게 생각할지도 모른다.

"그런 악법에 복종하다니, 당신 정신나간 게 아니오? 이런 폭군에게 복종하다니, 당신 바보 아니오?" 그들은 이렇게 당신에게 압력을 가해올지도 모른다.

"하나님을 위해서지요. 하나님의 뜻이 그러하기 때문이지요. 성경은 그렇게 하라고 명령하고 있답니다." 당신이 태연하게 대답한다.

"사람이 무서워가 아니라 하나님을 두려워하기 때문이랍니다. 사람을 기쁘게 하기 위해서가 아니라 주님을 기쁘시게 해드리기 위해서지요." 당신은 그들에게 이렇게 역설한다.

당신이 이렇게 그리스도인으로서 하나님의 뜻에 순종하는 모습을 그들이 본다. 그들은 할 말을 잃는다. 그들은 하나님을 위하는 것이 무엇이고 하나님의 뜻이 무엇이며, 어떻게 하는 것이 하나님을 기쁘시게 하는 것인지에 대해서는 눈곱만치도 모르는 사람들이다. 그들은 하나님의 일들에 관해서라면 무지하기 짝없는 『**어리석은 사람들**』이다. 그런데도 그들은 하나님의 뜻에 따르는 당신의 말과 행동에는 할 말을 잃는다. 『**너희가 선을 행함으로 어리석은 사람들의 무지를 잠잠케 하려는 것이니라.**』 이것이 하나님의 뜻이라고 이 구절은 말씀한다. 하나님과 그분의 말씀에 절대 순종하는 당신을 보고 『**어리석은 사람들의 무지가 잠잠케**』 될 때, 당신의 순종을 통하여 하나님의 영광이 드러난다.

2:16 자유롭게 행하되 너희의 자유를 악의 구실로 사용하지 말고 하나님의 종들로서 사용하라.

17 모든 사람을 존경하고 형제를 사랑하며, 하나님을 두려워하고 왕을 존경하라.

18 종들아, 모든 두려움으로 너희 주인들에게 복종하되 선하고 온화한 자들에게뿐만 아니라 까다로운 자들에게도 그렇게 하라.

19 이는 누가 억울하게 고난을 받더라도 하나님을 의식하여 슬픔을 참으면 그것은 감사할 일이기 때문이라.

20 너희의 잘못들로 인해, 매를 맞고 참으면 무슨 영광이 있겠느냐? 그러나 선을 행하다가 고난을 받고 참으면 그것은 하나님께서 기뻐하실 만한 것이 되느니라.

『**자유롭게 행하되 너희의 자유를 악의 구실로 사용하지 말고 하나님의 종들로서 사용하라**』(16절).

당신은 그리스도인으로서 자유인이다. 당신은 진리로 인하여 자유케 된 사람이다. 당신은 그리스도 안에서 모든 죄악으로부터 해방되었다. 그래서 당신은 주위의 압력이 어떠하든 그리스도인의 양심에 따라 자유롭게 행동할 수가 있다. 그러나 이 구절은 당신의 그 자유를 그릇된 곳에 악용하지 말라고 명령한다.

도대체 성경이 말씀하고 있는 『**자유**』(liberty)란 무엇인가? 현대 사회에서 이 『**자유**』라는 말은 대단히 중대한 위치를 점하고 있는 단어다. 사실, 현대 사회에서 『**자유**』라고 말할 때, 이것은 엄청난 위력을 발휘한다. 그러나 현대인들이 이 『**자유**』의 참 의미를 크게 혼동하고 있다는 데에 심각한 문제가 있다.

현대 사회에서 가장 크게 혼동되고 있는 두 개의 단어가 있다면 그것은 "자유"(liberty)와 "방종"(licence)이다. "자유"란 옳은 일을 뜻대로 해도 되는 "자유"(freedom)이고, "방종"이란 그릇된 일을 제멋대로 자행하는 "자유"(freedom)다. 그러나 현대인들은 이렇게 엄연히 구별되는 "자유"(liberty)를 흔히 "방종"과 혼동해서 생각한다. 그들은 "방종"이 곧 "자유"인 것으로 착각한다. 영어 단어 "licence"로 표기되는 "방종"은 "방탕함"과 "음탕함," 그리고 "방자(放恣)함"과 규율 내지 원칙에 대한 "반항"을 나타내는 "licentiousness"에 관련된다. 성경적인 의미에서의 참된 "자유"란 당신의 삶 가운데서 하나님의 규칙들과 규제의 범위에서 벗어나지 않으면서 당신의 일상적인 삶에서 하나님께서 합법적으로 정당하게 허용하시는 한계 내에서 행하는 것을 말한다. 오직 이것만이 "자유"에 대한 참된 정의다. 당신이 이러한 범위와 한계 내에 머물고 있는 한 당신은 무엇이라도 할 수 있는 자유를 누린다. 당신의 생각과 행동이 하나님의 규칙들과 규제의 한계를 넘지 않고 하나님께서 정당하게 합법적으로 허용하시는 범위를 벗어나지만 않는다면 당신은 아무리 멀리 비약하고 과격하고 남들보다 앞질러 내닫는다 해도 전혀 문제가 안 된다. 이것이 성경이 말씀하는 『**자유**』(liberty)의 참뜻이다. 그러나 여기서 한 발짝만 벗어나도 당신은 죄의 종이 되어 『**자유**』를 박탈당한 것이고 "방종"의 노예가 된 것이다. 때로는 하나님께서 벗어나지 말라고 당신 주위에 둥글게 원으로 금을 그어 놓으신 규칙들과 규제, 그 합법적인 허락의 원 안에서 밖으로 벗어날 것만 같이 아슬아슬하게 한계선 끝까지 치닫기도 하고 또 때로는 어슬렁거리다가 하마터면 부주의하게 금 밖으로 발을 내디딜 것 같은 위기에 처하기도 하지만, 그러면서도 가까스로 금을 벗어나지만 않는다면, 당신은 완전한 『**자유**』의 영역 내에 머물고 있기 때문에 죄의 종으로 전락하여 방종의 노예가 되지는 않는다. 하나님께서는 당신이 벗어나지 말아야 할 경계선에 막대기를 세워 두셨다. 당신은 그 막대기를 보고 거기서 벗어나지만 않으면 된다.

그러나 사람이란 참 이상하고 야릇한 습성을 갖고 있어서 금만 그어 놓으면 자꾸만 금 밖으로 나가보고 싶어한다. 그 한계선 밖에는 무엇인가 근사한 것들이 있을 것만 같게 느껴져 유혹을 받는 것이다. 그리고 금 안에서만 누릴 수 있는 『**자유**』를 남용하여 금 밖으로 발을 내딛기를 좋아한다. 그 순간 당신은 하나님께서 세워 두신 막대기를 무시하고 쓰러뜨리게 된다. 막대기를 벗어나 밖으로 나가면 거기에 여하한 "제도"가 있고, "주의"가 있고, "사상"이 있고, "질서"가 있다 할지라도 그것들은 모두 하나님께서 합법적으로 정당하게 허용하신 것들이 아니다. 거기에서 발견되는 것들은 모두가 당신을 죄의 종이 되게 만드는 데에 사용되는 것들이지 하나님의 종이 되는 데에는 아무짝에도 쓸모가 없는 것들이다. 그래서 성경은 당신더러 하나님께서 설정해 놓으신 한계선 내에서 『**자유롭게 행하되 너희의 자유를 악의 구실로 사용하지 말고 하나님의 종들로서 사용하라.**』(16절)고 명령하고 있는 것이다.

당신이 하나님께서 허용하시는 영역 내에서 누리고 있는 『**자유**』를 그 영역 밖으로까지 확대하는 것은 "방종"이다. 거기서는 당신이 『**하나님의 종**』이 아니라 죄의 종이 되고 만다. 당신이 세상의 지배를 받게 되면, 마귀는 당신의 육신을 사용하여 모든 것을 정욕에 따라 행동하도록 만든다. 그러면서도 그것이 마치 "자유"인 양 사람들을 속인다.

『**모든 사람을 존경하고 형제를 사랑하며, 하나님을 두려워하고 왕을 존경하라**』(17절).

바울은 『**만일 한 지체가 영광을 얻으면 모든 지체가 함께 기뻐하느니라.**』(고전 12:26)고 말한다. 그리고 『**이제 너희는 그리스도의 몸이요 개별**

적으로는 그 지체들이라.』(고전 12:27)고 그 이유를 설명한다.

『**하나님을 두려워하고 왕을 존경하라.**』

세상 사람들은 『**왕을 존경**』하느라고 『**하나님을 두려워**』하지 않는다. 그러나 이 구절은 『**하나님을 두려워**』하기 때문에 『**왕을 존경하라.**』고 말씀한다. 『**왕을 존경**』하는 것은 왕이 존경할 만하다거나 왕이 두렵다거나 해서가 아니다. 왕을 존경하는 것은 그 왕을 세우신 하나님을 두려워하기 때문이다.

『**형제**』란 두말할 것도 없이 그리스도 안에 있는 형제들을 말한다. 형제 사랑에 대해서는 앞서 1:22에서 상세히 다루었다.

『**종들아, 모든 두려움으로 너희 주인들에게 복종하되 선하고 온화한 자들에게뿐만 아니라 까다로운 자들에게도 그렇게 하라**』(18절).

여기서 『**종들**』이란 물론 하나님을 믿고 구원받은 그리스도인 종들을 말한다. 그리고 베드로가 살고 있던 당시로서는 『**종들**』이 신분상 "자유인"과 구별되는 사람들이었겠지만 지금 우리로서는 가령, 다니는 회사라든지 소속된 기관 내 상사들처럼 사회적으로나 조직상으로 "윗사람들"을 모시고 있는 사람들로 확대해서 적용해도 괜찮다.

앞에서도 보았듯이 바울은 주인들에게 두려움과 떨림으로 복종하라고 종들에게 명령했고 순전한 마음으로 그리스도께 하듯 하라고 가르쳤으며 사람을 기쁘게 할 때 하듯이 눈가림으로 하지 말고 『**그리스도의 종으로서 마음으로부터 하나님의 뜻을 행하며 선한 뜻으로 봉사하되 주께 하듯 하고 사람에게 하듯 하지 말라.**』(엡 6:6,7)고 명령했다. 말하자면, 육신적으로는 비록 사람의 종이지만, 영적으로는 그리스도의 종이므로 하나님의 뜻을 행한다는 생각으로 주인에게 봉사하라는 충고였던 것이다. 종이건 자유인이건 자기 위치에서 각자 선을 행하면 하나님께서는 신분의 차이를 불문하고 그에 상응한 것을 베풀어 주신다고 바울은 또 가르쳤다(엡 6:8). 앞에서도 언급한 것처럼 그리스도의 몸 안에 들어가 있다는 사실 자체가 말할 수 없이 압도적인 영적 의미를 갖기 때문에 심지어 여자와 남자라는 성별조차도 구별되지 않을 정도인지라 그 안에서 종과 주인의 신분 차이 같은 것이 말소된다는 것이야 더 말할 필요도 없이 당연한 일이다. 그 안에서는 누구나 막론하고 하나님의 자녀요, 그리스도의 종들일 뿐이다.

종이 섬기는 주인은 사람에 따라 『**선하고 온화한 자들**』이 있는가 하면 또 『**까다로운 자들**』도 있기 마련이다. 그러나 그리스도의 종으로서 하나님의 뜻을 행하는 사람이 주님께 하듯 자기 주인을 섬긴다면 그 주인이 까다롭든 선하고 온화하든 그런 게 문제가 될 수 없을 것이다. 그리스도인들은 어차피 사람을 보고 섬기는 게 아니라 주님을 위해서 모든 일을 하는 사람들이다. 그리스도인들이 인간의 법령에 복종하고 권세 있는 왕과 그의 관리들에게 복종하며 모든 사람들을 존경하고 아내가 남편에게 복종하며 종들이 주인들에게 복종하는 것은 결코 맹목적인 복종이 아니다. 이 복종은 하나님과 그분의 기뻐하심, 그리고 그분의 영광이라는 순수하고도 단순한 목적을 전제로 한다는 점에서 그 이유와 목적이 뚜렷한 복종이다. 따라서 복종하되, 이러한 가치 지향적 복종이 아니라면 그것은 무의미한 복종이며, 하나님과 그분의 기뻐하심과 그분의 영광과는 무관한 맹목적이고도 무가치한 복종이다. 하나님께서는 이러한 복종은 바라지 않으신다.

『**이는 누가 억울하게 고난을 받더라도** 하나님을 **의식하여 슬픔을 참으면 그것은 감사할 일이기 때문이라**』(19절).

당신은 성경 말씀에 따라 올바르게 행한다. 따라서 당신에게는 잘못이 없다. 하지만 그 바람에 다른 사람이 본의 아니게도 『**억울하게 고난을**』

받을 수도 있다. 이러할 경우, 그 사람이 『**하나님을 의식하여**』 고난을 이겨내고 슬픔을 참는다면 여간 다행하고 『**감사할 일**』이 아니다. 그렇지 않겠는가? 설령 당신에게 잘못이 없다 할지라도 당신으로 인하여 다른 사람이 고난을 받는다면 그 자체가 얼마나 난처하고 가슴 아픈 일이겠는가? 하지만 상대방이 『**하나님을 의식하여**』 그 고난을 참는다니 이보다 더 감사한 일이 어디 있겠는가? 비록 미안하고 안타깝기 짝없을지언정 아무튼 감사한 일이 아닐 수 없다. 그런데 하물며 당신이 그릇되게 행하는 바람에 다른 사람이 억울하게 고난을 받게 되었다면 어떻겠는가? 설사 그 사람이 하나님을 생각하고 그 슬픔을 참는다 하더라도 이것은 여간 가슴 찢어지는 일이 아닐 수가 없다. 그런데, 당신이 그릇되게 행하는 바람에 다른 사람이 억울하게도 고난을 당하게 되었을 경우, 그 사람이 슬픔을 참지 못해 고통을 호소하고 나온다거나 반발하고 나온다면, 이보다 더 부끄럽고 난처한 일이 또 어디 있겠는가? 당신은 그리스도의 심판석에서 이에 대해 주님께 어떻게 해명할 것인가?

그러나 다른 사람이 비록 억울하게 고난을 당할지언정 당신으로서는 하나님의 명령대로 올바르게 행할 수밖에 없다. 당신은 하나님을 고려하지 않은 채 사람을 보고 그릇되게 행할 수야 없지 않은가? 다른 사람이 아무리 중하기로서니 하나님만 할까? 다른 사람을 아무리 생각해 주어야 하기로서니 일의 옳고 그름을 무시할 수야 없지 않은가? 당신은 매사에 『**하나님께서 기뻐하실 만한 것**』을 고려하지 않을 수가 없다. 당신의 삶에서 가장 중요한 핵심은 하나님과 하나님의 말씀과 그분의 일밖에는 없지 않은가? 그 바람에 다른 사람이 억울하게 고난을 받고 또 그 고난을 이겨내지 못하고 슬픔을 참을 수가 없어 반기를 들고일어난다고 해도 당신으로서는 불가피한 일이었으며 그래서 할 일을 했을 뿐이다. 가슴 아픈 일이겠지만, 당신으로서는 다른 방도가 없다. 그런 터에 그 사람이 만약 하나님을 의식하고 슬픔을 꾹 참는다면 이보다 더 감사한 일은 없을 것이다. 이러할 경우 주님께서는 당신의 일로 인해서 기뻐하시고 그 사람의 일로 인해서도 또 기뻐하실 것이다. 당신은 그리스도의 심판석에서 이에 대해 주님께로부터 크게 칭찬을 들을 것이요, 이에 상응하는 큰 상을 받게 될 것이다.

『**너희의 잘못들로 인해, 매를 맞고 참으면 무슨 영광이 있겠느냐? 그러나 선을 행하다가 고난을 받고 참으면 그것은 하나님께서 기뻐하실 만한 것이 되느니라**』(20절).

이번에는 당신이 하나님의 말씀대로 행하지 아니하고 그릇된 일을 자행한다. 그 바람에 당신은 응당 주님께 매를 맞는다. 그러나 당신이 그 아픔을 참는다. 하지만, 하나님의 매를 이렇게 꾹 참는다고 한들 그게 무에 그리 자랑할 만하겠는가? 잘못했으니 매를 맞는 것이야 당연하지 않은가? 그러니 매를 맞더라도 참아야지 별 수가 없다. 참았다고 해서 다 영광이 되는 것은 아니다. 하나님께서는 당신의 그런 인내는 평가해 주지 않으신다. 당신은 그리스도의 심판석에서 이에 대해 받을 상이 아무것도 없다.

하지만, 당신이 선을 행하다가 고난을 받는다면, 그리고 그 고난을 참는다면, 『**그것은 하나님께서 기뻐하실 만한 것이 되느니라.**』고 이 구절은 말씀한다. 그래서 당신은 매를 맞는 한이 있더라도 올바르게 행해야 한다. 그리고 당신은 매를 맞더라도 참아야 한다. 이것이 하나님께서 기뻐하시는 일이다. 당신은 그리스도의 심판석에서 이에 상응하는 상을 받게 될 것이다.

2:21 이를 위하여 너희가 부르심을 받았으니, 그리스도도 우리를 위하여

고난을 받으시고, 우리에게 한 본을 남겨 놓으시어, 너희로 그의 발자취를 따르게 하셨느니라.

22 그는 죄를 짓지도 아니하셨고 그 입에는 간사함도 없으셨으며,

23 모욕을 당하셨으나 다시 모욕으로 갚지 아니하셨고, 고통을 당하셨으나 위협하지 아니하셨으며, 오직 의롭게 심판하시는 분께 자신을 의탁하셨느니라.

24 그가 친히 나무에 달린 자신의 몸으로 우리의 죄들을 담당하셨으니, 이는 우리가 죄들에는 죽고 의에는 살게 하려 하심이니라. 그가 채찍에 맞음으로 너희가 낫게 되었느니라.

25 이는 너희가 길 잃은 양들 같았으나 이제는 너희 혼들의 목자와 감독에게로 돌아왔음이니라.

『**이를 위하여 너희가 부르심을 받았으니, 그리스도도 우리를 위하여 고난을 받으시고, 우리에게 한 본을 남겨 놓으시어, 너희로 그의 발자취를 따르게 하셨느니라**』(21절).

당신은 부르심을 받았는가? 다시 말해서, 당신은 구원받았는가? 그렇다면, 무엇을 위하여 구원을 받았다고 생각하는가? 『**이를 위하여**』라고 이 구절은 말씀한다. 『**이를 위하여**』라니 "무엇을 위하여"란 말인가? "고난을 받기 위하여"란 말이다. 당신은 고난을 받기 위하여 구원받았다. 주 예수 그리스도께서도 우리의 구원을 위하여 몸소 고난을 받으심으로써 우리에게 그 모범을 보이셨다. 그러나 이 구절은 "모범을 보이셨다."라고 표현하지 않고 『**한 본을 남겨 놓으시어**』라고 서술한다. "자, 봐라." 하고 우리더러 구경만 하라고 본을 보이셨던 게 아니라 우리도 그분의 본을 따라 그분께서 걸으셨던 고난의 길을 실제로 따라 걸으라는 말씀인 것이다. 당신은 구원받았는가? 그렇다면, 당신은 고난을 받도록 불러내심을 받은 것이다. 『**너희로 그의 발자취를 따르게 하셨느니라.**』고 베드로는 말한다. 그분의 무슨 발자취 말인가? "고난의 발자취" 말이다.

그리스도인들은 그리스도와 일치한 사람들이기 때문에 그리스도인들이라 불린다. 그리스도인들이 그리스도와 일치하지 않았다거나 일치하기를 싫어한다면 그게 어디 그리스도인이겠는가? 그리스도인이 그리스도와 일치하려면 무엇보다도 고난받으신 그분의 길을 먼저 밟아야 한다. 그래야만 모든 점에서 차츰차츰 그분과 일치해가게 돼 있다. 그분께서 몸소 걸으셨던 고난의 길을 따라 걷는 이 일이야말로 당신이 그리스도와 일치해가는 첫걸음이다. 아무 죄도 없으신 그리스도께서는 바로 당신을 위하여 그 고난의 길을 걸으셨고, 당신에게 본을 남기기 위하여 고난받으셨다는 것을 한번 생각해 보라. 당신은 그래도 그분의 고난의 길을 거부할 수 있겠는가? 『**누구든지 나를 따라오려거든 자기를 부인하고 자기 십자가를 지고 나를 따르라.**』(마 16:24)고 주님께서는 말씀하지 않으셨던가?

그렇다면, 어떻게 하는 것이 당신이 그리스도의 고난의 발자취를 따라 걷는 것인가? 이것은 위에 인용한 마태복음 16:24에서 이미 주님께서 밝히셨다. 『**자기를 부인하고 자기 십자가를 지고**』 그분을 따르는 것이 그것이다. 주님께서는 마태복음 10:38에서도 『**또 자기 십자가를 지지 않고 나를 따르는 자도 나에게 합당치 아니하니라.**』고 말씀하셨다. 십자가를 진다는 것은 두말할 것도 없이 죽는다는 뜻이다. 이것은 주님을 위해 "죽도록 충성한다."거나 "죽기까지 신실하게 주님을 따른다."는 것 이상의 의미를 갖는 죽음이다. 십자가에 달려 죽는다는 것은 죽더라도 범죄자로 죽는 것을 말한다. 아무나 십자가에 달리는 게 아니다. 십자가에는 범죄자를 매달도록 돼 있다. 예수 그리스도께서도 죄와 저주가 되셨기에 십자가에 달려 죽으셨다. 우리를 죄와 저주로부터 구속하시고 하나님의 의가 우리에게 전가되도록 하시기 위해 그분께서는 우리의 죄들과 저주를 모두 자신이 짊어지시고 몸소 죄인이 되어 십자가에 달리셨다. 『**하나님께서 죄를 알지도 못하는 그를 우리를 위하여 죄로 삼으신 것은 우리로 하여금 그 안에서 하나님의 의가 되게 하려 하심이라.**』(고후 5:21)고 성경은 말씀하다. 그리고 『**그리스도께서 우리를 위하여 저주가 되셔서 율법의 저주로부터 우리를 구속하셨으니...**』(갈 3:13)라고 말씀한다. 이처럼 당신도 자신의 십자가를 지려면 스스로 범죄자가 되어야 하고 죄인으로서 죽어야 한다. 당신이 예수 그리스도를 증거하고 진리 안에서 하나님만을 섬기면 당신은 세상에 대하여 범죄자가 된다. 당신은 세상 사람들과는 전혀 다른 길을 걷기에 세상은 당신을 죄인으로 내몬다. 그들이 내세우는 세계 평화 정책에 동조하지 않으며, 지상 유토피아 건설을 외치는 그들의 구호에 냉담한 반응을 보이는 부정주의자로 낙인찍히고, 세상과 벗하지 않기에 분리주의자로 몰리는가 하면, 하다못해 여성 해방 운동에도 가담하지 않기 때문에 반사회적 인사라고 비난받는다. 세상 사람들의 일반적인 가치 기준을 절대로 받아들이지 않고 인간의 자아 가치 계발 지향적인 교육 정책에도 반대하기 때문에 시대조류에 역행하는 극단적 보수주의자라고 손가락질을 받는다. 심지어는 거리 모퉁이나 광장에서 시끄럽게 복음을 전파한다는 이유로 사회 질서 훼손죄로 체포당하기까지 한다. 그리하여 당신은 예수님과 똑같이 세상에서는 영락없는 범죄자가 된다. 그러나 당신의 삶 속에는 하나님에 대한 사랑과 섬김이 그 중심을 이루고 있고 당신의 입에는 예수 그리스도에 대한 증거와 하나님의 진리가 있다. 그래서 당신은 더더욱 세상으로부터 미움을 받는다. 당신이 만약 이런 사람이라면, 당신은 『**자기를 부인하고 자기 십자가를 지고**』 주님을 따르는 사람이라 불려지기에 합당하다. 당신은 이미 세상에 대하여 죽은 사람이다. 당신을 지배하는 것은 그리스도의 영이지 당신의 자아가 아니다. 당신의 자아는 주 예수 그리스도를 영접하는 순간 땅에 묻히고 말았다. 당신은 세상으로부터 사랑 받기를 바라지 않고 사람들로부터의 칭송에 관심이 없다. 이로써 당신은 예수 그리스도의 고난의 발자취를 따라 걷고 있는 사람이 되었다. 당신은 어느새 그분과 일치해가고 있는 것이다. 당신은 『**선을 행하다가 고난을 받고**』 있는 것이기에 그 고난을 기꺼이 참고 있는 것이다. 베드로는 이것이 바로 『**하나님께서 기뻐하실 만한 것**』이라고 20절에서 말한다. 그리고 이를 위해서 당신은 하나님께로부터 부르심을 받았다는 것이다.

『**그는 죄를 짓지도 아니하셨고 그 입에는 간사함도 없으셨으며,**』(22절).

주님께서는 고난을 당하시는 중에도 아무 죄를 짓지 않으셨다. 실로 견디기 어려운 고난이었지만 그것을 모면키 위해 하나님께 죄가 되는 일은 결코 하지 않으셨던 것이다. 주님께서는 말할 수 없는 고난을 당하시는 가운데서도 그것을 조금이라도 모면하거나 줄여보기 위해 한 번도 비굴한 태도를 보이거나 간사한 말을 한 적이 없으셨다. 그분께서는 복음을 전파하시고 진리를 가르치실 때도 언제나 그러하셨지만 고난 중에도 늘 당당하셨다. 경비병들에게 붙들려 유대인 대제사장 앞에 끌려오셨을 때 제자들과 그분의 교리에 대해 추궁하고 심문하던 대제사장에게 주님께서는 어떤 태도를 보이셨으며 무어라고 말씀하셨던가? 『**나는 세상에 드러나게 말하였고 또 유대인들이 항상 다니는 회당과 성전에서 가르쳤으며, 아무것도 비밀리에 말하지 아니하였노라. 어찌하여 내게 묻느냐? 내가 말한 것을 들은 사람들에게 물어 보라. 보라, 그들은 내가 말한 것을 알고 있노라**』(요 18:20,21). 주님의 태도와 말씀이 어찌나 당당하셨던지 경비병 중 하나가 손바닥으로 예수님을 때리며 대제사장에게 그 무슨 말버릇이냐고 대들었을 때, 주님께서는 『**만일 내가 잘못 말하였으면 잘못된 것에 대하여 증거를 대라.**』(요 18:23)고 일갈하셨다. 주님께서는 참을 수 없는 모욕과 고난 중에서도 정말이지 그 입에는 간사함이 조금도 없으셨다.

『모욕을 당하셨으나 다시 모욕으로 갚지 아니하셨고, 고통을 당하셨느나 위협하지 아니하셨으며, 오직 의롭게 심판하시는 분께 자신을 의탁하셨느니라』(23절).

고난과 모욕을 당하시던 주님께서는 마음만 먹으면 얼마든지 그 자들을 혼내주고 위협하여 벌벌 떨게 하실 수도 있었다. 주님께서는 그들을 그 자리에서 즉사하게 만드실 수도 있었다. 그러나 주님께서는 그렇게 하지 않으셨다. 당신이 만약 하나님의 아들이요, 하나님이었다면, 주님처럼 그렇게 고분고분할 수만 있었겠는가? 그러나 주님께서는 **『오직 의롭게 심판하시는 분께 자신을 의탁』**하셨다. 주님께서는 아버지 하나님께 모든 것을 맡겨드렸다.

『그가 친히 나무에 달린 자신의 몸으로 우리의 죄들을 담당하셨으니, 이는 우리가 죄들에는 죽고 의에는 살게 하려 하심이니라. 그가 채찍에 맞음으로 너희가 낫게 되었느니라』(24절).

이 구절은 바울 서신서들 가운데서 로마서 6장의 내용과 완벽하게 일치한다. 거기서 바울은 우리가 그리스도와 함께 죽었으므로 또 그분과 함께 살 줄을 믿으며, 그리스도께서 죽은 자들로부터 일으켜져 다시는 죽지 않게 되심으로써 사망이 더 이상 그분을 주관하지 못한다는 사실을 우리가 알기에 우리도 우리 자신을 죄에게는 죽은 자요 주 예수 그리스도로 말미암아 하나님께는 산 자로 여기라고 말한다(롬 6:8-11). 그리스도인은 죄에 대해서는 죽은 사람이다. 그리스도인은 죽었다. 죄에 대하여 죽었기 때문에 죄가 더 이상 그리스도인을 어떻게 할 수가 없게 되었다. 그리스도인은 세상에 대하여 이미 끝난 사람이다. 그래서 세상은 그리스도인에게 뭐라고 시비를 걸 수가 없게 되었다. 그리스도인이 세상에 대하여 죽는 바람에 이번에는 세상이 거꾸로 그리스도인에 대하여 죽고 말았다.

『그가 채찍에 맞음으로 너희가 낫게 되었느니라.』

주님께서는 채찍에 맞으셨다. 이로써 우리는 영적 치유를 받게 되었다. 주님께서 맞으신 채찍으로 우리의 구속이 이루어졌던 것이다. 주님께서는 우리의 모든 죄들을 자신의 몸으로 감당하셨다. 따라서 그분을 내려치던 채찍은 우리의 죄들을 그분께 옮겨 싣는 과정이었던 것이다. 그분께서 채찍에 맞으실 때마다 그 몸에서는 피가 흘렀다. 그 피가 우리의 죄를 구속하였던 것이다. 채찍이 한 번 그분의 몸에 닿을 때마다 우리의 죄가 그분에게 전가된다. 그러면 그분께서는 피를 흘려 그 죄의 속전을 지불하셨던 것이다.

절차상으로 본다면 피의 구속은 겟세마네에서부터 시작되었다. 주님께서 겟세마네에서 기도하실 때, 『**그의 땀이 큰 핏방울처럼 되어 땅에 떨어지더라.**』(눅 22:44)고 성경은 적고 있다. 우리를 위한 구속의 피가 이때 벌써 그분의 몸에서 흘러나오기 시작했던 것이다. 그리스도의 몸에서 피가 흐름에 따라 죄들은 거꾸로 그분의 몸 안으로 유입돼 들어갔다. 그 뒤 채찍으로 맞으실 때마다 그분의 몸에서는 계속 피가 흘러나왔고 그러면 그럴수록 그분의 몸은 안으로 유입되는 죄들로 점점 더 가득 채워지고 있었다. 가시관을 쓰신 머리에서도 피가 흘러나왔고 그럴 때마다 죄들은 계속해서 그분의 몸으로 들어갔다. 십자가에 달려 옆구리를 창으로 찔리심으로써 그분의 몸에서는 모든 피가 밖으로 흘러나왔고 이렇게 마지막 한 방울까지 다 쏟아져 나왔을 때 이제 그분의 몸에는 세상 사람들의 모든 죄들로 가득 차게 되었다. 나의 죄들도 그분의 몸 안으로 옮겨갔고 당신의 죄들도 그분의 몸 안으로 빨려 들어갔다. 이렇게 하기 위해서 그분께서는 피를 흘리셨던 것이다. 그분께서는 나와 당신의 모든 죄들을 이렇게 하나씩 하나씩 자신의 피로써 값을 지불하고 모두 사들이고 계셨던 것이다. 그리스도의 피의 구속은 이렇게 이루어졌다.

한편, 『**그가 채찍에 맞음으로 너희가 낫게 되었느니라.**』고 24절은 또 말씀한다. 이것은 이사야 53:5에서도 언급되고 있는 사실이다. 그런데 예수 그리스도께서 채찍에 맞으심으로 인하여 우리가 『**낫게**』 되었고 『**치유**』되었다는 것은 "생물학적으로," "의학적으로" 실현되는 사실적인 『**치유**』이다. 마태복음 8장을 보라. 『**저녁이 되었을 때에, 사람들이 주께로 마귀들에게 사로잡힌 자들을 많이 데려왔으니 주의 말씀으로 그 영들을 쫓아내시고 병든 자들을 모두 고쳐 주시니라. 그렇게 하심은 선지자 이사야를 통하여 말씀하신 것을 이루려 하심이니, 말씀하시기를 "그가 친히 우리의 연약함을 맡으시고 우리의 질병을 짊어지셨느니라."고 하셨더라.**』(마 8:16, 17)고 말씀하고 있다. 주 예수 그리스도께서 고난받으시고 피를 흘리셨으며 죽으신 것은 이처럼 당신의 범죄와 불법에 대한 대속이었을 뿐만 아니라 당신의 육신적 연약함과 질병에 대한 사실적이고 실제적인 대속이기도 했던 것이다. 그리스도의 피의 구속 가운데에는 육신적 질병의 『**치유**』까지도 분명히 포함되어 있었다.

그런데 문제는, 이 『**치유**』가 사실상의 피의 구속 이전에 이미 이루어지기 시작하고 있었다는 점이다. 앞에서 인용한 마태복음 8:17의 치유는 분명히 그리스도께서 피를 흘리시고 죽으시기 이전에 일어난 사건이었다. 문제는 또 여기서 끝나지 않는다. 그리스도의 구속 가운데에 육신적 질병의 치유까지 내포돼 있는데도 사실상의 구속 사건이 있은 다음인 지금 우리에게는 실질적인 『**치유**』가 다 이루어지고 있는 게 아니다. 주 예수 그리스도를 믿고 그분을 구주로 영접함으로써 당신은 구원받았다. 다시 말해서, 그리스도의 피의 구속이 당신에게 성취된 것이다. 그러나 그렇다고 해서 당신이 앓고 있던 심장병이 낫지는 않았다. 위장병도 그대로 있고, 고혈압이나 당뇨병도 여전하다. 구원받았는데도 여전히 병상에 누운 채 계속 약을 먹어야 한다. 그렇다면, 그리스도의 피의 구속이 육신적 질병의 치유까지 포함하고 있다는 말은 무슨 말인가?

바로 이러하기 때문에 사람들은 그리스도의 피의 구속이 가져오는 『**치유**』를 "영적 치유"만을 의미한다고 생각해 버리게 되고 그 결과 "영적 치유"와 "사실적 치유"를 혼동하고 마는 것이다. 그러나 이것을 알라. 당신이 주 예수 그리스도를 믿음으로 말미암아 당신의 모든 죄들은 사해지고 하나님의 은혜로 구원받는다. 그리고 그 순간 당신의 육신적 질병들에 대한 『**치유**』가 법적으로 보장된다. 예수 그리스도께서 십자가에 달려 죽으심으로써 당신이 완전한 몸을 받을 수 있도록 보장해 놓으신 것이다. 당신은 이제 얼마 안 있으면 영원 세계에 들어가 다윗이 노래했던 대로 주님을 찬양하게 될 것이다. "오 내 혼아, 주를 송축하고 그의 모든 베푸심을 잊지 말라. 그는 네 모든 죄악을 용서하시며 네 모든 질병을 치유하시고 너의 생명을 파멸에서 구속하셨도다." 하고 당신은 주님을 찬양하게 될 것이다(시 103:2-4). 주님께서는 당신의 모든 질병 치료가 장차 실제적으로 당신 몸에 나타나도록 보장해 놓으셨고, 이것은 실현될 것이다.

그러나 지금은 아니다. 가령, 당신이 지금 시력이 나빠 안경을 쓰고 있다. 왜 안경을 쓰고 있는가? 육체의 연약함 때문이다. 또는 이빨이 빠져서 브릿지를 하고 있다. 문제가 무엇인가? 육체의 연약함이다. 당신이 현재 갖고 있는 육체는 연약하기 그지없다. 당신이 지금 갖고 있는 육체적 문제들은 당신의 육체가 연약한 데서 초래된 문제들이다. 그러나 진짜 문제는 당신이 아직 "새 몸"을 받지 못했다는 점이다. 당신은 장차 "새 몸"을 받게 될 것이다. 그러나 지금은 아니다. 당신이 새 몸을 받게 되는 것은 우리 주 예수 그리스도께서 오실 때 당신이 하늘로 끌려 올라갈 때 있을 일이다.

이것을 "몸의 구속"이라 한다. 이 "몸의 구속"은 주님께서 다시 오실 때 이루어진다는 것이 성경의 가르침이다. 주님께서 다시 오시고 천년왕국 시대가 열릴 때, 저주받았던 이 땅과 땅위의 모든 것들이 회복될 것이다.

그 때에는 심지어 사자와 양도 한 자리에 함께 눕는다. 그것이 구속의 최종적인 결과인 것이다.

이 땅은 창세기 3장에서 아담이 범죄함으로써 저주 아래에 놓이게 되었다(창 3:17,18). 그러나 마태복음 27장에서 주님께서 가시관을 머리에 쓰심으로써 땅에 내려졌던 이 저주를 자신의 머리에 올려놓으셨다. 그리스도께서 친히 저주가 되셔서 죽으심으로써 이 땅의 저주는 그분께로 전가되었으며, 그 구속의 결과가 온전히 성취되는 날 짐승들도 원상대로 회복될 것이다. 그러나 지금은 아니다. 지금은 짐승들이 원상대로 회복되지 못했다. 이것은 주님께서 재림하시고 천년왕국이 펼쳐질 때 이루어질 일이다. 이때에는 뱀을 손으로 집어도 물리지 않고 심지어 독을 마실지라도 해를 입지 않게 될 것이다(막 16:18).

그러나 이런 일들은 지금 되는 일들이 아니다. 오순절파 은사주의자들더러 뱀을 손으로 집어 보라고 해 보아라. 그들에게 독을 마셔 보라고 해 보아라. 그들은 걸음아 날 살려라 하고 줄행랑을 칠 것이다. 그러나 주님께서 다시 오시면 이런 일들이 모두 현실로 나타나게 된다. 이 땅에 내려졌던 모든 저주가 철회되고 모든 저주로부터 자유롭게 되는 것이다. 그렇게 되면 이 땅 위의 모든 것들이 하나님께서 원래 창조하셨던 상태로 회복되고 정상으로 돌아와 사람도 육백 년, 칠백 년, 팔백 년이 넘도록 오래 살게 될 것이다(그러나 지금 구원받은 그리스도인은 영원히 산다).

예수 그리스도께서 이 자연계에 내려졌던 모든 저주를 자신의 몸에 짊어지고 십자가에 달려 죽으신 것은 영적 피조물에 앞서 실제 생물학적 피조물들의 회복을 위한 것이었다. 그리고 그 결과가 그분의 재림과 함께 나타나게 될 것이다. 침례인 요한은 주 예수 그리스도를 가리켜 『**보라, 하나님의 어린양이라.**』(요 1:36)고 외쳤다. 그분을 한 짐승으로 지칭했던 것이다. 그분께서 태어나신 곳도 짐승 외양간의 구유였다(눅 2:7). 주님께서 탄생하시던 때, 들에서 양떼를 지키면서 밤을 새고 있던 목자들에게 주의 천사가 찾아와 그리스도의 탄생을 알리면서 『**이것이 너희에게 표적이니 너희는 포대기에 싸여 구유에 누워 있는 아기를 보리라.**』(눅 2:12)고 일러주었다. 이렇게 하여 주님의 탄생을 맨 처음 알게 된 것도 짐승들과 관련이 있는 "목자들"이었던 것이다. 그분의 출생부터가 이처럼 짐승들과 깊은 관련을 가졌던 것은 그분께서 장차 만물을 소생시키실 때 무엇보다 짐승들이 먼저 저주에서 벗어나 원상 복구될 것을 예고하신 것이었다. 하나님께서 짐승들에게 관심이 많으신 것은 짐승의 본질이 땅이기 때문이다. 창세기 2장에서 짐승들이 창조될 당시 하나님께서는 그들을 땅으로부터 지으셨다(창 2:19). 그렇기 때문에 그 짐승이 사자였건, 호랑이였건, 개였건, 코끼리였건, 뱀이었건, 또 독수리였건, 참새였건 모든 짐승들은 그 본질이 똑같다. 그들은 모두가 『**땅으로부터**』 지어졌기 때문이다. 그래서 하나님께서는 아담의 범죄와 함께 이들에게 저주를 내리셨으되, 주님의 재림과 함께 모든 저주를 거두시고 이들을 최초의 창조 상태로 원상회복시키는 일에 그렇게 관심을 갖고 계신 것이다. 그러나 이들이 회복되는 것은 역시 지금이 아니다.

그리스도의 피의 구속과 관련하여 사람들이 오해하는 부분이 바로 이것이다. 그들은 피의 구속 효과가 당장 지금 이 땅에서 이루어져야 하고 그 혜택을 모두 지금 이 땅에서 누려야 한다고 믿는다. 특히 "성령 운동"을 한다는 오순절파 은사주의자들이 바로 이런 오해와 착각 속에 빠져 있다. 그들은 지금 당신이 입고 있는 몸이 썩어질 육신이라는 것을 망각하고 있다. 그들은 지금 자기네들이 걸치고 있는 몸이 결코 새 몸이 아니라는 것을 모르고 있는 것이다.

다시 말하거니와, 구속의 효과와 혜택은 모두가 지금 당장 나타나는 것이 아니다. 어떤 것은 지금 나타날 수도 있고 어떤 것은 이다음에 나타날 수도 있으며, 또 어떤 것은 주님께서 다시 오실 때에나 이루어질 수 있다는 것을 항상 염두에 두어야 한다. 그러나 구속의 결과는 반드시 성취될 것인즉, 주님께서 재림하시고 천년왕국 시대가 열릴 때가 바로 그 때인 것이다. 우리는 장차 새 몸을 받게 될 것이다. 영원히 죽지도 썩지도 않을 새 몸을 말이다. 이것은 예수 그리스도께서 갈보리에서 그 몸을 하나님께 드리셨기 때문에 가능해진 일이다. 그분께서 만약 죽지 않으셨다면 그 누구도 새 몸을 받지 못할 뻔했다.

『**이는 너희가 길 잃은 양들 같았으나 이제는 너희 혼들의 목자와 감독에게로 돌아왔음이니라**』(25절).

이 구절에서 『**목자**』와 『**감독**』이 "Shepherd"와 "Bishop"처럼 첫 글자가 대문자로 돼 있음에 유의하라. 이것은 그 『**목자**』와 『**감독**』이 주 예수 그리스도를 지칭하기 때문이다. "bishop"이라는 단어는 "감독," 또는 "주교"라고 번역된다. 이런 의미에서 로마카톨릭이 "대주교"(archbishop)라는 직분을 두고 있는 것은 『**감독**』이신 예수 그리스도보다도 한층 높은 자리를 그들이 만들어 놓고 거기에 사람을 앉혀 놓은 것이다. 우리 주 예수 그리스도께서는 "Bishop"이신데, 사람이 "archbishop"이 되어 한 단계 높은 자리에 앉도록 만들어 놓은 것이다. 주님께서는 "archbishop" 자리에 앉을 수 있는 특권을 한 번도 누리지 못하셨다. 로마카톨릭이 "아기" 예수를 그렇게도 좋아하는 것은 이런 맥락에서인지도 모른다. 자기네들이 "아기" 예수보다 더 높은 자리를 차지하고 있으니 얼마나 멋진 일인가! 로마카톨릭 말고도 감독교회라는 교단이 또 "archbishop"이라는 직책을 만들어 사람을 그 자리에 앉혀 놓고 있다. 설사 이것이 의도적인 것은 아니었다 할지라도, 그들은 사실상 예수 그리스도의 머리 꼭대기에 앉아 있는 것이다. 그런데도 그들이 이런 우스꽝스러운 제도를 고칠 기미가 없는 것을 보면, 이것이 의도적이 아니었던 것만은 아니었던 게 분명하다.

베드로전서 3장

3:1 이와 같이 너희 아내들아, 너희 자신의 남편에게 복종하라. 이는 말
씀에 순종하지 않는 자들일지라도 아내의 말없는 행실로 인하여 그
들을 얻고자 함이니,
2 이는 그들이 두려움 가운데 행하는 너희의 정숙한 행실을 봄이라.
3 너희는 머리를 땋고 금으로 치장하거나 옷을 입는 외모로 단장하지
말고
4 오직 마음에 숨겨진 사람을 썩지 아니하는 것 곧 온유하고 고요한
영으로 단장할지니 그것은 하나님 보시기에 매우 값진 것이니라.
5 예전에 하나님을 신뢰했던 거룩한 여인들도 이와 같이 자기 자신의
남편에게 복종함으로써 자신들을 단장하였느니라.
6 사라가 아브라함을 주라 부르며 복종했던 것과 같이 너희가 선을 행하
고 어떤 놀라운 일에도 두려워하지 아니하면 그녀의 딸들이 되느니라.

『이와 같이 너희 아내들아, 너희 자신의 남편에게 복종하라. 이는 말씀

에 순종하지 않는 자들일지라도 아내의 말없는 행실로 인하여 그들을 얻고자 함이니,』(1절).

여자들은 이 구절을 읽으면서 꽤나 못마땅히 여기고 눈을 아래로 내리깐 채 입을 삐죽이 내밀 것이다. 반면에 남자들은 무릎을 치면서 "아멘, 아멘!"을 연발하고 싶을 것이다.

그러나 이 구절이 『**이와 같이**』라는 말로 시작하고 있음에 주목하라. 『**이와 같이**』라니, 무엇과 같이란 말인가? 이것은 문맥상 앞에서 읽었던 2:23에 연결해서 이해하라는 말이다. 그 구절을 다시 읽어 보라. 『**모욕을 당하셨으나 다시 모욕으로 갚지 아니하셨고, 고통을 당하셨으나 위협하지 아니하셨으며, 오직 의롭게 심판하시는 분께 자신을 의탁하셨느니라.**』 예수 그리스도께서 이렇게 하셨다. 그분께서 이렇게 하셨듯이, 아내들도 『**이와 같이**』, 『**오직 의롭게 심판하시는 분께 자신을 의탁**』하고 남편에게 대들지 말고 복종하라는 것이다.

아내가 남편에게 복종하는 것은 사람이 인간의 모든 법령에 복종하고 권세 있는 왕을 존경하고 그에게 복종하며(2:13,17), 종들이 모든 두려움으로 주인들에게 복종하는 이유(2:18)와 그 이유가 똑같다. 이것은 모욕과 고통을 당하셨으되, 그에 반발하여 모욕으로 되갚거나 위협으로 반격하지 않으시고 자신을 오직 아버지 하나님께 의탁하신 예수 그리스도의 태도와 동일한 연장선상에 있는 복종이다. 『**이와 같이**』, 즉 예수 그리스도께서 자신을 하나님께 의탁하셨던 것과 같이 아내들도 자신을 하나님께 의탁하고 『**자유롭게 행하되... 자유를... 하나님의 종들로서 사용**』하여(2:16) 『**하나님을 두려워하고**』(2:17) 『**너희 자신의 남편에게 복종하라.**』고 아내된 여자들에게 훈계하고 있는 것이다.

성경에서 남자와 여자에게 무슨 말씀인가를 할 때 보면, 언제나 여자에게 먼저 훈계하고 있는 것을 본다. 창세기 3장에서 사탄이 인간에게 최초로 접근해 왔을 때, 여자에게 먼저 다가왔었는데, 하나님께서도 아담과 이브에게 범죄에 대한 결과를 예고하시면서 역시 이브에게 먼저 훈계하셨다. 에베소서 5장에서도 아내들에게 먼저 남편에게 복종할 것을 훈계하고 나서 남편들에게 아내를 사랑할 것을 훈계하고 있음을 본다. 이것은 골로새서 3장에서도 마찬가지여서 『**아내들아, 너희는 너희 자신의 남편에게 복종하라. 그것이 주 안에서 합당한 것이라**.』(골 3:18)고 먼저 여자들에게 훈계한 다음, 『**남편들아, 너희 아내를 사랑하고 가혹하게 대하지 말라**.』고 남자들에게 다음 절에서 훈계하는 순서를 밟고 있다. 그리고 여기 베드로전서 3장에서도 똑같이 여자에게 먼저, 그리고 남자에게 나중에 훈계하는 성경의 순서를 예외 없이 지키고 있다.

이처럼 성경에서 무엇인가를 훈계할 때 항상 여자에게 먼저 훈계하고 나서 그 다음에 남자에게 훈계하는 것은 부모와 자식들에게 훈계할 때도 자녀들에게 먼저 훈계하고 나서 그 다음에 아비에게 훈계하는 순서를 밟는 것과도 맥을 같이 한다. 가령, 골로새서 3장을 보더라도 20절에서 먼저 『**자녀들아, 모든 일에 부모에게 순종하라**.』고 훈계하고 나서 바로 그 다음 21절에서 『**아비들아, 너희 자녀를 성나게 하지 말라**.』고 훈계한다든지, 에베소서 6장에서도 맨 처음 1절에서 『**자녀들아, 주 안에서 너희 부모에게 순종하라. 이것이 옳으니라**.』고 먼저 자녀들에게 가르친 다음 4절에서 『**너희 아비들아, 너희 자녀들을 성나게 하지 말고 주의 교훈과 훈계로 양육하라**.』고 훈계의 말머리를 아비들에게로 돌리고 있다든지 하는 것들이 모두 이와 유사한 예들이다.

이러한 훈계의 순서는 종들과 주인들에게 있어서도 똑같이 적용되어 언제나 종들을 먼저 훈계하고 나서 그 다음에 말머리를 주인들에게로 돌린다.

이처럼 자녀들에게서 아비들에게로, 그리고 종들에게서 주인들에게로 옮겨가는 순서를 밟고 있는 훈계의 성경적 질서에서 우리는 어째서 남자들보다 여자들에게 먼저 훈계하고 있는지 그 이유를 가늠해 볼 수 있겠는데, 『**그러나 나는 너희가 알기를 원하노니 즉 각 남자의 머리는 그리스도시요, 여자의 머리는 남자요, 그리스도의 머리는 하나님이시니라.**』(고전 11:3)는 성경 말씀을 읽고 잘 깨닫고 있다면 여자가 입을 내민 채 눈을 내리깔 필요도 없을 것이요, 남자라고 해서 좋아서 뻬길 필요도 없을 것이다.

그리고 또, 아내의 남편에 대한 『**복종**』과 남편의 아내에 대한 『**사랑**』을 훈계하고 있는 성경 말씀들과 관련하여 우리가 반드시 유념해 두어야 할 것은 예외 없이 그 이유를 주님과 그분의 뜻과 그분의 계명에 관련지어 언급하고 있다는 사실이다. 가령, 여기 베드로전서 3:1에서만도 『**말씀에 순종하지 않는 자들일지라도... 그들을 얻고자**』 하시는 주님의 뜻이 강조되고 있고, 골로새서 3장에서도 『**그것이 주 안에서 합당한 것**』(골 3:18)이라고 이유를 달고 있으며, 에베소서 5장에서도 『**이는 남편이 아내의 머리 됨이 그리스도께서 교회의 머리 됨과 같음**』(엡 5:23)이라고 설명하고 『**교회가 그리스도께 복종하듯이**』(24절) 남편에게 복종하라고 훈계하고 있다. 이것은 자녀들과 아비들 간의 복종과 교훈에 대해서도 마찬가지고, 종들과 주인들 간의 복종과 자애로움에 대한 교훈에서도 마찬가지다. 이런 것을 볼 때, 그리스도인들은 그 모든 삶의 도덕적 규범에 있어서도 언제나 주 예수 그리스도의 토대 위에 확고히 서 있는 사람들임을 극명하게 보여 주고 있다는 점에서 우리는 이 치밀하고도 질서 정연한 성경 진술의 짜임새에 깊은 인상을 받는다.

아내가 남편에게 복종하기를 요구하는 이 구절을 읽으면서 이 훈계의 목적이 『**이는 말씀에 순종하지 않는 자들일지라도 아내의 말없는 행실로**

인하여 그들을 얻고자 함이니』라고 개진하고 있는 부분까지 마저 다 읽는다면, 눈을 내리깐 채 입을 삐죽이 내밀고 있다가도 당신은 얼른 자세를 바로잡고 이 훈계의 말씀을 대해야 할 것이다. 훈계가 훈계로 끝나지 않고 명령이 명령으로만 종지부를 찍는 게 아니라 이렇게 그 이유와 목적에 대해서까지 자신의 뜻을 자상하게 밝히시는 하나님의 말씀에서 우리는 그분의 자애롭고 진솔하신 모습을 발견하고 미소로 호응하며 고개를 끄덕이지 않을 수가 없기 때문이다.

이 구절에서 『**행실**』(conversation)이라는 말이 또 나오는데, 앞서 1:15장에서도 언급했듯이 이것은 어떤 도덕적 관념이나 윤리적 개념 같은 것을 말하는 게 아니라 실생활에서 가시적이고도 구체적으로 드러나는 실질적이고도 능동적인 행위를 말한다. 이것은 비가시적인 어떤 관념이 아니라 구체적으로 드러나는 실제적인 "생활 방식"(manner of life)을 뜻한다. 실제적인 생활 방식은 누구라도 보고 알 수 있게 가시적으로 나타나는 행동이어서 주위 사람들에게 직접적이고 강력한 영향력을 미치는 능동적인 활동성을 갖는 법이다. 이것을 성경에서는 『**행실**』이라고 일컫는다. 『**행실**』은 눈에 보인다. 2절에서 『**그들이... 너희의 정숙한 행실을 봄이라.**』고 언급하고 있음을 보라. 이것이 단순한 "생각"이나 어떤 "관념" 같은 것이라면 다른 사람이 볼 수가 없겠지만, 실제적인 "생활 태도"로 드러나기 때문에 주위 사람들이 누구나 눈으로 보고 배우고 깨달을 수 있다. 이것은 또 말로만 떠드는 것이 아니어서 사람들이 귀로 듣기만 하는 게 아니다. 이것은 오히려 『**말없는 행실**』이어서 들으려 해도 귀로는 들을 수 없고 눈으로 직접 보고 확인하고 그에 따라 적절히 영향받을 수 있는 생활 태도다.

『**이는 말씀에 순종하지 않는 자들일지라도 아내의 말없는 행실로 인하여 그들을 얻고자 함이니**』.

구원받은 그리스도인 아내들이 아직 구원받지 못하고 있는 남편들 때문에 고민하고 찾아올 때 나를 제외한 대부분의 미국 목사들은 주로 이 구절을 즐겨 읽어 주면서 조언해 주는 게 보통인데, 나는 이 구절이 이럴 때 사용될 말씀이 아니라고 생각한다. 이 구절의 적용을 둘러싸고 내가 그들과 생각을 달리하는 이유는 다음 5절과 6절 및 7절에서 베드로가 아브라함의 아내 사라를 예화로 들고 있음을 주목하기 때문이다. 남편의 구령 문제로 고심하고 있는 그리스도인 아내들에게 이 구절을 인용하며 조언해 주는 목사들은 이미 구원받은 그리스도인 남편들도 하나님의 말씀에 순종하지 않는 경우가 얼마든지 있다는 사실을 망각하고 있다. 그리스도인 남편들이 하나님의 말씀에 순종하지 않는 경우가 실제로 얼마나 많은가? 그런즉, 『**말씀에 순종하지 않는 자들**』이라고 해서 이것이 반드시 구원받지 못한 남편들을 지목한다고 볼 수는 없지 않은가? 구원받은 아내가 구원받지 못한 남편의 혼을 그리스도께로 이겨오기를 바란다는 것이야 두말할 나위도 없다. 그러나 이 구절에서 어떻게 하면 그러한 남편을 구원받게 할 수 있겠느냐 하는 것을 지금 논의하고 있는 것은 아니다. 여기서 논의되고 있는 문제는 남편의 구원 여부에 관계없이 그가 무엇인가 잘못돼 있을 때, 아내가 이것을 분명히 알고 있고, 그래서 그런 남편에게 반대 의사를 갖고 있을 경우 아내가 어떻게 하면 그 잘못된 남편을 바로잡을 수 있겠느냐 하는 것이다. 아브라함이 아내 사라더러 자기 아내가 아니라 누이라고 거짓말하라고 요구했을 때 사라가 과연 무슨 생각을 했으리라고 당신은 짐작하는가? 베드로는 지금 남편이 잘못되었을 때 아내가 그것을 알고 어떻게 그 남편을 바로잡을 수 있는지를 다루는 문제를 논의하면서 다음 5절과 6절, 그리고 7절에서 아브라함의 아내 사라 이야기를 예화로 들려주고 있는 것이다. 기근 때문에 아브라함(아브람)이 이집트로 내려갔을 때, 아내 사라(사래)의 미모 때문에 자기는 이집트인들에게 죽임을 당하고 아내를 탈취 당할까 걱정한 나머지 아브라함은 사라에게 자기 아내가 아니라 누이라고 거짓말해 달라고 요구했다. 『**그러므로 이집트인들이 당신을 보고 말하기를 '이 여자가 그의 아내라.' 하고 그들이 나는 죽이고 당신은 살려 둘 것이라. 내가 부탁하노니, 당신은 나의 누이라고 말하라. 그리하면 내가 당신으로 인하여 안전할 것이며, 내 혼이 당신으로 인하여 살리라." 하더라**』(창 12:12,13). 이때 사라는 무슨 생각을 했을 것 같은가? 사라는 필경 "나더러 거짓말을 하라고? 이 양반이 단단히 잘못돼 있군." 하고 생각하면서 남편 아브라함의 생각에 반대 의사를 갖고 있었을 것이다. 그러나 그럼에도 불구하고 사라는 아무 말 없이 남편의 요구에 순종했다. 다시 말해서, 사라는 남편이 명백하게 잘못을 저지르고 있음을 알고 있었으되, 그것을 바로잡기 위해서 자기가 나서지는 않았던 것이다. 왜 그랬다고 당신은 생각하는가? 이 상황에서 사라가 남편 아브라함이 무서워서 순종할 수밖에 없었다고 당신은 생각하는가? 아니면, 거짓말이라도 해서 생명의 안전을 꾀하려고 했던 남편의 절박한 심정을 어느 정도 이해했기 때문이라고 생각하는가? 나는 그렇게 생각하지 않는다. 왜냐하면, 하나님께서 즉각 개입하셨음을 나는 성경에서 읽기 때문이다. 실로 하나님께서는 위기일발 직전에 개입하셨다. 『**주께서 아브람의 아내 사래로 인하여 파라오와 그의 집에 큰 역병들로 재앙을 내리시니**』(창 12:17). 사라는 바로 이것을 확신하고 있었던 것이다. "이 양반이 생명의 위협을 느끼면서 하나님을 의탁하지 못하고 거짓말을 꾸며댈 생각을 하다니!" 이렇게 생각한 사라는 하나님께서 이 일에 개입하셔서 문제를 해결해 주시리라는 것을 믿고 있었다. 그래서 남편의 명령에 거역하지 않고 복종했다. 아니나 다를까, 하나님께서는 즉각 개입하셨고 그들은 위기를 벗어날 수 있었다. 사라는 파라오에게 당하지 않았고 아브라함도 아내를 무사히 되찾았다. 사라가 남편 아브라함에게 순종하는 즉시 하나님께서 개입하셔서 파라오에게 위협을 가하셨던 것이다. “네가 사라에게 손을 댔다가는 너는 그 자리에서 죽은 목숨이니 그리 알거라.” 혼비백산한 파라오가 아브라함을 불러들여 크게 원망하며 질책한다. 『**네가 내게 행한 이 일이 어찌된 것이냐?... 내가 그녀를 내 아내로 삼을 뻔하였도다**』(창 12:18,19). 그러나 사라는 파라오에게 혼나지 않았다. 혼난 것은 아브라함이었다. 사라는 남편에게 복종했을 뿐이기 때문에 파라오로서는 그녀를 나무랄 수가 없었다. 나무라야 할 사람은 아내에게 부당한 거짓말을 시켰던 남편 아브라함이었다. 아브라함은 파라오에게서 질책을 받고 이집트에서 추방당했다. 파라오는 아브라함의 모든 소유를 그대로 갖고 떠나도록 허용했기 때문에 재산상의 손실은 입지 않았지만, 아내 사라 앞에서 그 심정이 어떠했으며 얼마나 부끄럽게 여기고 뉘우쳤겠는가? 당신 같으면 안 그러했겠는가? 아브라함이 이집트를 떠나 벧엘을 향하여 이동하다가 처음 장막을 쳤던 곳까지 되돌아와 어떻게 했는가? 『**아브람이 처음에 제단을 쌓았던 자리인 그곳에서 주의 이름을 부르니라.**』(창 13:4). 자, 하나님의 입장에서 생각해 보라. 아내들의 『**말없는 행실로 인하여**』 그들 남편들을 『**얻고자**』 하시는 하나님께서는 사라의 『**말없는 행실로 인하여**』 그의 남편 아브라함을 얻지 않으셨는가? 베드로는 지금 여기 1절에서 이것을 언급하고 있는 것이다.

시집가서 한 남자의 아내가 된 여자가 남편에게 이래라 저래라 했던 아내의 예는 성경에서 매우 드물다. 그 첫 번째 예는 이브였다. 이브는 금지된 열매를 따먹고 남편 아담에게도 주어서 먹게 했다. 이에 대해 하나님께서는 오히려 아담에게 이렇게 꾸짖으셨다. 『**네가 네 아내의 음성에**

경청한 까닭에, 내가 네게 명하여 말하기를 '너는 그것을 먹지 말라.'고 한 그 나무의 열매를 먹었으니, 너로 인하여 땅은 저주를 받고 너는 전생애 동안 고통 중에서 그 소산을 먹으리라』(창 3:17). 남편이 아내의 말을 듣는 바람에 인류에게 최초로 죄가 들어오게 되었고 인류는 타락하게 되는 엄청난 결과가 초래되었다. 당신은 이 사건을 어떻게 생각하는가? 아담은 아내의 말을 듣지 말았어야만 했다.

남편이 아내의 말을 들었어야 했던 성경의 예는 아브라함이었다. 사라는 남편 아브라함에게 무엇인가를 요구했고 이로 인해 아브라함은 아내의 말을 들어야 할지 듣지 말아야 할지 결심하지 못한 채 큰 고민에 빠졌었다. 그런데 하나님께서 아브라함더러 아내의 말을 따르라고 명령하셨고, 아브라함은 그 명령에 순종했다. 아브라함의 여종 하갈에게서 난 이스마엘이 이삭을 조롱하고 있는 광경을 사라가 보고 발끈한다. 그리고 남편에게 달려가 하갈과 그의 소생을 내어쫓으라고 강력하게 요구한다. 그래서 아브라함은 고민에 빠진다. 이때 하나님께서 아브라함에게 이렇게 명령하신다. 『**네 아이나 네 여종으로 인하여 네 눈에 근심하지 말고, 사라가 네게 말한 모든 것에 있어 그녀의 음성에 경청하라. 이는 이삭 안에서 난 자가 네 씨라 불릴 것임이라**』(창 21:12).

반면에, 성경에서 남편이 아내의 말을 꼭 들었어야만 했던 경우가 또 있었다. 그것은 빌라도였다. 재판정에서 예수 그리스도를 심문하고 있던 빌라도에게 아내로부터 전갈이 왔다. 『**당신과 그 의로운 사람 사이에 아무 일도 없게 하소서. 내가 오늘 꿈에 그 사람으로 인하여 많은 것으로 고통을 받았나이다**』(마 27:19). 그렇지 않아도 빌라도는 예수 그리스도께서 "하나님의 아들"이라는 말을 듣고 『**더욱 두려워하여**』(요 19:8) 마음이 잔뜩 켕겨오고 있던 참이었다. 그러던 차에 자기 아내로부터 예수 그리스도에 대해 흉흉한 꿈을 꾸었으므로 『**그 의로운 사람**』을 놓아 주라는 전갈을 받았으니 얼마나 더 겁이 났겠는가? 그런데도 그는 애석하게도 아내의 말을 듣지 않았다. 그리고 인류 역사상 지상에 유일하게 존재했던 『**의로운 사람**』을 처형했다는 오명을 대대로 남기고 말았다.

남편이 어떤 경우에 아내의 말을 들어야 하고 어떤 경우에 듣지 말아야 할 것인가를 결정하는 기준은 아주 간단하다. 아내와 남편 사이에 어떤 논쟁이 있을 경우 아내가 하나님 편에 서 있다면, 이것은 절대로 아내가 옳고 남편은 틀렸다. 그렇기 때문에 이 경우 남편은 아내의 말을 무조건 들어야 한다. 구원도 받지 못한 남편이 아내가 하나님 편에 서 있는지 여부를 어떻게 알겠느냐고 반문할 사람도 있겠지만, 그것은 쓸데없는 걱정이다. 구원받지 못한 사람이라도 하나님의 말씀을 들으면 저도 모르게 오금이 저려오는 법인지라, 그게 하나님의 말씀이란 것을 단박에 알게 돼 있다. 만약 하나님의 말씀을 거짓으로 꾸며댄다면, 사람들이 속기는 하되, 오금이 저려오지는 않게 되어 있다. 그래서 하나님의 말씀인 것처럼 거짓으로 꾸며 낸 말은 전혀 위력을 갖지 못하는 법이다. 변개된 성경이 권위를 갖지 못하는 이유가 여기에 있다. 현대판 역본들을 읽고 많은 사람들이 속기는 하되, 그 말들이 절대적인 진리이고 최종권위라고 여기고 두려워하는 사람은 아무도 없다.

『**이와 같이 너희 아내들아, 너희 자신의 남편에게 복종하라. 이는 말씀에 순종하지 않는 자들일지라도 아내의 말없는 행실로 인하여 그들을 얻고자 함이니**』(1절).

남편의 구령 문제를 놓고 고심하고 있는 아내들에게 충고할 때 사실 표면상 이 구절만큼 든든해 보이는 근거 구절도 흔치 않은 게 사실이다.

그러나 위에서 생각해 본 바와 같이 이것은 내용의 핵심을 제대로 보지 못하고 이 부분의 구절들을 잘 소화해 내지 못한 데서 나온 생각이다. 남편이 복음을 받아들이지 않아 고민하고 있는 아내들에게 이 구절을 무턱대고 들이대는 것은 자칫하면 신실한 그리스도인 자매들을 더욱 혼란에 빠뜨리고 고민을 한층 부채질할 뿐 문제 해결에는 실제로 아무 도움이 되지 못하는 게 보통이다. 남편이 구원받지 못해 고민하고 있는 여자 그리스도인들에게 문제 해결보다는 다른 무슨 숨은 의도가 있어 그들에게 압박을 가할 요량이 아니라면 함부로 이 구절을 들이대고 책임을 아내들에게 덮어씌우는 것은 바람직하지 않다. 만약 이 문제로 고민하고 아내가 신실한 그리스도인으로서 그 생활이 경건하고 모든 점에서 모범적인 아내라면 어떻게 할 참인가? 실제로 남편의 구원 문제로 고민하고 있는 아내들을 보면 그 대부분이 이러한 그리스도인들이다. 이런 아내들에게 이 구절을 들이대는 것은 "당신의 행실이 문제요."라고 말하는 것과 같다.

오히려 이 구절은 남편이 구원받지 못했는데도 고민하기는커녕 조금도 문제 삼지도 않으려니와 남편의 구원을 위해 기도하지 않는 것은 물론 아무렇지도 않다는 듯이 태연한 여자들에게 설교할 때 사용하는 게 좋다. 이상하게도 요즘 미국 교회의 목사들은 이런 여자들을 향해서 이런 설교를 잘 하지도 않거니와, 하더라도 이 구절을 인용할 줄을 모른다. 그 이유는 "당신의 행실을 보고 남편이 마음을 돌리도록 노력하십시오."라는 말이 여자들에게 상처를 줄까봐 걱정하기 때문이다. "당신의 행실이 남편을 올바른 길로 돌이킬 만큼 훌륭하지가 못하다."는 뜻으로 받아들이고 여자들이 입을 삐죽이 내밀까봐 눈치를 보느라 아예 이런 이야기를 입 밖에 꺼내지도 않는 것이다.

그러나 『**말씀에 순종하지 않는 자들일지라도 아내의 말없는 행실로 인하여 그들을 얻고자 함**』이라는 말씀은 남편의 구원 문제를 놓고 전혀 걱정하는 기미가 없는 아내들에게 반드시 읽어 주어야 할 구절이다. 여기에는 아브라함의 아내 사라의 경우처럼 하나님께서 개입하시겠다는 의지가 내비치고 있음을 알아야 한다. 남편이 구원받은 그리스도인이라 할지라도 어떤 잘못된 일을 자행할 때, 당신은 아내로서 먼저 하나님께 의탁하고 하나님께서 개입하시기를 간구해야 한다. 만약 남편이 구원받지 못한 불신자라면, 이 문제 역시 먼저 하나님을 의탁하고 그분의 능력이 개입하시기를 기도해야 한다. 그리고 당신은 아내로서 남편에게 복종해야 한다. 그 복종은 하나님을 두려워하는 데서 나온 복종이요, 하나님을 의탁한 데서 나온 복종이다. 하나님을 두려워하지도 않고 그분을 의탁하지 않은 채 당신이 나서서 문제를 해결하려고 시도하는 것은 필연적으로 남편에 대한 불복종으로 이어지고 이것은 하나님의 명령에 대한 불복종일 뿐만 아니라 오히려 남편의 반발만 불러일으키게 된다. 하나님께서 개입하시지 않으면 당신이 스스로 할 수 있는 일은 아무것도 없다는 것을 잊지 말라.

그러나 어쨌든, 이 구절은 "말씀에 순종하지 않는 자들일지라도 아내의 행실로 인해서 그리스도께로 이겨오고자 함이다."라고 언급하고 있는 게 아니라는 점을 유념하라. 이 구절은 "말씀에 순종하지 않는 남편들을 아내의 행실로 인하여 말씀에 순종하도록 이겨오고자 함이다."라고 언급하고 있다. 다시 말해서, 하나님의 말씀을 들은 척도 하지 않는 남편들일지라도 아내의 말없는 행실로 인하여 말씀에 귀를 기울이고 순종하도록 만드시겠다는 것이다(〈개역성경〉에서는 이 구절을 "이는 '혹' 도를 순종치 않는 자라도... 아내의 행위로 말미암아 구원을 얻게 하려 함이니"라고 서술함으로써 "혹시"라는 뜻으로 원문에도 없는 "혹"이라는 말을 첨가하여 이 구절에 함축돼 있는 하나님의 개입 의도를 흐려놓았을 뿐더러 "아내의 행위로 혹시 구원받게 될지도 모른다."는 식으로 방향을 엉뚱하게 돌려놓았다. - 옮긴 이).

여기 『**말없는 행실**』에서 "말이 없다"는 것은 쉽게 말해서 "잔소리"를 하지 않는다는 뜻이다. 아내들에게서 가장 공통적으로 발견되는 특징적인 결함이 "잔소리"다. 이것은 다음 4절에서 언급하는 『**온유하고 고요한 영**』으로 속 사람이 단장된 여자들에게서는 발견되지 않는 속성이다.

『**이는 그들이 두려움 가운데 행하는 너희의 정숙한 행실을 봄이라**』(2절).

이 구절은 "하나님을 두려워하는 가운데 행하는 너희의 정숙한 행실을 그들이 봄이라."로 읽어야 한다. 아내의 정숙한 행실을 남편이 두려움 가운데서 본다는 말이 아니라, 하나님을 두려워하는 아내의 정숙한 행실을 남편이 본다는 말이다. 또한 아내가 갖고 있는 『**두려움**』은 하나님에 대한 두려움이지 남편에 대한 두려움이 아니다. 6절에 보면 사라는 아브라함이 요구했던 『**놀라운 일에도 두려워하지 아니**』하였다고 서술하고 있다. 그럼에도 불구하고 사라가 아브라함에게 복종했던 것은 하나님을 두려워하였기 때문이고 그렇기 때문에 그것이 선을 행하는 일이었다. 이처럼 아내가 주님께 복종하듯 남편에게 복종하는 것은 남편이 두려워서가 아니라 하나님이 두려워서 하나님의 계명을 지키는 것이다. 남편들은 이것을 알아야 한다. 이것을 모르고 남편들이 아내에게 윽박지르고 위협을 가하면서 꼼짝 못하게 압력을 넣기 때문에 아내들이 복종하는 것으로 안다면 큰 착각이다. 당신의 아내는 당신이 아니라 하나님을 두려워하여 당신에게 복종하고 있다는 말이다. 내 말이 거짓말인가 확인하고 싶다면, 한번 아내에게 물어보아라. "당신 내가 무섭지?" 모르면 모르되 당신의 아내는 이렇게 대답할 것이다. "아뇨."

남편이 아내에게 으름장을 놓고 압박을 가하는 바람에 아내가 겁을 먹고 우울증에 걸려 평강을 잃은 채 하루 종일 불안하게 시간을 보내면서 집안 보살피기를 게을리 하고 아이들 양육하는 일에 소홀히 하게 되는 것은 남편도 남편이지만 아내에게도 문제가 있다. 아내가 남편에게 겁을 먹고 억눌려 지내다가 결국 병에 걸려 시름시름 앓다 보면, 아이들은 아이들대로 엉망이 돼 가고 가정은 가정대로 기우뚱거리기 마련이며, 그 바람에 남편은 남편대로 더욱더 아이들한테 짜증만 내게 되어 아이들이 점점 더 비뚤어지는 등, 온 집안이 허물어지고 마는 비극을 맞게 되는 것은 아내 된 여자가 성경이 약속하고 있는 하나님의 말씀들을 신뢰하지 않고 그 말씀들을 붙잡지 않는 데서 초래된 결과다. 성경에는 이러한 처지에 있는 아내들에게 힘을 불어넣어 주는 귀한 말씀들이 넘치고 있지만 여자들은 성경을 잘 읽지도 않고 읽더라도 그 말씀들을 믿고 꽉 붙잡지 않기 때문에 스스로 이런 비극적 상황에 놓이게 되는 것이다. 『**그러나 너희가 의를 위하여 고난을 당한다면 복 있는 자들이니 그들의 위협에 두려워하지 말고 동요되지 말라.**』(3:14)고 여기 베드로전서에서도 말씀한다. 이것은 비록 아내가 아닌 일반 사람들도 마찬가지다. 하나님께 의탁하지 않으면 당신은 결코 스스로 안식하지 못한다. 『**수고하고 무거운 짐진 자들아, 다 내게로 오라. 그러면 내가 너희에게 쉼을 주리라.**』(마 11:28)고 주님께서도 말씀하셨다. 『**너의 짐을 주께 맡기라. 그리하면 그가 너를 붙드시고 의인이 흔들리는 것을 결코 허락하지 아니하시리라.**』(시 55:22)고 성경은 약속한다. 『**주께서는 마음을 주께 의탁하는 사람을 완전한 화평 속에 지키시리니 이는 그 사람이 주를 의뢰함이니이다.**』(사 26:3)라고 또한 성경은 약속한다. 『**아무것도 염려하지 말고 다만 모든 일에 기도와 간구로 너희의 구하는 것들을 감사함으로 하나님께 알려지게 하라. 그리하면 모든 지각을 초월하시는 하나님의 평강이 그리스도 예수 안에서 너희의 마**

음과 생각을 지키시리라.』(빌 4:6,7)고 바울도 당신을 격려하고 있다. 이런 말씀들이 당신에게 허사가 되지 않도록 이 말씀들을 믿고 꽉 붙잡아야 한다. 당신이 남편으로 인하여 아무리 어려운 처지에 놓여 있다 할지라도 이러한 말씀들을 붙잡고 주님께 의탁한다면, 당신은 결코 허물어지지 않을 것이다. 그러므로 남편을 두려워하지 말고 하나님을 두려워하고 하나님을 의탁하여 그분의 말씀들을 꽉 잡고 있으라. 당신이 남편을 두려워하여 자신을 죽이면 죽일수록 당신은 남편을 더욱더 난폭하게 만들 뿐이란 것을 알라. 그렇다고 남편에게 대들라는 말이 아니다. 남편에게 대들면 그 자체가 하나님의 명령을 거역하는 일이요, 그만큼 가정의 비극과 파탄을 더욱 부추길 뿐이다. 당신은 남편에게 복종하되 하나님께 대한 두려움 가운데서 복종하고 그 두려움 가운데서 정숙한 생활 태도를 견지하도록 하라. 이러한 그리스도인 아내들이야말로 하나님께서 불러내신 『**거룩한 민족**』이요, 『**독특한 백성**』(벧전 2:9)다운 여자들이며, 하나님께서 기쁘게 여기시는 아내들이다. 아내들이 이러할 때, 하나님께서는 이 문제에 개입하셔서 남편들로 하여금 말씀에 귀를 기울이도록 만들어 주시겠다는 것이다. 여기 1절이 아내들에게 던져주는 훈계가 바로 이것이다.

다시 말하거니와, 이 구절은 아내의 말없는 정숙한 행실을 보고 남편들이 마음을 고쳐먹고 그리스도를 영접하게 된다는 말이 아니다. 현대판 새 역본들은 모두가 한결같이 이렇게 고쳐 놓았지만, 이것은 이 구절이 말씀하고 있는 문제의 핵심을 보지 못한 데서 비롯된 혼란들이다. 가령, 〈리빙바이블〉을 보면 이 구절을 “예의바르고 순수한 너희 품행을 보고 그들이 구원받게 될 것이다.” 식으로 고쳐 놓았는데, 표현은 조금씩 다르지만 다른 모든 역본들이 다 이런 맥락으로 서술해 놓고 있다.

『너희는 머리를 땋고 금으로 치장하거나 옷을 입는 외모로 단장하지

말고』(3절).

우리는 지금 베드로전서 3장에서 일종의 "남성 우월주의"(male chauvinism)이라고 비난받을 수도 있는 매우 민감한 주제를 다루고 있는 중이다. 말하자면 "여필종부"(女必從夫)라든가, 뭐 그런 이야기들인데, 요즘 같아서는 남자들만 있는 자리라면 또 모르되 사적인 자리일지라도 여자가 한 사람이라도 있는 데서 이런 이야기를 꺼냈다가는 시대에 뒤떨어진 고리타분한 극단적·배타적 남성 우월주의자라는 호된 비난과 함께 섬뜩한 눈흘김을 받을 각오를 하고 있어야 한다.

그러나 여전히 성경은 골로새서 3장이나 에베소서 5장에 나오는 서술 외에도 여기 베드로전서 3장이라든가 잠언 31장을 이상적인 여성형에 대한 가장 훌륭한 서술로 손꼽기를 서슴지 않는다. 현숙한 아내를 루비보다 훨씬 가치 있게 기술하고 있는 잠언 31장은 딸을 가진 사람이면 누구나 자기 딸이 시집가기 전에 최소한 한 번은 읽어 주어야 할 구절들인데, 하도 아름다운 말씀들인지라 여기에서 몇 구절 인용해 보는 것도 나쁘지 않으리라.

『**누가 현숙한 여인을 찾아낼 수 있겠느냐? 그녀는 루비보다 훨씬 가치 있느니라.**

그녀의 남편의 마음은 그녀를 편안히 신뢰하나니, 그가 탈취할 필요가 없으리라.

그녀가 평생 동안 그에게 선한 일만 행하고, 악을 행치 아니하리라.

그녀는 자진하여 양모와 아마를 찾아 손수 일하며

상인의 배와 같아서 먼 데서 양식을 가져오고

밤이 새기도 전에 일어나 가족들에게 음식을 주며 여종들에게 몫을 주느니라.

그녀는 숙고하여 밭을 사며, 그녀의 손의 열매로 포도원을 만들고,
허리를 힘껏 동이며 팔을 튼튼하게 하느니라.
그녀는 자기의 장사가 잘되는 줄을 예견하여 밤에도 촛불을 끄지 않고
자기 손을 물레의 가락에 두며, 자기 손으로 솜뭉치를 잡느니라.
그녀는 가난한 자들에게 손을 펴나니, 정녕, 빈궁한 자들에게 손을 내 미느니라.
눈이 와도 그녀가 식구들을 위하여 염려하지 아니할 것은
그녀의 모든 식구들이 주홍색 옷을 입었음이라.
그녀는 스스로 수놓은 직물로 덮개를 만들며, 자주색 비단옷을 입고,
그녀의 남편은 그 땅의 장로들 사이에 앉을 때, 성문 안에서 알려진 사람이 되고,
그녀는 세마포로 옷을 지어 팔며, 장식띠를 상인들에게 넘겨주느니라.
능력과 존귀가 그녀의 옷이 되나니, 그녀가 다가올 때에 기뻐하리라.
그녀는 지혜롭게 입을 열며, 그녀의 혀에는 친절의 법이 있느니라.
그녀는 자기 식구들의 일들을 잘 살피며, 게으른 빵을 먹지 않느니라.
자식들은 일어나 그녀를 축복하며, 남편도 그녀를 칭찬하기를
"많은 딸들이 현숙하게 행하였으나, 당신은 그들 모두보다 뛰어나도다." 하느니라.
호의도 거짓되고 아름다움도 헛되나,
주를 두려워하는 여인은 칭찬을 받으리라.
그녀의 손의 열매에서 *나는 것을* 그녀에게 주고,
그녀 자신의 일들이 성문 안에서 그녀를 칭찬하게 하라』(잠 31:10-31).

성경이 위에서 기술하고 있는 이상적인 여성형은 『**주를 두려워하는 여인**』이기에 『**현숙한 여인**』이요, 『**칭찬**』 받고, 『**축복**』 받는 여인으로 그려진다.

자, 이 말씀들을 아름답다 여기고 여기에 인용하고 있는 나를 보고 당신은 그래도 지독한 "남성 우월주의자"라고 비난할 텐가? 나를 비난하기에 앞서 위 말씀들을 다시 한 번 더 읽어 보기를 권한다. 성경의 여성관이 남성 우월주의로 생각된다면, 당신은 성경에서 그리스도인이 예수 그리스도의 "신부"요, 어린양의 "아내"로 묘사되고 있는 이유를 곰곰이 생각해보는 게 좋겠다.

『너희는 머리를 땋고 금으로 치장하거나 옷을 입는 외모로 단장하지 말고』(3절).

여기서 『**치장**』(adorning)이란 물론 장식물을 지나치게 몸에 걸쳐 사치스럽게 모양내는 것을 말한다. 갖가지 비싼 장식물로 지나치게 치장하는 여자들은 모르면 모르되, 십중팔구 무엇인가 내면적 결핍이 있기 때문이고, 그것을 조금이라도 감추어 보려는 본능적 욕구의 반영이라고 나는 생각한다. 내면적으로 부족함이 없는 여자들일수록 정결하되 수수한 옷차림을 하기 좋아하고 몸에 치렁치렁 쓸데없이 걸치는 것을 좋아하지 않는 법이다. 당신도 만약 『**현숙한 여인**』이라면, 내 말에 공감하리라 믿는다.

『오직 마음에 숨겨진 사람을 썩지 아니하는 것 곧 온유하고 고요한 영으로 단장할지니 그것은 하나님 **보시기에 매우 값진 것이니라』**(4절).

『**마음에 숨겨진 사람**』이란 새로 태어난 내면의 영적 자아를 말한다. 이것은 그리스도인으로 거듭남으로써 죽었던 영이 살아난 내면적 "새 사람"이요, "속 사람"이다. 이 속 사람을 『**온유하고 고요한 영**』으로 단장한 사람을 하나님께서는 『**매우 값진**』 사람으로 여기신다고 이 구절은 말씀한다. 당신도 『**온유하고 고요한 영**』으로 당신의 속 사람을 단장하고 싶다면, 예수 그리스도의 영으로 단장하면 된다. 성령님이야말로 『**온유하고 고요한 영**』이시다.

하나님께서는 결코 외양을 보지 않으시고 속 사람을 보신다. 『**주가 보는 것은 사람이 보는 것과 같지 아니하나니, 사람은 외모를 보나 주는 마음을 보느니라.**』(삼상 16:7)고 성경은 말씀한다. 당신의 겉 사람은 썩어질지라도 속 사람은 날마다 새로워진다고 성경은 또 말씀한다(고후 4:16). 하나님께서는 당신의 외모에 관심이 없으시다. 사람도 현명하고 신실한 그리스도인들이라면 사람을 결코 외모로 보지 않고 속에서 겉으로 은은히 배어 나오는 속 사람을 보고 평가하려고 하는 법이다. 이것이 사람을 보시는 하나님의 방식이기 때문이다. 그러므로 여자의 참 가치는 그녀의 내면에 있지 겉에 있는 게 아니다. 아름답고 순수한 내면의 영적 상태가 반영되어 나오지 않은 채 겉으로만 치장되고 가장된 외모나 태도는 진짜가 아니기 때문에 저속하고 무가치하다. 위에 인용했던 잠언 31장에서 『**호의도 거짓되고 아름다운도 헛되나, 주를 두려워하는 여인은 칭찬을 받으리라.**』(30절)고 하지 않았던가?

『**온유하고 고요한 영**』을 가진 사람은 쉽게 속상하거나 웬만한 외부적 영향에 의해 쉽게 마음이 흔들리지 않고 자기 입을 스스로 다스릴 줄 아는 사람이다. 속 사람이 이렇게 『**온유하고 고요한 영**』으로 단장돼 있는 여자는 무엇인가 속에 있는 말을 하고 싶을 때 쉽사리 발설하지 않고 입을 다물고 있다. 그들은 이렇게 해도 내면적 갈등을 일으켜 몸을 뒤틀거나 좀이 쑤셔 어쩔 줄 모르거나 하지 않는다. 그러나 속 사람이 『**온유하고 고요한 영**』으로 단장돼 있지 못한 여자는 하고 싶은 말을 꾹 참거나 외부의 압력으로 제지당할 경우, 견딜 수 없는 좌절감에 빠져 마음이 요동치고 미칠 것만 같아 안색이 붉으락푸르락해지는 게 보통이다. 이런 여자들은 수면은 잔잔해 보이지만 물속은 소용돌이를 치고 있어 언제 폭발할지 몰라 불안하기 짝이 없기 때문에 속에 있는 말을 내뱉지 않고는 견딜 수가 없게 되어 이것이 잔소리가 되어 밖으로 튀어나오게 되고 남편과 다툼이 끊일 날이 없다. 아내의 지나친 잔소리는 남편을 폭행자로 만든다. 남자란 잔소리를 잔소리로 맞받아치는 재주가 없기 때문에 견디다 못하면 자칫 주먹을 휘두르기가 쉽다. 그리하여 잔소리하는 아내는 남편으로 하여금 다음 7절의 말씀을 어기게 만들고 만다. 7절에서 성경은 남편들이 아내들을 『**더 연약한 그릇**』으로 여기라고 말씀한다. 그래서 남편들은 아내의 잔소리라면 아주 질색을 하게 된다. 오죽하면 성경에 『**다투는 여자와 함께 넓은 집에서 사는 것보다 지붕의 한 모퉁이에서 사는 것이 더 나으니라.**』(잠 21:9; 25:24)는 잠언이 두 번씩이나 반복해서 나오고 있겠는가? 남편이 아내의 잔소리와 다툼을 피해 지붕 꼭대기 한 모퉁이에 이불을 깔고 누울 정도라면 이런 아내는 남편이 동네 사람들에게 망신당하는 꼴을 즐기는 것이나 다름없는 고약한 여자다. 잔소리로 남편을 괴롭히고 사람들 앞에서 부끄럽게 만드는 아내는 남편의 뼈를 썩게 만든다고 성경은 말씀한다. 『**현숙한 여인은 남편에게 면류관이나, 수치를 끼치는 여인은 그의 뼈를 썩게 함과 같으니라**』(잠 12:4). 현숙한 아내는 남편을 자랑스럽게 만드는 면류관이라고 말씀한다.

성경은 아내들에게 하나님을 두려워하는 그 두려움 가운데서 남편에게 복종하라고 훈계한다. 그리고 『**온유하고 고요한 영**』으로 속 사람을 단장하고 정숙한 행실로 남편을 대하라고 충고한다. 또한 남자들에게는, 아내를 귀히 여기되 『**지식을 따라**』 아내와 함께 살라고 훈계한다(7절). 하나님의 말씀에 대한 『**지식을 따라**』 말이다.

『예전에 하나님을 신뢰했던 거룩한 여인들도 이와 같이 자기 자신의 남편에게 복종함으로써 자신들을 단장하였느니라』(5절).

『자기 남편에게 복종』했던 **『예전』**의 **『거룩한 여인들』**이 다름 아닌 **『하나님을 신뢰했던』** 여자들이었다는 점을 깊이 유의해 두라. 그들은 남편에게 복종하였고 그 **『복종』**으로 **『자신들을 단장』**하였으되, 반드시 남편을 신뢰해서가 아니라 무엇보다도 **『하나님을 신뢰』**했기 때문이었다. 여기 5절이 그렇게 말씀한다. 그리고 베드로는 이러한 **『거룩한 여인들』** 가운데 하나가 아브라함의 아내 사라였음을 당신에게 예를 들어 설명해 주고 있다. 앞에서 이미 우리는 거짓말할 것을 요구했던 남편에게 어째서 사라가 아무 말 없이 순종하였던가를 살펴보았거니와, 그 순종의 이면에는 이처럼 하나님에 대한 그녀의 **『신뢰』**가 있었던 것이다. 이것은 당신에게 참으로 시사하는 바가 큰 진리임에 틀림없을 것이다. 어떤 이유에서든 당신이 보기에는 남편이 잘못되었다고 여겨지는 상황인데도 당신은 그 잘못된 남편에게 순종해야 하고 또 얼마든지 순종할 수 있음을 보여 주는 사라의 예화야말로 하나님에 대한 **『신뢰』**가 현숙한 아내로서의 당신의 행실을 뒷받침해 주는 얼마나 든든한 기반인가를 당신에게 가르쳐 주고 있다.

『사라가 아브라함을 주라 부르며 복종했던 것과 같이 너희가 선을 행하고 어떤 놀라운 일에도 두려워하지 아니하면 그녀의 딸들이 되느니라』(6절).

요즘 그리스도인 아내들더러 남편을 『주』라고 부르라고 요구한다면 아우성과 야유가 빗발칠 테지만, 뭐니 뭐니 해도 당신의 남편은 당신의 지도자요, 가정의 으뜸이며, 가족의 머리라는 사실을 인정한다면 당신이 남편을 『주』라고 부르는 게 조금도 이상한 일이 아니다. 동양 여자들은 남편을 일컬어 "주인 양반," 또는 "주인님"이라고 보통 부르고, 다른 사람들도 아내 앞에서 그녀의 남편을 지칭할 때, "당신의 남편"이라고 부르기보다는 "당신의 주인 어른"이라고 부르는데, 그들은 벌써 성경을 알기 전부터 이러해 왔거늘, 소위 "기독교 문화"가 뿌리 깊다는 서양의 여자들이 이것을 우습게 안다니, 참 이상한 일이 아닐 수 없다. 당신이 한 가지 꼭 알아두어야 할 것은 당신의 남편이 높임을 받아야 당신도 높임을 받게 된다는 사실이다. 당신의 남편이 당신에게 『주』라고 불린다면, 당신은 그 『주』의 아내가 된다. 만약 당신의 남편이 당신에게 "하인" 같은 존재라면, 당신은 한낱 "하인의 아내"로 전락하고 만다는 것을 왜 모르는가?

사라는 『**어떤 놀라운 일에도 두려워하지 아니**』하였다. 남편이 자기더러 아내가 아니라 누이라고 거짓말하도록 요구했을 때, 이것은 그녀에게 참으로 『**놀라운 일**』이었을 것이다. 이것은 파라오가 자기를 강제로 아내로 맞아들이더라도 남편인 아브라함이 모른 체하고 구경만 하겠다는 뜻이었으니 말이다. 한 아내에게 있어 세상에 이보다 더 『**놀라운 일**』이 또 어디 있겠는가? 하지만 사라는 남편의 요구에 복종했다. 왜? "놀랍게도" 『**두려워하지 아니**』하였기 때문이었다. 어째서 두려워하지 않았던가? 『**하나님을 신뢰**』했기 때문이었다. 사라는 『**하나님을 신뢰했던 거룩한 여인**』이었다(5절). 남편이 비록 잘못 판단하고 잘못된 결정을 내리고 잘못된 요구를 했지만, 그리고 남편의 생각이 잘못이었음을 알았고 또 그와 반대되는 생각을 갖고 있었지만, 사라는 그의 요구에 순종했다. 어떻게 그럴 수 있었는가? 이로 인해 여하한 문제가 발생하고 여하한 위기에 직면하더라도 하나님께서 반드시 개입하시리라는 것을 그녀는 알고 있었고 또 그대로 믿었기 때문이다. 이 점에 있어서는 사라의 믿음이 아브라함보다도 훨씬 신실했고 순수했으며 또 온전했다고 보여진다. 그러고 보면 아브라함은 참 좋은 아내를 두고 있었다. 만약 당신이 이런 사라만큼 하나님을 신뢰하고 남편에게 복종할 줄 안다면, 당신 역시 영적으로는 『**그녀의 딸들**』 가운데 하나가 되기에 충분한 자격을 가진 아주 훌륭한 여자요, 당신의 남편은 아브라함만큼이나 좋은 아내를 가진 남자라고 할 수 있다.

3:7 이와 같이 너희 남편들아, 아내들을 더 연약한 그릇으로서 또 생명의 은혜를 함께 상속받을 자로서 귀히 여기되, 지식을 따라 그들과 동거하라. 이는 너희의 기도가 막히지 않게 하려 함이니라.

8 끝으로 너희는 모두 한 생각을 품고 서로 동정하고 형제로서 사랑하며, 인정을 베풀고 예의를 지키며

9 악을 악으로 또는 욕을 욕으로 갚지 말고 도리어 복을 빌라. 이를 위하여 너희가 부르심을 받은 것을 아노니 이는 너희로 복을 상속받도록 하려 함이니라.

10 그러므로 생명을 사랑하고 좋은 날들을 볼 사람은 자기 혀를 악으로부터 지키며, 자기 입술로 어떠한 교활도 발하지 않게 하라.

11 악에서 떠나 선을 행하고, 화평을 구하여 그것을 추구하라.

『**이와 같이 너희 남편들아, 아내들을 더 연약한 그릇으로서 또 생명의 은혜를 함께 상속받을 자로서 귀히 여기되, 지식을 따라 그들과 동거하라. 이는 너희의 기도가 막히지 않게 하려 함이니라**』(7절).

성경은 여자들을 남자들보다 『**더 연약한 그릇**』으로 여긴다. 여자들은 아닌 게 아니라 남자들보다는 연약한 게 사실이다. 그렇다고 여자들이 정신력에 있어 남자들보다 더 약하다는 것은 아니다. 정신력에 있어서는 오히려 여자들이 남자들보다 훨씬 더 강한 면을 보이는 경우도 얼마든지 있는 게 사실이다. 이것은 여자들이 아이들을 낳고 기르는 것을 보면 충분히 알 수 있다. 여자들이 아이를 낳아 길러 내는 능력은 사실 강인한 정신력이지 육체적 힘이 아니다. 육체적 힘으로 말한다면 여자들이 남자들을 당해 낼 도리가 없다. 따라서 여기 7절에서 여자들을 남자들보다 『**더 연약한 그릇**』으로 보는 것은 육체적인 힘에 있어서 그러하다는 말이다. 남자들이 여자들보다 육체적으로는 더 강인한 힘을 갖고 있지만, 남자들더러 아이를 길러 보라고 한다면, 남자들은 단 하루도 지나기 전에 힘에 부쳐 나가떨어지고 만다. 이것은 남자들이 여자들보다 정신력이 약하기 때문이다.

지적인 면에 있어서도 여자들이 남자들보다 오히려 더 강한 면이 있는 게 사실이다. 많은 경우에 여자들이 남자들보다 한결 더 우수한 지적 능력을 갖고 있는 예를 우리는 흔히 보고 있다. 학교에서도 여학생들이 딴 생각만 하지 않는다면 남학생들보다 공부를 더 잘하고 실제로 남학생들보다 더 우수한 성적을 내고 있는 예가 허다하다. 문제는 여자들이 남자들보다 꿋꿋하지가 못하고 변덕이 심하다는 데 있다.

그러나 베드로는 여기서 남편들더러 아내를 『**생명의 은혜를 함께 상속받을 자**』로 귀하게 여기라고 충고하고 있다. 여자들이 아무리 정신력에 있어서나 지적 능력에 있어서 남자에게 뒤지지 않는다 해도 여자들은 역시 여자들이다. 여자들이 아무리 남녀동등권을 부르짖으면서 자기네들이 남자보다 못하지가 않다고 외쳐대는 세상이지만, 그들은 남자들보다는 『**더 연약한 그릇**』들인 게 틀림이 없다. 그렇기 때문에 그러면 그럴수록 남편들은 아내들을 더 귀하게 여겨야 한다.

그런데 이 구절은 귀하게 여기되, 또 『**지식을 따라**』 함께 살라고 충고하고 있다. 남편이 아내와의 문제를 해소하기 위하여 성경으로 돌아가라고 내가 충고하는 이유가 여기에 있다. 하나님의 말씀에 대한 『**지식에 따라**』 아내와 함께 동거하는 것, 이것은 남편으로서 해야 될 첫째 요건이다. 당신이 만약 여자로서의 아내의 역할과 기능에 대해 잘 모르고 있다면, 성경을 통해 그것들을 알도록 노력하는 게 잘하는 일이다. 당신은 아내에 대해 생리학적으로나 생화학적으로, 심리학적으로나 인류학적으로, 또 사회학적으로나 정신분석학적으로는 알 필요가 없으되, 당신의 아내로서의 그녀가 갖고 있는 기능과 역할, 그리고 가정에서 실제로 해내고 있는 일들에 대해 속속들이 알고 있어야 하고 또 이해하고 있지 않으면 안 된다. 이래야 된다는 것을 당신은 성경을 통해서 배울 수가 있을 뿐더러 성경을 통해 얻는 『**지식**』이야말로 여자들에 대한 가장 정확한 이해에 도달할 수 있는 지름길이다.

당신이 한 여자의 남편으로서 갖추어야 할 두 번째 요건은 어떤 경우에도 아내에게 화를 낸 끝에 그것이 구타와 폭행으로 이어지는 일만은 없어야 한다는 점이다. 때에 따라서는 주먹이라도 날리고 싶은 심정일 때도 없지 않겠지만, 당신은 그것을 극복하고 이겨내는 것이 아주 잘하는 일이다. 『**남편들아, 너희 아내를 사랑하고 가혹하게 대하지 말라.**』(골 3:19)고 성경은 말씀한다. 이를 위해서 당신은 기도하고 믿음으로써 당신의 마음을 통제할 때, 분통 터지던 당신의 기분은 언제 그랬냐는 듯이 말끔히 해소될 것이다. 성경은 당신더러 아내를 어떻게 사랑하라고 가르치고 있는가? 『**남편들아, 너희는 자기 아내를 사랑하되 그리스도께서 교회를 사랑하셔서 교회를 위하여 자신을 주신 것같이 하라.**』(엡 5:25)고 말씀하고 있지 않은가?

당신이 하나님께 순종하고 아내를 보살피려면 이 말씀들에 먼저 복종하지 않으면 안 된다. 당신이 이처럼 말씀에 대한 『**지식을 따라**』 아내와 함께 살 때, 당신의 『**기도가 막히지 않게**』 된다고 여기 7절은 또 말씀한다. 당신이 아내에 대하여 필요한 모든 『**지식에 따라**』 아내와 함께 살 때, 당신의 기도는 방해받지 않게 되므로 이를 위해서라도 당신은 연약한 아내를 귀하게 여기고 사랑하지 않을 수가 없는 것이다.

나는 결혼한 남녀에게 이렇게 충고하기를 잊지 않는다. "용서하는 법을 빨리 배우라. 그리고 빨리 잊어버려라." 용서하기를 더디 하면, 그만큼 지불해야 할 대가가 더 커진다. 잊어버리기를 더디 하면 그만큼 잃는 게 더 많아진다. 이것은 남자나 여자가 다 마찬가지다. 그 다음, 나는 남편에게 이렇게 충고하기를 잊지 않는다. "남편이 다스리지 않으면 집안이 망한다." 남편이 집안 일에서 뒤로 물러나 있어 지도력을 발휘하지 못하고 크고 작은 일에 대한 최종적인 결정권을 행사하지 못한다면, 그 가정은 가정으로서 제대로 서 있을 수가 없다. 남편은 가족의 머리이며 가정의 중심이다. 가정 내에서의 이러한 자기 위치를 남편이 상실하거나 이탈하게 되면 그 집안에서 일어나는 어떤 일에 대해서도 책임을 질 수 있는 사람이 없게 되기 때문에 그 가정은 선장을 잃고 표류하는 배와 같다. 모든 아내들은 이것을 명심하고 있어야 한다. 아내들이 남편에게 복종하는 것은 남편의 이러한 위치를 정해 놓으신 하나님의 질서를 따르기 위함이다. 아내는 가정 내에서 머리로서의 남편의 위치를 지켜줄 수 있는 유일한 사람이다. 아내가 남편에게 복종하지 않으면 그 가정은 선상 반란이 일어나 모든 질서가 풍비박산난 선박과 같게 된다.

남편이 무엇인가 잘못되었을 때 아내가 취할 수 있는 최선·최상의 조치는 하나님께 기도하는 일이다. 하나님을 향한 두려움 가운데서 늘 기도하고 하나님의 말씀에 항상 귀를 기울이며 정숙한 행실을 잃지 않는 아내가 있는 가정에는 반드시 하나님께서 개입하신다. 그리스도인 가정에서 하나님의 개입하심 없이 문제 해결을 기대한다면 그것은 망상이다. 잘못된 남편을 바로잡고 옳은 길에 들어서게 되기를 바란다면 하나님께서 일하시도록 그분을 당신 가정에 모셔들여라. 구원 문제를 비롯한 남편을 둘러싼 갖가지 문제들로 인해 고통을 겪고 있는 아내들을 잘 관찰해 보면 한 가지 공통점이 있는데, 그것은 그들이 남편을 위해 하나님께 기도하는 데 결코 많은 시간을 사용하지 않는다는 점이다. 이것은 내가 여러 해 동안 교회 목사로서 경험을 통해 알게 된 사실을 근거로 자신 있게 하는 말이다. 당신은 남편의 문제들을 위해 늘 기도한다고 입으로는 말할 것이다. 그렇다면 내가 당신에게 묻겠다. 하나하나 양심적으로 스스로에게 대답해 보기 바란다.

남편을 위하여 당신은 과연 얼마나 기도하는가?

남편을 위한 당신의 기도에 혼을 다한 열정이 담겨 있는가?

당신의 기도에 마음을 다한 간절함이 실려 있는가?

하나님께 대한 순수한 믿음과 절대적인 신뢰가 당신의 기도에 반영되고 있는가?

당신은 남편의 구원 문제로 인하여 정말로 통절한 아픔을 느끼고 있기나 한가?

당신은 울며 기도하는가? 몇 번이나 울며 기도했는가? 당신은 기도하며 얼마나 손수건을 적시고 있는가?

당신은 남편에게 얼마나 진지하고 애절하게 복음을 전하고 있는가?

주 예수 그리스도의 죽으심과 묻히심과 다시 살아나심에 대해 얼마나 진지하게 남편에게 이야기해 주고 있는가?

당신은 자신의 말에 성령님을 앞세우고 있는가? 당신은 성령님의 능력을 얼마나 신뢰하고 있는가? 이를 위해서 얼마나 기도하는가?

당신은 자신의 기도가 하나님께 온전히 상달되게 하기 위하여 얼마나 가깝게 주님과 교제하고 있는가? 주님과 당신 사이를 가로막고 있는 당신의 죄를 말끔히 씻어냈는가?

당신은 혹시 남편 앞에서 주님보다는 자아를 드러내고 있지 않은가?

다시 묻건대, 당신은 과연 얼마나 기도하는가? 골방에 들어가 문을 걸어 잠근 채 무릎 꿇고 앉아 있는 시간이 과연 얼마나 되는가?

"주님, 보고 계시지요? 다 듣고 계시지요? 모든 것을 알고 계시지요? 저를 도와주십시오. 저는 주님의 도우심이 필요합니다. 내 남편의 마음을 열어주십시오. 내 남편에게 주님께서 말씀해주십시오." 당신은 이런 당신의 기도에 대해 주님께서 응답하시는 음성을 듣기를 기대하는가? 아니, 그 음성을 듣고 있는가?

당신은 주님께서 단 한순간도 당신에게서 눈을 떼지 않으시고 당신의 기도를 듣고 계시며 당신을 살피고 계신다는 것을 확신하는가?

내가 당신에게 한 가지 제안을 하겠다. 위에서 당신에게 물어본 질문들을 하나하나 되짚어 보고 당신의 대답이 무엇인지 스스로 성찰해 보라. 그런 다음 이 질문들에 대한 당신의 대답이 어떠해야 하는지를 다시 잘 정리해 보라. 그러고 나서 골방으로 들어가 무릎 꿇어라. 그리고 기도를 시작하라. 모든 것을 주님께 털어놓아라. "모든 것"을 말이다. 모든 것을 기도와 간구로 주님께 알리고 감사함으로 그분의 도움을 요청하라. 모르면 모르되, 최소한 두 시간은 걸릴 것이다. 최소한 말이다. 어떤 때는 다섯 시간은 족히 걸릴 것이고, 어떤 때는 아침에 시작하여 해질녘까지 계속되기도 할 것이며, 어떤 때는 저녁에 시작하여 새벽닭이 울 때까지 끝나지 않을 것이다. 그러나 결코 시간을 의식하지 말라. 십중팔구 남편이 골방 문에 노크를 할 것이고 이런 일 저런 일로 식구들이 방해를 할 것이며 전화벨도 울릴 것이다. 그러므로 방해하지 말아 달라고 사전에 가족들에게 당부해 두라. 이렇게 기도하기를 매일 계속하라. 이것이 몸에 밸 때까지 계속하라. 하루라도 주님과 둘이서 맞대면하는 시간을 갖지 않고는 견디지 못할 정도로 습관을 길러라. 기도하고 성경을 읽고 말씀을 묵상하고 또 기도하고..., 그러다가 또 자신을 성찰해 보고, 남편과 가족들을 둘러싼 모든 일들을 곰곰이 되살펴 보고, 또 하나님께 고하고, 하나님께 감사하고, 하나님께 바라고...

남편의 구원 문제로 고심하는 아내들의 경우, 한 가지 알아 두어야 할 것이 또 있다. 출발이 잘못된 결혼은 그 잘못을 극복하고 바로잡는 데 그만큼 오랜 시간과 많은 고난이 뒤따른다는 것은 자연스러운 일이다. 그러나 여기에도 예외가 있다. 잘못된 출발도 좋게 끝나는 수가 얼마든지 있는 것이다. 반면에 출발은 좋았지만 그 끝은 잘못되는 수도 얼마든지 있다는 것 또한 명심해 두어라. 많은 사람들의 축복 속에서 희망을 안고 항구를 떠난 배가 풍랑을 만나 파선하고 마는 수가 얼마나 많은가? 그러나 일반적으로 출발이 좋으면 그 끝도 좋고, 출발이 나쁘면 그 끝도 나빠지기가 쉬운 법이다. 과거란 반드시 그 열매가 결과로 나타나기 마련이다. 나쁜 씨를 뿌렸다면 나쁜 열매를 거둘 수밖에 없다. 좋은 열매를 거두려면 좋은 열매를 뿌려야 한다. 나쁜 씨를 뿌리고도 좋은 열매를 기대한다면, 그것은 스스로를 속이는 것이요, 스스로에게 속는 것이며 하나님을 우롱하는 것이다. 그래서 성경은 『**속지 말라. 하나님은 우롱당하지 아니하시느니라. 이는 사람이 무엇을 심든지 그대로 거둘 것이기 때문이라.**』(갈 6:7)고 말씀한다.

자, 『**이와 같이 너희 남편들아, 아내들을 더 연약한 그릇으로서 또 생명의 은혜를 함께 상속받을 자로서 귀히 여기되, 지식을 따라 그들과 동거하라. 이는 너희의 기도가 막히지 않게 하려 함이니라**』(7절). 아내들은 남편들보다 『**더 연약한 그릇**』들이다. 신체적으로 더 연약하고 정서적으로도 외부 환경의 변화에 따라 변덕이 심하기 때문에 영적으로도 마귀의 공격에 대해 더 연약하며, 어떤 망상이나 그릇된 관념 그리고 마귀의 흉계에 걸려들기 쉽다는 점에서 여자들은 남자들보다 더 연약하다. 이것을 남편들이 이해하고 있다면 연약한 아내를 더욱 귀하게 여길 줄 알게 되는 법이다.

남편들은 또한 아내와의 결혼 생활을 『**지식을 따라**』 영위할 줄 알아야 한다. 이것은 성경 말씀에 대한 지식을 중심으로 어떤 언행이 가져올 결과에 대한 모든 지식들을 말한다. 이것은 자신이 취한 언행이 아내에게 어떤 사회적, 영적, 의학적 문제들을 일으킬지를 헤아림으로써 위기를 사전에 막을 줄 아는 남편의 배려와 관련된 지식이기도 하다. 이것은 또한, 남편이 아내의 언행에 대해서 무엇이 문제이고 무엇이 잘못인가를 올바르게 판단하고 그것을 "한 가정의 머리로서" 아내에게 지적하고 훈계함으로써 그것이 초래하게 될 위험을 사전에 예방하되, 용서하고 잊어버려 주어야 하는 남편의 지도력과 도량에 관련되는 지식이다. 이러한 지식은 하나님의 말씀이 그 원천이다. 성경을 읽고 거기서 배운 모든 것들이 이 지식의 토대가 된다. 그래서 훌륭한 남편은 성경을 늘 읽는 사람이다. 하나님의 말씀들을 늘 가까이 하고 마음속에 늘 유의하고 있는 남편은 한 가정의 머리로서의 자격을 항상 유지하는 법이다. 그리스도께서 교회의 머리이심과 같이 남편은 가정의 머리이다. 그리하여 성경에서 배운 지식에 따라 행하는 남편은 그 『**기도가 막히지 않게**』 된다. 왜냐하면, 이러한 남편은 문제를 해소하고 예방하는 최선·최상의 방책이 기도라는 것을 알고 있기 때문이다. 인간의 생각과 말은 지극히 제한돼 있는지라 자신의 생각과 말로만 문제를 해결하려고 하는 것은 매우 어리석은 짓이다. 최상의 해결책은 하나님의 개입이다. 그래서 이러한 지식을 갖고 있는 남편들은 늘 기도하기 마련이다. 『**이는 너희의 기도가 막히지 않게 하려 함이니라.**』는 말씀에 밑줄을 그어 두라. 특히 사역자로 부르심을 받은 사람들은 이 말씀을 명심하고 있어야 한다. 사역자로서의 당신의 생애는 전적으로 기도에 달려 있음을 한시도 잊지 말라. 사역자의 길에 들어선 사람은 누구보다도 마귀와 대적하는 치열한 영적 전쟁을 치러야 하는 사람이다. 이

싸움은 육신을 상대로 하는 게 아니라 영적 존재를 상대로 하는 싸움이기에 여기에서 사용되어야 하는 무기는 영적인 무기이지 결코 육신적인 무기가 아니다. 기도는 가장 강력한 영적 무기이다. 교회의 사역자가 아니더라도 남편은 한 가정의 사역자이다. 가정을 다스리되 무엇보다 먼저 하나님을 섬기고 그분을 모든 것들 위에 최우선의 자리에 모신 가운데 가정을 이끌어가고 가족들에게 말씀을 가르치고 양육한다는 점에서 그리스도인 남편은 사역자인 것이다. 이렇게 볼 때, 가정을 파괴하고 가족 간의 문제를 야기하는 갖가지 문제들과 맞서 그것을 극복하고 해결하는 일 역시 사실은 영적 싸움의 일환임을 알 수 있다. 그러므로 그리스도인 남편이 기도를 최대의 영적 무기로 사용하는 것은 너무나 당연한 일이다. 기도가 막히면 남편은 무력해진다. 기도할 줄 모르는 남편은 머리로서의 자격이 없다.

『끝으로 너희는 모두 한 생각을 품고 서로 동정하고 형제로서 사랑하며, 인정을 베풀고 예의를 지키며』(8절).

남편과 아내가 『**한 생각**』을 품어야 한다는 것만큼이나 당연한 얘기는 없고, 지구상의 모든 남편들과 아내들이 이것만큼이나 『**한 생각**』으로 동의하는 일도 없을 것이다. 그러나 구태여 이렇게 당연한 일을 성경이 훈계하고 있는 까닭이 무엇인지 당신은 한번 곰곰이 생각해 볼 필요가 있다. 우리는 앞에서 오늘날의 미국인 남편들과 아내들의 세태에 대하여 살펴보았다. 남편과 아내가 『**한 생각을 품고**』 살아야 한다는 이 당연한 일을 그들은 행하지 않는다. 한 마음보다는 걸핏하면 딴 마음을 품는 것이다. 현대 그리스도인 부부들 역시 마찬가지인데, 이렇게 한 마음을 갖지 못하게 된 배경에는 50가지도 넘는 "틀린" 성경 역본들이 판을 치게 된 것도 단단히 한몫을 했다. 성경마저 서로 틀리는 판에 부부 간인들 어떻게 『**한 마음**』을 품을 수 있단 말인가?

『**인정을 베풀고**』라는 말을 〈킹제임스성경〉은 "be pitiful"이라 표기하고 있는데, "pitiful"이라는 단어는 현대에 와서 "가엾은, 처량한, 불쌍한" 등과 같은 뜻으로 많이 쓰이지만, 이것은 원래 의미가 변질된 것으로 〈킹제임스성경〉의 용례대로 "인정이 많은"이란 뜻이 맞는 말이다.

이 구절은 또 부부 간에 『**예의를 지키며**』라고 훈계한다. 부부 간의 『**예의**』란 사회적인 의미에서의 관례적이고 다분히 외교적인 예의와는 많은 점에서 다르다. 특히 그리스도인 부부 간의 『**예의**』는 하나님을 주인으로 모시고 사는 가정에서의 『**예의**』인지라 그 품격과 진실성을 사회적인 예의가 도저히 따르지 못한다.

『**악을 악으로 또는 욕을 욕으로 갚지 말고 도리어 복을 빌라. 이를 위하여 너희가 부르심을 받은 것을 아노니 이는 너희로 복을 상속받도록 하려 함이니라**』(9절).

이 구절은 2:23로 되돌아가 예수 그리스도께서 어떻게 하셨는지를 다시 한 번 더 일깨운다. 『**모욕을 당하셨으나 다시 모욕으로 갚지 아니하셨고, 고통을 당하셨으나 위협하지 아니하셨으며, 오직 의롭게 심판하시는 분께 자신을 의탁하셨느니라.**』

부부 간에 『**악을 악으로 또는 욕을 욕으로**』 갚는다면, 그게 어디 부부 간이라고 말할 수나 있겠는가? 더군다나 그리스도인 부부들이랴! 그리스도인 부부 간에 서로 복을 빌어 주는 것은 너무도 당연하다.

『**이를 위하여 너희가 부르심을 받은 것을 아노니**』. 당신이 그리스도인으로서 그리스도인 아내를 맞았고, 당신이 그리스도인으로서 그리스도인 남편을 맞은 것은 서로 복을 빌어 줄 수 있기 때문이다. 당신이 설사 결혼 당시에는 그리스도인이 아니었고, 당신의 배우자 역시 그리스도인이 아니었을지라도 결혼한 뒤 그리스도인으로 거듭나게 되었다면 그것은 말할 것도 없이 하나님의 자녀가 되어 영원한 생명을 얻기 위함이었을 터인즉, 이것을 현실적인 관점에서 보면 서로 복을 빌어주고 복을 상속받기 위해서이다.

『**그러므로 생명을 사랑하고 좋은 날들을 볼 사람은 자기 혀를 악으로부터 지키며, 자기 입술로 어떠한 교활도 말하지 않게 하라**』(10절).

이 구절은 육체적 장수의 비결을 알려 주는 아주 중요한 가르침이다. 당신이 이 세상에 사는 동안 장수를 누리고 싶다면 반드시 지켜야 할 몇 가지 "룰"이 성경에 제시돼 있다. 세상 사람들은 장수의 비결에 대해 이러쿵저러쿵 별의별 소리들을 많이 하지만, 나는 무엇보다도 먼저 성경이 가르치고 있는 규칙들을 지키라고 권한다.

성경이 장수의 비결로 제시하고 있는 규칙들 가운데 첫째가 바로 여기 베드로전서 3:10 말씀이다. 오래 산다는 것이 무엇인가? 그것은 무엇보다도 『**생명을 사랑하고 좋은 날들을**』 보는 것이 아니겠는가? 『**생명을 사랑**』한다는 것은 자신의 삶을 사랑하고 살아 있다는 사실 자체를 사랑하는 것을 말하고, 『**좋은 날들**』을 본다는 것은 인생 여정에서 하나님의 자비하심으로 베풀어지는 하나님의 모든 은혜로운 복들을 누린다는 뜻이다. 적어도 베드로는 "장수"의 의미를 이렇게 정의하고 있는데, 이렇게 되자면 어떻게 해야 되는지에 대해 그 규칙을 여기서 제시한다. 『**자기 혀를 악으로부터 지키며, 자기 입술로 어떠한 교활도 말하지 않**』는 것, 이것이 바로 이 구절에서 말씀하는 장수의 비결이라면 비결이요, 규칙이라면 또 규칙이다. 뿐만 아니라 다음 11절에서 이 비결과 규칙이 계속 이어지는데, 『**악에서 떠나 선을 행하고, 화평을 구하여 그것을 추구**』하는 것이 또 그것이다.

이번에는 에베소서 6장으로 가보자. 『**자녀들아, 주 안에서 너희 부모에게 순종하라. 이것이 옳으니라. 네 아버지와 어머니를 공경하라. (이것이 약속 있는 첫째 계명이니) 이는 네가 잘되고 또 땅에서 장수하게 하려 함이니라**』(엡 6:1-3). 이것은 부모를 모시고 있는 자녀들에 대한 충고인데, "효도"가 장수의 비결임을 조언하고 있는 말씀이다. 『**네 아버지와 어머니를 공경하라**』(엡 6:2). 이것이 장수를 위한 두 번째 규칙이다. 그리고 효도야말로 『**약속 있는 첫째 계명**』이라는 말씀에 주목할 일이다. 이 계명을 지키면 반드시 그 결과가 약속돼 있는데, 그것이 바로 당신이 이 땅에 사는 동안 매사에 『**잘되고**』 또 『**장수하게**』 된다는 것이다.

예수님께서 말씀하신 첫째 계명과 둘째 계명에도 어떤 약속이라고는 없다. 『**너는 네 마음을 다하고, 혼을 다하고, 생각을 다하고, 힘을 다하여 주 너의 하나님을 사랑하라. 이것이 첫째 계명이니라. 둘째는 이와 같으니, 곧 네 이웃을 네 자신과 같이 사랑하라는 것이라**』(막 12:30,31). 보라. 여기 어디에 약속이 곁들여지고 있는가? 이렇게 계명들은 계명들로만 끝나고 만다. 주님께서 명하신 이 첫째 계명과 둘째 계명들이 어떤 『**약속**』도 제시하지 않고 있는 것이다. 『**약속 있는 첫째 계명**』은 뭐니 뭐니 해도 『**네 아버지와 어머니를 공경하라.**』는 이것이다. 십계명들 가운데서도 살인하지 말라든지, 간음하지 말라든지, 도둑질하지 말라든지 하는 계명들은 아무런 약속이 따르지 않는 계명들이지만, 유독 『**너는 네 아비와 네 어미를 공경하라.**』는 계명만이 『**그리하면 주 너의 하나님께서 네게 준 땅 위에서 네 날들이 길 것이라.**』(출 20:12)는 약속으로 이어지고 있다. 십계명 가운데서 첫째부터 넷째까지는 인간이 하나님을 어떻게 섬길 것인지에 관한 계명이고 다섯 번째부터 열 번째까지는 인간과 인간 사이의 관계에 대한 계명이다. 그리고 이 인간 사회에 대한 계명들 중 첫째가 효도에 관한 『**너는 네 아비와 네 어미를 공경하라.**』인데, 유독 이 계명에만

『**그리하면 주 너의 하나님께서 네게 준 땅 위에서 네 날들이 길 것이라.**』는 약속이 따르고 있는 것이다. 그래서 이것을 바울은 에베소서 6장에서 『**약속 있는 첫째 계명**』이라고 일컫고 있는 것이다. 다른 계명들은 모두 "~ 하라." 또는 "~ 하지 말지니라."로 끝나고 말지만, 『**너는 네 아비와 네 어미를 공경하라.**』는 이 계명만은 땅에서의 복과 장수의 약속으로 이어지고 있는 것이다.

장수를 위한 세 번째 규칙은 잠언 10장에서 제시되고 있다. 당신은 지금 자라나고 있는 어린 세대들이 장차 결혼하여 가정을 꾸려갈 때, 그들의 가정생활이 어떤 양상을 띠게 될지 미리 가늠해 볼 수 있을 것이다. 자식들을 기르고 있는 부모들은 자기 자식들이 똑똑하고 영리해서 이것저것 못하는 것이 없고 장차 성인이 되어 훌륭한 가정을 이루고 사회적으로도 유능한 사람이 되어 유복하게 잘 살 것으로 다들 믿고 있지만, 가정과 학교에서의 요즘 젊은이들의 생활 태도와 의식 수준, 도덕적·윤리적 가치관, 부모에 대한 태도와 마음가짐, 그리고 기독교적 신앙이라는 관점에서 본 그들의 의식 세계와 신앙 자세 등을 고려해 볼 때, 그들이 과연 부모들이 믿고 있는 바와 같은 성인으로 자라 바람직한 가정을 이루고 잘 살 것이라는 관측은 크게 빗나간 예측이었다는 것이 머지않아 입증될 것이다. 성경이 말씀하고 있는 삶의 원칙들과 훈계에 비추어 나는 이것을 장담한다. 성경이 제시하는 삶의 원칙들과 가르침들에 비추어 볼 때, 요즘 여기에 부합하는 삶을 지향하고 있는 젊은이들을 발견하기란 여간 어려운 것이 아니란 게 오늘의 우리 현실이다. 요즘 젊은이들에게 있어서 부모들이란 나이가 찰 때까지 먹여 주고 학비를 대 주고 재워 주는, 이용가치가 아주 높은 스폰서들에 불과하다. 이것이 요즘 젊은이들이 부모들에 대해 갖고 있는 일반적인 공통 의식이다. 무엇인가 보람있는 것을 부모들에게서 배우고 전수하여 더욱 차원 높은 가치관을 확립해 나아간다는 것은 이미 19세기식 케케묵은 발상이라고 생각하게 되었다. 부모에 대한 효도는 이미 구시대의 도덕적 유물로 전락하여 박물관에나 가야 구경할 수 있게 되었는지라 요즘 만약 부모가 자식에게 효도를 가르치고 요구한다면, 그 부모는 자식들에게 웃음거리가 되고 배척 당하고 만다.

부모를 공경하는 문제는 그렇다 치더라도, 여기 베드로전서 3장에서 언급하고 있는 『**혀를 악으로부터 지키며, 자기 입술로 어떠한 교활도 말하지 않게 하라.**』(벧전 3:10)든지, 『**악에서 떠나 선을 행하고, 화평을 구하여 그것을 추구하라.**』(11절)든지 하는 훈계 같은 것 역시 요즘 젊은이들은 일생 동안 한 번만이라도 누구에게 들어보기도 힘든 가르침들이 되었고, 설사 가르쳐 준다 해도 이것을 바르게 이해할 지적 능력도 없고 삶에 바르게 적용할 수 있는 기본적인 소양도 없다. 그 이유는, 지금 이 세대에서는 무엇이 『**선**』이고 무엇이 『**악**』인지 조차가 모호해졌을 뿐더러 설사 구분한다 하더라도 성경이 말씀하고 있는 『**선**』과 『**악**』과는 그 내용과 기준이 전혀 달라졌기 때문이다. 자신의 이기적 욕구를 추구하고 육신적 이득을 확보하기 위해서라면 무슨 말이라도 내뱉고 지껄여 다른 사람들을 제압할 수 있어야만 그것이 바로 『**혀를 악으로부터 지키**』는 일보다 더 가치 있는 일이라고 요즘 젊은이들은 생각할 것이고, 그것이 바로 자신을 위해서 『**화평을 구하여 그것을 추구**』하는 것이라고 믿을 것이다. 무엇이나 자신에게 이로운 것이 『**선**』이고 무엇이나 자기에게 이득이 안되는 것은 『**악**』이라고 그들은 생각하는 것이다. 현대인들에게 있어 『**화평**』이란 다른 사람과 나와의 평화가 아니라 나와 나 자신과의 평화가 곧 『**화평**』이라고 여기게 되었다. 이것이 요즘 젊은이들의 의식 구조이고 생활신조다. 이러한 세대가 과연 장수할 수 있을 것인가? 나는 요즘 젊은이들이 30세를 넘기더라도 40세를 넘기기가 어렵고 40세를 넘기더라도 50

세를 넘기기가 아주 힘들 것으로 내다본다. 의학이 눈부시게 발달하여 인류의 평균 수명이 괄목하리 만치 연장되었다고 다들 믿고 있지만, 의술은 목숨을 연장할 수 있을는지는 모르지만, 진정한 의미에서의 『**장수**』는 보장하지 못한다. 왜냐하면, 의술은 병을 앓되 그 병을 억지로 억누르면서 그럭저럭 목숨이 붙어 있게 할 수는 있을는지 모르지만, 병 없이 건강하게 살아가면서 『**장수**』를 누리게 할 능력은 없기 때문이다. 성경이 말씀하는 『**장수**』란 병 없이 건강한 삶을 살아가며 오래 사는 것을 말하는 것이지 이 병 저 병 별의별 질병들을 앓아 가면서 그것을 약이나 의술로 억눌러 가면서 그럭저럭 간신히 목숨을 이어가는 그런 의미에서의 수명 연장을 의미하는 게 아니다.

더구나 인간의 수명은 반드시 질병에 의해서만 좌우되는 것도 아니다. 수없이 많은 사람들이 교통사고로 인해서 죽고, 전쟁으로 죽고, 약물 중독으로 죽고, 공해로 죽고, 홍수나 지진으로 죽고 폭탄 테러로 인해서도 죽으며, 굶주려 죽기도 하고, 하다못해 자살해서 죽기도 한다. 하나님께서 사람을 죽이고자 작정하신다면, 그 방법이야 얼마든지 있다.

인간의 죽음과 관련하여 당신이 잊지 말아야 할 또 한 가지 중요한 점은 인류의 평균 수명이 아무리 늘어난다 해도 당신은 얼마든지 일찍 죽을 수 있다는 사실이다. 다른 사람들이야 아무리 오래 산다 한들 당신이 일찍 죽으면 그게 다 무슨 소용이란 말인가? 그러므로 성경이 『**장수**』의 약속을 말씀하고 있을 때, 당신은 여기에 귀를 기울이는 것이 좋다. 그 약속은 당신 개인을 위한 약속이지 21세기 인류 전체를 위한 약속이 아니기 때문이다. 의학이 아무리 발달했다 한들 당신은 약이나 의술이 미치지 못하는 뜻밖의 사고로도 얼마든지 죽을 수 있다는 것을 잊지 말라. 또 남들이야 아무리 오래 살더라도 당신만은 안타깝게도 요절할 수 있다는 사실을 잊지 말라.

『**장수**』를 약속하고 있는 성경의 세 번째 "룰"은 잠언 10:27에 제시되고 있다. 당신은 아주 잘못된 세상 풍조에 워낙 오염돼 있어서 이 말씀을 읽고 쿡쿡 웃을지도 모르지만, 그러거나 말거나 하나님께서는 『**주를 두려워하면 장수하려니와, 악인의 연수는 짧아지리라.**』고 말씀하신다. 당신이 성경을 좀 읽었다면, 지금 이 말씀을 읽어 주는 나에게 대뜸 이렇게 반문할 것이다. "주를 두려워했던 스데판은 왜 그렇게 일찍 죽었죠?" 그러나 당신은 모든 규칙에는 예외가 있다는 것을 인정해야 한다. 사실, 규칙이란 예외가 있기 때문에 규칙인 것이다. 예외는 규칙이 규칙임을 증명한다는 것을 알아야 한다.

나는 앞으로도 죽을 때까지 그럴 작정이지만, 지난 20년 동안 거의 하루도 쉬지 않고 거리 설교를 하거나 집회에 가서 설교를 하면서 복음을 전해 왔는데, 특히 거리 설교를 하면서 내가 특히 많은 관심을 갖고 상대하는 사람들은 17세에서 20세에 이르는 젊은이들이 주축을 이루었다. 이런 젊은이들이 내 설교에 귀를 기울일 때, 내가 절대로 잊지 않고 그들에게 전하는 메시지가 하나 있는데, 그것은 "그대들이 지난날 어떻게 살아왔고 이날 이후로 어떻게 살아갈 것인지 나는 알 수 없지만, 한 가지 분명한 것은 다시 오실 주님께서 만약 늦추지만 않으신다면, 앞으로 10년 이내에 다시 오실 그분을 살아서 맞이할 수 있는 사람이 그대들 가운데 누구인지 나는 알고 있다네."라는 말이다. 이 말을 들으면 그들은 내게 이렇게 묻곤 한다.

"그게 누구죠?"

"그대들 가운데 하나님을 두려워하는 사람일세." 나는 늘 이렇게 대답한다. 이 말을 듣고 가정이나 학교로 돌아간 젊은이들이 이 메시지를 들고 부모나 교사들에게 가서 찾아간다.

"오늘 누가 거리 설교 중에 이런 말을 했어요." 그러나 그들이 부모나 교사들로부터 듣는 말은 아주 딴판이다.

"그런 것은 걱정하지 않아도 돼."

내 말을 듣고 무엇인가를 조금이라도 느끼기 시작한 청소년들이 하나님을 두려워하는 방법을 좀더 상세히 알고자 좀더 오래 산 어른들을 찾아가서 듣는 이야기가 고작 이런 것이다. 만약 이들이 가정과 학교에서 "그 말이 절대로 맞다."까지는 아니더라도 "음, 일리 있는 말이야." 정도의 말만이라도 들을 수 있다면, 그들은 반드시 그 다음 날 내가 거리 설교하고 있는 현장으로 다시 찾아와 주 예수 그리스도를 영접하고 구원받게 될 것이다. 가정과 학교에서는 그들에게 "쓸데없는 걱정을 하고 있군."이라는 조롱과 핀잔만 준다. 청소년들이 하나님을 두려워하고 하나님께 죄 짓는 것을 두려워하여 그리스도인으로 거듭나 하나님의 자녀다운 삶을 살면서 언행에 조심하고 부모에게 효도하며 악에서 떠나 선을 행하고 화평을 구하며 자기 혀를 악으로부터 지키고 자기 입술로 어떠한 교활도 말하지 않게 되는 것이 무에 그리 고약하고 해로운 일이라고 그것을 가로막는단 말인가? 젊은이들이 하나님을 두려워하여 하나님의 보호하심 가운데서 주님 오시는 그 날까지 건강하게 『**장수**』할 수 있다면 이보다 더 바랄 것이 있으랴만, 이것을 방해하고 가로막는 것이 요즘의 세태다. 그것도 다른 데도 아닌 가정과 학교에서 말이다. 이 나라는 젊은이들을 양육하고 가르치는 바로 가정과 학교들부터 마귀에게 완전히 장악 당하는 바람에 휘청거리고 있다. 당신네 나라는 어떤가? 거기도 마찬가지인가? 그렇다면, 당신네 나라 젊은이들도 그 장래가 뻔하다.

성경이 제시하는 『**장수**』의 비결 네 번째 규칙을 보자. 잠언 3장을 보라.

『지혜를 찾는 자와 명철을 얻는 자는 복이 있나니 이는 지혜를 얻는 것이 은을 얻는 것보다 낫고 그 유익이 정금보다 더 나음이라. 지혜는 루

비보다 귀하나니, 네가 바랄 수 있는 모든 것으로도 이것과 비교할 수 없느니라. 지혜의 오른손에는 장수가 있고 그 왼손에는 부귀와 명예가 있나니 그 길들은 즐거움의 길들이요 그 모든 행로는 화평이니라. 지혜는 그것을 얻는 자에게 생명의 나무니, 그것을 지니는 자는 행복하니라』(잠 3:13-18).

요컨대, 『**지혜**』와 『**명철**』을 얻는 사람이 『**장수**』하고 『**부귀와 명예**』를 누린다는 말씀이다.

『**지혜**』란 많건 적건 갖고 있는 지식을 활용하여 그 지식을 어디에 어떻게 적용하고 사용해야 올바른 것인지를 아는 능력을 말한다.

『**명철**』이란 어떤 말이나 사물, 그리고 지식이 하나님과 어떤 관련이 있는지, 그리고 매사를 하나님과 어떻게 관련지을 것인지를 아는 능력을 말한다.

그래서 『**지혜**』가 있는 사람은 자기의 지식을 어디에 어떻게 적용하여 유용하고 이롭게 써먹을 것인지를 알고, 『**명철**』이 있는 사람은 삶 속에서 일어나는 모든 사항들이 하나님과 어떻게 관련되는지를 알고 또 하나님과 관계를 맺을 줄 아는 사람이다. 이런 사람의 『**오른손에는 장수가 있고 그 왼손에는 부귀와 명예가 있나니**』라고 여기 잠언 3:16은 말씀한다.

성경이 제시하는 『**장수**』를 위한 규칙은 여기서 끝나지 않는다. 이번에는 다섯 번째 규칙을 살펴보기 위해 잠언 28:16으로 가보자. 『**명철이 부족한 통치자는 지독한 압제자이나, 탐욕을 싫어하는 자는 장수하리라.**』

『**탐욕**』이란 필요 이상의 것을 가지려고 무리하게 욕심내는 것을 말한다. 자기가 살아가는 데 필요한 것 이상으로 무엇인가를 갖고 싶어 하는 사람은 오래 살지 못하고 그렇지 않은 사람은 『**장수하리라.**』고 이 구절은 말씀한다. 이것이 성경이 가르치는 『**장수**』의 다섯 번째 규칙이다. 사실,

90세 이상 장수한 사람들에게 장수의 비결이 무엇입니까 하고 물어보면, 흔히 들을 수 있는 공통적인 대답 중 하나가 "적게 먹는다."는 말이다. 오래 사는 사람들은 이처럼 먹는 것까지도 탐욕이 없다.

『**...자기 입술로 어떠한 교활도 말하지 않게 하라**』(10절).

『**교활**』에 대해 〈킹제임스성경〉은 "guile"이라는 단어로 표기하고 있는데, 이것은 음흉한 저의를 교묘하게 숨기고 접근하는 속임수를 말한다. "교활한 말"이라고 할 때, 이것은 다른 사람을 속이기 위하여 거짓을 감추고 진심을 가장하여 상대의 마음에 들도록 하는 말을 뜻한다.

예수님께서 나다나엘을 보시자 『**보라, 참으로 이스라엘 사람이라. 그에게는 간사함이 없도다.**』(요 1:47)라고 말씀하셨는데, 이 때의 『**간사함**』 역시 "guile"이라는 단어로 표기된다. 바울은 또 고린도후서 12:16에서 "guile"을 『**간계**』라는 뜻으로 사용하고 있다.

『**교활**』이든, 『**간사함**』이든, 『**간계**』든, 이것이 없는 사람은 그 마음속에 제2의 동기를 숨기고 있지 않기 때문에 무슨 말을 하더라도 그 말이 바로 마음속에 있는 생각이다. 말하자면, 말이나 행동에서 저의가 숨어 있지 않고 복선을 깔고 있지 않으면, 이것은 간사함이 없는 것이요, 간계가 아니며 또 교활하지 않은 것이다. 마음속에 제2의 동기를 숨긴 채 복선을 깔고 말하거나 행동하는 것은 다른 사람들을 혼동시켜 속아넘어가게 함으로써 자기가 어떤 이득을 취하고 상대방에게 손해를 끼치려는 이기적 의도가 있기 때문이다. 이것을 성경은 『**교활**』이라고도 하고, 『**간사함**』이라고도 말하며, 『**간계**』라고도 한다. 이것은 "빈정거림"과는 전혀 그 성격이 다르다. 간사하지 않고 교활하지 않은 사람도 그 입은 풍자가 넘치고 빈정거리기를 잘하는 사람이 얼마든지 있다.

『악에서 떠나 선을 행하고, 화평을 구하여 그것을 추구하라』(11절).

현대 사회에서는 정치·경제·사회의 각 분야에 걸친 공공 정책에서뿐만 아니라 각 개인의 일상적인 삶에서도 『**화평**』을 추구한다는 명분을 앞세워 『**선**』을 행하는 것이 아니라 『**악**』을 행하는 것이 유행이다. 성경이 말씀하는 것과는 완전히 정반대인 것이다. 그래서 세상이 제시하는 "평화"는 언제나 가짜다. "기독교"라는 이름을 자칭하고 있는 로마카톨릭을 위시한 각종 가짜 기독교 단체들이 다른 종교들과 연합하여 서로 싸우지 말고 손을 잡고 사이좋게 지내자는 에큐메니칼 운동이야말로 『**선**』에서 떠나 『**악**』을 행함으로써 가짜 평화를 추구하는 대표적인 케이스인데, 이처럼 세상이 말하는 세계 평화란 하나님의 말씀과는 거꾸로 돌아가는 사람들이 추구하는 것이기에 그것은 가짜일 수밖에 없다. 인류 역사상 이 땅에는 한 번도 세계 평화라는 것이 있어 본 적이 없었거니와, 지금도 그러하며 앞으로도 그럴 것이다. 주 예수 그리스도께서 다시 오셔서 지상의 모든 것을 쓸어버리고 주님께서 친히 통치하시는 천년왕국이 세워지기 전에는 이 지구상에 참된 평화란 결코 실현될 수 없게 돼 있다. 『**화평**』을 빙자하여 세상이 워낙 선에서 떠나 악을 행하고 모든 교육 기관들을 통하여 너도나도 이것을 젊은이들에게 가르치는 바람에 모든 사람들이 자신의 개인적인 삶에서도 이 방식을 채택하게 되었는데, 이것이 바로 "긍정적 사고"라는 개념을 토대로 한 삶의 방식이다. "긍정적 사고"야말로 20세기에 들어와 전 세계 인류를 몽땅 감염시켜 버린 아주 무서운 병균이다. 현대인들이 현재 앓고 있는 가장 무서운 병이 바로 이 "긍정적 사고"라는 질병인데, 이것은 일종의 몽유병과 같은 증상을 나타내 한번 걸렸다 하면, "그래, 맞아. 너도 옳고 나도 옳아."라든가, "그야 그렇지. 좋은 게 좋은 것이야."라든가, "절대적인 진리가 어디 있어? 진리란 상대적이지."라든가, "내가 옳다고 생각하면, 그것이 곧 옳은 거야. 다 생각하기 나름이지.”라든가, “내가 좋아하면 그것이 곧 ‘선’이다.”라는 식의 아주 괴상한 몽상에 사로잡히게 되어 하나님을 무시하고 성경을 증오하게 만든다.

이 구절에서 『**떠나**』를 〈킹제임스성경〉은 “eschew”라는 단어로 표기하고 있는데, 이것은 “피하다, 삼가다, 발길을 돌리다.” 등의 뜻으로 “ensue(뒤따르다)”의 반대 뜻을 가진 고어이다.

3:12 주의 눈은 의인을 향하시고, 그의 귀는 그들의 기도에 열려 있으시나, 주의 얼굴은 악을 행하는 자들을 대적하시느니라.
13 만일 너희가 선한 것을 따르는 자가 된다면 누가 너희를 해치겠느냐?
14 그러나 너희가 의를 위하여 고난을 당한다면 복 있는 자들이니 그들의 위협에 두려워하지 말고 동요되지 말라.
15 그러나 너희 마음속에서 주 하나님을 거룩하게 여기며 너희 안에 있는 소망에 관한 이유를 묻는 보는 사람에게 답변할 것을 온유와 두려움으로 항상 예비하고
16 선한 양심을 가지라. 이는 그들이 행악자들에게 하는 것처럼 너희를 비방하다가도, 그리스도 안에 있는 너희의 선행을 거짓되이 비난하는 것을 부끄러워하게 하려 함이니라.

『**주의 눈은 의인을 향하시고, 그의 귀는 그들의 기도에 열려 있으시나, 주의 얼굴은 악을 행하는 자들을 대적하시느니라**』(12절).

다분히 구약적인 냄새가 물씬 풍기는 구절이지만, 참으로 귀한 말씀이다. 『**주의 눈은 의인을 향하시고**』라는 구약적인 표현을 신약적으로 표현한다면, “하나님께서는 자신의 자녀들을 항상 보살피시고 옳게 살아가도록 늘 인도하신다." 정도로 서술할 수 있겠다.

여기서 『**의인**』이란 앞서 11절까지 언급한 대로 바르게 살아가는 사람들을 일컫는 말이다. 베드로는 지금 『**의인**』을 실제적인 의미로 언급하고 있는 것이지 교리적인 의미에서 언급하고 있는 게 아니다.

『**그의 귀는 그들의 기도에 열려 있으시나**』라는 언급 또한 지극히 실제적인 사실을 서술하고 있는 말이다. 하나님께서는 『**의인**』에게서 한시도 눈을 떼지 않으신다. 그리고 그의 기도를 항상 들으시고 선하게 응답해 주신다. 이것은 실제 생활 속에서 실제적으로 그러하다. 반대로 『**악을 행하는 자들**』 역시 하나님께서는 모른 척하시는 것 같지만, 사실은 일일이 그들의 언행을 감시하시고 그들을 대적하시며 그들의 악행에 대하여 응당한 벌을 내리신다. 하나님께서는 죄악에 관한 한 그냥 넘어가시는 법이 절대 없으시다. 오죽하셨으면 자신의 독생자를 십자가에 처형되게까지 만드셨을까!

『**만일 너희가 선한 것을 따르는 자가 된다면 누가 너희를 해치겠느냐?**』(13절).

이 말씀은 다음 14절과 연결하여 새겨서 들어야 한다. 이 세상에는 『**선한 것을 따르는 자**』를 해치는 자들이 실제로 우글거리기 때문이다. 마귀가 『**선한 것을 따르는 자**』를 어떻게든 해치려고 기회를 엿보는 것도 사실이다. 『**누가 너희를 해치겠느냐?**』는 서술은 하나님께서 "내가 어찌 너를 해치겠느냐?"는 뜻으로 이해하면 된다. 집에서 자녀가 잘못을 저질렀을 때 부모가 야단을 치면서 하는 말이 "앞으로는 조심하거라. 알았지? 네가 그런 잘못을 저지르지 않는다면 누가 너를 야단치겠니?" 하고 타이른다. 이 구절이 바로 이런 맥락으로 한 말씀이다.

『**누가 너를 해치겠느냐?**』 이 말씀은 또 궁극적인 의미에서 그렇다는 뜻으로 받아들여야 한다. 마귀가 해치고, 악한 자들이 해치지만, 하나님께서 해치지 않으시기에 궁극적으로는 해를 입지 않는다. 구원받고 하나님의 자녀가 된 당신은 영원한 생명을 가진 사람이다. 따라서 이 세상에 살아가는 동안 옳은 일을 하다가 고난을 당하는 것쯤은 일시적인 고난일 뿐 영원한 고통이 아니다. 당신이 의를 행하다가 고난당하면 당신에게는 영원한 하늘나라에 그만큼 많은 상이 쌓여간다. 그래서 다음 14절에서도 『**의를 위하여 고난을 당한다면 복 있는 자들**』이라고 말씀한다.

『**그러나 너희가 의를 위하여 고난을 당한다면 복 있는 자들이니 그들의 위협에 두려워하지 말고 동요되지 말라**』(14절).

이 구절에서도 역시 『**의**』란 교리적인 의미에서의 "의"가 아니라 실제적인 삶에서의 "옳은 일"을 말한다.

앞 절에서 『**선한 것을 따르는 자**』를 『**누가... 해치겠느냐?**』고 말씀하고 나서 여기서는 『**너희가 의를 위하여 고난을 당한다면**』 하고 말씀한다. 다시 말해서, 선한 것을 따르는 자가 의를 위해서 고난당하는 수도 있다는 말씀이다. 악한 이 세상에서는 의를 위하여 선을 따르는 사람들이 고난당하는 일은 빈번하다. 당신이 하나님의 말씀에 따라 모든 일에 선을 따르고 의를 위하여 행동할 때, 당신 주변에는 당신을 해치려고 위협을 가해오는 자들이 사방에서 포위해 온다. 그러나 『**그들의 위협에 두려워하지 말고 동요되지 말라.**』고 이 구절은 조언한다. 왜? 당신은 『**복 있는 자**』이기 때문이다. 하나님께서 당신을 끝까지 보호하시고 당신이 설사 고난을 당하더라도 그 고난에 대하여 반드시 영원한 것으로 보상해주실 것이기 때문이다.

세상 위협을 두려워하여 당신이 동요하면, 당신은 선을 따라 의를 위하는 길에서 벗어나기가 쉽다. 마귀는 이것을 노리고 당신을 고난에 빠뜨린다. 당신이 여기에 굴복하여 의의 길에서 벗어나게 되면 당신을 위해 예비되어 있는 영원한 하나님의 보상을 다 놓치는 엄청난 손해를 보게 된다. 베드로는 이러한 손해를 보지 않도록 당신에게 훈계하고 있는 것이다.

"앞으로는 이런 잘못을 저지르지 말거라. 네가 잘못하지 않으면 누가 너를 야단치겠니?" 당신이 잘못을 저지른 자녀에게 야단치면서 이렇게 타이른다. 그랬더니 자녀가 이렇게 대꾸한다.

"하지만, 아이들이 같이 안 놀아 주고 놀려대는 걸요?" 그러면 당신은 자녀에게 또 이렇게 조언해 준다.

"그래? 하지만, 네가 옳은 일을 하는데 아이들이 놀리고 너를 멀리 한다면, 그 애들이 나쁘고 너는 아주 착하단다. 그러니 그런 위협에 겁먹을 필요는 없단다. 하나님께서는 네 편에 서 주실 테니까 말야."

사실 말이지, 삶이 『**위협**』 받는 실제 상황에서 그것을 두려워하지 않고 동요되지 않은 채 옳은 일만 행하고 때에 따라서는 죽음의 고난까지 감내한다는 게 어디 그렇게 말같이 쉬운 일이며, 더구나 그것을 오히려 복이 있다고 생각할 수 있겠는가? 그러나 성경은 당신더러 『**의를 위하여 고난을 당한다면 복 있는 자**』라고 분명하게 말씀한다.

『**그러나 너희 마음속에서 주 하나님을 거룩하게 여기며 너희 안에 있는 소망에 관한 이유를 묻는 모든 사람에게 답변할 것을 온유와 두려움으로 항상 예비하고**』(15절).

이 구절에서 마음속으로 하나님을 거룩하게 여긴다는 것은 구원받은 사람이냐 여부와는 아무 관련이 없는 말씀이다. 말하자면, 당신이 구원받았다고 해서 반드시 하나님을 마음속으로 거룩하게 여기는 것은 아니라는 얘기다. 세상에는 그리스도인으로 거듭나고도 마음속으로는 하나님을 거룩하게 여기지 않는 사람들도 수두룩하다.

그렇다면, 『**거룩하게**』 여긴다는 것은 무엇을 말하는가? 그것은 무엇인가를 특별한 용도에 쓰기 위하여 다른 것과는 별도로 구별하여 떼어 둔다는 뜻이다. 그래서 "하나님을 거룩하게 여긴다."고 말할 때, 이것은 하나님을 세상의 모든 것들과 뒤섞어 생각하지 않고 어떤 특별한 일을 위하여 하나님을 특별하게 대하고 마음속으로 세상 것들과는 전혀 다르게 아주 존귀하신 분으로 대한다는 뜻이다. 당신이 하나님을 거룩하게 여겨 그분을 다른 것들과는 무엇인가 다르게 여기고 존귀하게 대한다면 당신은 다른 것을 대할 때와는 전혀 다른 마음가짐으로 그분을 대하게 된다. 뿐만 아니라 그분께서는 아주 특별한 용도에 사용할 아주 특별한 존재라고 여기고 다른 것들과는 별도로 생각하고 있기 때문에 이러한 하나님을 당신이 아무 데나 모셔둘 수가 없다. 그래서 『**마음속에서 주 하나님을 거룩하게**』 여기는 당신은 그분을 아무 데나 두지 않고 마땅히 계셔야 할 곳에 합당하게 모셔 놓게 된다. 하나님을 마땅히 계셔야 할 어딘가 합당한 곳에 모셔 두지 않을 수가 없다. 거기가 어딘지는 모르되, 그분께서 마땅히 계셔야 할 곳에 계시도록 모셔 둔다면, 이것이 곧 그분을 영화롭게 해 드리는 일이다. 따라서 당신이 하나님을 마음속으로 거룩하게 여기고 있다면, 어딘지는 모르지만, 당신은 그분을 결코 망각의 자리에 내던져 둔 채 경시하고 잊어버릴 수가 없다. 당신이 만약 그분을 거룩하게 여긴다면 당신은 필연적으로 그분을 아주 소중한 자리에 모셔 놓지 않을 수가 없다. 그렇다면, 그분께서 마땅히 계셔야 할 그 소중하고도 합당한 자리가 과연 어디인가? 그것은 바로 당신 자신의 내면 속이다. 이 세상에서 하나님을 모셔 둘 수 있는 유일하게 마땅한 자리는 바로 당신 자신의 몸 속이다. 당신은 하루 스물네 시간, 일 년 삼백육십오일, 그 어느 한순간도 그분과 떨어져 있을 수가 없다. 그분께서는 당신에게 있어 아주 특별한 분이시고, 아주 특별한 곳에 사용하여야 할 분이기 때문에 단 한순간만이라도 아무 데나 모셔 놓을 수가 없어 늘 당신 속에 품고 다녀야 하는 것이다. 그러자니 당신은 그분이 들어와 계신 당신 자신을 그분께서 계시기에 합당하도록 늘 깨끗하게 유지하지 않을 수가 없게 된다. 그래서 당신은 자신을 "정결케" 한다. 따라서 "하나님을 거룩하게 여긴다."는 말은 곧 "자신을 정결케 한다."는 이차적인 의미까지 필연적으로 수반하게 된다. 이렇게 할 때, 당신은 비로소 "마음속에 하나님을 거룩하게" 여기고 있는 것이다. 그분을 거룩하게 여기는 것은 마음속의 생각이지만, 거룩하신 그분을 모셔 두는 곳은 당신 자신의 몸 속이다.

15절은 또 『**너희 안에 있는 소망에 관한 이유를 묻는 모든 사람에게 답변할 것을 온유와 두려움으로 항상 예비**』해 두라고 명한다. 이 말씀은 모든 그리스도인들이 마음속에 기억하고 있어야 할 명령이다. 앞에서도 언급하였듯이 그리스도인들은 선한 것을 따르기 때문에 의를 위하여 고난을 당하는 수가 많다. 이렇게 그리스도인들에게 고난을 안겨 주는 자들은 그리스도인들이 무엇 때문에 그렇게 미련하게도 『**악에서 떠나 선을 행하고**』(11절) 『**의를 위하여 고난을**』 당하는지(14절) 그 이유를 알지 못해 궁금해하면서 그리스도인들의 『**안에 있는 소망**』이 무엇이냐고 심문한다. 이때 그리스도인들은 누구에게나 『**모든 사람에게**』 당당하게 답변할 수 있도록 항상 하나님의 말씀에 대한 온유한 순종과 하나님께 대한 두려움 가운데서 겸손한 마음으로 그 답변을 준비하고 있어야 한다. 사람이 두려워서 온유한 게 아니라 하나님께 대한 두려움 가운데서 온유한 마음으로 이렇게 하고 있어야 한다. 이것이야말로 그리스도인들이 모든 사람들에게 언제라도 필요할 때 나타내 보일 수 있는 기민한 지혜이다.

온유하다고 해서 그리스도인이 유약하고 피동적이며 무력하게 기가 죽어 있는 게 아니다. 당신이 하나님을 향하여 온유할 때, 그 대신 하나님께서는 당신을 강건하게 하시고 담대하게 만들어 주신다. 그리하여 그리스도인들은 고통을 주는 자들 앞에서도 위협받지 않고 동요되지 않으며 당당하게 서 있을 수가 있는 것이다. 앞서 4절에서 『**온유하고 고요한 영으로 단장할지니**』라는 말씀 역시 이와 똑같은 맥락에서 언급되고 있는 말씀이다.

그리스도인들이 어째서 고난을 주는 모든 사람들에게 답변할 것을 이렇게 준비하고 있어야 하는지 그 이유가 다음 16절에서 개진되고 있다.

『**선한 양심을 가지라. 이는 그들이 행악자들에게 하는 것처럼 너희를 비방하다가도, 그리스도 안에 있는 너희의 선행을 거짓되이 비난하는 것을 부끄러워하게 하려 함이니라**』(16절).

그리스도인들이 악에서 떠나 선을 행하고 의를 위하여 고난 당할 때, 이들에게 고난을 주는 자들은 말할 것도 없이 『**행악자들**』이다. 과거 2천 년 동안 누구를 막론하고 그리스도인들을 미워하여 못살게 굴고 잡아 가두고 고문하고 살해했던 자들은 모두가 『**행악자들**』이었다. 이런 행악자들이 그리스도인을 잡아다가 고문하면서 『**안에 있는 소망**』에 관하여 심문할 때, 그들이 그리스도인들의 담대한 답변을 들으면서 이들에게서 드러나는 『**선한 양심**』을 보게 되면 그들은 속으로 부끄러움을 느끼게 될 것이다. 바로 이를 위해서 그리스도인들은 하나님을 거룩하게 여기며 소망에 관해 묻는 모든 자들에게 답변할 것을 온유와 두려움으로 항상 예비하고 선한 양심을 가지라고 명령하고 있는 것이다.

앞에서도 말했지만 『**온유**』란 연약하고 수동적이며 힘이 없고 무기력하며 마치 "계집애 같은" 그런 것이 절대로 아니다. 20세기 중반에 들어서면서 특히 하나님과 그분의 말씀 앞에서 떳떳하지 못한 자유주의 성향의

가냘픈 소녀 같은 목사들이 교회 강단에 살금살금 기어 들어와 설교랍시고 걸 스카웃 10대 소녀들에게나 딱 어울리는 귀에 간지러운 달콤한 소리나 들려 주고 애잔한 유행가 같은 "가스펠 송"이나 부르게 하는가 하면, 자신은 물론 교회 성도들을 한 사람도 거리 설교로 내보내는 일 없이 일주일에 일요일 아침에나 한 번 교회에 나와 저희들끼리 "사랑해요!" 어쩌고 하면서 헤어지는 것만으로 만족하도록 길들여 놓는 바람에 그리스도인들이 과연 그리스도인들인지 걸스카우트 단원인지 분간하기 어려울 만큼 "여성화"되고 말았다. 그래서 세상 사람들은 그리스도인이라면 으레 여자처럼 연약하고 무기력한 사람으로 여기게 되었다.

그러나 성경에서 말씀하는 『**온유**』란 결코 이런 것이 아니다. 이것은 하나님을 두려워하여 겸손하고 그분의 말씀에 순종하여 자신을 낮추되 불의에 대해 담대하게 항거하고 모든 악에 대하여 용기 있게 대적하며 복음 전파와 진리 수호를 위해서 하나님께서 채워 주시는 담대함과 불굴의 의지와 믿음으로 무장한 강건한 용기를 속에 간직하고 있는 것을 말한다. 그야말로 외유내강이라고 할까, 태도는 온화하고 말씨는 정중하되 마음은 강철같고 흔들림이 없는 그런 상태를 성경은 『**온유**』라고 말씀한다. 달콤하고 부드럽고 나긋나긋하고 "스마트"하다는 것은 결코 그리스도인들의 표가 아니다. 이런 것은 유권자에게 다가가 가짜 미소를 지으며 표를 긁어모으려는 직업적인 정치인들에게나 어울리는 표다. 그리스도인들은 겸손하되 굳건하고, 온화하되 강건하며, 또 명랑하되 경박하지 않고, 친절하되 엄숙하며, 그 언행은 언제나 진지하되 항상 기쁨에 넘쳐 있다. 그리고 확신에 차 있고 담력이 그 몸 전체에서 배어 나온다. 바울을 보라. 『**그 안에서 우리가 그분을 믿음으로 담대함과 확신을 가지고 나아가느니라.**』(엡 3:12)고 그는 말한다. 이것이 바로 그리스도인의 표다. 그리스도인들에게 이런 표가 나타나지 않는다면, 내가 장담하건대, 그 사람은 절대로 주 예수 그리스도를 증거할 수가 없으며 거리 설교는커녕 전도지 한 장 나누어 주지 못해 쩔쩔맨다. 그리스도인이 담대하지 못하면 그 안에 계신 주님께서 높임을 받지 못하신다는 것을 알라. 『**나의 간절한 기대와 소망에 따라 내가 어떤 일에도 부끄러움을 당하지 아니하고 항상 그러하듯이 지금도 온전히 담대하여 살든지 죽든지 그리스도가 내 몸 안에서 늘 높임을 받으시게 하려는 것이라.**』(빌 1:20)고 말하고 있는 바울을 보라. 그는 자기야 살든지 죽든지 문제 삼지 않았다. 그는 오직 예수 그리스도께 『**내 몸 안에서 높임을 받으시게 하려는**』 일에만 관심을 갖고 있었다. 바울은 이어서 『**이는 내게 사는 것이 그리스도니 죽는 것도 유익함이라.**』(빌 1:21)고 말하고 있다. 이 얼마나 단호하고 확신에 차 있는 자세인가! 『**너희를 향하여 말하는 나의 담력도 크고... 내가 위로로 충만해졌으니 우리의 모든 환난 가운데서도 나는 기쁨으로 차고 넘치도다**』(고후 7:4). 이것이 바울의 온유함이었다.

3:17 하나님의 **뜻이 그러하다면 악을 행하다가 고난을 당하느니 선을 행하다가 당하는 것이 나으니라.**

18 **그리스도께서도 죄들로 인하여 한 번 고난을 받으사 의인으로서 불의한 자를 대신하셨으니, 이는 육신으로는 죽임을 당하셨으나** 성령에 **의하여 살림을 받으심으로 우리를** 하나님께로 **인도하려 하심이라.**

19 **그가** 성령으로 **감옥에 있는 영들에게도 가서 전파하셨으니**

20 **그들은 전에 노아의 날에 방주를 예비하는 동안** 하나님께서 **오래 참고 기다리셨을 때에 순종하지 아니하던 자들이라. 방주에서 물로 말미암아 구원을 받은 사람이 몇 명뿐이니 곧 여덟 혼들이라.**

21 **물은** 예수 그리스도**의 부활하심으로 인하여 이제 우리를 구원하는 모**

형이니, 곧 침례라. (이것은 육체의 더러움을 제거하는 것이 아니라 하나님을 향한 선한 양심의 응답이라.)

22 그는 하늘에 오르셔서 하나님의 오른편에 계시니, 천사들과 권세들과 능력들이 그에게 순종하느니라.

『**하나님의 뜻이 그러하다면 악을 행하다가 고난을 당하느니 선을 행하다가 당하는 것이 나으니라**』(17절).

당신이 그리스도인으로서 『**선을 행하다가**』 세상에서 고난을 당하는 수야 얼마든지 있는 일이지만, 그렇다고 해서 『**악을 행하다가**』 이 세상에서 고난을 당하지 않느냐 하면, 결코 그런 것도 아니다. 당신이 그리스도인이라면, 악을 행하다가 고난을 당하는 수도 얼마든지 있고, 이때 당하는 고난이야말로 처절하고 비참하고 부끄럽기가 한량없는 법이다. 그렇다면, 문제는 『**악을 행하다가**』 고난을 당할 것이냐, 아니면 『**선을 행하다가**』 고난을 당할 것이냐 하는 것이다. 당신은 기왕이면 어느 쪽을 택할 텐가? 그거야 더 말할 나위도 없지 않은가?

『**그리스도께서도 죄들로 인하여 한 번 고난을 받으사 의인으로서 불의한 자를 대신하셨으니, 이는 육신으로는 죽임을 당하셨으나 성령에 의하여 살림을 받으심으로 우리를 하나님께로 인도하려 하심이라**』(18절).

약 20년 전부터 포트워스 시에서 한 위대한 개인 구령자가 사역하고 있었는데, 지난 10년 동안, 아니 15년 동안, 미국 전역에서 이 사람만큼 수많은 죄인들을 그리스도께로 인도한 사람은 없었다. 그는 포트워스 시의 어느 침례교회에서 사역하고 있던 짐 퀴들리 목사였다. 그는 하루에 무려 스무 가정 내지 서른 가정을 심방하면서 개인 구령을 해왔는데, 포트워스 시에는 군사 기지가 있기 때문에 유동 인구가 많은 도시였지만,

교회는 그리 크지 않았다. 원래 유동 인구가 많은 데다가 군인들이 주류를 이루고 있는 도시에서는 교회 회원들도 대부분 군인 가족이 많기 마련이어서 이동이 잦고 전체적으로도 식구가 적은 법이다.

그가 이집 저집 아침 일찍부터 하루 종일 심방하면서 개인 구령을 할 때, 항상 사용하는 성경 구절이 베드로전서 3:18의 바로 이 구절이었다. 어느 가정에 방문하여 자리잡고 앉으면 몇 가지 간단한 인사말과 방문 목적 및 복음에 관련된 이야기를 한 다음 곧 성경책을 펼치고는 바로 이 한 구절 가운데서 죄인들이 예수 그리스도를 발견할 수 있도록 인도했다. 이렇게 20년 동안 하루도 거르지 않고 심방을 통한 개인 구령 활동을 펼쳐오는 동안 적어도 죄인들을 하루 한 사람씩은 반드시 그리스도께로 인도할 수 있었다. 다시 말해서, 이 한 구절만 갖고도 짐 쿼들리 목사는 적어도 7천 명 이상의 개인 구령이라는 엄청난 열매를 맺을 수 있었던 것이다. 그렇기 때문에 당신도 이 구절을 읽으면서 당신이 하기에 따라서는 놀랍도록 많은 열매를 맺게 해주는 능력의 말씀이란 것을 환기하기 바란다.

"사람이 죽으면 그 다음에는 누구나 하나님 앞에 나아가 심판을 받게 되지요. 일단 심판석에 불려 나가게 되면, 당신은 어쩔 줄 몰라 하면서 과거에 지은 죄들을 뉘우치고 그것들을 어떻게든 지워 버리고 싶겠지만, 이미 때는 늦은 거지요."

짐 쿼들리 목사에게서 이런 이야기를 들으면 어떤 사람들은 일소에 부치기도 했지만 또 어떤 사람들은 안색이 바뀌면서 잠자코 있었고, 또 어떤 사람들은 진지한 자세로 아주 심각하게 받아들이기도 했다. 그의 말로는 하루 40명 중 적어도 한 명은 이랬다고 한다. 바로 이러한 반응을 나타낼 때 그는 베드로전서 3:18을 천천히 또박또박 읽기 시작한다.

"『**그리스도께서도 죄들로 인하여 한 번 고난을 받으사 의인으로서 불의**

한 자를 대신하셨으니...』, 자, 여기서 『**의인**』이 누구겠습니까?" 목사가 죄인에게 이렇게 묻는다. 그러면 아주 속이 꽉 막힌 바보가 아닌 이상 대개는 이렇게 대답한다.

"그야 물론 그리스도시죠."

"좋아요. 그럼 『**불의한 자**』란 누구겠습니까?" 그러면 사람들은 대개 머뭇머뭇하면서 어떻게 대답해야 좋을지 몰라 말문을 열지 못한다. 그러면 이쪽에서 아주 정중하면서도 온화하고 친절한 말씨로 이렇게 말해준다.

"솔직히 말해서 우리들이 다 『**불의한 자**』들이 아니겠어요?"

그러면 상대는 잠자코 고개만 조금 끄덕이면서 좀 더 생각해보는 듯한 눈치를 보인다.

대부분의 침례교 목사들 같으면 대개 이 구절을 읽어 주고는 "『**의인**』은 그리스도이신즉, 그렇다면 『**불의한 자**』는 누구겠소?" 하고 다소 위압적인 태도로 묻는 게 보통이고, 그러다 보면 상대는 "그야, 뭐 '우리들'이 다 『**불의한 자**』들 아니겠어요?" 하고 반문하듯 대답해 오기 마련이고, 그러면 얼른 이 말을 받아 "『**의인으로서 불의한 자를 대신하였으니**』, 그 『**불의한 자**』가 바로 '당신'이오. 아니 그렇소?" 하고 직설적으로 윽박지르는 게 보통이지만, 짐 쿼들리는 "당신"이 바로 불의한 자라는 말 대신 "우리들"이 다 불의한 자라는 말로 상대를 자신과 묶어 포용해 가면서 가급적 자극을 가하지 않고 끌어들이는 것이었는데, 이것은 비단 그만이 아니라 베드로 자신도 그렇게 했다. 그는 여기서 "너희를"이 아니라 『**우리를**』이라고 언급하고 있으니까 말이다.

사실 이 구절은 『**의인으로서 불의한 자를 대신하였으니**』(the just for the unjust)라는 말씀으로 요약되는 그리스도의 피의 구속이 그 핵심을 이루기 때문에 어디까지나 여기에 초점을 맞추고 이야기를 이끌어 나가는 것이 무엇보다도 중요하다. 다시 말해서, "『**불의한 자**』는 바로 당신이요."

라는 사실을 깨우치는 것도 중요하지만 초점은 어디까지나 그리스도의 피의 구속에 있다는 말이다. 짐 퀴들리 목사는 이것을 정확하게 알고 있었고 이 점을 잘 활용하고 있었던 것이다. 조금도 죄가 없는 『**의인**』이 『**불의한 자**』를 살리기 위해서 그들을 『**대신**』하여 자기가 친히 십자가에 달려 피를 흘려 죽음으로써 나나 당신 같은 모든 『**불의한 자**』들의 『**불의**』에 대한 값을 혼자 다 치렀다니! 죄인들을 제압하고 다소곳이 고개 숙이게 만드는 데 이보다 더 핵심적이고도 압도적인 성경 말씀이 어디 있겠는가?

"자, 그럼, 여기를 또 보십시오. 『**의인**』이신 그리스도께서 왜 『**불의한 자**』를 대신하여 피 흘려 죽으셨는지 그 이유가 여기 있습니다." 하고 말한 다음 상대로 하여금 그 다음 부분을 죽 읽어 내려가게 만든다. 『**이는 육신으로는 죽임을 당하셨으나 성령에 의하여 살림을 받으심으로 우리를 하나님께로 인도하려 하심이라.**』

"예, 바로 그렇습니다. 『**우리를 하나님께로 인도하려 하심**』, 바로 이것입니다. 그리스도께서 우리를 하나님께로 인도하시려고 나와 당신 같은 불의한 자를 대신하여 죽으셨던 것입니다."

이쯤 되면 상대가 고개를 끄덕이는 각도가 아까보다 훨씬 커지기 마련이다. 이때가 바로 결정적인 고비가 된다.

"그런즉, 당신도 하나님께로 발길을 돌려야 하지 않겠습니까?"

그리고는 개인 구령할 때 통상적으로 밟는 코스에 따라 그를 그리스도께로 인도하게 된다.

"당신은 방금 자신이 죄인임을 인정했습니다. 이제 당신이 할 일은 다만 예수 그리스도께서 당신의 죄들을 위해 죽으셨고 그로 인해 당신의 죄들을 사함 받고 의롭게 되었음을 믿고 그 사실을 받아들이는 것입니다. 자, 어떻게 하시겠습니까? 당신은 이것을 믿고 주 예수 그리스도를 당신의 구주로 영접하시겠습니까?"

여기까지 와서 갑자기 "아뇨." 하고 방향을 확 틀어버리는 죄인은 없다. 이것은 지난 27년간 나의 구령 활동 경험을 통해서도 확인된 사실이다. 아무리 지독한 죄인이라도 여기까지에 이르러서는 누구나 "예." 하고 대답하고 순순히 그리스도를 영접하기를 주저하지 않게 되기 마련이고, 다들 예외 없이 영접 기도를 드린 후 구원받게 되는 법이다. 이렇게 해서 개인 구령자는 또 한 사람 죄인의 혼을 그리스도께로 이겨오게 된다. 짐 퀴들리 목사가 20년 동안 최소한 하루 한 명씩은 구령할 수 있었던 그 놀라운 능력은 이처럼 베드로전서 3:18 한 구절의 능력을 최대한 효과적으로 활용할 수 있는 지혜와 명철을 성령님께로부터 공급받고 있었기 때문이었다. 나 역시 구령자의 한 사람으로서 지난 20년 동안 짐 퀴들리 목사처럼 성경 말씀 한 구절을 이만큼 효과적으로 사용할 줄 알았던 사람을 아직 만나 본 적이 없다.

『**그가 성령으로 감옥에 있는 영들에게도 가서 전파하셨으니**』(19절).

앞서 18절의 『**성령에 의하여 살림을 받으심으로**』라는 말씀에서 연결되어 다음 20절의 『**순종하지 아니하던 자들**』이라는 말씀으로 이어지고 있는 이 구절은 단어들 하나하나를 주의해서 읽어야 한다. 『**성령에 의하여**』 다시 살아나신 그리스도께서는 그 『**성령**』으로 『**영들에게도 가서 전파**』하셨다고 말씀한다. 다시 말해서, 그리스도께서 『**영들에게**』로 가시는 데에 『**성령**』께서 "수송 수단"이 되어 주셨던 셈이다. 그리스도께서는 『**성령**』을 수송 수단으로 이동하셔서 『**순종하지 아니하던**』(20절) 『**영들에게**』로 가셨다. 그리고 『**전파**』하셨는데, 그냥 『**전파**』하셨다고만 언급할 뿐 "복음"을 전파하셨다고는 언급하지 않는다는 사실에 먼저 주목할 필요가 있다. 이에 반하여 다음에 나오는 4:6의 『**죽은 자들에게도 복음이 전파되었으니**』라고 언급하고 있는 점과 비교하여 또 주목할 필요가 있다. 거기서는

『**복음**』이 전파되었으되, 여기 3:19에서는 그렇지가 않은 것이다.

3:19과 4:6의 차이점은 또 이것만이 아니다. 3:19에서는 『**영들에게**』 가셔서 전파하셨는데, 4:6에서는 복음이 『**죽은 자들에게**』도 전파되었다. 그 결과 이 『**죽은 자들**』은 『**육체로는 사람과 일치하여 심판을 받으나 영으로는 하나님과 일치하여 살게**』 된 사람들이다. 그러나 3:19의 『**감옥에 있는 영들**』은 『**순종하지 아니하던 자들**』이었다. 언제 『**순종하지 아니하던 자들**』이었단 말인가? 『**전에 노아의 날에 방주를 예비하던 동안** 하나님께서 **오래 참고 기다리셨을 때**』, 『**순종하지 아니하던 자들**』, 바로 그때 순종하지 아니하던 『**영들**』이었다. 『**방주에서 물로 말미암아 구원을 받은 사람이 몇 명뿐**』이었는데, 그 몇 명이 실은 노아의 가족 『**여덟 혼들**』만이었고, 이들만이 구원받았던 바로 그 당시에 『**순종하지 아니하던**』 『**영들**』이었다.

클라렌스 라킨이 자신의 저서 〈세대적 진리〉 중 “영의 세계”라는 항목에서 도표로 그려 놓았듯이 이와 관련하여 일반적으로 설명되는 가르침은 대체로 이러하다. 즉, 영들이 가 있는 부분 중 한 곳인 지하 세계는 그 중심에 “끝없이 깊은 구렁”이 있고, 여기서 지표면으로 올라가는 중간쯤에는 한편에 히브리어로는 “스올”(Sheol)이라고 불리고 헬라어로는 “하데스”(Hades)라고 불리는 “지옥”이 있으며 바로 그 옆에는 구약적인 의미에서의 “아브라함의 품,” 즉 “낙원”이 있다(눅 16장). 그리고 “무덤”은 그 위쪽 지표면에 있어 “아브라함의 품”이나 “지옥”과는 그 위치가 전혀 다르다. “무덤”은 죽은 사람의 몸이 땅에 묻혀 썩어서 흙으로 돌아가는 곳에 불과할 뿐, 사람의 혼들과는 무관한 곳이다.

구약에서 구원받지 못한 혼들은 “지옥”에 가 있고, 구원받은 혼들은 “아브라함의 품”에 가 있다. 그런데 예수 그리스도께서 십자가에 처형되어 죽으신 직후 『**감옥에 있는 영들**』에게로 가셨다. 주님께서 죽으셨다가 다시 살아나셔서 『**위로 올라가실 때에 사로잡힌 자를 사로잡아**』 가셨다(엡 4:8)는 말씀으로 보나, 죽으셨다가 다시 살아 일어나신 후 『**나는 살아 있는 자며, 죽은 자였으나, 보라, 영원무궁토록 살아 있노라. 아멘. 또한 내가 지옥과 사망의 열쇠들을 가졌노라.**』(계 1:18)고 말씀하셨던 점으로 보아 주님께서 죽으신 후 『**감옥에 있는 영들**』에게 가셔서 『**전파**』하셨었다는 것은 아주 자연스럽게 맥이 통하는 말씀이다.

이렇게 『**감옥에 있는 영들에게도 가서 전파**』하심으로써 『**죽은 자들에게도 복음**』을 전파하시고 『**사로잡힌 자를 사로잡아**』 데리고 가셨다는 것이 여태까지 성경 주석자들의 일반적인 가르침이었다. 하긴 이렇게만 가르쳐도 그 가르침 자체는 건전한 가르침이라고 할 수 있다. 그러나 우리가 여기서 읽고 있는 베드로전서 3:19이 과연 이것을 언급하는 말씀이라고 단정하는 데에는 문제가 있다. 왜냐하면, 여기서 언급되는 『**영들**』은 율법 이전의 어느 특정한 시기에 등장했던 존재들이기 때문이다. 다시 말해서, 여기 19절이나 20절에서는 모세의 율법 하에서 죽었던 사람은 아무도 없고 죽어서 아브라함의 품으로 간 사람도 없다. 이 사람들은 지구상에 "유대인"이 등장하기 이전 사람들이었기 때문이다. 『**하나님께서 오래 참고 기다리셨**』던 『**노아의 날**』 동안은 아직 지구상에 "유대인"이라고는 하나도 없던 시대였다. 유대인들에게 할례를 행했던 최초의 히브리인은 아브라함이었다. 따라서 "아브라함의 품"이란 유대인들에게나 해당되는 말이다. 이 『**영들**』은 지금 이 시대에 구원받았거나 구원받지 못한 사람들과도 전혀 무관할 뿐만 아니라 율법 시대에 죽은 사람들도 아니다.

그렇다면 여기서 언급되고 있는 『**감옥에 있는 영들**』이란 과연 누구를 말하는 것일까? 여기 베드로전서 3:19에서 우리가 갖게 되는 의문이 바로 이것이다. 히브리서 1장에 보면 천사들에 대해 이렇게 언급하고 있음을 본다. 『**천사들은 모두 구원의 상속자가 될 자들을 위하여 섬기도록 보내심을 받은 섬기는 영들이 아니냐?**』(히 1:14). 그런가 하면 또, 『**그는 자기 천사들을 영들로, 자기의 사역자들을 불꽃으로 삼으시느니라.**』(히 1:7)고 성경은 말씀한다. 이런 구절들로 미루어 볼 때 우리는 이들 『**감옥에 있는 영들**』이 사실상 창세기 6장에 나오는 『**하나님의 아들들**』(창 6:2), 즉 노아의 시대에 자기들의 처음 지위를 지키지 아니하고 자신들의 처소를 떠난 천사들로 볼 수 있다. 그리하여 『**감옥에 있는 영들에게도 가서 전파**』하셨다는 말씀은 "너희들은 여기 이 감옥에 봉해져 있으리라."고만 『**전파**』한 것으로 끝났다는 것이다. 말하자면, 이 『**영들**』은 백보좌 심판 때까지 사망 가운데 봉해져 있는데, 이 사실을 알렸다는 말씀이 아니겠느냐 하는 것이다. 이 경우, 이 시대에 구원받은 우리들이 장차 백보좌 심판석에서 이 『**영들**』을 심판하여 지옥으로 보내게 될 것이다. 우리들은 장차 천사들을 심판하게 될 사람들이다. 성경은 『**너희는 우리가 천사들을 심판하리라는 것을 알지 못하느냐? 하물며 이생에 관한 일들이랴?**』(고전 6:3)고 말씀한다.

『**그들은 전에 노아의 날에 방주를 예비하는 동안 하나님께서 오래 참고 기다리셨을 때에 순종하지 아니하던 자들이라. 방주에서 물로 말미암아 구원을 받은 사람이 몇 명뿐이니 곧 여덟 혼들이라**』(20절).

이 구절은 위에서 19절과 묶어 충분히 설명되었다. 다만 『**방주에서 물로 말미암아 구원을 받은 사람**』이라는 언급 때문에 캠벨주의자들이 또 눈을 번쩍 뜨지 않을 수 없는 구절인데, 사실 성경에서 『**물**』이라고 할 때, 여기에는 "용"이라든지, "깊음"이라든지, "마귀"라든지, "지옥"이라든지 하는 별의별 것들이 다 연관되기 때문에 많은 혼란과 오해를 불러일으키기가 십상이지만, 한 가지 분명한 것은 "물침례"로 구원받게 되는 것은 아니라는 이 엄연한 사실이다. 이것은 다음 21절에서 극명하게 문자적으로 밝혀지고 있는 사실이다.

『물은 예수 그리스도의 부활하심으로 인하여 이제 우리를 구원하는 모형이니, 곧 침례라. (이것은 육체의 더러움을 제거하는 것이 아니라 하나**님을 향한 선한 양심의 응답이라.)**』(21절).

자, 우리는 이제 성경에서도 그 유명한 "캠벨주의 구절"을 여기서 맞딱뜨리게 되었는데, 사실은 그들의 주장이 얼마나 엉터리인가를 입증하는 대표적인 증거 구절 중 하나가 바로 이 구절이다.

캠벨주의자들은 물침례가 우리를 구원한다고 가르치지만, 이 구절은 『**물**』, 즉 『**침례**』는 『**예수 그리스도의 부활하심으로 인하여 이제 우리를 구원하는 모형**』에 불과할 뿐이고 결코 『**육체의 더러움을 제거하는 것이 아니**』며, 물침례가 아닌 다른 방식, 즉 믿음으로 말미암아 하나님의 은혜로 이미 받은 구원에 대하여 『**하나님을 향한 선한 양심의 응답**』이라고 잘라 말씀한다. 『**침례**』가 『**육체의 더러움을 제거하는 것이 아니라**』라고 말씀할진대, 이것이 어떻게 죄인들을 구원할 수 있단 말인가? 이것은 문자 그대로 『**하나님을 향한 선한 양심의 응답**』일 뿐이다. 따라서 여기서 언급되는 『**침례**』는 "성령 침례"와도 아무 관련이 없다. 성령 침례는 하나님께서 당신에게 무엇인가를 해주시는 것이지만, 이것은 반대로 당신이 하나님을 향해서 무엇인가를 해 드리는 것이다. 이것은 당신이 구원받아 『**선한 양심**』을 갖게 된 "다음에" 하나님께 아뢰는 당신의 응답이다.

그러므로 그 누구도 "먼저" 구원받기 전에는 침례에 순종할 수가 없는 것이다. 어째서 그런가? 구원받지 못한 사람은 절대로 『**선한 양심**』을 갖고 있지 못하기 때문이다. 디도서 1:15을 보라. 『**정결한 사람들에게는 모든 것이 정결하나 더럽혀진 자들과 믿지 않는 자들에게는 아무것도 정결한 것이 없고, 도리어 그들의 마음과 양심이 다 더럽혀져 있느니라.**』

이번에는 또 사도행전 15장을 보라. 시몬 베드로 자신이 이에 대해 언급하고 있다. 베드로는 사도행전 15장에서 이 언급을 한 지 아주 여러 해가 지난 다음에 베드로전서 3:21을 기록했다. 그렇기 때문에 베드로전서 3:21이 사도행전 2:38의 관련 구절이 될 수 있는 가능성은 그 확률이 "제로"다. 베드로는 사도행전 1,2,3장을 기록하던 두 수간 농안 예루살렘 회의에서 바울과 가까이 지내면서 교분을 맺고 대화를 나눈 결과 믿음으로 말미암아 하나님의 은혜로 구원받는다는 사실을 인정하게 되었다. 자, 사도행전 15:9에서 개진되고 있는 시몬 베드로의 말을 들어보자.

『우리와 그들 사이에 어떤 차이도 두지 아니하셨으니 믿음으로 그들의 마음을 정결케 하셨느니라.』

마음을 무엇으로 정결케 하셨다고 언급하는가? **『믿음으로』**, **『믿음으로 그들의 마음을 정결케 하셨느니라.』**고 언급하지 않는가?

그 다음 11절을 또 보자.

『우리는 주 예수 그리스도의 은혜로 구원받는 것을 믿으며 그들도 마찬가지니라.』 보라. 베드로는 우리가 주 예수 그리스도의 **『은혜로 구원받는 것』**이라고 말하고 있지 않는가? 베드로전서 3장을 기록하기 훨씬 전에 베드로가 했던 이런 언급들 가운데 그 어디에도 "물로 정결케 된다."든지, "물로 깨끗하게 된다."든지 "물로 구원받는다."는 말은 없다. 그 대신 그는 **『믿음으로... 정결케』** 된다고 언급하고 있고, **『은혜로 구원받는 것』**이라고 말하고 있다!

그럼, 베드로전서 3:21로 돌아가 다시 읽어보자.

『물은 예수 그리스도의 부활하심으로 인하여 이제 우리를 구원하는 모형이니, 곧 침례라.』

무어라 언급하고 있는가? **『침례』**가 우리를 구원한다고 말하는가? 아니다. **『침례』**란 **『우리를 구원하는 모형』**이라고 언급한다. 말하자면, **『침례』**

가 무엇인가의 『**모형**』이라는 점에서 우리의 구원 과정을 보여 주는 하나의 상징이라는 얘기다.

『**모형**』이라니, 무엇의 『**모형**』인가? 위 20절 끝 부분을 보라. "여덟 혼들이 물로 구원받았다."(eight souls were saved by water.)는 사실이 기술되고 있다. 『**모형**』이란 바로 이 사실을 상징적으로 나타낸 『**모형**』인 것이다.

자, 그럼 내가 묻겠다.

노아가 『**침례**』를 받았던가?

"No!" 그렇다. 노아는 결코 『**침례**』를 받지 않았다.

그럼, 노아가 물뿌림을 받았던가?

"No!" 그렇다. 노아는 결코 물뿌림도 받지 않았다.

그렇다면, 『**물로 말미암아 구원을 받은 사람이 몇 명뿐이니 곧 여덟 혼들이라.**』라는 언급에서처럼 "여덟 혼들이 물로 구원받았다."는 것은 과연 무슨 뜻이겠는가?

그렇다! 이들은 『**홍수의 물들**』(창 7:7) 덕분에 그 악하고 경건치 아니한 세대로부터 완전히 차단될 수가 있었던 것이다. 만약 그 『**홍수의 물들**』이 물들이 아니었더라면 노아와 그의 가족들은 악하고 경건치 못한 세대와 함께 꼼짝없이 멸망당하고 말았을 것이다. 그러나 이들은 물 때문에 방주에 들어가 멸망당할 세상으로부터 분리될 수가 있었던 것이다. 그래서 이들은 구원받았다. 그리고 방주로 들어가지 않았던 모든 자들이 죄악과 함께 몰살당하고 말았다. 『**땅에서 움직이는 모든 육체가 죽었으니, 곧 새와 가축과 짐승과 땅에 기어다니는 모든 기는 것들과 모든 사람이라. 마른 땅에 있는 모든 것 중에서 코로 생명의 호흡을 하던 모든 것은 죽었더라**』(창 7:21,22).

방주에 들어가 있던 노아의 가족 여덟 명을 제외하고는 땅 위의 모든 인간들이 자신들의 문명과 함께 "물로" 멸망해 버렸다. 그리고 이들 여덟 혼들은 그 『**물로 말미암아 구원을**』 받았다. 그리하여 침례는 우리를 구원하는 물의 모형이 될 수가 있게 되었는데, 3:21은 이것을 『**예수 그리스도의 부활하심으로 인하여**』 『**물은... 이제 우리를 구원하는 모형이니, 곧 침례라.**』 고 서술한다. 어째서 침례가 예수 그리스도의 부활로 인하여 우리를 구원하는 물의 모형이 될 수 있는가? 이것을 이해하기는 어렵지 않다. 노아의 날들로 되돌아가 보자. 하나님께서 홍수로 지면을 덮어버리셨다. 그런데 노아의 가족 여덟 명만은 수면 위에 떠 있도록 하셨다. 그리고 구원받지 못한 모든 사람들과 그들의 모든 죄들은 물로 덮이게 하셨고 그 밑바닥에 가라앉아 거기서 익사토록 하셨다. 물 위에 둥둥 떠 있던 노아는 모든 죄들을 벗어 버리고 저 아래 물 속에 묻어 버릴 수가 있었다. 이로써 죄는 덮이고 죽고 장사지내지고 그것으로 끝나 버렸다. 이로써 노아의 가족들은 모든 죄들을 훌훌 말끔히 벗어 버림으로써 구원받게 되었던 것이다.

이것은 하나의 『**모형**』이었다. 이것은 예수 그리스도께서 모든 죄들과 함께 죽으시고 장사시낸 바 되셨던 것의 『**모형**』이요, 그분께서 장사지낸 바 되셨다가 사흘 만에 죽은 자들로부터 다시 일으켜지셨던 부활의 『**모형**』이었다. 구원받은 당신에게 이러한 『**모형**』을 실시해 주는 것이 바로 『**침례**』라는 것이다. 당신도 침례에서 물 속에 잠겼다가 다시 물 밖으로 다시 일으켜 세워진다. 이것은 예수 그리스도의 부활의 모습을 『**모형**』으로 보여 주는 것이다. 그분께서 다시 사셨듯이 당신도 다시 살아났다는 사실을 『**모형**』으로 재연해 보인 것이다. 그분께서 모든 죄를 종결지으셨듯이 당신도 모든 죄들을 씻고 구원받아 새 생명으로 다시 일으켜 세워진 것이다. 이러한 구원의 제반 과정이 침례를 통하여 상징적인 『**모형**』으로 재연된다. 당신이 『**침례**』 받을 때 당신에게는 예수 그리스도의 죽으심과 묻히심과 부활하심이 『**모형**』으로 재연되는 것이다. 『**침례**』는 결국 그리스도의 부활의 『**모형**』인 것이다. 하나님께서 자신의 아들 예수 그리스도를 죽게 하시고 장사되도록 하신 것은 모든 죄들을 정죄하신 것이었다. 그리스도께서는 죄들을 위하여 죽으셨다. 죽으셨고 지옥에 다녀오셨으며 다시 일으켜 세워지셨다. 이처럼 우리가 물 속에 푹 잠겼다가 다시 일으켜 세워지는 침례를 받는 것은 그 침례가 우리를 구원하기 때문이 아니라 우리가 이미 구원받았음을 『**모형**』을 통하여 재연함으로써 우리가 구원받았다는 사실을 증거하기 위함이다.

캠벨주의자들은 자신들의 물침례 구원설을 정당화시키기 위해 베드로전서 3:21을 근거 구절로 인용하면서 『**물은 예수 그리스도의 부활하심으로 인하여 이제 우리를 구원...**』까지만 읽고 딱 멈추어 버리고는 그 다음 『**모형**』이라는 말은 읽지 않는다. 그리고 그 다음 괄호 속에 이어지는 『**(이것은 육체의 더러움을 제거하는 것이 아니라** 하나님을 **향한 선한 양심의 응답이라.)**』는 말은 아예 거들떠볼 생각도 하지 않는다. 도대체 『**모형**』이란 게 무엇인가? 『**모형**』이란 그야말로 『**모형**』일 뿐 아무것도 아니다. 이것은 무엇인가를 상징하는 하나의 기호나 그림 같은 것에 지나지 않는다. 여기에는 본질도 없고 실체도 없으며 실제적인 능력도 없고 실질적인 작용도 없다. 그래서 『**침례**』 그 자체는 아무것도 아니다. 『**침례**』 그 자체에는 구원의 본질도 없고, 구원의 실체도 없으며, 구원의 능력도 없고 구원하는 실질적 작용도, 기능도, 역할도 하지 못한다. 『**침례**』는 그야말로 아무것도 아니다. 『**침례**』는 하나의 상징에 불과하다. 그렇기 때문에 물침례가 사람을 구원한다고 주장하는 캠벨주의자들은 "아무것도 아닌 헛것"으로 사람을 구원한다는 헛된 망상에 사로잡힌 자들이다. 당신이 만약 물침례로 구원받았다고 한다면, 당신은 "허깨비"로 구원받았다고 말하고 있는 것이다. 당신의 구원이 이런 식으로 이루어진 것일 수야 없지 않은가?

『그는 하늘에 오르셔서 하나님의 오른편에 계시니, 천사들과 권세들과 능력들이 그에게 순종하느니라』(22절).

주 예수 그리스도께서 죽으시고 장사지낸 바 되심으로써 당신의 죄들을 종결지으시고 그 죄들을 땅에 묻으신 것으로 모든 것이 끝난 게 아니라 그분께서는 또 죽은 자들로부터 다시 살아나 일으켜지심으로써 이것을 믿고 받아들인 당신 역시 영원한 생명으로 거듭나 영원토록 다시 살게 되었다. 그리고 그분께서는 하늘에 올라가셔서 지금은 하나님의 보좌 오른편에 앉아 계신다. 그분께서 부활하심으로써 사망 권세를 지녔던 마귀는 완전히 패망하게 된 것이다. 그리하여 영적 세계의 모든 『**천사들과 권세들과 능력들**』이 주 예수 그리스도에게 굴복하게 된 것이다. 이제는 그분께서 다시 오셔서 죄로 물든 이 땅을 멸하시고 이 세상을 지배하는 악한 마귀의 세력들을 완전히 제압하신 후 그분의 왕국을 세우시게 될 것이다.

베드로전서 4장

4:1 그리스도께서 그때 우리를 위하여 육체로 고난을 받으셨으니 너희도
같은 생각으로 무장하라. 이는 육체로 고난을 받은 자는 죄로부터
단절되었음이니
2 이는 그가 육체 안에서 자기의 남은 때를 더 이상 사람의 정욕을 따
라 살지 않고 하나님의 뜻을 따라 살게 하려 함이라.
3 우리가 음란과 정욕과 술 취함과 방탕과 연락과 혐오스런 우상 숭배
를 행하여 이방인들의 뜻을 행한 것은 지난 날의 생활로 충분하도다.

『**그리스도께서 그때 우리를 위하여 육체로 고난을 받으셨으니 너희도 같은 생각으로 무장하라. 이는 육체로 고난을 받은 자는 죄로부터 단절되었음이니**』(1절).

『**무장하라.**』는 명령은 싸움터에 나가는 병사들에게나 적합한 명령이다. 그런데 여기 1절에서는 이 명령이 그리스도인인 당신에게 떨어지고 있다. 그리스도인이 『**무장**』한다는 것은 곧 육체로 고난받을 각오를 하고 그 준비를 갖추는 행동이다. 당신은 싸움터에 임한 한 사람의 병사다. 당신은 이제 육체로 고난을 겪게 될 것이다. 잘못하면 그 고난을 견디지 못하고 끝내 적에게 무릎을 꿇게 될지도 모른다. 그렇기 때문에 단단히 『**무장**』하지 않으면 안 된다.

당신은 누구와 싸워야 하는가? 당신의 적은 다음 2절과 3절에서 분명하게 드러난다. 그리스도인의 궁극적인 대적은 말할 것도 없이 마귀이다. 그러나 마귀는 마귀대로 치밀한 전략으로 자신의 군사들을 앞세워 당신에게 덤벼온다. 그러므로 당신은 무엇이 마귀의 전략이고 누가 그의 군사들인지를 똑바로 알고 식별하지 않으면 안 된다. 그것이 다음 2절과 3절에서 개진된다.

본 장 서두에서도 언급했듯이 베드로전서는 그리스도인의 고난이 그 중심 주제이다. 당신은 그리스도인으로서 이 땅에서 살아가는 동안 어둠의 깊은 골짜기를 통과하며 온갖 어려움과 역경들에 처하게 되어 있다. 하나님의 사람들이 고난을 겪으면서 인생의 여정을 걸어가지 않으면 안 된다는 것을 중심 주제로 다루고 있는 대표적인 책들이 성경에는 세 군데 있는데, 그 하나가 욥기이고, 또 다른 하나는 시편이며, 나머지 하나가 여기 베드로전서이다. 특히 시편처럼 아름다운 책이 당신을 가차없이 땅바닥에 내던지고 한 줌의 재가 되도록 고통스러운 처지에 몰아넣는다는 것은 참으로 놀라운 일이 아닐 수 없다. 그러나 당신이 시편을 읽는 동안 머리를 쥐어뜯으면서 고통에 몸부림만 치고 있다가는 읽기조차 싫은 아주 고통스러운 책이 되고 만다. 오, 하나님 나를 도우소서, 그들이 나를 괴롭히나이다, 그들이 나를 조롱하나이다, 오, 주여, 나를 도우소서, 당신의 도우심을 더 이상 기다릴 수 없을 만큼 나는 절박하나이다, 주여, 당신은 어찌하여 이처럼 늦추시나이까? 주께서는 무엇을 기다리시나이까?

뭐, 이런 내용에만 초점을 맞춘 채 고난 가운데 있는 인간의 하나님을 향한 절규와 애절한 호소에만 마음을 빼앗기다 보면, 시편을 읽는 큰 의미는 반감되고 만다. 이 책을 읽으면서 예수 그리스도의 재림을 보지 못한다든지, 적그리스도를 발견하지 못한다든지, 땅의 기초가 놓이기 이전부터 하나님께서 정해 놓으셨던 시대적 경륜을 파악하지도 못한다든지, 구원의 영원한 보장 같은 갖가지 교리들을 찾아내지 못한다든지 하는 것도 이 책을 읽는 의미를 크게 축소시키고 말지만, 그보다도 하나님의 도우시는 손길만을 애타게 기다리며 온갖 고난 속에서 몸부림치는 인간의 모습만을 보고 고뇌하면서 고난의 골짜기 저 너머에 있는 무엇인가 하나님께서 예비해 놓으신 것을 끝내 발견하지 못한다면, 시편이야말로 처음부터 끝까지 아주 역겹고 따분하기 짝없는 책이 되고 말 것이다. 그러나 넘어지고 일어서기를 반복하면서 그 고난의 골짜기를 계속 걸어가다 보면 당신은 어느 사이 그 고난의 의미 자체를 깨닫게 되고 그 결과를 보게 될 것이며, 고난의 골짜기 저 너머에 있는 그 무엇인가를 마침내 발견하고 기뻐 환호하며 하나님을 찬양하고 영광을 돌려드리게 된다. 당신이 시편을 읽으면 읽을수록 점점 더 그 책에 빨려 들어가게 되는 이유가 여기에 있다.

베드로전서 역시 시편처럼 고난을 중심 주제로 다루고 있으되, 거기서만 끝나지 않고 고난 저 너머에 있는 무엇인가를 이야기하고 있다는 점에서 우리는 이 책을 또 끌어안게 된다.

『**이는 육체로 고난을 받은 자는 죄로부터 단절되었음이니**』(1절).

이 구절은 두 가지 의미로 적용해 볼 수 있겠는데, 그 하나는 그리스도께서 스스로 죄로 삼으신 바 되셔서 육체로 고난받으시고 피흘려 죽으심으로써 인간과 죄와의 관계를 종결지으셨다는 의미로 받아들이고 죄의 문제를 말끔히 처리하신 그리스도의 고난에 이 구절을 적용해 볼 수도 있겠다.

그러나 이 구절은 그 이상의 위대한 영적 진리를 내포하고 있다는 것을 우리는 유의해야 한다. 사람이 육체로 고난을 받게 되면 열 명 중 아홉 명은 죄를 짓는 일에서 손을 떼게 된다. 그리스도인의 경우에는 특히 그러하다. 우리 한번 쉽게 생각해 보자. 가령, 당신이 지금 몸이 아파 꼼짝 못하고 병상에 누워 있는 채 죽음을 생각하고 있다고 치자. 이런 처지에 놓여 있으면서도 당신은 마음속으로 이제 그만 범죄에서 손을 떼야겠구나, 이제부터는 악한 죄를 청산해야겠구나, 마음속으로부터 모든 더러운 생각들을 씻어내야겠구나 하는 생각을 하지 못하겠는가? 구원받지 못한 죄인이라면, 아마 죽을 병에 걸려 누워 있으면서도 이를 갈며 누군가를 계속 저주하면서 악한 생각을 여전히 품고 있을는지도 모르겠다. 하지만 적어도 그리스도인이라면 절대로 이렇지는 않을 것이다.

그리스도인으로 거듭난 사람이라면, 당신은 병상에 누워서 하나님께 간절히 기도할 것이나. 고난은 그리스도인에게 참으로 놀라운 영향을 끼친다. 고난과 역경을 통과하는 동안 그리스도인들은 얼마나 정결케 되는지 모른다. 이것이 고난이 갖는 고유 기능이요, 놀라운 효과다. 당신이 고난에 처해 있는 동안 그 고난이 엄청나면 엄청날수록 그만큼 더 마음속이 후련하게 텅 비어 가는 것을 느끼게 될 것이다. 나는 얼마 전 위장병으로 고생을 하게 되었는데, 내가 병들었다고 생각하는 순간 머리를 쥐어뜯으며 주님께 죄를 자백하고 그분의 용서를 빌 수밖에 없었다. 정말이지 이것밖에는 내가 할 수 있는 일이 달리 없었고, 이것 외에 다른 어떤 것도 강구할 의욕이 들지 않았다. 며칠을 두고 이렇게 죄를 자백하며 용서를 빌고 났더니 어느 새 내 속이 티끌하나 없이 깨끗하게 비어 있다는 것을 나는 문득 알게 되었다. 그리고 그 순간 하나님의 자비와 넘치는 은혜가 말끔히 비어 있는 내 속으로 폭포처럼 쏟아져 들어오는 것을 직감할 수 있었다. 별 것 아닌 위장병 하나를 겪으면서도 사람이 이처럼 그 속을 말끔히 비워 버리고 그 대신 하나님의 넘치는 은혜를 그 안으로 받아들일 수 있다는 것이 생각하면 할수록 놀랍기 한량없었다.

호레이셔스 보나르(Horatius Bonar)가 쓴 어떤 책에 서문을 써준 죠지 스위팅은 저자 보나르가 언젠가 했던 말을 소개하면서 이렇게 인용했다. "병들어 눕게 되면 한 켠으로 밀려나 하나님과만 달랑 혼자 남게 된다. 지금까지 나를 버텨주던 모든 것들은 떠나 버리고, 이제는 별수 없이 하나님 한 분께만 의지하고 사는 법을 터득하게 된다. 고난에 처하지 않고는 이런 은혜를 누릴 기회가 별로 없다." 보나르는 병상에 눕자 그것을 하나님과 단 둘이서만 있을 수 있는 계기로 삼고 그 고난을 오히려 하나님의 은혜로 받아들였던 것이다. 이것은 참된 그리스도인만이 지닐 수 있는 아름다운 생각이요, 하나님의 자녀만이 가질 수 있는 위대한 마음가짐이다(말씀보존학회 역간, 〈하나님의 자녀가 고난당할 때〉 서문 참조. - 옮긴이).

반면에 그리스도인의 타락은, 늘 그런 것은 아니지만, 대개 번영에서 시작된다. 규칙에는 늘 예외가 있듯이, 번영을 누린다고 해서 그리스도인이 반드시 실족하고 타락하는 것은 물론 아니지만, 무엇인가 물질적인 필요가 척척 충족될 수 있는 환경에 놓여 있다면, 하나님을 찾는 일이 그만큼 뜸해지게 되는 것은 자연스러운 일이다. 이것은 사람이면 누구나 다 갖고 있는 공통된 속성이다. 그리하여 하나님의 도우심이 없이도 자기 힘으로 무엇이나 해결할 수 있다는 생각이 마음속에 일단 자리잡게 되면, 그 사람은 필연적으로 하나님과 멀어지기 시작한다. 그렇기 때문에 그리스도인들은 특히 번영을 누릴 때 스스로 하나님께로부터 뒷걸음질 치는 자신을 경계하지 않으면 안 된다.

『이는 그가 육체 안에서 자기의 남은 때를 더 이상 사람의 정욕을 따라 살지 않고 하나님의 뜻을 따라 살게 하려 함이라』(2절).

이 구절은 앞에서 이미 다루어진 셈이다. 그리스도인이 육체를 짊어지고 이 땅에 살아가는 동안 고난에 처하면 처할수록 인간의 육신적 정욕보다는 『**하나님의 뜻을 따라**』 살려는 욕구가 샘솟게 된다. 이것이 고난이 가져다주는 고마움이다.

『우리가 음란과 정욕과 술 취함과 방탕과 연락과 혐오스런 우상 숭배를 행하여 이방인들의 뜻을 행한 것은 지난날의 생활로 충분하도다』(3절).

당신이 어린 나이에 구원받고 거듭난 사람이라면 모르되, 나이가 든 뒤 뒤늦게 구원받은 사람이라면 이 구절에서 베드로가 언급하고 있는 말뜻이 무엇인지 잘 수긍하고 머리를 끄덕이게 될 것이다. 이 구절을 읽으면서 당신은 “그래, 맞아. 그것으로 충분해. 음란한 짓도 해 볼 만큼 해 보았고, 누구 못지않게 정욕을 따라 행동했으며, 나만큼 술에 취해 보고 나만큼 방탕해 본 사람도 드물지. 지난날 얼마나 연락에 빠졌으며 얼마나 혐오스런 우상 숭배에 젖어 있었던고! 나는 정말 하나님의 원수였어!” 하고 자성하게 될 것이고, 이제는 그리스도인으로서 이런 모든 가증스러운 것들을 끝내야겠다고 다시 한 번 새로이 다짐하게 될 것이다.

죄는 한 번으로 족하다. 죄는 두 번 다시 반복할 게 못된다. 죄는 이미 지나간 과거의 일로 끝내야 한다. 죄는 그것으로 충분하다. 더구나 그리스도인은 그리스도께로부터 난 새 사람이다. 그런데 어찌 옛 사람으로 되돌아갈 수 있단 말인가! 설사 그리스도인이 아니더라도 온갖 죄들로 물들어 있던 과거를 그리워할 사람은 아무도 없다. 누구라도 지난날의 죄는 그것으로 잊어버리고 더는 생각하고 싶지 않은 법이다. 지난날의 음란한 행위, 방탕, 혐오스런 일들을 되살리면서 그것을 자랑스럽게 생각하고 그리워하고 “그 때가 참 좋았어.”라고 생각하는 사람은 아무도 없다는 얘기다. 『**음란과 정욕과 술 취함과 방탕과 연락과 혐오스런 우상 숭배...**』, 이런 것들은 그야말로 『**지난날의 생활로 충분**』하다.

이 구절에서 『**음란**』(lasciviousness)이라는 단어는 “지나치게 육신적”이라는 뜻의 말이다. 이것은 『**정욕**』(lust) 이상의 것으로서 『**정욕**』도 해서는 안 될 더러운 생각과 행위를 내포하지만, 『**음란**』은 그 이상으로 가령, “포르노” 수준으로까지 극단적으로 더럽고 고약한 육신적 타락 행위를 내포한다.

『**방탕**』(revellings)이나 『**연락**』(banquetings)이란 예컨대 크리스마스 파티라든지, 망년회나 신년 축하 파티 같은 것을 열고 질탕하게 마셔대는 육신적 쾌락 행위 같은 것을 말하는데, 이런 환락 파티를 들여다보면 거기 모인 사람들이 하나같이 제대로 된 사람 같아 보이는 자가 없다. 쾌락을 즐기는 자들은 모두가 마귀의 자녀들이다. 『**연락**』에는 반드시 술이 따르기 마련이고, 육신적인 음악이 반드시 있기 마련이며, 여자가 있기 마련이고, 음탕하고 더러운 말들이 오가기 마련이며, 요즘에는 한 술 더 떠 반드시 마약이 개입하기 마련이다. 『**연락**』은 그 주최자가 마귀이고, 거기에 앉아 있는 자들은 마귀에게 초대받은 자들이다. 이들은 마귀가 공급하는 범죄의 영들로 재충전되어 더 큰 범죄를 다짐하기 위해 거기에 초대받은 사람들이다. 요즘 사람들은 『**연락**』이라는 말 대신 “연회”란 말을 더 선호하는데, 이것은 『**연락**』이라는 단어가 “쾌락”의 자리라는 의미를 너무 노골적으로 드러내기 때문에 이것을 슬쩍 감추고 싶은 생각에서 나온 것이다. 그러나 감추면 감출수록 "쾌락"은 한결 더 심화되고 농도가 더 짙어지기 마련이다.

4:4 이방인들은 너희가 그들과 함께 같은 방탕에 휩쓸리지 않는 것을 이상하게 생각하고 너희를 비방하나

5 그들은 산 자들과 죽은 자들을 심판하시게 될 그분께 설명하게 되리라.

6 이런 연유로 죽은 자들에게도 복음이 전파되었으니 이는 육체로는 사람과 일치하여 심판을 받으나 영으로는 하나님과 일치하여 살게 하려 함이니라.

『**이방인들은 너희가 그들과 함께 같은 방탕에 휩쓸리지 않는 것을 이상하게 생각하고 너희를 비방하나**』(4절).

이 구절에서 『**이방인들**』이란 구원받은 그리스도인 이방인들을 일컫는 것으로 보아야 마땅하고, 『**너희**』란 구원받은 유대인 그리스도인들을 말하는 것으로 보아야 옳다. 왜냐하면, 구원도 받지 못한 순수한 이방인 죄인들이 구원받은 유대인에게 접근하여 자기들과 함께 방탕에 휩쓸려 같이 놀자고 제안해 온다거나, 이에 응하지 않는 그리스도인들을 이상하게 생각하고 비방까지 한다는 것은 사실상 상상할 수 없는 일이기 때문이다. 아무리 지금이 신약 시대기로서니 유대인들이 구원받고 그리스도인들이 됨으로써 유대인의 탈을 벗게 되었을 경우, 구원도 받지 못한 이방인들이 이들 유대인 그리스도인들에게 손을 내밀고 자신들과 함께 방탕에 휩쓸려 놀자고 하게 할 만큼 그들을 가까이에 놓아두는 정신 나간 유대인들은 없을 테니 말이다. 구원은 받았으되 아직 철이 덜든 이방인 그리스도인들은 세상 때를 벗지 못해 여전히 방탕에 몸을 내맡기고 있는 경우가 허다하다. 이들은 다른 그리스도인들이 자기들과 한 패가 되어 함께 어울리지 않는 것을 오히려 이상하게 생각하고 입을 삐쭉대며 비방까지도 한다.

당신은 구원받고 거듭나 그리스도인으로 태어남과 동시에 마귀와는 손을 떼게 되었지만, 그럼에도 불구하고 과거부터 지니고 있는 육신은 그대로 입고 있기 때문에 지난날 늘 행했던 어떤 나쁜 습관들을 계속하고 싶어하므로 지난날의 육신적인 행위에서 완전히 손을 떼기가 그리 쉽지 않을 테지만, 아무리 그렇더라도 구원받는 순간 지난날의 모든 육신적인 것들을 훌훌 털어 버리고 다시는 그것으로 되돌아가지 않을 수 있어야 한다. 그러나 그리스도인이이면서도 다른 그리스도인들에게 구원받기 전에 하던 고약한 육신적인 일들을 하자고 제안해 오는 수는 의외로 드물지 않은 게 사실이다. 가령, 술 한 잔 같이 하자든지, 카드놀이를 한 판 벌이자라든지, 담배 한 대 피우지 않겠느냐든지 하는 그런 따위들 말이다. 나도 구원받은 후 숱한 사람들로부터 술 한 잔 하자는 제안을 여러 번 받았는데, 다행히도 나는 그런 제안들을 단호히 거절할 수 있는 결단이 이미 서 있었다. 나는 누가 이런 따위들을 제의해 올 때마다 그런 것 말고도 내가 해야 될 훨씬 멋진 일들이 얼마나 많은지 모르는데 무엇 하러 그런 일을 또 하느냐고 따끔하게 핀잔을 주고 단호히 거절했다. 한번은 어떤 사람이 술을 권하기에 그에게 진지하게 구원 간증을 들려주고 거절했더니 그 뒤부터는 겁을 집어먹고 다시는 술자리에 나를 초대하는 일 따위는 감히 되풀이하지 못했다.

어떤 철딱서니 없는 사람은 당신의 구원 간증을 듣고도 "이봐, 자네만 구원받은 줄 아나? 나도 구원받았다네. 하지만, 술 한 잔 같이 마시는 게 뭐 그리 큰 죄라고 친구의 호의를 무시한단 말인가?" 하고 오히려 당신에게 꾸짖듯 훈계하는 경우도 없지 않다. 당신은 이런 자들에게 "이봐, 정신

차려!" 하고 야단칠 필요조차도 없다. 만약 당신에게 자꾸만 시비를 걸어 오고 귀찮게 군다면, 이런 자들을 처리하는 가장 간단한 방법이 있는데, 그것은 그런 자들이 모이는 곳에 아예 얼굴을 내밀지 않는 것이다. 그자들이야 물론 당신이 없는 자리에서도 당신을 비방하고 욕을 퍼부어대겠지만, 그러거나 말거나 당신은 그냥 내버려두면 된다. 그리스도인은 어떤 경우에도 잘못된 자리에 끼여서는 안 된다.

우리 교회 한 형제한테 들은 얘기가 하나 있다. 갓 구원받은 자기 여자 친구가 한 달에 한 번씩 가까운 친구들과 "브릿지 게임"을 늘 해왔는데, 구원받은 다음인데도 거기에 끼여도 되는지 물어 오더란다.

"브릿지 게임 모임에서 손을 완전히 떼겠다고 친구들에게 알려야 할까요?"

"당신 생각은 어떻소?" 형제가 그녀에게 반문했다.

"글쎄요. 저도 잘 모르겠어요."

"이번 한 번만 그 모임에 가서 게임이 시작되기 전에 당신이 구원받았다는 사실을 분명히 간증하고 이번이 그 자리에 참석하는 게 마시막이라는 사실을 알리는 것이 어떨까 나는 생각하오." 형제가 그녀에게 말했다. 그러자 그녀는 반색을 하면서 "무슨 말인지 알 듯 하군요." 하고 말하더란다. 그녀는 아닌 게 아니라 형제의 충고대로 했고, 그 결과 그녀의 "친한 친구들"은 더 이상 그녀에게 "친한 친구들"이 아니게 되었다고 한다.

이처럼 『**이방인들은 너희가 그들과 함께 같은 방탕에 휩쓸리지 않는 것을 이상하게 생각하고 너희를 비방**』하게 돼 있는데, 이것이 두려워서 그들과 함께 여전히 휩쓸리게 되면 당신은 그리스도인으로서의 간증을 잃어버리게 된다. 당신이 그리스도인으로서 타락한 그리스도인들과 휩쓸리지 않는 바람에 그들이 당신을 비방하더라도 당신이 겁낼 필요는 조금도 없다. 베드로는 다음 5절에서 『**그들은 산 자들과 죽은 자들을 심판하**

시게 될 그분께 설명하게 되리라.』고 언급한다. 그리스도인을 비방하고 조롱하고 욕하는 타락한 그리스도인들은 이다음 그리스도의 심판석에서 주님께 그에 대한 해명을 단단히 해야만 할 것이고, 그 자리에서 당하는 부끄러움 때문에 고개를 들지 못할 것이며, 또 입어야 할 손해가 이만저만이 아닐 것이다.

『**이런 연유로 죽은 자들에게도 복음이 전파되었으니 이는 육체로는 사람과 일치하여 심판을 받으나 영으로는 하나님과 일치하여 살게 하려 함이니라**』(6절).

이 구절에 대해서는 앞서 3:19을 공부할 때 잠시 살펴본 바 있다. 3:19에서는 『**그가 성령으로 감옥에 있는 영들에게도 가서 전파하셨**』으되, 『**복음**』을 전파하셨던 것은 아니었고, 또 『**죽은 자들**』에게 전파한 게 아니라 『**영들**』에게 전파하셨다고 언급하고 있음을 우리는 이미 확인해 보았다.

그러나 여기 4:6에서는 『**복음**』, 즉 "기쁜 소식"이 전파되었다. 누구에게 전파되었는가? 『**죽은 자들에게**』 전파되었다. 그렇다면, 『**죽은 자들**』이란 누구를 말하는가? 이에 대해서는 "영적으로 죽어 있는 자들"을 말한다는 것이 거의 모든 주석자들의 일반적인 해석이다. "영적으로 죽어 있는 자들"이라면 구원받지 못한 죄인들이라는 얘기가 된다. 만약 그렇다면, 이들은 지금 지상에 살고는 있으되, 그 영은 죽어 있는 사람들인즉, 이들이 복음을 듣고 믿고 예수 그리스도를 구주로 영접하게 되면 구원받아 그 영이 다시 살게 될 사람들을 일컫는다는 얘기가 된다. 이 구절에서의 『**죽은 자들**』이란 바로 이런 사람들을 일컫는다는 것이 대부분의 주석자들이 내놓고 있는 공통된 해석이다.

그러나 이런 해석은 타당하지 않다. 만일에 여기서 『**죽은 자들**』이 그들 말대로 "영적으로 죽어 있는 자들"을 의미하는 것이라면, 『**복음**』이 이들에게 전파되는 것이야 너무나 당연한 일이다. 『**복음**』, 즉 주 예수 그리스도께서 우리의 죄들을 위해서 십자가에 처형되어 죽으셨고 장사한 지 사흘 만에 죽은 자들로부터 다시 살아나셨으며 누구든지 이 사실을 믿고 그분을 자기 개인의 구주로 영접하면 구원받아 지옥에 가지 않고 하늘나라에 가서 영원한 생명을 누릴 수 있다는 이 "기쁜 소식," 이 『**복음**』을 구원받지 못한 죄인들에게 전파한다는 것이야 두말할 나위도 없이 당연한 일이다.

그런데 여기서 당신은 서술상의 미묘한 차이가 있다는 점에 주목해야 한다. 이 구절은 그냥 『**죽은 자들**』(벧전 4:6)에게 전파되었다고 서술하지 않고 "also," 즉 『**죽은 자들**』에게"도" 전파되었다고 기술하고 있다. 『**복음**』이 "영적으로 죽어 있는 자들," 즉 "죄인들"에게 전파되는 것은 당연한 일일 터인즉, 이들 말고 또 다른 "누구에게도" 전파되었다면, 이 "누구"는 "영적으로 죽어 있는 자들"이 아닌 다른 대상들이었음이 분명하다. 그렇기 때문에 이 『**죽은 자들**』을 "영적으로 죽어 있는 자들"로 본다는 것은 앞뒤가 맞지 않는다. 『**복음**』이란 원래 이 지상에 있는 "영적으로 죽어 있는 구원받지 못한 죄인들"에게 전파되라고 있는 것이 아니던가? 이미 구원받고 "영적으로 살아 있는 자들"에게는 『**복음**』이 다시 전파될 필요가 없지 않은가? 이미 구원받은 사람에게 무엇 하러 "구원의 좋은 소식"을 또 전한단 말인가?

그러나 이 구절은 『**죽은 자들에게도 복음이 전파되었으니**』라고 기술하고 있다. 다시 말해서, "영적으로 죽어 있는 죄인들" 외에 또 다른 어떤 자들에게도 복음이 전파되었다는 것이다. 그렇다면, 이 『**죽은 자들**』은 문자 그대로 죽어서 지하 어딘가에 가 있는 자들을 지칭한다고밖에는 달리 생각해 볼 도리가 없다. 그리스도께서는 지상 사역 기간 동안 지상에 살고 있는 죄인들에게 복음을 전파하셨을 뿐만 아니라 갈보리에서 죽으신 직후 부활하시기 전까지 사흘 낮 사흘 밤 동안 어느 시점에 지하 세계로 내려가셔서 거기 어딘가에 들어가 있던 어떤 『**죽은 자들**』에게도 『**복음**』을 전파하셨던 것이다.

먼저 우리는 예수 그리스도께서 십자가에 처형되신 후 부활하시기 전 그 몸이 장사지낸 바 되셨던 사흘 동안 지하 세계에 다녀오셨다는 사실을 성경이 분명히 밝히고 있음을 상기하지 않으면 안 된다. 『**그러므로 말씀하시기를 "그가 위로 올라가실 때에 사로잡힌 자를 사로잡아갔고 사람들에게는 은사들을 주셨다."고 하셨느니라. (따라서 그가 올라가셨다는 것은 그가 땅의 더 낮은 부분들로 먼저 내려가셨다는 것이 아니고 무엇이냐? 내려가셨던 그가 모든 하늘들 위로 올라가신 바로 그분이니 그가 모든 것을 충만케 하시려 함이니라.)**』(엡 4:8-10)라고 성경은 말씀한다. 『**땅의 더 낮은 부분들**』이란 곧 땅 밑 어떤 곳들을 말한다.

그리고 우리는 또, 그분께서는 지하에 내려가셔서 『**아브라함의 품**』(눅 16:22), 즉 『**낙원**』(눅 23:43)에만 다녀오셨던 게 아니라 『**고통의 장소**』(눅 16:28)라 불리는 "지옥"에까지 다녀오셨다는 사실을 상기하지 않으면 안 된다. 그리스도께서는 『**땅의 더 낮은 부분들**』로 내려가셨을 때, 『**불꽃 가운데서 고통**』을 받는 『**지옥**』(눅 16:23,24)에까지 다녀오셨기 때문에 그분께서 담당하셨던 나와 당신을 비롯한 많은 사람의 죄들을(벧전 2:24, 히 9:28) 그곳에 내려놓으셨고, 이로써 죄들을 말끔히 처리하고 오셨던 것이다. 그래서 그리스도께서 두 번째 오실 때에 『**죄 없이 나타나시리라.**』(히 9:28)고 성경이 말씀하는 까닭이 여기에 있다. 그분께서 모든 죄들을 담당하고 가셨다는 것은 분명한 사실이다. 그런데 그분께서는 다시 오실 때 『**죄 없이**』 나타나실 것이다. 그렇다면, 그 죄들을 다 어디에 갖다 버리셨단 말인가? 지옥밖에는 죄들을 갖다 버릴 곳이 없지 않은가? 그렇다. 주님께서 담당하셨던 우리의 모든 죄들은 지옥으로 옮겨졌고, 그 이후로 현재까지 지옥에 그대로 갇혀 있다. 그리고 그 죄들은 장차 "불못"으로 옮겨지게 돼 있다(계 20:14). 예수 그리스도께서는 우리의 죄들을 지고 가셨으되, 그것을 그냥 지고 계신 것이 아니라 지옥으로 옮겨 거기에 다 쏟아 놓으시고 지옥의 문들을 꽉 걸어 잠그셨던 것이다. 이렇게 하시기 위해 그분께서는 스스로 저주가 되셨었고(갈 3:13), 죄로 삼으신 바가 되셨던 것이다(고후 5:21).

그러나 『**주의 혼이 지옥에 버려지지 아니하였으며, 또 주의 육신도 썩어짐을 보지 아니하였다**』(행 2:31)고 성경은 밝힌다. 다시 말해서, 주님의 몸이 무덤에 그대로 있었던 것도 아니요, 그분의 혼이 지옥에 그대로 있었던 게 아니라 거기서 다시 나오셨으며, 몸까지 다시 일으켜지셨으니, 이것이 곧 부활이었는데, 주님께서 죄들만 지옥에 가두어 두시고 자신은 자유롭게 지옥에서 나오실 수 있었던 것은 그분께서 지옥의 문들을 열고 또 걸어 잠글 수 있는 열쇠들(계 1:18)을 갖고 계시기 때문에 얼마든지 가능한 일이었다.

지하 세계로 내려가셨던 주님께서는 먼저 "스올"이라고도 하고 또 "하데스"라고도 하는 지옥으로 가셨다. "아브라함의 품"은 "스올" 또는 "하데스"라고 하는 지옥의 한 옆에 따로 있다. 주님께서는 지옥에 죄들을 내려놓으신 다음 그 문들을 단단히 걸어 잠그시고 아브라함의 품으로 가셔서 거기에 있는 구약 성도들을 만나 그들에게"도" 『**복음**』을 전파하셨다. 이것은 그들도 『**육체로는 사람과 일치하여 심판을 받으나 영으로는 하나님과 일치하여 살게 하려**』는 목적에서였다. 주님께서는 구약 성도들이 모르고 있던 그리스도의 죽으심과 묻히심과 부활하심에 대한 『**복음**』을 그들에게도 전파하셨던 것이다. 여기 베드로전서 4:6의 『**죽은 자들**』이란 바로 낙원에 가 있던 이들 복음을 듣지 못했던 구약 성도들을 가리킨다. 갈보리 직후 주님께서는 이들에게 찾아가셔서 복음을 전해 주셨던 것이다.

"나는 어린양이다. 나는 너희 죄들을 위해 희생제물로 드려졌다. 이제 모든 것이 이루어졌다. 자, 나와 함께 가자!"

낙원에 있던 구약 성도들의 혼들은 이 "기쁜 소식"을 처음으로 듣게 되었다. 구약 성도들은 물론 구원받은 혼들이었지만, 주님께서 이처럼 기쁜 소식을 갖고 자기들을 데리러 오실 때까지 낙원에 일시적으로 머물러 있어야만 했던 것이다. 그들은 구약 시대 동안 이 『**복음**』을 한 번도 들은 바가 없었는지라, 죽어서 그 혼들이 일시적으로 낙원에 머물러 있으면서 주님께서 데리러 오시기만을 기다리고 또 기다리고 있었다. 그런데 드디어 주님께서는 갈보리 직후에 곧바로 여기 땅 아래로 내려오셨고 지옥에 들러 죄들을 가두어 놓으신 다음 낙원에 들러 『**죽은 자들**』, 즉 구약 성도들에게 기쁜 소식을 전파하셨으며, 여기에 사로잡혀 있던 그들을 하늘로 사로잡아가셨던 것이다(엡 4:8-10).

예수님께서는 이처럼 자신이 죽으신 후 지옥에 다녀오실 일에 대해 요나의 표적을 통하여 유대인들에게 일찍이 예고해 주신 바 있었다. 『**악하고 음란한 세대가 표적을 구하나, 선지자 요나의 표적밖에는 줄 표적이 없도다. 요나가 사흘 낮과 사흘 밤을 고래 뱃속에 있었듯이, 인자도 그처럼 사흘 낮과 사흘 밤을 땅의 심장 속에 있을 것이라**』(마 12:39,40). 갈보리 직후 지하 세계로의 여행에 대한 이 얼마나 선명한 그림인가?

주님께서는 지옥에 문들이 있다는 사실도 밝히셨다. 『**이 반석 위에 내가 나의 교회를 세우리니, 지옥의 문들이 그것을 이기지 못하리라**』(마 16:18). 이처럼 지옥에는 문들이 있는데, 이 문들이 아무리 입을 크게 벌리고 널름거리더라도 주님의 교회에게는 당해내지 못할 것임을 주님께서 친히 밝히셨다.

그리고 또 주님께서는 그 지옥의 문들을 여닫을 수 있는 열쇠를 갖고 계시다는 사실도 밝히셨다. 『**나는 살아 있는 자며, 죽은 자였으나, 보라, 영원무궁토록 살아 있노라. 아멘. 또한 내가 지옥과 사망의 열쇠들을 가졌노라**』(계 1:18). 그리스도께서는 열쇠들을 갖고 계시는데, 이 열쇠들은 어떤 문들을 열고 닫는 데 사용되는 열쇠들이며, 이 문들은 『**땅의 심장**』(마 12:40) 깊은 곳에 있는 『**지옥의 뱃속**』(욘 2:2)으로 통하는 문들이다. 이 문들을 열고 들어서면 거기에 누군가가 죄수로 갇혀 있는데, 주님께서는 이 지옥의 문들을 열고 그 안에까지 들어가셨다가 다시 나오셨고, 그 문들을 다시 단단히 잠가두셨다. 이 지옥은 하나의 감옥이기 때문에 "빗장들"이 있어 그것을 잠그기만 하면 아무도 빠져나가지 못한다. 고래 뱃속에 들어가 지옥을 체험했던 요나는 거기서 이 "빗장들"을 분명히 보았다. 『**내가 산들의 밑바닥까지 내려갔더니 땅이 그 빗장들로 영원토록 나를 막았나이다. 그러나 오 주 나의 하나님이여, 주께서 내 생명을 부패함에서 건져내셨나이다**』(욘 2:6).

그러나 주님께서는 이 지옥의 문들과 빗장들을 여닫을 수 있는 열쇠들을 갖고 계시기 때문에 자유롭게 출입하실 수가 있다. 예수 그리스도께서 십자가에 처형되신 후 세상의 모든 죄들을 짊어지시고 그리로 내려가셔서 마치 청소차가 쓰레기 하치장에 가서 가득 싣고 온 쓰레기를 쏟아 놓듯이 거기에 모두 쏟아 버리신 후 빗장들을 단단히 걸고 다시 나오셔서 부활하셨던 것이다.

이런 이야기를 들으면 "황당하게" 느껴지겠지만, 이것이 성경이 밝히고 있는 사실들이다. 성경은 이 세상에서 가장 "황당한" 내용을 담고 있는 책이다. "황당하다."라는 것은 물론 인간의 짧은 지식과 제한된 시각으로 보았을 때 그렇다는 것이지 하나님의 입장에서 보면 조금도 황당한 것이 아니다.

4:7 만물의 마지막이 가까웠으니 그러므로 너희는 정신을 차리고 깨어
기도하라.
8 무엇보다 서로 뜨겁게 사랑하라. 이는 사랑이 허다한 죄들을 덮기 때
문이니라.
9 불평하지 말고 서로 대접하며
10 각 사람이 받은 은사 대로, 하나님의 **다양한 은혜를 맡은 선한 청지**
기같이 서로 섬기라.
11 만일 누가 말하려거든 하나님의 **말씀처럼 말하고, 또 누가 섬기려거**
든 하나님께서 **공급하시는 능력으로 하는 것처럼 하라. 이는 모든**
일에 예수 그리스도로 **말미암아** 하나님께서 **영광을 받으시게 하려 함**
이니, 그분께 찬양과 권세가 영원무궁토록 있느니라. 아멘.

『**만물의 마지막이 가까웠으니 그러므로 너희는 정신을 차리고 깨어 기도하라**』(7절). 이 구절은 재림 관련 구절이다. 바울도 그리스도의 재림과 관련하여 "마지막이 가까웠다."는 서술과 유사한 표현을 사용하고 있다. 가령, 『**밤이 많이 지났고 낮이 가까웠느니라.**』(롬 13:12) 같은 서술이 그 한 예이다. 그는 다시 오시는 주님께서 이미 문턱 가까이 이르셨음을 서술했다.

『**무엇보다 서로 뜨겁게 사랑하라. 이는 사랑이 허다한 죄들을 덮기 때문이니라**』(8절). 이 구절에서의 『**사랑**』은 영어로 "love"가 아니라 고린도전서 13장에서처럼 "charity"이다. 당신이 그리스도 안에서 형제가 된 사람들을 사랑하게 되면 형제들의 『**죄들**』을 어딘가 너그럽게 눈감아주게 되기도 하고 그들의 『**죄들**』을 들먹거리는 것을 삼가게 된다. 그래서 사랑은 『**허다한 죄들을**』 덮게 되는데, 선한 동기에서 우러난 사랑일 경우에 그러하다. 당신이 그리스도인이라면 이렇게 선한 동기에서 형제들을 사랑하고 『**허다한 죄들을**』 덮어 준다는 것은 지극히 정상적이고 온당한 일이다. 그렇다고 해서 형제들의 죄들을 당신이 제거하고 깨끗하게 해주는 것은 물론 아니다. 당신은 그저 덮어 줄 뿐이다. 죄에 대해서는 어떤 형태로든지 그 대가를 당사자가 반드시 치르게 돼 있다. 죄는 죄를 지은 사람과 하나님 사이에서 해결될 문제인 것이다. 그렇기 때문에 구태여 당신이 들춰낼 필요가 없고 다만 하나님께 맡겨둘 일이다. 이렇게 하자면, 당신은 형제들을 사랑해야 한다. 사랑하되 『**뜨겁게 사랑하라.**』고 베드로는 훈계한다. 주님께서는 당신의 죄들을 덮어 주시는 정도가 아니라 그것들을 아예 깨끗이 씻어 주신다. 당신의 죄들을 씻어 주는 것은 그분의 피다. 당신이 죄들을 자백할 때, 그리스도께서 갈보리에서 흘려 놓으신 피가 그 죄들을 깨끗하게 씻어 준다. 당신은 이 보혈의 능력을 믿어야 한다. 그리고 시시각각으로 짓는 죄들을 자백하고 씻어야 한다. 그래야만 당신은 하나님과의 온전한 관계를 유지할 수가 있을 뿐더러 형제들 간의 교제도 유지할 수 있게 된다. 『**만일 우리가 하나님과 교제가 있다 하면서 어두운 가운데 행하면 우리가 거짓말하는 것이며 진리를 행하지 아니하는 것이라. 그러나 그분이 빛 가운데 계신 것같이 우리도 빛 가운데 행하면 우리가 서로 간에 교제가 있게 되고, 그의** 아들 예수 **그리스도의 피가 우리를 모든 죄에서 깨끗하게 하시느니라. 만일 우리가 우리에게 아무 죄도 없다고 말하면 우리 자신을 속이는 것이요, 진리가 우리 안에 있지 아니하나 우리가 우리 죄들을 자백하면 그는 신실하시고 의로우셔서 우리 죄들을 용서하시며, 모든 불의에서 우리를 깨끗하게 하시느니라.**』(요일 1:6-9)는 성경 말씀을 결코 잊지 말라.

『**불평하지 말고 서로 대접하며 각 사람이 받은 은사대로,** 하나님의 **다**

양한 은혜를 맡은 선한 청지기같이 서로 섬기라』(9절, 10절).

10절에서의 『**청지기**』(stewards)는 "돈을 맡은 사람"이 아니라 『**하나님의 다양한 은혜를 맡은**』 사람으로서의 『**청지기**』이다.

『**청지기**』는 또 『**그리스도의 일꾼이며 하나님의 신비들을 맡은**』 사람이다(고전 4:1). 그래서 『**청지기에게 요청되는 것은 무엇보다도 신실한 사람으로 발견되는 것**』(고전 4:2)이라고 바울은 말한다. 여기서 청지기에게 맡겨진 『**하나님의 신비들**』이란 "일곱 가지 신비들"을 말한다. 예수 그리스도께서 처녀의 몸에 성령으로 잉태되어 탄생하셨다는 "경건의 신비"(딤전 3:16)가 그 첫째요, 구원받은 자들 안에 그리스도께서 들어와 거하신다는 사실(골 1:27)이 두 번째 신비이며, 유대인과 이방인이 그리스도 안에서 한 몸을 이루는 "위대한 신비"(엡 5:30-32)가 그 세 번째이고, 이스라엘의 신비(롬 11:25)가 그 네 번째요, 다섯 번째 신비는 그리스도께서 다시 오실 때 구원받은 모든 그리스도인들이 대환란 직전에 하늘로 끌려 올라가는 휴거의 신비다(고전 15:51). 그리고 적그리스도를 둘러싼 "불법의 신비"(살후 2:7)가 그 여섯 번째이고, 마지막 일곱 번째는 "큰 바빌론," "땅의 창녀들과 가증한 것들의 어미"(계 17:5)에 관련되는 신비다. 청지기에게 이러한 일곱 가지 신비들이 맡겨진 것은 이것을 양무리에게 가르치라고 맡겨진 것이다. 이 신비들은 문자 그대로 "신비"이기에 인간의 모든 논쟁을 폐한다. 이 신비들은 성경을 통하여 계시되는 하나님의 진리들이기에 이러쿵저러쿵 당신이 논할 문제가 아니라는 얘기다. 오늘날 자유주의자들은 말할 것도 없고 "현대적 감각"을 가졌다는 목사들 대부분이 이 신비들을 가르치고 설교할 줄을 모른다. 그들은 청지기로서의 사명을 다하고 있지 않은 것이다. 그들은 『**청지기에게 요청되는 것은 무엇보다도 신실한 사람으로 발견되는 것**』(고전 4:2)이라는 필수적인 요건을 결핍하였기에 이미 청지기가 아니다.

청지기란 기본적으로 무엇인가를 "맡은 사람"이다. 이 말은, 어떤 "지위에 오른 사람"이 아니라는 얘기다. 그래서 청지기로서의 직분을 받으면 교회 내에서 무엇이 어떻게 돌아가는지 잘 살피고 정해진 대로 진행되도록 보살피고 관리해야 할 책임을 지게 된다. 어떤 청지기는 돈 관리하는 책임을 맡기도 하고, 어떤 청지기는 사역의 책임을 맡기도 하는데, 여기서 언급하는 청지기는 하나님의 은혜들을 맡은 사람이다. 하나님의 은혜들을 맡은 청지기는 그 은혜들을 잘 사용하여야 할 책임이 있다. 예를 들면, 다음 11절과 같다.

『**만일 누가 말하려거든** 하나님의 **말씀처럼 말하고, 또 누가 섬기려거든** 하나님께서 **공급하시는 능력으로 하는 것처럼 하라. 이는 모든 일에** 예수 그리스도로 **말미암아** 하나님께서 **영광을 받으시게 하려 함이니, 그분께 찬양과 권세가 영원무궁토록 있느니라. 아멘**』(11절).

하나님의 은혜를 맡은 청지기가 "말하는 은혜"를 맡았을 경우, 그 청지기는 성경을 통하여 하신 하나님의 말씀에 따라 말을 하고 글을 써야만 그 은혜를 잘 사용하는 청지기다. 또한 사역자로서 섬기는 은혜를 맡은 청지기는 자신의 능력이나 다른 사람의 능력으로 사역을 이끌어가지 않고 『**하나님께서 공급하시는 능력으로**』 이끌어가야만 맡은 은혜를 잘 사용하는 청지기다.

하나님께로부터 "말하는 은혜"를 받은 사람이 복음을 전파하고 진리를 선포하며 성경을 가르치고 강론하고 책을 쓸 때, 그 은혜를 가장 잘 사용할 수 있는 첫째 요건이 바른 성경을 믿어야 한다는 것이다. 아무리 열심히 전파하고 선포하고 가르치더라도 썩어빠진 가짜 역본들을 갖고 그것으로 하고 있다면, 이것은 하나님의 은혜를 저버리는 짓이다.

하나님의 영감으로 주어지고 하나님의 섭리로 보존된 유일한 성경은

〈AV 1611, 킹제임스성경〉뿐이다. 그런데, 이 시대의 "학자들"은 이 성경에 대해 어떤 생각들을 하고 있고 어떤 입장들을 취하고 있는지 이 기회에 한번 살펴보는 것도 나쁘지 않으리라.

> "비록 나는 〈AV 1611, 킹제임스성경〉이 신약 부분에서 헬라어 원본처럼 하나님의 영감으로 주어졌다고는 믿지 않지만, 이 성경은 좋은 역본이다. 나는 〈미국새표준성경, NASV〉 역시 좋은 역본이라고 생각하는데, 특히 '헬라어 원본'을 다룸에 있어 매우 정확하게 처리되었다고 생각한다. 이에 반하여 개역본(RSV)은 하나님의 의와 심판을 다룸에 있어 좀 소홀하지 않았나 생각된다." (오하이오 트뤼도 성경대학 학장 루터 J. 루퍼시스)

당신은 〈킹제임스성경〉에 대한 학자들의 생각을 읽으면서 처음부터 새빨간 거짓말에 부딪히게 될 것을 각오해야 하는데, 아니나다를까 여기 처음부터 그 거짓말을 듣고 있다. "헬라어 원본"은 세상에 존재하지도 않는다. 존재하지도 않으니 아무도 보지 못했고 읽어 보지도 못했다. 그런데도 "헬라어 원본을 다룸에 있어" 운운하는 것은 새빨간 거짓말일 수밖에 없다. 그는 NASV와 KJV 두 가지 역본을 추천하는 가운데 NASV가 "헬라어 원본을 더 정확하게 다루었다."고 언급함으로써 KJV는 그렇지 않다는 인상을 의도적으로 풍긴다. "원본"이란 것을 보지도 못한 주제에 어떻게 정확하게 다루었느니 어쩌니 말할 수 있단 말인가? 그리고 또 그는 KJV를 31,000군데나 뜯어고친 NASV를 더 선호하는 게 분명하게 드러나는데, 딱 그렇다고는 말하지 못하면서 두 역본을 동시에 추천한다. 31,000군데나 그 내용이 서로 틀린 두 역본을 어떻게 동시에 추천할 수 있는지 당신은 이해가 가는가?

> "창세기에서 요한계시록에 이르기까지 66권의 책 전체가 하나님의 말씀을 담고 있고 그것을 전해줄 뿐만 아니라 그 자체가 하나님의 말씀임을 우리는 믿는다. 『**모든 성경은 하나님의 영감으로 주어진 것**』(딤후 3:16)이라는 말씀은 거룩한 하나님의 사람들이 하나님의 말씀을 성령의 감동을 받아 기록했다는 뜻으로 우리는 믿는다. 우리는 또한 〈킹제임스성경〉이 현존하는 모든 영역본들 중에서 가장 정확하고 가장 신뢰할 수 있는 역본이라고 믿으며, 이 성경을 통하여 하나님의 말씀이 기적적으로 보존됨으로써 이에 대한 하나님의 승인이 지속되는 가운데 전체 역사를 통하여 계속 사용되어 왔다는 사실을 우리는 참으로 기쁘게 생각한다. 우리 학교에서는 〈킹제임스성경〉 외에는 그 어느 다른 역본도, 그 어느 다른 성경도 사용하지 않는다." (트리니티 침례교 신학 대학 학장 밥 그레이)

위에서 보듯이, 〈킹제임스성경〉에 대해 최근에 수합된 학자들의 모든 언급들 가운데서 유일하게 제대로 된 언급이 딱 하나 있는데, 그것이 바로 위에 인용한 밥 그레이의 언급이다. 당신은 밥 그레이의 언급 중에서 "하나님의 말씀임을 믿는다."는 기술에 주목할 필요가 있는데, 성경을 "믿는다."고 말한 사람이 바로 이 한 사람밖에 없었다는 사실을 당신은 믿기 어려울 것이다. 어디, 과연 그런지 몇몇 사람들의 말을 계속 들어보기로 하자.

> "성경은 그 원본만이 문자 하나 하나가 영감으로 주어진 것으로서 우리는 〈킹제임스성경〉을 '사용'하고 있으며, 이 역본이 '사용'하기에 최선의 성경이라고 우리는 '느낀다.' 우리는 NASV를 오직 참고용으로만 사용하고 있고, RSV는 일체 용납하지 않고 있다." (북침례교 성경신학대학 학장 던 바엘리 스컨슨)

이 사람은 ASV건, NASV건, RSV건 모두가 웨스코트와 홀트가 사용한 동일한 헬라어 원문에서 나온 것이라는 사실도 모르는 모양이다. NASV를 사용한다면, 그것은 RSV를 사용한다는 말이나 같다. 이 사람이 RSV를 일체 용납하지 않고 있다고 딱 잡아떼고 있는 것은 진실을 숨기려는 유치한 술수에 지나지 않는데, 그것은 아주 "조심스럽게" NASV를 추켜세우려는 책략이다.

위에서 내가 "~ 를 믿는다."고 말한 밥 그레이의 언급에 주목하는 게 중요하다고 설명했는데, 그 까닭이 바로 여기서 드러난다. 우리가 방금 읽은 북침례교 성경신학대학 학장이라는 이 사람의 언급을 계기로 〈킹제임스성경〉을 "사용한다."(use)고는 말하되, 누구도 "믿는다."(believe)고 말하는 사람이 더 이상 없다는 사실을 계속 유념하라. "믿지"도 않으면서 "사용"한다면 그게 무슨 소용이 있단 말인가?

우리는 또 이 사람의 말 가운데서 "느낀다."(feel)는 용어에 주목하게 된다. 우리가 이런 단어들에 주목하는 까닭은 이런 용어들이 결코 우연히 튀어나온 것이 아니라 의도적으로 채택해 쓰고 있다는 것을 알기 때문이다. 성경을 "믿는다."는 말은 극도로 삼가면서 그 대신 "사용한다."는 말로 교묘히 표현하고 있는 판국이니 "~ 임을 확신한다."는 표현보다는 역시 "~가 아닐까 느낀다."라는 표현이 더 자연스럽게 어울린다. 그들은 하나님의 말씀을 믿을 수도 없고 그것이 하나님의 말씀이라는 확신을 가질 수도 없는 자들이다. 그들은 〈킹제임스성경〉이 그래도 가장 낫지 않을까 "느껴져서" 하는 수없이 이 성경을 "사용"하고 있을 뿐이다. 소위 무슨무슨 신학교 교수들이라는 자들이나, 성경학자라고 하는 자들이나, 무슨 헬라어 학자라고 하는 자들 쳐놓고 "우리는 〈킹제임스성경〉이 하나님의 말씀임을 확신하고 이 성경을 믿는다."고 말하는 자는 하나도 없다. 놀랍지 않은가?

> "이들 역본들에 대해 우리가 '느끼는' 바는 물론 〈킹제임스성경〉이 가장 훌륭한 역본이라는 것이다. 우리 대학에서도 이 역본을 '사용'한다. NASV로 말한다면, 이 역본 역시 대단히 정확하기 때문에 나는 이 역본으로도 아무 문제가 없다고 생각한다." (인디아나 체스터튼 페어이븐 신학대학 학장 로저 풀그라인드)

또 "느낀다."이다. 우리는 성령을 느껴요. 우리는 하나님께서 이렇게 저렇게 말씀하신다고 느껴요. 우리는 느껴요, 느껴요, 느껴요. 어쩐지 느껴져요. 우리는 좋은 기분을 느껴요. 당신도 느끼죠? 아, 느낀다고요? 감사합니다. 어때요? 당신도 느껴지죠? 어떻게 느껴지죠? 아, 네, 기분 좋게 느껴진다고요?

도대체 느껴지긴 뭐가 느껴진단 말인가? 나는 아무것도 느끼지 않는다. 나는 느끼는 게 아니라 "안다." 알고 있다 이 말이다. 알되 확신하고 있다 이 말이다. 나는 성경이 하나님의 말씀임을 "알고" 있지, 느끼고 있는 것은 아무것도 없다. 알고 있기 때문에 우리는 〈킹제임스성경〉을 믿는다.

이 사람 역시 〈킹제임스성경〉을 "사용"은 하는데, 믿지는 않는다. 이 사람은 KJV를 사용한다면서 NASV도 아무 문제가 없다고 또 딴소리를 한다. 결국 이 사람은 KJV만이 아니라 NASV도 사용한다는 얘기이다. 31,000군데나 서로 내용이 틀린 두 역본을 어떻게 동시에 사용하는 것일까? 어차피 "믿지"도 않는데 아무려면 어떠냐는 식인가?

> "우리 클리어워터 기독신학대학은 성경적 원칙들에 부합하는 고차원의 학문적 기준을 강조하고 있다. 우리가 역점을 두고 있는 수준 높은 이 학문적 기준은 성경의 권위에 그 토대를 두고 있다는 사실을 우리는 서슴없이 선언할 수 있다. 우리가 말하는 '성경'이란 물

> 론 그 '원본'을 의미한다." (풀로리다 탐파 클리어워터 기독신학대학 학장 윌리엄 카스탄도)

클리어워터인지 클린워터인지 하는 이 대학 학장의 말에 따르면 이 기독신학대학이 "허깨비"의 권위 위에 그 기반을 두고 있는 게 분명하다. 세상에 존재하지도 않고 보지도 못했으며 읽기는커녕 한번 만져보지도 못한 "원본"의 권위가 이 대학의 고차원적 학문 기준의 토대라고 말하고 있으니 말이다. 이처럼 허깨비의 권위 위에 서 있는 이 대학은 "고차원의 학문적 기준"을 강조하고 있는데, 뜬구름 같은 "원본"의 권위 위에 서있자니 허공에 떠있는 공중누각이 될 수밖에 없을 터인즉, 아닌 게 아니라 매우 "고차원"이다. 정말이지 우스워서 더 말이 나오지 않는다.

> "우리는 설교할 때 〈킹제임스성경〉을 효율적으로 '사용'하고 있으며, 암송 구절도 〈킹제임스성경〉을 '사용'하여 발췌하고 있는데, 그 밖의 경우에도 대부분 〈킹제임스성경〉을 주로 '사용'하고 있다. 그러나 '젖먹이들' 학습용으로는 1901년 판 ASV뿐만 아니라 NASV도 사용하고 있다." (펜실바니아 랜지아 갈보리 침례신학대학 학장 제프리 D. 터틀 학장)

그러니까 이 대학에서는 세 가지 상이한 역본들을 "사용"하고 있는 셈이다. "젖먹이들"을 가르치는 데에는 ASV와 NASV를 "사용"한다는 것인데, 이것은 젖먹이들을 가르치는 게 아니라 농락하고 있는 것이다. 수업시간에 ASV나 NASV로 가르치면서 암송만은 KJV로 하라니 이게 농락이 아니고 뭐란 말인가? 이 대학 학장이 "젖먹이"이라고 부르는 사람들은 다름 아닌 학생들을 지칭하는 듯한데, 진짜 "젖먹이"는 학생들이 아니라 학장 자신인 게 분명해 보인다.

> "〈킹제임스성경〉에 관한 한 우리 신학원은 이 성경을 신뢰할 만한 역본으로 간주하고 공식적인 예배와 암송 구절을 외우는 데에는 이 성경을 '사용'하고 있다." (미네소타 미네아폴리스 센트럴 신학원 당국자)

자, 여기까지만 보아도 우리는 이들 학자들, 또는 교수들이라는 사람들이 모두 한통속이 되어 알렉산드리아학파의 이단 강령을 주절대고 있다는 것을 알 수가 있는데, "우리는 그것에 신뢰감이 '느껴지기' 때문에 그것을 선호하고 그것을 '사용'한다."는 것이 바로 그들의 강령이다. 그 누구도 "믿는다."는 말은 하지 않기로 약속돼 있는 것이다. 그들은 성경에 대하여 뭐라고 언급할 때마다 언제나 "우리는 그것을 선호한다. 우리는 그것을 사용한다. 그것이 더 신뢰할 수 있다고 느끼기 때문이다."라고 예외없이 말한다. 그리고 여기에 더붙여 "ASV(또는 NASV)가 그것이다."라는 "추신"을 단다. 그들더러 "당신은 〈킹제임스성경〉을 어떻게 생각하느냐?"고 물어보아라. 그들은 틀림없이 이렇게 대답할 것이다. "우리는 그것도 '사용'한다. 그렇지만 그것만 선호하는 것은 아니다." 그러나 우리들 성경대로 믿는 사람들은 이렇게 말한다. "우리는 ASV나 NASV를 사용하지 않는다. 우리는 그런 역본들이 하나님의 말씀이라고 믿지 않기 때문이다. 이런 역본들은 젖먹이들의 돈을 우려내기 위해 만든 쓰레기들이다."

> "1901년 판 ASV와 NASV로 말한다면, 우리는 이들 또한 신뢰할 만한 역본들로 간주한다. 교사들에 따라서는 ASV를 수업시간에 '사용'하기도 하는데, 특히 구약을 공부할 경우 명확하게 이해하기 어

려운 부분에서는 다른 역본들보다는 이 역본을 주로 '사용'한다. 요즈음 '오직 〈킹제임스성경〉!'을 부르짖는 일부 사람들도 있지만, 우리 신학원은 그런 〈킹제임스성경〉 옹호 투사들의 편에 서 있지 않는다... 성경 역본들을 둘러싼 논쟁들은 하나님의 '말씀'(the Word of God)의 '원본'에 대한 올바른 이해가 부족한 데서 가열되고 있다는 것이 나의 입장이다. 영감설의 견지에서 보거나, 문헌학적 관점에서 보거나, 또 전달 매체인 언어학적 견지에서 볼 때, '원본'에 대한 올바른 이해가 모든 점에서 충분치 못하고 무엇 하나 입증되지도 않은 상황에서 이런 논쟁을 벌이는 것은 비생산적이라고 나는 생각한다. 내가 마치 〈킹제임스성경〉과 NASV가 하나님의 말씀이라거나 또는 아니라고 말하기라도 한 것처럼 나에게 이 두 역본을 들이대고는 이 역본들이 하나님의 말씀이라고 생각하느냐, 아니라고 생각하느냐 하고 추궁하듯 묻는다면, 이것은 나를 우스꽝스러운 사람으로 만들자는 의도로밖에는 받아들일 수가 없다. 우리 신학원에서는 이 두 가지 역본들 중 어느 한 가지는 하나님의 말씀이 아니라고 공식적으로 표명한 적이 결코 없다. 〈킹제임스성경〉이라면 우리 신학원도 신뢰할 만한 역본으로 간주하고 있으며 그 누구보다도 그 가치를 평가하고 있거니와, 그럼에도 불구하고 유독 나 혼자서만 이 역본이 하나님의 말씀이 아니라고 여기고 있는 것처럼 매도하는 것은 공평치 못한 처사다. 〈킹제임스성경〉을 놓고 당신이 나더러 하나님의 말씀이라고 생각하느냐고 묻는다면 나는 당신더러 우리 신학원에 입학하여 학생의 입장에서 원문 비평학이라든가 성경개론 등을 포함한 총 96시간에 달하는 대학원 수준의 수업을 먼저 받아보라는 제안으로 대답을 대신하는 바이다. 그러고 나면 당신은 비로소 현재의 성경 영역본들의 배경을 이루고 있는 '원본'에 대한 우리의 견해에 대해 타당한 반응을 나타낼 만한 입장에 설 수 있을 것이다." (미네소타 미네아폴리스 센트럴 신학원 학장 롤란 D. 메퀴엄)

"하나님의 말씀"을 "the Word of God"이라고 대문자 "W"로 쓰고 있는 이 사람은 성경에서 『말씀』(요 1:1)이 누구를 뜻하는지도 모르는 모양인데, 더 웃기는 것은 이 『말씀』의 "원본" 운운하고 있다는 사실이다. 예수 그리스도의 "원본"이라니 세상에 이런 말이 어디 있단 말인가? 이 사람은 아마 "헬라어 원본"을 의미했던 모양인데, 아무리 그렇더라도 세상에 존재하지도 않고 아무도 보지 못한 "원본"을 놓고 "올바른 이해가 부족하다." 운운하는 것은 또 무슨 뚱딴지 같은 소린가?

이 사람은 로니 파월에게서 "당신은 〈킹제임스성경〉이 하나님의 말씀이라고 생각하십니까, 아니라고 생각하십니까?" "당신은 〈미국새표준성경, NASV〉이 하나님의 말씀이라고 생각하십니까, 아니라고 생각하십니까?"라는 질문을 받고 나서 이에 대한 답변으로 위와 같은 괴이할 정도로 신경질적인 답변을 하고 있는 중이다. 위에서 내가 소개한 몇 사람의 견해들이 모두 로니 파월의 서면 질의에 대한 답변서에 나타난 것들인데, 로니 파월은 자신의 질의에 대해 답변다운 답변은 하나도 받지 못하고 그 대신 쓰레기들만 산더미 같이 수집해 들인 꼴이 되고 말았다. 신학교건, 신학대학이건, 신학원이건, 오늘날 미국의 모든 신학교 학자들이란 이처럼 더러운 영들에게 단단히 사로잡혀 있는 마귀의 앞잡이들로 전락해 버리고 말았기 때문에 그들의 입에서는 한결같이 판에 박은 말이 튀어나온다. 이들은 입만 열었다 하면 이미 사라진지 오래되어 세상에 존재하지도 않는 "필사본 원본"이니 "헬라어 원본"이니 하고 들먹거리면서 오직 "오리지널" 원본들만 하나님의 영감으로 주어졌을 뿐, AV가 되었건, RSV가 되었건,

ASV가 되었건, NASV가 되었건, 이런 역본들은 역시 역본들인지라, 이것도 좋고 저것도 나쁘지 않다고 "느끼며," 어떤 것이 믿을 만하고 어떤 것도 쓸만하다고 "간주"하고, 이것도 "사용"하고 저것도 "사용"하노라고 말한다. 그러면서 누구 하나 성경을 "믿는다."고 말하는 사람은 없는 것이다.

> "친애하는 파월 씨, 저희 페이스웨이 침례교신학대학에 관심을 가져주셔서 감사합니다. 본 서신에 저희 대학 소개 책자를 동봉하오니 저희 대학의 교리적 입장에 대해서는 이 책자를 참고하시기 바랍니다. 성경 역본에 대한 귀하의 질의와 관련하여 우리는 설교와 같은 말씀 전파를 위해서라면 오직 〈킹제임스성경〉만을 '사용'한다는 사실을 알려드립니다. 그러나 우리 대학 일부 교수들은 연구 목적으로 NASV를 사용하기도 합니다. 우리는 KJV가 가장 잘된 역본이라고 생각합니다만, 다른 사람들과의 교제를 끊어 가면서까지 KJV만을 고집하지는 않습니다." (미시간주 페이스웨이 침례교신학대학 부학장 라이오널 맥칼리)

내가 묻겠다. "당신은 하나님의 말씀을 믿습니까?"

당신은 이 질문에 특별히 답장까지 써보낼 필요는 없다. 당신의 대답은 들으나마나 "물론 믿지는 않지요. 우리는 '사용'만합니다."일 것이 뻔하니까 말이다.

> "친애하는 파월 씨, 우리 인디애나 침례교신학대학에 관심을 가져주셔서 감사합니다. 우리는 〈킹제임스성경〉을 '사용'..." (인디애나 침례교신학대학 학술부 학장 마빈 매리)

만약 우리한테서 편지를 받았다면 "관심을 가져주셔서 감사합니다." 소리는 하지 않았을 것이다. 이 사람도 예외 없이 또 "사용..." 운운이다. 어쩌면 이렇게 판에 박아놓았는지 그저 어안이 벙벙할 뿐이다. 이들의 말은 그야말로 우표딱지처럼 똑같다. 이들이 "사용"하는 우표는 어찌나 똑같은지 이 "우표"가 저 "우표"이다. 이들은 입만 열었다 하면 마치 로봇이 말하듯 자동적으로 똑같은 말을 내뱉는데, 가령, 예수 그리스도의 "동정녀 탄생"이란 말을 사용하면서도 이것은 "신성한 개념"이라는 뜻에서 사용하는 말이고, "부활"이란 용어는 한결같이 "영적 부활"이란 뜻으로 사용하는 말이며, "삼위일체"란 용어를 사용하는 것도 언제나 "관념적 통일성"을 의미하는 용어로만 사용한 것이다.

배교가 따로 없다. 이런 것이 곧 배교 행위인 것이다. 사람이 마땅히 "믿어야 할 것"을 "사용하는 것," 이것이 곧 위선이다. 하나님께서 "믿으라"고 주신 성경을 "사용"하는 사람은 위선자이다. 무엇인가를 "사용"하되, "믿는" 것과는 아무 관계도 없이 "사용"만 한다면, 이 사람은 바로 위선자인 것이다. 인디애나 침례교신학대학의 학술부 학장이라는 이 사람도 진형적인 위선자의 한 사람인데, 그 다음에 또 뭐라고 하는지 보자. "...우리는 모든 수업 시간과 예배 시간에는 〈킹제임스성경〉을 '사용'하되, 우리 대학 교수들 가운데는 NASV를 부수적으로 '사용'하기 좋아하는 교수들도 일부 있습니다."

31,000구절이나 변개한 NASV를 〈킹제임스성경〉과 나란히 놓고 사용한다는 것이다. 이 사람은 두 번째 답장까지 보내어 성경에 대한 자신들의 입장을 "부수적"으로 또 개진했다.

> "친애하는 파월 씨, 성경 역본에 관한 귀하의 질의에 대해 마지막으로 우리의 입장을 더 밝히고자 합니다. 이 문제를 둘러싸고 어떤

> 논쟁들이 벌어지고 있건 우리는 거기에 관심이 없습니다. 하나님께서 자신의 말씀을 수세기에 걸쳐 보존하셨다는 것은 분명한 사실이지만, 이것은 어디까지나 히브리 원문과 헬라어 원본까지가 그러했던 것이며, 영어로 번역되기까지 하나님의 완전하신 '보존'이 개입돼 내려왔던 것은 아니라고 봅니다. AV는 존경할 만한 번역본으로 가장 널리 받아들여지고 있기 때문에 이미 밝힌 바와 같이 우리는 이 역본을 '사용'하고 있습니다. 우리가 확신하건대..." (인디애나 침례교신학대학 마빈 매리 학술부 학장)

뭐라? "확신하건대..."라고? 어떻게 믿지도 않으면서 "확신"이란 말을 구사할 수 있지? 가만 있자, "확신"이라니 무엇을 "확신"한다는 것인가? 이 대학 학술부인지, 마술부인지, 아무튼 무슨 학장이라는 마빈 매리 왈, "우리가 확신하건대, '교회'(church)라는 말보다는 '집회'(congregation)라는 말이 더 옳고, '침례'라는 말도 '침수'(immersion)라고 써야 옳습니다."라고 말한다. 옳지, 그러면 그렇지, 이 사람이 "확신한다."고 말할 때, 그게 무슨 뜻인지 이제야 알겠다. 이 사람은 확신해야 할 것은 확신하지 않고, 확신해서는 안 될 것은 확신하고 있다. 이 사람은 이런 단어들을 이런 식으로 번역해야 한다고 성령 하나님께서 "영감"을 주신다고 "확신"한다 이 말인 모양이다. 이 사람은 "침례"가 때로는 "죽음"을 의미한다는 것도 모른다. "침례"가 반드시 물속에 푹 잠기는 "침수"만 의미하는 게 아니라는 것은 까맣게 모르고 있는 것이다. 이 사람은 침례 받으면, 자기가 죽어야 한다는 것도 모른다. 이것도 모르면서 어떻게 성령께서 그렇게 영감을 주셨다고 감히 "확신"한다는 말을 할 수 있단 말인가? 그럼 "인디애나 침례교신학대학"은 또 뭐란 말인가? "인디애나 '침수교' 신학대학"이어야 하지 않는가? 성령께서 이것만은 영감으로 가르쳐주지 않으셨단 말인가? 그러고 보니 미국에서만도 이루 헤아릴 수 없이 많은 교회들과 신학교들과 단체들과 기관들이 간판을 뜯어고치고 자기네들 공식 문서 용지를 새로 인쇄하느라고 한바탕 대소동을 벌리게 생겼다. "침례"를 "침수"로, "교회"를 "집회"로 고치느라고 말이다. "템플 침례교회"를 "템플 침수교회"로, 참, 그게 아니라 "템플 침수집회"로 고쳐야 할 테고, "미조리 스프링필드 성경 침수신학대학," "세계 침수교 친교회," "북침수교 집회 연합회," "남침수교 침수 집회 총회," 원 세상에! 이 사람의 그 기상천외한 "확신" 덕분에 간판 제작 업자들과 인쇄업자들만 한동안 살판나게 생겼다. 성경에 대해서는 "믿는다"는 말을 그렇게도 하기 싫어하면서 이런 엉뚱한 것들에 대해서만큼은 "확신한다," 이거란 말인가?

> "친애하는 파월 씨, 보내주신 서신 감사히 받았습니다. 귀하의 질의서에는 답변하지 않고는 도저히 배겨내지 못할 질문들을 담고 있군요. 성경 '원본'이 문자 하나 하나가 하나님의 영감으로 주었다고 해서 역본들도 역시 하나님의 영감으로 주어졌다고 말할 수는 없습니다. '원본'과 역본은 문제가 다릅니다. NASV와 KJV, 그리고 RSV 중에서 어떤 것이 하나님의 말씀이라고 생각하느냐는 것이 귀하의 첫 번째 질문입니다만, '이 세 가지 역본들 모두가 하나님의 말씀이다.'라는 것이 우리의 답변입니다." (켄터키 렉싱턴 침례교신학대학 학장 라스칼 블롱)

KJV와 NASV 및 RSV, 이 세 가지 역본들이 모두 똑같이 하나님의 말씀이란다. 이 세 가지 역본들은 무려 36,000군데나 그 내용이 서로 다른데도 말이다. 로니 파월이 이들에게 발송한 질의서는 다음과 같았다.

> "친애하는 제위, 나는 귀하의 대학에서 실시하는 제반 강의와 관련하여 다음과 같은 사항에 대한 정보를 얻고자 합니다. 첫째, 귀 대학의 교리적 입장을 밝힌 석명서(釋明書)를 보내주시기 바랍니다. 둘째, 교리적 석명과는 별도로 KJV와 NASV 및 RSV에 대하여 귀하가 '느끼고' 있는 바를 밝혀주시기 바랍니다. 이에 대한 귀하의 답신에 대해 미리 감사드리는 바입니다."

위에서 보듯이 로니 파월의 질의서부터가 "느낌"을 묻고 있는지라, 답변자들은 옳다 됐다 싶어 이구동성으로 "느낀다."고 말하고 있는지도 모르겠다. 하지만, 그가 설사 "믿음" 여부를 물었다 하더라도, 답변자들은 한결같이 "느낀다."고 답했을 게 틀림없다.

내친 김에 조금만 더 보자. 파월의 질의서에 대해 미시간 주 폰티악 시 소재 미드웨스트 침례교신학대학의 답신 내용은 다음과 같았다.

> "친애하는 파월 씨, 본 대학에 대한 귀하의 문의에 대해 감사합니다. 우리 대학의 교리적 입장에 대한 간략한 석명에 대해서는 동봉한 대학 안내 책자를 참조해 주시기 바랍니다. 우리는 에큐메니칼 운동 연대와 에큐메니칼적인 복음주의 운동에는 가담하지 않고 있습니다. 귀하가 예시한 세 가지 역본들과 관련하여 답변하건대, 우리는 수업시간과 예배시간에는 〈킹제임스성경〉을 '사용'합니다..."

보라, 또 "사용"한단다. 정말 놀랍지 않은가? 여태까지 여러 사람들의 이야기를 지금 들어오고 있는 중이지만, 누구 한 사람 〈킹제임스성경〉을 "믿는다."는 사람은 아무도 없고 한결같이 "사용한다."는 말만 계속 뇌까리고 있다. 아무도 믿는 사람은 없다. "우리는 〈킹제임스성경〉이 하나님의 말씀임을 믿으며, 그렇기 때문에 이 성경을 믿는다."고 말하는 사람은 하나도 없는 것이다. 이런 자들 밑에서 공부하는 학생들이 도대체 무엇을 배우고 무엇을 얻는단 말인가? 그들은 이런 쓰레기 같은 위선자들로부터 "짐승의 표"만 받고 앉아 있는 중이다. "사용"하려면 먼저 "믿어야" 할 것 아닌가? "믿지" 못하면 "사용"도 하지 말아야 할 것 아닌가? NASV가 하나님의 말씀이라고 정말로 간주한다면 〈킹제임스성경〉을 버려야 하고, 〈킹제임스성경〉이 하나님의 말씀이라고 믿는다면 NASV고 뭐고 다른 역본들은 쓰레기통에 쳐 넣어야 옳지 않은가? 〈킹제임스성경〉을 사용하기는 하되, 다른 역본들도 동시에 사용하고 있다면 〈킹제임스성경〉이 하나님의 말씀이라는 사실을 믿지 않는다는 게 분명하지 않은가? 그러나 그들은 믿지도 않으면서 사용은 한단다. 세상에 이런 위선이 어디 있고, 이런 낯간지러운 일이 또 어디 있단 말인가?

미드웨스트 침례교신학대학의 이 학장 나리는 또 이렇게 말한다. "수많은 사람들이 NASV가 훌륭한 역본이라고 추천하고 있다는 것을 우리는 잘 알고 있습니다만, 우리는 이 역본을 우리 대학 구내 서점에서 판매하고 있지는 않습니다." 이것은 또 무슨 논리인가? 학생들 앞에서 이 무슨 부끄러운 "눈감고 아웅"이란 말인가? 수많은 사람들이 NASV가 훌륭한 역본이라고 추천하고 있음을 안다면 구내 서점에서도 판매해야 옳지 않은가? 성경 수업시간과 예배시간에만 〈킹제임스성경〉을 "사용"한다면, 다른 분야에서는 NASV를 또 "사용"하고 있다는 말 아닌가? 그런데도 이 말은 하지 않고 숨긴다. 그리고 서점에서 팔지 않는다고 발뺌을 한다.

다음과 같은 미드웨스트 침례교신학대학의 두 번째 답신이 또 대단한 걸작이다.

"친애하는 파월 씨, 본인은 피터 럭크만 밑에서 공부하는 문하생들로부터 날아온 편지 몇 통을 소장하고 있습니다. '럭크만파'라면 귀하께서도 그 특색을 잘 알고 있겠지만, 피터 럭크만은 〈킹제임스성경〉만이 하나님의 말씀이라고 '믿고' 또 학생들에게 그렇게 가르치고 있습니다..."

그래서 어떻다는 말인가? 자기는 절대로 그렇지 않다는 말 아닌가? 자기는 〈킹제임스성경〉이 하나님의 말씀임을 믿지 않는다는 뜻 아닌가? 그렇다면 "사용"도 하지 말아야 할 것 아닌가?

이 사람은 편지에서 파월에게 또 이렇게 말한다.

"럭크만의 문하생들이 보낸 서신에 대해 본인은 다음과 같은 방식으로 답장을 보냈습니다."

저런! 답장은 또 무엇 하러 보냈노? 이 사람이 보기에는 피터 럭크만 문하생들이 진리에서 벗어난 것만 배우고 있는 것으로 여겨졌던 모양인데, 진리에서 벗어난 뚱딴지같은 것을 배운 학생들이 진리에서 벗어난 뚱딴지 같은 말로 자기에게 질의해 온 편지에 대해 답장은 무슨 답장이란 말인가?

"본인의 답장은 이러했습니다. 첫째, '원본'을 제외한 그 어떤 역본도 영감으로 주어졌다고 말할 수는 없다..."

이에 대한 무슨 증거라도 있는가? 이것을 무엇으로 입증한단 말인가?

"...둘째, 피터 럭크만과 그의 일파 외에는 본인이 알고 있는 그 어떤 성경 교사들도 '그것들'이 영감으로 주어졌고 하나님의 섭리로 보존된 유일한 성경이라고 주장하는 사람은 없다."

이 친구는 영문법도 제대로 모른다. 〈킹제임스성경〉에 여러 개의 역본 '들'이 있단 말인가? 〈킹제임스성경〉이라는 역본은 하나밖에 없지 않은가? 그런데 갑자기 "그것들"(they are)이라고 복수형으로 표기하고 있다. 이 친구는 찰스 헤이든 스펄전의 책도 읽어 보지 못한 모양이다. "본인이 알고 있는 바" 가운데 스펄전은 제외되어 있는 게 분명하다. 스펄전은 〈킹제임스성경〉은 하나님의 영감으로 주어졌고 섭리로 보존된 이 시대의 유일한 하나님의 말씀이라고 말했던 위대한 그리스도인들 가운데 한 사람이다. 스펄전을 지지하는 그리스도인들은 또 얼마나 많은가? W.B. 라일리는 또 어떤가? 라일리는 〈킹제임스성경〉이야말로 하나님께서 하늘로부터 내려 보내 주신 유일한 성경이라고 말했던 사람이다. 라일리를 지지하는 사람들은 또 얼마나 많은가? 그러나 이 친구의 눈에는 빌리 그래함과 그를 추종하는 사람들만 보이고 스펄전이나 라일리, 그리고 이들을 따르는 신실한 그리스도인들은 안중에도 없는 모양이다. 그러면서도 얼마나 아는 척을 많이 하는지 또 보라.

"1613년 판 AV가 1611년 판 AV와 400군데 이상이나 상반되는 것은 무슨 이유인가?"라고 그는 말한다. 그러나 400군데 가운데서 단 한 군데도 그 실례를 들지는 못한다. 내가 실례를 들어줄까? 1611년 판에 "sope"로 인쇄된 것을 "soap"(비누)로 바로잡아 놓았다(렘 2:22). 이것이 "상반"된다는 말인가? 가령, 예수 그리스도의 머리 위에 『**이 사람은 유대인의 왕 예수라.**』(마 27:37), 또는 『**이 사람은 유대인의 왕이라.**』(눅 23:38)고 쓴 명패를 "이 사람은 유대인의 왕 나사렛 예수라."고 표기했었다고 해서 이것이 서로 "상반"되는 내용이란 말인가? 이런 자들은 사복음서만 가지고 계산해도 1613년 판 AV와 1611년판 AV가 특정 부분에서 무려 3,000군데나 서로 다르다는 사실은 까맣게 모르고 있다. 이렇게 많은 부분에서 다르다고 해서 사복음서의 내용들이 서로 "상반"되고 모순된다는 말인가?

더 가관인 것은 이 무식한 자가 "피터 럭크만 문하생들"에게 보낸 답신 가운데서 이렇게 권고하고 있다는 점이다. "H.S. 노어 저, 〈성경개론 입문, *General Biblical Introduction*〉, B.B. 와필드 저, 〈성경의 영감적 권위, *Inspirational Authority of the Bible*〉, R.A. 알레스 저, 〈개역본 비평, *Critics on RSV*〉 및 〈신영어성경, *New English Bible*〉, 프렛치 인폼 저, 〈무오한 말씀, *Infallible Word*〉, 래리 해리스 저, 〈성경의 영감, *Inspiration of the Bible*〉 등과 같은 책들을 읽고 좀더 연구하기를 권고하는 바입니다."

어쩌면 한다는 짓이 이 정도밖에 안 된단 말인가? 여기 나열돼 있는 책들이 모두 하나같이 칼빈주의 5대 강령에 철썩 같이 매달리면서 유아세례 구원을 믿는 장로교 무천년주의자들이 쓴 것들이다. 이것이 침례교신학대학 학장이라는 사람이 읽고 더 공부하라고 추천하고 있는 책들이라니!

〈킹제임스성경〉에 대적하는 자들을 주어 섬기면서 이런 식으로 나열해 가자면 하루 종일 걸려도 모자랄 정도인지라 여기서는 이 정도로 그치는 게 좋겠다. 나 피터 럭크만은 혼자서 500명 이상의 성경학자들 및 주석자들과 맞서고 있는 터라 사실상 전 세계를 상대로 싸우고 있는데, 이것은 내 말이 아니라 그들 쪽에서 나더러 하는 말이다. 이런 내가 당신에게 할 수 있는 말은 오직 이것이다. "당신의 무릎 위에 지금 〈킹제임스성경〉이 펼쳐져 있다면, 당신은 지금 유일한 진짜 성경을 읽고 있는 중이다. 그 책이 바로 '하나님의 말씀'이라 불리는 책이요, '성경'이라는 책이다. 당신은 그 책을 읽되, 그것이 하나님의 말씀임을 믿어라. 그 책이 정말로 '하나님의 말씀'이라고 믿는다면, 당신은 예배와 복음 전파와 성경 연구와 말씀 참고를 위해서뿐만 아니라 모든 때, 모든 경우에 모든 상황에서 그 책만을 믿고 사용하라."

〈킹제임스성경〉은 절대 무오한 하나님의 말씀임을 믿으며, 성령께서 보존하신 최종권위로서 입증할 수 있는 오류가 단 한 군데도 없는 성경이다. 이것이 〈킹제임스성경〉에 대한 나의 교리적 석명(釋明)이다. 〈킹제임스성경〉을 믿는 나의 교리적 입장을 "비공식적으로" 추가로 밝힌다면 다음과 같다.

> "모든 성경은 하나님의 영감으로 주어진 것으로서 나는 그 사본을 갖고 있지 않으면 안 된다. 그런데 나는 지금 〈킹제임스성경〉을 갖고 있다. 하나님께서 〈킹제임스성경〉에 영감을 불어넣으신 방식이 원본에 영감을 불어넣으셨던 방식과 설사 다를지라도, 내가 영어로 된 이 성경을 하나님의 말씀으로 믿고 말하도록 인도하신다는 점에서 이 말씀에도 하나님께서 호흡을 불어넣으셨다고 나는 믿는다."

〈킹제임스성경〉에 대한 위와 같은 나의 추가적인 교리적 석명(釋明)은 어디까지나 "비공식적으로" 말한 것이다. 그러나 하나님께서 성경에 "호흡을 붇어넣으셨다."고 말할 때, 여기에는 유의해야 될 문제가 하나 있다. 이것은 하나님의 말씀이 사람의 입을 통하여 나왔다는 뜻이다. 『**예언은 예전에 사람의 뜻에서 나온 것이 아니요, 오직 하나님의 거룩한 사람들이 성령으로 감동을 받아 말한 것이니라.**』(벧후 1:21)고 성경은 말씀한다. 그래서 성경에 "호흡을 불어넣으셨다."는 말은 한 사람은 말을 하고 다른 사람이 그것을 받아 썼다는 말과 같고, 말하는 사람이 호흡할 때마다 그의 입을 통하여 하나님의 말씀들이 나왔다는 뜻이 된다. 〈킹제임스성경〉 번역 위원회에서 바로 이런 과정이 진행되었는데, 번역 위원들이 한단어 한단어를 읽고 그것을 전체 위원들이 듣고 난 다음에 그 단어의 채택 여부를 결정했던 것이다. 말하자면, 하나님의 말씀들이 사람들의 입에서 "영어"로 나왔고, 그것이 하나님의 말씀임을 확인하고 또 확인해 본 다음 영어로 기록했던 것이다. 바로 이 점이 우리가 유의해야 될 중요한 사항이다. 예를 들면 가령, 노아는 어떤 언어를 사용했을까? 노아가 히브리어를 사용했다고는 단언할 수 없다. 그러나 그의 말들이 성경에는 히브리어로 기록되었다. 모세가 하나님께서 시키시는 대로 파라오에게 가서 말했을 때, 모세는 히브리어로 말했을까? 그렇지는 않았을 것이다. 그럼 파라오가 모세에게 말했을 때는 모세가 알아듣도록 히브리어로 말했을까? 그렇지도 않았을 것이다. 모세와 파라오는 이집트어로 대화를 했을 게 틀림없다. 그러나 이것을 성경으로 기록한 언어는 분명히 히브리어다. 이렇게 볼 때, 이 부분에 대한 성경의 히브리어 기록은 이집트 말을 히브리어로 옮겨 놓은 "번역"인 셈이다. 그런즉, 모든 성경은 하나님의 영감으로 주어졌다든지, 하나님께서 호흡을 불어넣으셨다고 하는 말은 히브리어로 "번역"된 이 부분까지 포함해서 하는 말이다. 그렇다면, 〈킹제임스성경〉이 영어로 번역되었을 때, 여기에는 하나님의 영감이나 호흡이 불어넣어지지 않았다고 과연 단언할 수 있겠느냐 하는 문제가 제기된다. 이 문제는 이 정도로 얘기를 끝내겠다. 그러나 깊이 생각해볼 문제이다.

자, 그럼 베드로전서 4장으로 돌아가자.

『**불평하지 말고 서로 대접하며 각 사람이 받은 은사대로, 하나님의 다양한 은혜를 맡은 선한 청지기같이 서로 섬기라**』(9절, 10절).

디도서 1장에 보면 청지기로서 갖추어야 할 덕목에 대해 상세한 언급이 나오고 있다. 『**감독은 하나님의 청지기로서**』(딛 1:7) 비난받을 것이 없고, 자기 고집대로 아니하며, 쉬 화내지 아니하고 술을 즐기지 아니하며, 구타하지 아니하고 더러운 이익을 탐내지 아니하며, 대접하기를 좋아하고, 선한 사람들을 좋아하며, 신중하고 의로우며, 거룩하고 절제하며, 가르침 받은 대로 신실한 말씀을 굳게 붙잡아야 하고, 반박하는 자들을 건전한 교리로 권면하고 설득할 수 있어야 한다고 가르치고 있다(딛 1:7-9). 청지기가 어째서 이러해야 하는지에 대해서는 구태여 더 말할 필요도 없겠으나 베드로는 여기 11절에서 『**모든 일에 예수 그리스도로 말미암아 하나님께서 영광을 받으시게 하려 함**』이라고 간명하게 밝히고 있다.

4:12 사랑하는 자들아, 너희를 연단시키려는 불 같은 시련에 관하여 너희에게 어떤 이상한 일이 일어나는 것처럼 이상하게 여기지 말고
13 도리어 너희가 그리스도의 고난에 참여하는 자들이 되는 것이니 즐거워하라. 이는 그의 영광이 나타나실 때에 너희도 큰 기쁨으로 즐거워하게 하려 함이니라.
14 너희가 그리스도의 이름을 위하여 욕을 당하면 복이 있느니라. 이는 영광의 영 곧 하나님의 영께서 너희 위에서 안식하고 계시기 때문이니라. 그들의 편에서는 그분께서 비방을 당하시나, 너희의 편에서는 영광을 받으시느니라.

『**사랑하는 자들아, 너희를 연단시키려는 불 같은 시련에 관하여 너희에게 어떤 이상한 일이 일어나는 것처럼 이상하게 여기지 말고 도리어 너희가 그리스도의 고난에 참여하는 자들이 되는 것이니 즐거워하라. 이는 그의 영광이 나타나실 때에 너희도 큰 기쁨으로 즐거워하게 하려 함이니라**』(12,13절).

앞에서도 말했지만, 베드로전서의 핵심 주제는 그리스도인이 받는 고난이다. 그리스도인이 받는 고난은 때로는 『**불 같은 시련**』으로 나타나기 때문에 참으로 견뎌 내기가 여간 어려운 게 아니지만, 이것은 보통 고난이 아니라 『**그리스도의 고난에 참여하는**』 것이요, 그 궁극적인 목적은 어디까지나 『**연단**』을 통하여 순수한 믿음을 지킨 신실한 그리스도인으로서 주 예수 그리스도께서 영광 중에 다시 오실 때 『**큰 기쁨으로 즐거워하게**

하려 함』에 있다는 것을 망각하지 말고 끝까지 견뎌 내야 할 시련이요, 고난인 것이다. 그렇기 때문에 베드로는 당신에게 『**불 같은 시련**』에 직면하더라도 『**이상하게 여기지 말고... 도리어... 즐거워하라**.』고 훈계한다. 비록 고난에 처하더라도 그것이 그리스도인이기에 당하는 고난이라면, 당신은 그것이 『**그리스도의 고난에 참여하는**』 것임을 알고 기꺼이 견뎌 낼 수 있을 것이요, 더 나아가 예수 그리스도께서 영광 중에 다시 오실 때, 당신이 큰 기쁨으로 즐거워하게 될 것을 내다보고 있다면, 어떤 고난과 시련이라도 참고 견뎌 낼 수 있을 것이다.

『**너희가 그리스도의 이름을 위하여 욕을 당하면 복이 있느니라. 이는 영광의 영 곧 하나님의 영께서 너희 위에서 안식하고 계시기 때문이니라. 그들의 편에서는 그분께서 비방을 당하시나, 너희의 편에서는 영광을 받으시느니라**』(14절).

당신이 만약 세상의 육신적인 일로 인해 고난을 당한다면 그것은 수치일 뿐이지만, 주님의 이름을 높이기 위하여 욕을 당한다면 이것은 복 있는 일이다. 어째서 그런가? 이 구절은 『**하나님의 영께서 너희 위에서 안식하고 계시기 때문**』이라고 그 이유를 설명한다. 당신이 욕을 당하고 있기 때문에 성령께서 마음 놓고 안식하고 계시다는 것이다. 세상은 그분을 비방하지만, 당신이 나서서 고난받으며 그분의 이름을 드높이고 있기 때문에 주님께서는 세상의 비방 같은 것은 거들떠보실 필요도 없고 당신에게만 관심을 갖고 계실 수 있으며 그리스도의 이름을 위하여 욕을 당하고 있는 당신을 통하여 그분 스스로가 영광을 받으신다. 당신이 고난 당할 때마다 영광을 받으시는 주님을 머리에 떠올린다면, 당신은 그 고난이 오히려 복되다는 것을 알기는 어렵지 않을 터인즉, 그 고난에서 벗어나려고 결코 비굴한 행동을 하면서 주님의 이름을 욕되게 해서는 안 될 것이다.

당신은 그리스도께서 피흘려 값을 치르고 사신 바 되었다. 당신은 이제 당신 자신의 것이 아니라는 얘기다. 그러므로 그분을 영화롭게 해드리는 것은 이제 당신이 할 몫이다. 『**너희는 값을 치르고 산 것이니 그러므로 하나님의 것인 너희 몸과 너희 영으로 하나님께 영광을 돌리라.**』(고전 6:20)고 바울은 말한다. 당신을 통하여 영광 받으시는 주님께서는 당신 또한 영광스럽게 해주신다. 이것은 아버지 하나님과 아들 하나님 사이에 영광이 오가는 것과 같다. 『**하나님께서 인자 안에서 영광을 받으시면 하나님께서도 자신 안에서 인자를 영화롭게 하시리니 그를 즉시 영화롭게 하시리라**』(요 13:32).

4:15 너희 중에 누구도 살인자나 도둑이나 행악자나 다른 사람들의 일에 간섭하는 자처럼 고난을 당하지 않게 하라.

16 그러나 만일 너희가 그리스도인으로서 고난을 당하면 부끄러워하지 말고 오히려 그 일로 인하여 하나님께 영광을 돌리라.

17 이는 하나님의 집에서 심판을 시작해야 할 때가 되었음이니 만일 그 심판이 우리에게서부터 먼저 시작되면 하나님의 복음에 순종하지 않는 자들의 그 종말은 어떠하겠느냐?

18 만일 의인들이 겨우 구원을 받는다면, 경건치 못한 자들과 그 죄인은 어디에 나타나겠느냐?

19 그러므로 하나님의 뜻에 따라 고난을 받는 사람들은 선을 행하면서, 신실하신 창조주께 그들의 혼을 지키시도록 맡길지어다.

『**너희 중에 누구도 살인자나 도둑이나 행악자나 다른 사람들의 일에 간섭하는 자처럼 고난을 당하지 않게 하라**』(15절).

살인자가 사형에 처해지고, 도둑이나 행악자가 감옥에 들어가는 것이야 당연히 받아야 할 고난이되, 부끄럽기 짝없는 고난이다. 그리스도인이 만약 이런 죄에 연루되어 이런 부끄러운 고난을 당하게 된다면, 주님께서 얼마나 얼굴을 붉히실 것인가! 이런 일을 당하는 것은 그리스도인이 주님의 이름을 높이기는커녕 그분의 이름을 짓밟는 것이다. 베드로는 지금 이런 부끄러운 고난일랑 제발 당하지 말라고 당신에게 훈계하고 있는 것이다.

『**다른 사람들의 일에 간섭하는 자**』란 예컨대, "인권 침해"라든지, "업무방해죄" 같은 죄를 범하는 사람을 말한다. 그리스도인이 이런 죄를 범하고 신체적인 구속을 받고 감옥에 들어가 형벌을 받는다면 이 또한 부끄러운 일이요 그리스도의 이름을 욕되게 하는 것이다.

『**그러나 만일 너희가 그리스도인으로서 고난을 당하면 부끄러워하지 말고 오히려 그 일로 인하여 하나님께 영광을 돌리라**』(16절).

이것은 더 설명할 필요도 없다. 그리스도인이 『**그리스도인으로서**』 고난을 당한다면 그것은 자랑스러운 일이지 결코 부끄러워할 일이 아니다. 당신은 이 고난을 통하여 『**하나님께 영광**』을 돌릴 수가 있다.

『**이는 하나님의 집에서 심판을 시작해야 할 때가 되었음이니 만일 그 심판이 우리에게서부터 먼저 시작되면 하나님의 복음에 순종하지 않는 자들의 그 종말은 어떠하겠느냐?**』(17절).

여기서 『**하나님의 집**』이란 어떤 건물을 말하는 게 아니라 "사람들"을 말한다. 이것은 곧 우리들 그리스도인들이다. 이것은 바울이 디모데전서 3장에서 구사하고 있는 『**하나님의 집**』이라는 용어와 같은 맥락에서 사용된 용어다. 바울은 디모데전서 3장에서 디모데에게 감독의 직분에 대해 언급하고 나서 『**내가 속히 네게 가기를 바라면서 이것들을 쓰노라. 그러나 만일 내가 지체하면 네가** 하나님의 **집에서 어떻게 처신해야 하는가를 알게 하려는 것이라. 이 집은 살아 계신** 하나님의 **교회요, 진리의 기둥과 터전이니라.**』(딤전 3:14,15)고 쓰고 있다. 그리스도인들은 『**하나님의 집**』이요, 『**하나님의 교회**』이며, 『**진리의 기둥과 터전**』이다.

그리스도인들은 대환란 직전에 휴거되어 그리스도의 심판석에 나아가 자신의 행위들에 대해 주님께 일일이 해명하게 될 것이다. 이처럼 그리스도인들도 심판석에 나아가야 하거늘 『**복음에 순종하지 않는**』 구원받지 못한 죄인들의 『**종말**』이야 더 말해서 무엇하랴? 그들의 『**종말**』은 영원한 지옥이다.

이러한 『**심판을 시작해야 할 때가 되었음이니**』란 그리스도의 재림이 가까이 임박했다는 뜻이다.

『**만일 의인들이 겨우 구원을 받는다면, 경건치 못한 자들과 그 죄인은 어디에 나타나겠느냐?**』(18절).

대환란에 적용되는 구절로 적용해 볼 수도 있는 구절이지만, 여기서 언급되는 『**의인들**』이 그리스도의 의로 인하여 의롭게 된 사람들이라는 점에서 이 시대에 적용해도 무리가 없다.

『**겨우 구원을 받는다면**』이란 사람의 의만 내세우다가 간신히 그것을 뒤로 돌리고 가까스로 그리스도의 의로 구원받았다는 뜻으로 한 말이다. 사람의 의만 내세우는 바람에 하마터면 구원받지 못했을 뻔하지 않았는가? 그러나 우리는 결국 그리스도의 의로 구원받았다. 그래서 우리는 『**겨우 구원**』을 받았다.

『**경건치 못한 자들**』이라든지, 『**죄인**』 같은 말들은 모두 구약적인 의미에서 사용된 용어들이다.

『**그러므로 하나님의 뜻에 따라 고난을 받는 사람들은 선을 행하면서, 신실하신 창조주께 그들의 혼을 지키시도록 맡길지어다**』(19절).

그리스도인들이 『**그리스도의 이름을 위하여**』(14절) 욕을 당하고, 『**하나님께서 영광을 받으시게**』(11절) 하기 위해서 당하는 고난은 그들을 『**연단시키려는**』(12절) 『**하나님의 뜻에 따라**』(17절) 받는 고난이다. 그러므로 이런 고난을 당할 때에 이것을 『**이상하게 여기지 말고**』(12절) 또 『**부끄러워하지 말고**』(16절) 오직 선을 행하고 하나님께 자신들의 혼을 맡겨드려야 한다. 하나님께서는 『**창조주**』이실 뿐만 아니라 『**신실하신**』 분이시기에 고난당하는 그리스도인들이 자신들의 혼을 그분께 맡길 때, 그것을 능히 지켜 주시리라는 것을 추호도 의심해서는 안 된다. 그리스도인의 혼을 지켜 주신다는 것은 구원받은 사람들의 혼이 지옥에 가지 아니하고 하늘나라에 가서 주님과 영원토록 살게 될 것을 의미한다. 이것은 그리스도인들이 선을 행해야만 보장된다는 뜻이 결코 아니다. 이것이 보장돼 있기 때문에 그리스도인들은 마음 놓고 선을 행할 수 있어야 한다는 말씀이다.

베드로전서 5장

5:1 내가 너희 가운데 있는 장로들에게 권하노니 나도 장로 된 자요, 그
리스도의 고난의 증인이며, 또한 장차 나타나게 될 영광에 동참하게
될 자라.
2 너희 가운데 있는 하나님의 양무리를 치고 돌보되 마지못하여 하지
말고 자원함으로 하며 더러운 이익을 위하여 하지 말고 준비된 마
음으로 하며
3 하나님께서 맡겨 주신 자들을 지배하려 하지 말고 오직 양무리의 본
이 되라.
4 그리하면 목자장이 나타나실 때 너희가 시들지 않는 영광의 면류관
을 받으리라.

『**내가 너희 가운데 있는 장로들에게 권하노니 나도 장로 된 자요, 그리스도의 고난의 증인이며, 또한 장차 나타나게 될 영광에 동참하게 될 자라**』(1절).

여기서의 『**장로들**』이란 사도행전 20:17에서 언급되는 『**교회의 장로들**』이나 디모데전서 3장에서 언급되는 『**감독**』과 같은 의미에서의 『**장로들**』이다. 다시 말해서, 요즘 장로교에서 뽑는 "장로들"과는 그 개념이 전혀 다르다. 여기서 말하는 『**장로들**』이란 요즘으로 치자면 양무리를 보살피는 목사들에 해당한다. 교회 행정에나 간여하는 나이 많은 어른 신자들 말고 교회 회원들을 이끌고 하나님께 예배드리며 그들에게 하나님의 말씀을 가르치고 양육하는 사실상의 영적 "목자들"이 곧 『**장로들**』이다. 이들의 대장이신 『**목자장**』(4절)은 예수 그리스도시다.
『**장차 나타나게 될 영광**』이라는 언급으로 보아 이 구절은 재림 관련 구절인 게 분명하다.

『**너희 가운데 있는 하나님의 양무리를 치고 돌보되 마지못하여 하지 말고 자원함으로 하며 더러운 이익을 위하여 하지 말고 준비된 마음으로 하며**』(2절).

『**하나님의 양무리를 치고 돌보되**』라는 언급은 시몬 베드로 특유의 서술이다. 요한복음 21장에서 부활하신 예수 그리스도께서는 제자들과 식사를 마치신 후 『**요나의 아들 시몬아, 네가 이 사람들보다 나를 더 사랑하느냐?**』고 베드로에게 특별히 물으셨고, 이에 대해 시몬 베드로는 『**주여 그러하옵니다. 주께서는 내가 주를 사랑하는 줄 아시나이다.**』 하고 대답했다. 이러기를 세 번 반복하셨고 베드로 역시 이렇게 대답하기를 세 번 반복했다. 이때마다 주님께서는 『**내 어린양들을 먹이라.**』 『**내 양들을 치라.**』 『**내 양들을 먹이라.**』는 말씀을 세 번에 걸쳐 베드로에게 명령하셨다. 그렇기 때문에 "양무리를 치고 돌본다."는 말은 시몬 베드로에게 있어서 매우 귀에 익은 데다가 주님을 기억할 때마다 마음에 떠오르는 특별한 정감이 서려 있는 말씀이었을 것이다.

"돌보다."라는 말은 바울이 사도행전 20장에서 언급한 『**장로들**』의 사명과 직접 관련된다. 『**장로들**』, 즉 양무리를 맡은 목사들은 하나님의 양들을 섬기고 돌보며 지도하고 하나님께 예배드리는 일에 있어 『**마지못하여 하지 말고 자원함으로 하며 더러운 이익을 위하여 하지 말고 준비된 마음으로**』 사역에 임해야 한다고 베드로는 훈계하고 있다.

『**자원함으로**』으로 한다는 것은 자신을 온전히 다 드려서 한다는 뜻이다. 이것은 어떤 이해 타산이나 물리적인 이득을 염두에 두고 자원하는 것이 아니다. 이것은 하나님의 부르심에 응답하여 앞뒤 가릴 것 없이 『**내가 여기 있나이다. 나를 보내소서.**』(사 6:8) 하고 즉각 나서서 자신의 마음과 혼과 몸 전체를 그분께서 사용하시도록 내어드리는 것을 말한다.

『**더러운 이익**』이란 쉽게 말해서 "돈"을 말한다. 하나님을 섬기고 하나님의 사역을 맡아 감당하는 목사가 돈을 바라고 하나님의 사역에 임한다거나 먹고 살기 위한 한 방편으로 목사가 되어 하나님의 양무리를 이끌고 보살피려 한다면 그는 하나님께서 쓰시는 사역자가 아니다. 목사는 양무리들을 이끌고 하나님께 경배하는 일과 복음을 전파하는 일, 양들에게 진리의 말씀을 가르치고 양육하는 일, 그리고 그들의 풍요한 영적 삶을 위해 돕는 일 등, 그 일체가 하나님만을 섬기는 일에 집중되고, 먹고 사는 문제는 완전히 하나님께 맡긴 채 살아가는 사람이어야 한다. 이러한 목사가 하나님께서 쓰시는 진정한 사역자다.

『**준비된 마음으로**』 한다는 것은 그릇된 동기에서가 아니라 올바른 동기에서 우러나 한다는 뜻이다.

『**하나님께서 맡겨 주신 자들을 지배하려 하지 말고 오직 양무리의 본이 되라**』(3절). 사역자는 양무리 앞에 군림하여 그들을 지배하는 독재자가 아니다. 그는 하나님을 섬기는 일에 있어서나, 하나님의 말씀을 읽고 공부하고 순종하는 일에 있어서나, 복음을 전파하고 구령하는 일에 있어서뿐만 아니라 가정생활과 사회생활에 있어서까지도 『**양무리의 본**』이 되는 사람이다.

모든 면에서 양무리의 본이 되고자 항상 노력하며 기도하는 목사는 애당초 그들의 지배자로 군림하기는 틀린 사람이다. 반대로 양무리 앞에 군림하여 그들을 지배코자 하는 목사는 아무리 언행에 주의하면서 가면을 쓰더라도 그들에게 본이 되기는 애당초에 틀린 사람이다. 목사는 기본적으로 "섬기고 보살피는" 사람이다. "섬기고 보살피는" 사람은 다른 사람에 대한 지배욕을 갖지 않는다. 다른 사람에게 자기가 섬김을 받고 보살핌을 받으려고 할 때 나오는 것이 바로 지배욕이다. 이런 목사는 필연적으로 자기 자신을 주님의 권위 위에 올려놓게 되기 때문에 교회 회원들은 자연히 하나님을 두려워하지 않고 사람을 두려워하게 된다. 이런 목사는 자기 말을 하나님의 말씀 위에 올려놓기 때문에 사람들이 성경을 멀리하고 목사의 말에 끌려 다니게 된다. 이런 교회에서는 주님께서 철수해 버리신다. 주님께서는 『**인자도 섬김을 받으려고 온 것이 아니라 섬기러 왔고, 또 많은 사람을 위하여 자기 생명을 몸값으로 주려고 온 것이라.**』(마 20:28)고 말씀하셨다. 『**너희 가운데 누구든지 크게 되고자 하는 자는 너희를 섬기는 자가 되어야 하고 너희 중에 누구든지 으뜸이 되고자 하는 자는 너희의 종이 되어야 하느니라.**』(마 20:26,27)고도 말씀하셨다. 사역자는 『**종이 되어야**』 한다. 이것이 양무리를 치고 보살피며 본이 되는 목사가 되는 유일한 길이다. 주님께서는 섬기러 오셨기 때문에 양무리를 섬기고 보살피는 "목자"셨다. 그분께서는 친히 자신을 일컬어 『**나는 선한 목자라.**』(요 10:11,14)고 말씀하셨다. 그리고 어떤 사람이 『**선한 목자**』인지에 대해 설명해 주셨다. 『**나는 선한 목자라. 선한 목자는 양들을 위하여 자기 생명을 내어 놓으나 삯꾼은 목자가 아니요, 양들도 자기 양들이**

아니므로 이리가 오는 것을 보면 양들을 버려 두고 도망치느니라... 삯꾼이 도망치는 것은 그가 삯꾼이기 때문이며, 따라서 양에 대해서는 관심이 없느니라』(요 10:11-13).

『그리하면 목자장이 나타나실 때 너희가 시들지 않는 영광의 면류관을 받으리라』(4절). **『영광의 면류관』**은 신실한 장로들이 받는다. **『영광의 면류관』**은 실제로는 "목사들"의 몫이다. 그리고 설사 목사가 아니더라도 하나님의 말씀을 가르치는 일에 쓰임 받는 사람도 **『목자장이 나타나실 때』**이 면류관을 받는다. **『목자장』**은 물론 주님이시다. 그런즉 목사들은 **『목자장』** 밑에 있는 "부하 목자들"인 셈이다.

5:5 이와 같이 너희 젊은이들아, 장로에게 복종하라. 너희 모두가 서로 복종하고 겸손함으로 옷입으라. 이는 하나님께서 교만한 자들을 대적하시고 겸손한 자들에게 은혜를 주심이니라.

6 그러므로 하나님의 능하신 손 아래서 겸손하라. 때가 되면 그분께서 너희를 높이시리라.

7 너희의 염려를 다 하나님께 맡기라. 이는 그분께서 너희를 돌보심이니라.

『이와 같이 너희 젊은이들아, 장로에게 복종하라. 너희 모두가 서로 복종하고 겸손함으로 옷입으라. 이는 하나님께서 교만한 자들을 대적하시고 겸손한 자들에게 은혜를 주심이니라』(5절).

이 구절은 **『젊은이들』**이 반드시 기억해 두어야 할 중요한 훈계를 담고 있다. 무엇보다도 **『하나님께서 교만한 자들을 대적하시고 겸손한 자들에게**

은혜를 주심이니라.』는 말씀을 명심하도록 하라. 『**교만**』은 하나님께서 가장 가증스럽게 여기시는 아주 고약한 성품이다. 교만한 자는 하나님을 두려워하지 않는다. 하나님을 두려워하지 않는 자는 악을 미워할 줄 모른다. 그래서 성경은 『**주를 두려워하는 것은 악을 미워하는 것이라. 나는 교만과 오만, 악한 행실, 완고한 입을 미워하느니라.**』(잠 8:13)고 말씀한다. 교만은 다툼의 근원이다(잠 13:10; 28:25). 교만은 어리석은 자의 입에서 나온다(잠 14:3). 교만은 멸망을 초래한다(잠 16:18). 악한 자가 하나님을 찾지 않는 것은 교만 때문이다(시 10:4). 교만의 아비는 마귀이다. 모든 교만은 마귀로부터 나온다. 『**내가 하늘에 올라가서 내 보좌를 하나님의 별들보다 높일 것이요, 내가 또한 북편에 있는 회중의 산 위에 앉으리라. 내가 구름들의 높은 곳들 위로 올라가, 내가 지극히 높으신 분같이 되리라.**』(사 14:13,14)고 했던 교만의 시조가 바로 마귀였다. 그래서 교만한 자는 누구라도 하나님께 가증하다(잠 16:5). 아무것도 아는 것이 없으면서 의심이 많고, 언쟁을 좋아하고, 시기와 다툼, 악담과 사악한 의심을 즐기면서 성경의 진리가 아닌 다른 것을 가르치고, 주 예수 그리스도의 건전한 말씀과 경건에 따른 교리에도 일치하지 않는 것을 가르치며 퍼뜨리는 자는 『**교만해서**』 그런다고 바울은 그 이유를 밝히고, 이런 자들은 마음이 썩었고, 진리를 상실했으며, 이익이 경건이라 생각하는 자들이라고 진단한다(딤전 6:3-5). 그런즉, 『**하나님께서 교만한 자들을 대적**』하신다는 것은 당연하다. 하나님께서는 겸손한 사람 곁에 늘 계시고 그의 마음과 영을 소생케 하신다(사 57:15). 주님께서는 어린아이와 같이 자신을 낮추는 사람이 천국에서 가장 큰 자라고 말씀하셨고(마 18:4), 『**누구든지 자신을 높이는 자는 낮아질 것이요, 자신을 낮추는 자는 높아지리라.**』(마 23:12)고 말씀하셨다.

『**하나님께서 교만한 자들을 대적하시고 겸손한 자들에게 은혜를 주심이니라**』(벧전 5:5). 사실 이 말씀은 잠언 3:34을 인용한 것으로 야고보서

4:6에서도 인용하고 있는 구절이다. 『**그러므로 그가 말씀하시기를 "하나님께서는 교만한 자들을 대적하시고, 겸손한 자들에게 은혜를 주신다."고 하셨느니라**』(약 4:6).

『**그러므로 하나님의 능하신 손 아래서 겸손하라. 때가 되면 그분께서 너희를 높이시리라**』(6절).

당신은 겸손해야 한다. 당신은 『**하나님의 능하신 손 아래서**』 자신을 낮출 줄 알아야 하고 사람들 앞에서 겸손할 줄 알아야 한다. 당신은 어떻게 하는 것이 겸손해지는 것인지 스스로 잘 알고 있다. 그래서 당신은 겸손해지게 해 달라고 주님께 기도할 필요가 없다. 내가 늘 충고하는 말이지만, 하나님께서 당신을 겸손케 해주시기를 기다린다거나, 자신이 겸손해질 수 있게 해달라고 하나님께 기도하는 것은 아주 어리석고 위험하기까지 하다는 것을 유념해 두어라. 당신을 겸손케 하시려고 하나님께서 팔을 걷으신다면, 당신은 죽은 목숨이나 다름이 없다. 다른 경우도 아니고 당신을 겸손케 하시기 위해서라면, 그분께서 드시는 그 가혹한 매를 당신은 도저히 견뎌 내지 못할 것이다. 당신은 매를 견뎌 내고 겸손해지기는커녕 오히려 그 가혹함에 반발하여 도망쳐 버리거나 그분께 대들게 될지도 모른다.

『**너희의 염려를 다 하나님께 맡기라. 이는 그분께서 너희를 돌보심이니라**』(7절).

반드시 암송해 두어야 할 구절이다. 당신의 염려를 모두 하나님께 맡겨드리지 못한다면, 당신은 온전한 믿음을 갖고 있는 게 아니다. 당신이 하나님의 자녀로서 그분을 알고 그분을 믿는다면 당신은 그분께 모든 것을 맡겨드리게 될 것이다. 당신이 만약 그분을 알고 또 믿고 있노라면서 당신의 염려를 그분께 맡겨드리지 않고 있다면, 당신은 그분을 사실상 아는 것도, 실제로 믿는 것도 아니다. 당신이 그분께 모든 것을 의탁할 수 있으려면 먼저 그분을 알아야 한다. 그분을 알려면 당신은 불가불 그분의 말씀을 읽지 않으면 안 된다. 그래야 당신은 말씀을 통하여 그분께서 어떤 분이신가를 알게 된다. 당신이 그분에 대해 점점 더 많이 알게 되면 알게 될수록 당신은 그분과 그분의 말씀을 그만큼 더 믿게 된다. 당신이 하나님을 어느 정도나 알고 어느 정도나 믿느냐에 따라 당신이 그분께 얼마나 의탁할 수 있느냐가 결정된다. 성경을 읽지도 않으면서 하나님을 안다고 말한다면, 당신은 거짓말을 하고 있는 것이다. 하나님을 알지도 못하면서 그분을 믿노라고 말한다면, 당신은 거짓말을 하고 있는 것이다. 그분을 알지도, 믿지도 않으면서 그분을 신뢰하고 그분께 맡기며 그분께 의탁한다는 것은 불가능하다. 당신이 비행기에 몸을 실을 수 있는 것은 당신이 비행기가 어떤 것인지 알기 때문이고, 조종사가 무엇을 어떻게 하는 사람인지를 알기 때문에 믿고 당신의 몸을 그 비행기와 조종사에게 맡길 수 있는 것이다. 비행기나 조종사를 조금이라도 믿지 못한다면 당신은 절대로 비행기에 오를 수가 없다. 하물며 하나님이시랴!

이 시대에 그리스도인이라 자처하는 수많은 사람들이 자기는 주 예수 그리스도를 믿는다고 입으로는 말하면서도 성경을 읽지 않는다. 그들은 성경을 읽지 않기 때문에 하나님에 대해 무지하다. 그분을 알지도 못하면서 그분을 믿는다니, 이것은 새빨간 거짓말이다. 그들이 주님께 모든 것을 맡겨드리지 못한 채 자신들의 능력과 자신들의 세상 지식과 자신들의 경험에만 의존하려고 하는 까닭이 바로 여기에 있다. 그러면서도 자신들이 그리스도인들이라니!

5:8 정신을 차리고 깨어 있으라. 이는 너희의 대적 마귀가 울부짖는 사

자처럼 삼킬 자를 찾아 두루 다니기 때문이니라.

9 믿음 안에서 굳게 서서 그를 대적하라. 이는 세상에 있는 너희 형제
들도 동일한 고난을 당하는 줄을 앎이니라.

10 그러나 모든 은혜의 하나님, 곧 그리스도 예수로 인하여 그의 영원한
영광으로 우리를 부르신 분께서, 너희가 잠깐 고난을 받은 후에 너희
를 온전케 하시고, 견고케 하시며, 힘을 주시고, 확고히 하시느니라.

11 그분께 영광과 권세가 영원 무궁토록 있을지어다. 아멘.

『**정신을 차리고 깨어 있으라. 이는 너희의 대적 마귀가 울부짖는 사자처럼 삼킬 자를 찾아 두루 다니기 때문이니라**』(8절).

이 구절은 대단히 중요하고 그만큼 자주 인용되는 구절이다. 이 구절이야말로 현대 그리스도인들을 향한 가장 현실감 있는 훈계이다. 특히 "오순절 운동"에 휩쓸려 있는 은사주의자들이 귀담아서 들어야 할 명령이다. 『**정신을 차리고 깨어 있으라.**』는 말씀을 현대적으로 해석한다면, 이것은 "은사주의자들처럼 미쳐 날뛰지 말라."는 뜻과 같다. 은사주의자들은 정신이상에 걸린 사람들이다. 내가 볼 때, 대부분의 은사주의자 추종자들은 구원만은 받은 사람들인 듯하다. 죄인들은 누구나 일단 구원받고 나면, 사람에 따라 다르기는 하되, 모종의 "영적 체험" 같은 것을 겪기 마련이다. 그들은 이것에 매료된 나머지 은사주의자들이 소위 말하는 "성령 세례"라는 것에 비상한 관심을 갖게 된다. 그들은 하나님의 말씀은 내팽개쳐 두고 "성령 세례," "성령 세례," "성령 세례"에만 몰두하게 된다. 바로 이때 마귀는 "성령"을 가장하고 그들 앞에 등장한다. 그러면 이들 "성령 세례"에 미친 자들은 이 가짜 성령에 열광하면서 "할렐루야!"를 연발하고 환호하며 괴이한 "영적 체험"을 맛보면서 더러운 영들의 장단에 맞춰 미쳐 놀아나게 된다. 그 결과 이들은 더러운 영들을 자신들 안으로 끌어들이게 된다. 더러운 영들이 그들 안으로 일단 들어가면, 이것들이 그 사람의 감정과 느낌을 부추겨 무엇이나 감각적으로만 느끼고 감정적으로만 체험하는 것을 좋아하게 만들고 지성과 양심을 마비시키게 만들어 하나님에 대한 신실한 믿음과 하나님의 말씀에 대한 순종이 자리잡을 곳 없게 만들어 놓고는 그저 마귀가 시키는 대로 미쳐 날뛰게 된다. 은사주의자들이 한결같이 괴상한 감각만 살아 있고 지성과 양심은 고갈된 채 진리의 말씀을 등한시하고 성경에 무지한 까닭이 여기에 있다.

은사주의자들은 마귀에 대해서 이렇게 말한다. "아무것도 두려워 말라. 아무 것에도 겁을 먹지 말라. 하나님께서는 당신이 가난한 것을 원치도 않고, 당신이 병드는 것도 원치 않으신다. 하나님께서는 당신이 두려워해서는 안 되는 이유를 깨닫도록 도와주시기를 바라신다. 마귀를 두려워할 필요는 없다. 마귀는 하나님의 원수일 뿐 아무것도 아니다. 마귀는 '예수' 이름만 듣고도 벌벌 떠는 존재란 것을 알라. 마귀는 그저 당신에게 겁만 줄 뿐 실제로는 아무것도 할 수 없는 존재다. 예수 이름으로 귀신만 쫓아내라. 당신은 괜찮을 것이다." 이 말을 듣고 있는 그리스도인들은 마귀에 대한 두려움으로부터 해방되기는커녕 더욱더 겁에 질려만 가는데, 문제는 마귀를 두려워하는 그 자체에 있는 게 아니라 마귀를 두려워한 나머지 그에게 굴복하고 마는 데 있다. 은사주의 목사들은 "예수" 이름으로 마귀를 쫓아내면 그만이라고 계속 가르치지만, 이상하게도 마귀와 더러운 영들은 점점 더 거세게 당신을 못살게 구는 존재로 덤벼오는지라, 당신은 자신도 모르는 사이에 마귀에게 무릎을 꿇고 더러운 영들이 시키는 대로 움직이게 된다. 왜 그런지 아는가? 『**정신을 차리고 깨어 있으라.**』는 훈계를 우습게 여기기 때문이다. 은사주의 목사들은 마귀를 대적하고 더러운 영들을 쫓아내는 데 "예수 이름"만 무슨 요술 방망이나 되는 것처럼 휘두를 뿐 정작 『**정신을 차리고 깨어 있으라.**』는 말은 가르쳐 주지 않는다.

그들은 당신이 정신을 차리고 깨어 있는 게 아니라 넋을 잃고 잠들어 있기만 바란다. 그들은 당신에게 성경을 가르치지 않는다. 당신이 하나님의 말씀에 귀를 기울이게 되면 정신을 차리고 깨어 있게 되리라는 것을 염려해서다.

내가 장담컨대, 당신의 대적 『**마귀가 울부짖는 사자처럼 삼킬 자를 찾아 두루 다니**』다가 지금 당신의 집 현관 앞에까지 와서 당신한테 덤벼들려고 잔뜩 기회를 엿보고 있다. 내 말이 틀렸는가 한번 현관문을 열어 보라. 그가 미친개처럼 당신한테 덤벼들 것이다. 마귀는 아닌 게 아니라 두려운 존재다. 그렇다고 마귀를 두려워한 나머지 그 앞에서 정신을 잃고 까무러치라는 말은 아니다. 내 말은, 하나님께서 "권세들"로 세운 존재들을 "권세들"로 인정하고 그에 적절히 대응하라는 것이다. 천사장 미카엘도 마귀와 논쟁하고 다투면서도 마귀의 권세를 함부로 모독하고 비난하지는 않았다는 것을 유념하라. 『**천사장 미카엘도 모세의 몸에 대하여 마귀와 더불어 다투며 논쟁할 때 감히 그를 모독하는 비난을 하지 아니하고 오직 "주께서 너를 책망하시느니라."고 말하였느니라.**』(유 1:9)고 성경은 전한다. 천사장 미카엘이 실력이 없어서 그랬던 게 아니다. 미카엘을 얕잡아 보았다가는 큰코다친다. 야곱은 미카엘과 씨름하고 나서 일생 동안 다리 하나를 절며 살아야 했다. 그런 미카엘이 마귀와 다투다가 어느 한계에서 자제하고 그를 책망하실 주님께 맡겼다. 마귀의 권세가 하나님께로부터 받은 것이라는 사실 앞에서는 한계가 있었던 것이다.

당신은 마귀와 치열한 영적 전쟁을 치러야 한다. 그러나 그리스도인으로서 치르도록 되어 있는 한계 이상의 다른 싸움으로까지 전쟁을 확대해서는 안 된다. 그것은 결국 하나님의 권위에 도전하는 것이 되기 때문이다. 가령, 국가의 통치권자가 세상 임금의 앞잡이라는 이유로 당신이 그에게 불복종하고 대든다면, 이것은 하나님의 권위에 도전하는 것이요, 권세에 복종하라는 하나님의 명령에 도전하는 것이 된다. 당신이 마귀와 싸우는 영적 전쟁은 당신이 하나님의 자녀답게 살아가려는 것을 방해하고 진리로부터 당신을 차단하려고 가로막을 때 그것을 분쇄하기 위한 싸움이어야 하고 이 한계를 넘어서는 그 이상의 싸움으로 과잉행동이어서는 안 된다. 이것이 여기 8절 말씀의 요점이다. 가령, 당신이 만약 병에 걸렸다고 할 때, 그것은 당신을 연단하시려는 하나님의 특별한 목적에서 시작된 것인지도 모른다. 이럴 때 당신은 얼른 하나님 앞에 무릎을 꿇어야 한다. 이것을 모르고 무조건 병에서 벗어나기 위해 마귀에게 대들기만 한다면 당신은 그 이면에 계신 하나님의 뜻을 짓밟고 있는 것이다.

초대 교회 시대의 사도들이 아니더라도 지난날 우리 믿음의 선배들 가운데에는 결코 은사주의적인 견지에서가 아니라 강건한 그리스도의 군사로서 마귀와 대적하여 싸우는 가운데 성령의 능력과 예수 그리스도의 이름으로 더러운 영들을 쫓아내었던 사례들이 없었던 것은 아니다. 예컨대, 마틴 루터도 그러했고, 프랭크 노리스도 그러했다. 하지만 그들의 예를 따라 나도 그러고 싶은 생각은 추호도 없다. 나는 마틴 루터처럼 위대한 인물이 아니다. 마틴 루터나 프랭크 노리스 같은 위대한 사람들만큼 위대한 그리스도인이 되기를 원하는 마음이야 간절하지만, 솔직히 말해서 나는 그들만큼 위대한 그리스도인이 못 된다. 나는 그들이 가졌던 만큼의 믿음을 아직 갖고 있지 못하다. 나는 이것을 스스로 잘 알고 있다. 그렇기 때문에 나는 그들이 했던 것처럼 예수 그리스도의 이름으로 더러운 영들을 쫓아내는 일 따위는 흉내낼 생각이 없다. 이런 사람들의 흉내를 내다가 봉변을 당했던 사람들도 여럿 있는데, 가령 빌리 선데이 같은 사람이 그 좋은 예다. 빌리 선데이는 자기 누이가 죽자 그 시체를 붙잡고 흔들며 더러운 영에게 내가 너를 상대할 테니 거기서 나와 한판 붙자고 덤벼들었던 사람이다. 마귀는 일생 동안 곁에서 떠나지 않고 빌리를 괴롭

혔다. 그리고 그의 자녀들을 하나씩 모두 죽이고 말았다. 자녀들을 다 잃고 난 뒤 선데이 여사는 맨 먼저 죽었던 딸만 구원받았고 서른다섯 살 나이에 죽은 큰아들을 위시하여 나머지 아들들은 모두 구원도 받지 못한 채 죽었다고 털어놓으며 탄식을 했다. 마귀란 이처럼 아무나 맞붙어 싸울 섣부른 상대가 아니다. 섣불리 마귀더러 이리 나와서 나와 한바탕 맞붙자고 큰소리를 쳤다가는 마귀는 슬그머니 돌아서서 당신의 아내와 자녀들을 낚아채간다.

그래서 베드로는 당신더러 마귀와 맞붙어 싸우기를 촉구하고 있는 게 아니다. 그는 당신에게 경각심을 불러일으키면서 『**정신을 차리고 깨어 있으라.**』고 충고한다. 『**마귀가 울부짖는 사자처럼 삼킬 자를 찾아 두루 다니기 때문**』이라는 것이다. 먹잇감을 노리는 아프리카 사자의 눈초리를 생각해 보라. 수백 마리의 먹잇감들이 눈앞에 있건만, 사자는 그 가운데 딱 한 마리만을 노리고 기회를 엿본다. 『**정신을 차리고 깨어**』 있지 않은 바로 그 한 마리만을 말이다. 나는 당신이 바로 그 한 마리가 아니기를 바란다.

『**믿음 안에서 굳게 서서 그를 대적하라. 이는 세상에 있는 너희 형제들도 동일한 고난을 당하는 줄을 앎이니라**』(9절).

믿음 안에서 굳게 선다는 것은 『**주 안에서와 그의 힘의 능력 안에서 강건하라.**』(엡 6:10)는 바울의 충고와 동일한 맥락이다. 바울은 또 디모데에게 보낸 편지 가운데서 『**내 아들아, 그러므로 너는 그리스도 예수 안에 있는 은혜 가운데서 강건하라.**』(딤후 2:1)고 쓰고 있다. 다시 말해서, 마귀를 대적하되, 당신 자신의 능력으로 하지 말고 주님의 능력과 은혜 안에서 하라는 명령인 것이다. 이것은, 당신이 자신의 힘으로 마귀를 대적하려고 시도하다가는 그 패배의 결말이 뻔하다는 말씀이다.

마귀를 대적하되, 『**믿음 안에서**』 굳건히 서서 싸워야 하고, 주 예수 그리스도 안에서 그분의 『**힘의 능력 안에서**』 강건해야 하며, 또 그분의 『**은혜 가운데서**』 강건해야 하는 것이라면, 마귀를 대적한다는 것이 얼마나 큰 고난을 의미하는지 가히 짐작하고도 남으리라.

그런데, 그리스도인들이 이런 고난을 고난일 줄 알면서도 당하는 것은 『**형제들도 동일한 고난을 당하는 줄을**』 알기 때문이라고 베드로는 언급한다. 이에 대해 바울은 『**예수 그리스도의 훌륭한 군사로서 고난을 견뎌내라.**』(딤후 2:3)고 명령한 다음, 마귀와 대적하는 이 영적 전쟁에 임하는 군사는 자기를 군사로 뽑아 준 주님을 기쁘게 하려는 마음만 있을 뿐 세상일들에는 얽매이지 않는다고 언급하고 있다(딤후 2:4). 그리고 바울은 또 이어서 『**이기려고 애쓰는 사람이 규칙대로 하지 아니하면 면류관을 얻지 못하리라.**』(딤후 2:5)고 충고하면서 영적 전쟁에서도 그리스도인들이 지켜야 할 엄연한 『**규칙**』이 있음을 강조한다. 그 『**규칙**』이 무엇인가? 『**믿음 안에서**』, 『**주 안에서와 그의 힘의 능력 안에서**』, 그리고 『**그리스도 예수 안에 있는 은혜 가운데서**』! 이것이 곧 그 『**규칙**』이다.

『**믿음 안에 굳게 서서**』 마귀를 대적하려면 『**동일한 고난을 당하는**』 다른 형제들도 형제들이지만, 무엇보다도 예수 그리스도를 생각하면 된다. 당신이 정말로 믿음 안에서 마귀를 대적하려면 예수 그리스도께서 걸어가셨던 그 고난의 길을 걸어갈 각오가 되어 있어야 한다. 당신도 베드로처럼 가장 신뢰했던 제자로부터 세 번씩이나 부인 당하는 좌절을 겪어야 하고, 유다 이스카리옷이 했듯이 은 삼십 개에 팔리는 딱한 신세가 되기도 해야 하며, 빌라도 앞으로 끌려가는 수모도 당해야 하고, 가시관을 쓰고 십자가에 못박혀 죽기까지 해야 한다. 이런 각오가 돼 있다면, 당신은 믿음 안에 굳게 서서 마귀를 대적할 수 있는 자질을 충분히 갖춘 신실한 그리스도인이다.

『**그러나 모든 은혜의** 하나님, **곧** 그리스도 예수로 **인하여 그의 영원한 영광으로 우리를 부르신 분께서, 너희가 잠깐 고난을 받은 후에 너희를 온전케 하시고, 견고케 하시며, 힘을 주시고, 확고히 하시느니라. 그분께 영광과 권세가 영원 무궁토록 있을지어다. 아멘**』(10,11절).

그리스도인들이 마귀와 대적하여 싸우느라 고난을 당하더라도 그 고난은 『**잠깐**』이고, 이 『**잠깐 고난**』이 지난 뒤에는 주님께서 『**온전케**』하시고 『**견고케**』하시며, 『**힘을 주시고, 확고히**』 하신다고 단언한다. 말하자면, 성숙한 그리스도인이 되게 만드신다는 것이다. 이것은 그리스도인으로서의 특권이기도 하다. 이것은 당신이 그리스도인으로 거듭난 사람이기 때문이요, 그리스도인이기 때문에 주 예수 그리스도 안에서 이러한 특권을 누릴 수 있는 것이다. 이것이 바로 다음 12절에서 언급하고 있는 『**하나님의 참된 은혜**』인 것이다.

5:12 신실한 형제 실루아노를 통하여 내가 생각했던 대로 너희에게 간단히 썼노라. 이것이 하나님의 참된 은혜임을 권고하고 증거하노니 너희는 그 안에 서 있느니라.
13 너희와 함께 택함을 받은 바빌론에 있는 교회와 내 아들 마르코도 너희에게 문안하느니라.
14 너희는 사랑의 입맞춤으로 서로 문안하라. 평강이 그리스도 예수 안에 있는 너희 모두에게 있을지어다. 아멘.

『**신실한 형제 실루아노를 통하여 내가 생각했던 대로 너희에게 간단히**

썼노라. 이것이 하나님의 참된 은혜임을 권고하고 증거하노니 너희는 그 안에 서 있느니라』(12절).

시몬 베드로는 이 구절에서 유대인을 위한 하나님의 경륜을 설교하고 있는 게 아니다. 그는 바울이 전파한 『**하나님의 참된 은혜**』에 대해 설교하고 있다. 이 『**은혜**』는 "믿음으로 말미암아 하나님의 은혜로 구원받는다."고 할 때의 그 "은혜"를 말하는 게 아니다. 이 『**은혜**』는 개인의 구원을 가져온 그런 "은혜"를 말하는 게 아니라 바울이 갈라디아서 5:4에서 『**율법으로 의롭게 된 너희는 누구든지 그리스도가 무용하게 되고 은혜로부터는 떨어져 나갔느니라.**』고 언급하고 있을 때의 그 『**은혜**』와 맥을 같이한다. 멀게는 펠라기우스에서부터 가깝게는 요한 웨슬리에 이르기까지 이 말씀을 알미니안주의적으로 곡해한 모든 사람들이 거듭난 그리스도인도 구원을 상실할 수 있음을 입증하는 증거 구절로 내세우더니 1881년에 이르러서는 RV 편찬 위원회가 이 구절을 아예 "너희는 그리스도로부터 끊어져 나갔느니라."(severed from Christ)로 고쳐버림으로써 구원의 상실 가능성이라는 이단 교리를 정착시키려고 획책했고, 그 이후 RSV, ASV, NASV, NEB, 필립스 역본 등등이 줄줄이 이 이단 교리를 따랐지만, 성경이 여기서 말씀하는 이 『**은혜**』는 그런 것이 아니다. 이것은 사도행전 13:43에서 『**하나님의 은혜 안에 꾸준히 있으라.**』는 말씀에서의 그 『**은혜**』와 같은 뜻이다. 가령, 당신이 모든 것을 필요한 대로 가질 수 있고 다른 사람에게도 나눠줄 수 있다면, 이것은 당신에게 베푸신 하나님의 "은혜"요, 부요하신 주 예수 그리스도께서 가난하게 되셔서 그 가난으로 인하여 당신이 부요하게 된 그 "은혜"이다(고후 8:9, 8:19, 9:8). 이 『**은혜**』는 당신의 유익을 위하여 당신에게 일시적으로 베풀어지는 것으로서, 당신이 이것을 어떻게 이용하는지 보시기 위해 베풀어지는 그런 "은혜이다(갈 5:4, 스 9:8). 당신이 예수 그리스도만을 계속 신뢰하고 그리스도께서 하신 일들만을 신뢰하며 그분께 모든 것을 의탁할 때, 당신은 『**하나님의 은혜 안에 꾸준히 있으라.**』는 명령대로 하고 있는 것이며, 『**은혜로부터는 떨어져**』 나가지 않은 채 『**그리스도가 무용하게**』 되지 않고 아주 유용하게 활용되고 있는 것이다. 사실 당신은 이방인으로서 주 예수 그리스도를 영접하기 전에도 『**하나님의 은혜 안에 꾸준히 있으라.**』는 말씀을 듣고 있었다. 로마서 11:11-25 부분은 이처럼 하나님께서 이방인들에게 주시는 이런 은혜에 대해 언급하고 있다. 이렇게 이미 은혜가 주어졌음에도 불구하고 끝내 그리스도를 거부하게 되면, 당신은 『**은혜로부터는 떨어져**』 나가게 된다. 그리스도를 영접하면 그 은혜로 구원받고 그 은혜 가운데 계속 머물러 있게 되지만, 구원받은 다음에라도 당신이 자신의 행위로 의를 드러내려고 한다면, 그때는 『**그리스도가 무용하게**』 되어 하나님의 은혜로부터 스스로 떨어져 나간 것이 된다. 구원을 상실한다는 게 아니라 하나님의 은혜를 저버린 꼴이 된다는 말이다. 당신은 구원받았기 때문에 그리스도 안에 있게 되었고 그리스도의 몸의 일부가 되었다. 그런 당신이 그리스도의 몸을 찢기나 훼손해가면서 거기서 떨어져 나온다는 것은 불가능하다. 그러나 그 은혜를 스스로 저버리면 그리스도 안에 들어가 있는 은혜의 보람이 없고 그리스도의 몸의 일부로서의 특권을 누려야 할 은혜가 쓸모없게 된다. 그리스도가 무용하게 된 것이다. 여기 12절에서 언급되는 『**하나님의 참된 은혜**』란 이런 의미에서의 『**은혜**』를 말한다.

『**너희와 함께 택함을 받은 바빌론에 있는 교회와 내 아들 마르코도 너희에게 문안하느니라**』(13절).

여기서 언급되는 『**바빌론**』은 지리적으로 실제적인 바빌론을 말한다. 베드로는 이방인의 땅인 바빌론으로 가서 그곳에서 전파하고 있었다. 그곳에는 구원받은 유대인들과 이방인들의 『**교회**』가 있었다. 베드로는 그곳에 가서 사역하고 있는 중에『**폰토, 갈라디아, 캅파도키아, 아시아와 비두니아에 흩어져 있는 타국인들 곧... 그리스도의 피뿌림으로 택함받은 자들에게**』(1:1,2) 이 편지를 쓰고 있는 중이다.

〈리빙바이블〉은 베드로가 로마에 있었다는 로마카톨릭 측의 주장을 뒷받침해 주기 위하여『**바빌론**』을 "로마"로 고쳐 놓았다. 그러나 바빌론을 로마로 제멋대로 고쳐 놓았다고 해서 베드로가 로마에 있지도 않았고 그곳에 간 적도 없었던 사실이 달라지는 것은 아니다. 베드로는 로마가 아니라 오히려 그 반대편에 가 있었다. 로마카톨릭은 베드로가 로마에 있었다고 억지 주장을 펴면서 이 구절을 근거로 내세우지만, 이 구절은 오히려 베드로가 로마에 없었음을 입증하는 근거 구절이다.

『**그리스도의 피뿌림으로 택함받은...**』이라는 언급이 칼빈주의자들의 구원예정설과는 하등의 관계가 없다는 것은 두말할 나위도 없다. 이것은 1:2에서도 베드로가 사용하고 있는 표현으로서『**하나님 아버지의 미리 아심을 따라...**』 당신이 구원받은 다음에 이루어진 택함이다. 이에 대해서는 1:2에서 이미 상세히 언급하였다.

『**내 아들 마르코**』라는 언급은 베드로가 기혼자였고 아들도 있었다는 사실을 알 수 있는 대목이다. 로마카톨릭에서 초대 교황으로 추서하고 있는 베드로가 기혼자였다. 그러니까, 로마카톨릭이 자신들의 초대 교황이었다고 주장하는 베드로는 사실인즉 교황으로서는 무자격자였다.

『**마르코**』가 마가복음을 쓴 마가라고 주장하는 사람들이 대부분이지만, 그것을 입증할 만한 근거는 찾아볼 수 없다.

『**너희는 사랑의 입맞춤으로 서로 문안하라. 평강이 그리스도 예수 안에**

있는 너희 모두에게 있을지어다. 아멘』(14절).

『**서로 문안**』한다는 것은 마귀를 대적하며 고난의 삶을 살아가고 있는 그리스도인들로서는 기회 있을 때마다 해야 될 일이다. 『**마귀가 울부짖는 사자처럼 삼킬 자를 찾아 두루 다니기 때문**』에 그리스도인들은 항상 위험에 노출돼 있다. 그런즉, 서로 안부를 묻되, 『**사랑의 입맞춤으로**』 최상의 인사를 나누며 그리스도 안에서 한 형제 된 사람들 간의 사랑을 드러내는 것은 지극히 당연하다. 바울은 이 입맞춤을 『**거룩한 입맞춤**』이라고 표현한다(롬 16:16, 고전 16:20, 살전 5:26).

베드로후서 서문

전체 3장 61절로 된 베드로후서는 대부분의 학자들이 그 기록 연대를 A.D. 66년경으로 잡는 것이 보통이지만, 이를 입증할 만한 확실한 증거가 있는 것은 아니다. C. I. 스코필드도 〈스코필드 주석성경〉에서 이 서신서의 기록 연대를 "A.D. 66년경일 가능성이 높다."는 식으로 언급할 뿐 확실하게 단정하고 있는 것은 아니다. 우리는 다만 14절에서 『**나의 장막을 벗어날 때가 임박했음을 앎이라.**』고 말하고 있는 시몬 베드로의 진술을 통하여 자신의 죽음이 임박했음을 감지하고 있던 시점에 이 서신서를 기록했다는 것만 알 수 있을 뿐인데, 그가 언제 어디서 죽음을 맞았는지는 기록이 없어 확실히 모른다.

이 서신서에서 가장 두드러지게 눈에 띄는 단어들이 세 개 있는데, 그 하나가 "영광"(glory)이라는 단어이고, 다른 하나가 하나님에 관한 "지식"(knowledge)이라는 단어이며, 나머지 하나가 "기억"(remembrance)이라는 단어다.

"영광"(glory), "영광을 돌리다"(glorify), 또는 "영광을 받다"(glorified)

라는 단어들이 베드로전서에서는 16번이나 사용되고 있는 데 반하여 전체 61절로 된 베드로후서에서는 "영광"(glory)이라는 단어가 겨우 네 번밖에 나오고 있지 않지만, 사용 빈도보다는 강렬하게 풍기는 의미의 농도가 짙다는 점에서 베드로전서의 경우보다 한결 두드러진 인상을 남긴다.

"지식"(knowledge)이라는 단어는 "알다"(know)와 함께 베드로전서에 각각 한 번씩밖에 나오지 않은 데 반해 베드로후서에서는 "알다"(know, known)라는 단어가 네 번, "지식"이라는 단어가 모두 일곱 번이나 나오고 있어 그 사용 빈도에 있어서나 두드러짐에 있어서 압도적이다.

"기억"(remembrance)이라는 단어 역시 베드로전서에는 한 번도 사용되고 있지 않은 데 반해 여기 베드로후서에는 네 번이나 사용되고 있다는 점에서 우리의 이목을 끈다.

베드로전서의 경우에서도 우리가 그 편지의 수신자가 누구냐 하는 데 대해 비교적 많은 지면을 할애하여 살펴보았지만, 원래 서신서가 갖는 특징 가운데 가장 중요한 요소는 누가 누구에게 쓴 편지냐 하는 점이기 때문에 여기서도 그 수신자에 대해 관심을 갖지 않을 수가 없다. 벌링거와 스템, 오헤어 등은 이 서신서를 대환란 관련 서신서로 국한하여 유대인만을 대상으로 쓴 편지로 규정했는데, 교리적으로만 본다면 대환란 관련 서신서로 보아도 무방하겠으나 전체 내용들 가운데 상당 부분에서 그리스도인들의 실제적 삶에 필요한 덕목을 강조하고 있다든지, 성경에 대한 그리스도인의 올바른 자세를 제시하고 있다는 점에서 교리적인 측면보다는 이 시대를 살아가는 그리스도인들의 삶에 직접 적용할 수 있는 유용한 실제적 내용들이 수두룩하다는 사실을 결코 간과해서는 안 된다. 예를 들자면, 거짓 교사들이 출현하여 많은 사람들을 미혹하고 배교로 치닫게 될 것을 경고하고 있는 부분에서도 비록 이 거짓 교사들이 교리적으로는 대환란 시대에 등장하게 될 배교자들을 일컫는 것이기는 할망정, 교회 시대의 마지막 단계에 접어든 지금의 시대 상황을 명료하게 비추는 거울이 된다는 영적 측면이 오히려 더 두드러지고 또, 그리스도의 재림과 주의 날에 대한 일깨움이라는 측면에서 대환란 관련 구절들이기는 하되, 실제로는 오히려 이 시대에 더 유용하게 적용할 수 있는 내용들이다.

베드로가 죽음을 눈앞에 둔 시점에서 쓴 편지임에도 불구하고 그 한구절 한구절에 오히려 활기가 넘치고 기쁨으로 가득 차 있다든지, 마지막 시대에 있게 될 거짓 교사들로 인하여 배교로 물든 암울한 시대 상황을 내다보고 이에 대해 강력하게 경고하고 있기는 하지만 그 어디에서도 낙담과 절망은 찾아볼 수 없다든지 하는 점이 이 서신서의 특색이라면 특색인데, 이런 점에서 바울이 죽음을 앞두고 쓴 디모데후서와 대단히 유사하다고 하겠다. 초대 교회 시대에 혼신을 다하여 복음전파 사역에 열정을 쏟았던 위대한 사도들이 자신들의 죽음을 정작 눈앞에 두고서도 이처럼 기쁨과 소망 가운데서 활기찬 서신서들을 써 보낼 수 있었다는 사실은 시대의 마지막 기간을 살아가는 모든 그리스도인들에게 시사하는 바가 자못 크다고 하지 않을 수 없다.

베드로가 바울과 함께 로마에 체류하였을 뿐만 아니라 로마에 교회를 세우는 등 활발한 포교 활동을 하다가 네로 치하에서 순교하였다고 주장하는 로마카톨릭 측은 베드로의 무덤 역시 로마에서 발견되었다고 헛소문을 퍼뜨리면서 바티칸의 총본산이라고 할 수 있는 "산 피에트로 대성당"은 바로 베드로의 무덤 위에 세워졌다고 허풍을 떨고 이것이 고고학적으로도 입증되었다고 억지를 부린다. 그러나 베드로가 네로에 의해 로마에서 십자가에 거꾸로 매달려 순교했다는 이야기는 친로마카톨릭 사가(史

家)였던 터툴리아누스에 의해서 처음 제기되었고, 베드로의 무덤에 대한 고고학적 증거라는 것도 사실은 로마카톨릭 사제였던 가이우스가 조작해 낸 것에 불과했다. 그 반면에 어떤 책에 보면 마리아와 마가 및 나사로의 무덤이 예루살렘 교외의 알리스 언덕에서 발견되었는데, 이들의 유골이 묻혀 있던 곳에서 지하로 20피트 더 내려간 지점에서 고고학자 비게티가 하나의 유골 상자를 발굴해냈고, 시몬 바르저만이라는 고고학자는 이 상자에 담긴 유골이 베드로의 것이었음을 확인했다고 전하고 있다. 그런데, 비게티나 시몬 바르저만이 또 모두 공교롭게도 로마카톨릭 고고학자들이었다. 그렇다면, 도대체 우리는 어느 로마카톨릭 고고학자들의 말을 믿어야 옳단 말인가?

우리는 단지 베드로가 어떤 죽음을 맞게 될 것인지에 대해 예수 그리스도께서 예고하셨다는 사실(요 21:18,19)과 베드로가 이것을 기억하며 말년에 자신의 죽음이 가까이 다가오고 있음을 정확하게 인식하고 있었다(벧후 1:14)는 사실만을 성경에서 분명하게 읽을 뿐이고, 로마에 가 있던 바울이 그곳에서 사역하고 있던 사람들에 대해 편지들을 통해 소상하게 안부를 전하면서도 유독 베드로에 대한 언급만은 일언반구도 하지 않았다는 사실에 근거하여 베드로가 로마에 있지 않았다는 사실을 충분히 알 수 있다. 베드로가 로마에 있었고 그곳에서 전도 활동을 전개했다면 바울이 그의 활동에 대해 한마디 소식도 전하지 않았을 리가 없지 않은가?

베드로후서 1장

1:1 예수 그리스도의 종이요, 사도인 시몬 베드로는 하나님 곧 우리 구주
예수 그리스도의 의로 말미암아 우리와 함께 동일하게 보배로운 믿
음을 받은 사람들에게 *편지하노라.*
2 하나님, 곧 예수 우리 주를 아는 지식을 통해 너희에게 은혜와 평강
이 더욱 많아지기를 바라노니,
3 즉 그의 신성의 능력이 생명과 경건에 속한 모든 것을 우리에게 주
심에 따라 우리를 영광과 덕에 이르도록 부르신 분에 관한 지식을
통해 *그리 되기를 바라노라.*
4 이로써 우리에게 지극히 크고 귀한 약속들을 주심은 너희로 하여금
이 약속들을 통해서 정욕으로 인해 세상에 있게 된 타락을 피하여
하나님의 본성에 동참하는 자가 되게 하려 하심이라.

『예수 그리스도의 종이요, 사도인 시몬 베드로는 하나님 곧 우리 구주 예수 그리스도의 의로 말미암아 우리와 함께 동일하게 보배로운 믿음을

받은 사람들에게 *편지하노라*』(1절).

베드로전서를 쓸 때만 해도 『**예수 그리스도의 사도 베드로는...**』 하고 다소 거드름을 피며 서두를 장식했던 베드로였다. 그러던 그가 이 베드로 후서에서는 『**예수 그리스도의 종이요, 사도인 시몬 베드로는...**』 하고 몸을 잔뜩 낮춘 채 한 발짝 뒤로 물러난 모습을 보이고 있는 점이 우리의 눈길을 끈다. 세월이 많이 흐르자 시몬 베드로는 그만큼 더 완숙한 그리스도인으로 성숙돼 있음을 여실히 드러내고 있는 대목이 아닐 수 없다. 이런 점에서도 우리는 이 서신서를 읽을 때 초두부터 무엇인가 배울 게 많다는 것을 직감할 수 있어 베드로가 남긴 이 서신서를 그만큼 각별한 마음으로 대하게 된다.

시간이 흐름에 따라 그만큼 완숙한 모습으로 자리잡아 간다는 것, 이것은 비단 베드로뿐만 아니라 모든 그리스도인들에게서 나타나는 자연스런 현상이다. 거듭난 후 아직 젖먹이 때를 벗지 못하던 시절에는 마치 저 혼자만 그리스도인이 된 것처럼 믿는 자에게 능치 못한 것이 어디 있느냐? 나는 하나님의 능력 안에서 믿음으로 무엇이나 할 수 있다, 나는 택함 받은 자요, 하나님의 권위에 따라 그리스도인을 대표하여 이러저러한 사역을 감당한다, 어쩌고 하면서 우쭐대기가 십상이지만, 그 뒤 세월이 흐름에 따라 갖가지 모양의 풍상곡절을 겪는 동안 이리 터지고 저리 얻어맞고, 이리 깎이고 저리 부수어지면서 조금씩 더 겸손하고 조금씩 더 온유하며 좀더 무게 있고 신중한 그리스도인으로 성숙해 가는 것이 그리스도인들의 정상적인 자세 변화다. 이것은 설사 자연인이더라도 누구에게나 나타나는 현상이지만, 하루하루 진리로 무장해 가는 그리스도인의 경우에 더욱 두드러지고 더욱 확실하게 나타나는 변화다.

베드로의 원래 이름은 "시몬"이었다. 예수님께서 제자들에게 자기를 누구라고 생각하느냐고 물으셨을 때 "시몬"이 이렇게 대답했다. 『**주는 그리스도, 곧 살아 계신 하나님의 아들이시니이다**』(마 16:16). 아직 풋내기였던 "시몬"이 이처럼 위대한 고백을 할 수 있었다는 것은 실로 놀라운 일이 아닐 수 없다. 그에게서 이 놀라운 고백을 들으신 예수님께서는 "시몬"에게 이렇게 말씀하셨다. "요나의 아들 시몬아, 네가 그런 고백을 다 할 수 있게 되었다니, 네가 정말 복이 있구나. 그러나 네가 이것을 알게 된 것은 혈과 육이 가르쳐준 게 아니라 하늘에 계신 나의 아버지께서 너로 하여금 알게 하신 것이란다." 말하자면, 육신적인 안목으로는 예수 그리스도께서 하나님 아버지의 아들이시라는 사실을 절대로 알지 못한다는 것이었고, 오직 영적인 사람에게나 하나님께서 이것을 알게 하시고 또 입으로 고백할 수 있도록 하신다는 주님의 말씀이었다. 예수 그리스도께서는 "시몬"에게 또 이어서 이렇게 말씀하셨다. 『**나도 너에게 말하노니, 너는 베드로라**』(마 16:18). 하나님께서 가르쳐주셨던 대로 위대한 고백을 할 수 있었던 "시몬"에게 주님께서는 "베드로"라는 새 이름을 지어주셨던 것이다.

"시몬"은 "변모하는 모래"(shifting sand)라는 뜻이다. 바람 부는 대로 그 모습이 시시각각으로 변하는 모래사막처럼 인간은 환경과 여건에 따라 변덕이 무상하다. "시몬"이 그런 사람이었다. 그러나 그는 이제 『**주는 그리스도, 곧 살아 계신 하나님의 아들이시니이다.**』라고 고백할 수 있을 만큼 많이 변모해 있었다. 이런 그에게 주님께서는 장래 그에게 일어나게 될 새로운 탄생을 예고하시면서 더 이상 "모래"가 아닌 "돌"이라는 의미의 새 이름을 지어주셨다. 그것이 바로 "베드로"라는 이름이었다. 시몬 베드로는 자신이 획득한 새로운 본성을 의식하면서 "시몬"이라는 옛 이름을 버리고 바로 이 "베드로"라는 새 이름으로 베드로전서의 발신자 이름을 밝혔었고 거기에 『**사도**』라는 "영예로운" 신분까지 자랑스럽게 곁들여 『**예**

수 그리스도의 사도 베드로는...』 하고 스스로를 높이면서 자신을 지칭했었다. 『**사도**』라면, 그리스도인들 중에서도 가장 높은 신분을 나타내는 지위라고 생각했던 것이다. 이것이 비록 사회 계급이나 어떤 집단 내 지위의 고하를 나타내는 말은 물론 아니지만, 구태여 말한다면, 『**사도**』란 영적 리더십이라는 견지에서 볼 때 같은 그리스도인들 중에서도 가장 높은 지위에 올라 있는 사람들이었던 것만은 사실이다. 베드로전서를 기록할 때만 해도 그는 이것을 의식하면서 자신을 이렇게 스스로 나타내기를 서슴지 않았던 것이다.

그러나 이제는 세월이 꽤 흘렀다. 베드로전서를 쓴 뒤 짧게는 5,6년쯤, 길게는 8,9년이라는 세월이 수월찮게 흘렀다. 그리고 지금은 바야흐로 죽음을 눈앞에 두고 있는 시점이다. 이러한 때에 그가 이 베드로후서를 쓰면서 이제는 『**사도 베드로**』가 아니라 『**종**』이라는 말을 『**사도**』라는 말 앞에 덧붙여서 "베드로"라는 이름 앞에 "시몬"이라는 옛날의 개인 이름을 먼저 명기하여 『**예수 그리스도의 종이요, 사도인 시몬 베드로**』라고 쓰기를 서슴지 않고 있는 것이다. 말하자면, 『**사도**』는 『**사도**』이되, 자기는 『**사도**』이기에 앞서 『**종**』에 지나지 않는다는 사실과 『**베드로**』가 되기에 앞서 본디 『**시몬**』에 불과했던 사람임을 환기시킴으로써 베드로전서를 쓸 때보다 자신을 한껏 낮추고 있는 것이다. 이것은 하나님의 자녀로서의 그리스도인의 성숙한 모습이요, 모든 그리스도인들이 본받아야 할 아름다운 자세다. 그리스도인으로서 하나님의 은혜 가운데 더욱더 장성하여 이전보다 더욱 신실해지고 더욱 거룩해지며 주님의 은혜를 더 많이 체험함에 따라 예수 그리스도에 대하여 자기 자신이 얼마나 보잘것없는 존재인가를 새삼 깨닫게 된다는 것은 우리 모두가 마음 깊이 새겨 두어야 할 대목이 아닐 수 없다.

예수 그리스도께서는 누가복음 17장에서 제자들에게 이런 비유의 말씀을 들려 주셨다. 종이 땀 흘려 밭을 갈고 양을 치다가 피곤한 몸으로 들에서 돌아온다. 그런데도 주인이 수고 많았다면서 배고플 테니 어서 가서 밥 먹고 쉬라고 등을 두드려 주느냐 하면 그게 아니다. 오히려 그 종에게 어서 가서 내 밥상을 차려 와라, 그리고 너는 내가 먹고 마시는 동안 시중을 들어라, 그런 연후에야 네가 먹도록 해라, 이렇게 주인은 수고하고 돌아온 종에게 쉴 짬도 주지 않고 계속 일만 시킨다. 종이 주인의 명령대로 충실하게 이런 일들을 수행한다. 그렇다고 해서 주인이 그 종에게 고맙다, 수고 많았다, 이제 가서 쉬거라 하고 말할 것 같은가? 당신 같으면 어떻게 생각할 텐가? 주님께서는 『**나는 그렇게 생각하지 아니하노라.**』(9절)고 말씀하신다. 그리고 제자들에게 이렇게 명하신다. 『**그러므로 너희도 그와 같이 너희에게 명령한 모든 일을 하고 나서는 '우리는 무익한 종들이라. 우리가 해야 할 일을 하였을 뿐이라.'고 말하라**』(눅 17:10).

베드로는 지금 주님의 이 말씀을 기억하면서 이 베드로후서를 쓰고 있는 것이다. 이처럼 온전히 성숙한 그리스도인이 되었을 때 베드로가 이 서신서를 썼다는 점에서 우리는 이 책을 읽으면서 그가 하고 있는 말들 한마디 한마디에 더 각별한 관심을 갖지 않을 수가 없다. 베드로는 이제 과거의 시몬이 아니다. 『**예수 그리스도의 종이요, 사도인 시몬 베드로**』인 것이다. 이제는 『**종**』이 먼저요, 『**사도**』가 나중이며, 옛 사람 『**시몬**』이 먼저요, 새 사람 『**베드로**』가 나중이 된 그런 사람으로 성장해 있다. 그는 온전한 믿음을 지닌 성숙한 그리스도인이 되어 있는 것이다. 그런 그를 통하여 성령께서는 지금 당신에게 몇 가지 중대한 훈계와 충고들을 해주고자 하신다. 자, 그의 입을 통해 나오는 말씀들에 귀를 기울여보자.

『**하나님 곧 우리 구주 예수 그리스도의 의로 말미암아...**』(1절)

이 말은 로마서 10:1-4에서 바울이 하고 있는 말과 맥락이 같다. 로마서 10장에서 바울은 유대인들이 구원받게 되기를 바라는 자신의 소원을 간절히 피력하면서 『**그들에게는 하나님께 대한 열성은 있으나 지식을 따라 된 것은 아니니라.**』(롬 10:2)고 먼저 지적한 다음 『**그들이 하나님의 의를 모르고 자기들의 의를 세우려 함으로써 그들 스스로 하나님의 의에 복종치 아니하였음**』(롬 10:3)을 개탄한다. 주 예수 그리스도를 거부하는 죄인들의 특징이 이것이다. 그들은 어리석게도 하나님의 의를 거부하고 자신의 의로 구원에 이르려고 시도한다. 그러나 당신이 거듭나 『**보배로운 믿음**』을 받게 된 것은 당신의 의가 아니라 하나님과 주 예수 그리스도의 의로 말미암은 것이었다. 베드로는 지금 당신에게 이 사실을 선명하게 환기시키고 있는 것이다. 이 구절은 모든 그리스도인들이 하나의 관용구처럼 항상 기억하고 있어야 한다. 가령, 당신이 다른 그리스도인 형제에게 편지를 쓸 때, "하나님 곧 우리 구주 예수 그리스도의 의로 말미암아 구원받은 나 피터 럭크만이 형제 님에게 문안드립니다." 하고 서두를 열도록 하라. 편지를 받아 읽는 형제가 첫 줄에서부터 주님의 은혜 가운데로 빨려 들어갈 게 아닌가!

『**동일하게 보배로운 믿음을 받은 사람들...**』(1절)

당신이 갖고 있는 믿음이나 내가 갖고 있는 믿음은 하나님과 주 예수 그리스도로 말미암은 것이기에 동일한 믿음이다. 그래서 보배롭기가 또한 동일한 믿음이다. 당신과 나의 믿음은 베드로가 갖고 있던 바로 그 믿음인 것이다. 베드로가 "저런" 믿음을 갖고 있었지만, 당신은 "이런" 믿음을 갖고 있는 게 아니라는 말이다.

그러나 당신의 주변에는 "다른 믿음"을 가진 자들이 우글거린다는 사실을 항상 유의하는 게 좋다. 동일한 믿음의 띠로 함께 동여매어지지 않은 가짜 "그리스도인들"을 당신은 주의하고 경계해야 한다는 말이다. 가짜들은 항상 속임수를 들고 당신에게로 접근해 온다. 이런 자들을 경계해야 하는 것은 가짜들의 속임수란 늘 달콤하게 들리기 때문이다.

『**하나님, 곧 예수 우리 주를 아는 지식을 통해 너희에게 은혜와 평강이 더욱 많아지기를 바라노라**』(2절).

하나님, 곧 주 예수 그리스도를 아는 『**지식**』(knowledge)이라는 단어가 드디어 나오기 시작한다. 이 단어는 앞으로도 여러 번에 걸쳐 이 서신서 가운데 등장하게 될 것이다. 하나님, 곧 주 예수 그리스도를 아는 『**지식**』은 그분에 대한 우리 믿음(faith)의 씨이자 믿음이 성장하는 밭이며 믿음을 발육시키는 자양분이다. 우선 알지 않고는 수긍할 수가 없고, 수긍할 수 있지 않고는 신뢰하고 맡길 수가 없는 법이다. 알고(know), 수긍하고(believe), 신뢰(trust)하는 것, 이것이 우리 믿음을 구성하는 3대 요소다. 어떤 사람은 "아는" 데서 끝나고, 어떤 사람은 수긍하고 믿는 데까지 갔다가 멈추고 말지만, 어떤 사람들은 거기서 더 나아가 주님을 신뢰하고 모든 것을 그분께 "맡기는" 데까지 진전됨으로써 자신들의 믿음을 온전한 믿음으로 성숙시킨다. 그러나 믿고 신뢰하기까지 믿음이 자라는 것은 주님을 아는 『**지식**』의 씨가 뿌려졌기 때문이고 『**지식**』의 자양분이 계속 공급되었기 때문이다.

그리스도인이 하나님을 알고 주 예수 그리스도에 대한 더 많은 『**지식**』을 가질 수 있도록 하나님께서 당신에게 주신 『**지식**』의 원천이 무엇인가? 그것은 오직 성경뿐이다. 성경만이 당신에게 지식을 공급하는 유일한 샘이다. 당신이 성경을 읽고 공부하는 것이 중요한 이유가 여기에 있다. 성경을 읽지 않으면서 나는 주님을 아노라고 한다면, 그것은 거짓말이다. 성경을 읽고 공부하지도 않으면서 나는 주님을 믿노라고 한다면, 그것은 더 큰 거짓말이다. 성경을 읽지도 않고, 공부하지도 않고, 그렇기 때문에 말씀에 순종하고 믿음을 실행하지도 못하면서 나는 그분께 모든 것을 맡겼노라고 말한다면, 그것은 지독한 거짓말이다. 『**그러므로 믿음은 들음에서 나오며 들음은 하나님의 말씀에 의해서니라.**』(롬 10:17)고 성경은 말씀한다. 당신이 하나님의 말씀을 들을 수 있는 유일한 통로는 오직 성경뿐이요, 들어야 할 말씀들을 담고 있는 것도 오직 성경뿐이며, 당신에게 들려주는 것도 오직 성경뿐이다. 당신은 주 예수 그리스도와 하나님에 관해 무엇인가를 알고 싶은가? 성경을 읽어라. 당신은 하나님과 그분의 아들에 관해 좀 더 많이 알고 싶은가? 성경을 좀더 많이 읽어라. 당신은 매일같이 하나님의 음성을 듣고 싶은가? 성경을 매일같이 읽어라. 당신은 주님을 사랑하고 싶은가? 성경을 읽어라. 당신은 주님의 은총을 더 많이 받고 싶은가? 성경을 더 많이 읽어라.

당신은 성경을 읽고 주 예수 그리스도에 대해서 알아 가면 갈수록 그분에 대해서 언급하고 있는 말씀들을 그만큼 더 사실로 수긍하고 받아들이게 된다. 당신이 성경을 읽을 때마다 그분에 대해서 알게 되고(know), 성경이 말씀하고 있는 사실들을 사실 그대로 받아들이는 것, 이것이 곧 당신이 믿는 것(believe)이다. 당신이 그것을 알고 수긍하고 받아들이게 되면 당신에게는 이제 모든 것을 그분께 맡겨드리고 싶은 신뢰감(trust)이 싹트게 된다. 그리고 마침내 모든 일을 그분께 의지하고 의탁하게 된다. 이렇게 될 때 당신은 비로소 온전한 형태의 "믿음"(faith)을 소유하게 된다.

이제 온전한 형태를 갖추게 된 당신의 "믿음"은 또 "지식"에 따라 계속 성장하게 되는데, 당신이 얼마나 정확하고 많은 "지식"을 갖게 되었느냐에 따라 당신이 얼마나 많은 진리들을 수긍하고 진리로 받아들이게 되느냐가 결정되고, 이에 따라 얼마나 많이 그분께 의탁할 수 있느냐가 결정된다. 다시 말해서, 당신의 "믿음"은 "지식"이라는 자양분을 흡수하며 계속 성장해 가는 것이다. 성장하지 못하는 믿음은 발육을 멈추었다는 점에서 야고보가 말하는 "죽은 믿음"(약 2:14-20)이다. 죽어 있기에 활동하지 못하는 믿음은 행동화하지 않는다. 행동화하지 않는다는 것은 그 믿음이 죽었음을 말해주는 증거다. 믿음이 죽지 않고 살아서 계속 성장해 가자면 성경을 통해 얻는 하나님에 대한 『**지식**』이 계속 공급되지 않으면 안 된다. 베드로가 지금 여기서 『**지식**』의 중요성을 강조하고 있는 까닭이 여기에 있다. 당신은 지식에 따라 믿어야 하고 그 믿음에 따라 주님께 모든 것을 믿고 의탁할 수 있어야 한다. 『**지식**』이 『**지식**』에만 머물러 있으면서 믿음으로 진전되지 않는다면 당신은 사산아와 같다. 『**지식**』이 믿음으로 진전되었으되, 그 믿음이 더욱 견고하게 자라서 주님께 대한 온전한 신뢰로까지 진전되지 않는다면, 그 믿음은 발육부진에 빠져 성장을 멈춘 상태다. 성장을 멈춘 상태는 죽은 것이나 다를 바 없다.

『**즉 그의 신성의 능력이 생명과 경건에 속한 모든 것을 우리에게 주심에 따라 우리를 영광과 덕에 이르도록 부르신 분에 관한 지식을 통해** *그리 되기를 바라노라*』(3절).

주 예수 그리스도께서는 우리에게 『**모든 것**』을 주셨다. 이 『**모든 것**』은 『**생명과 경건에 속한**』 것으로서 주님께서는 자신의 『**신성의 능력**』으로 이 『**모든 것**』을 우리에게 주셨다. 주님께서는 앞으로 주시겠다는 것이 아니라 이미 "주셨다."고 이 구절은 말씀한다. 〈킹제임스성경〉은 이것을 "hath given"이라고 현재완료형으로 서술함으로써 이미 완료된 상태임을 명백하게 밝힌다. 당신은 이 사실을 똑똑히 알고 있어야 한다. 이것을 알아야만 그 『**지식**』을 통하여 당신은 믿음으로 진일보하게 되어 『**영광과 덕**』에 이르게 된다.

자, 이 구절에서 『**지식**』이라는 단어가 다시 나오고 『**영광**』이라는 단어가 처음 나온다. 이 『**영광**』은 우리가 하나님께 돌려드리는 것이 아니라 하나님께서 우리에게 주시는 『**영광**』이다. 이런 점에서 이 『**영광**』은 미래의 것이지 현재의 것이 아니다. 이에 반하여 『**덕**』은 현재의 것이다. 당신은 주님께서 생명과 경건에 속한 모든 것을 주셨구나 하고 알게 된 『**지식**』으로 말미암아 지금으로서는 『**덕**』을 쌓아 나아가고 있는 중이고 앞으로는 하나님께서 주시는 『**영광**』에까지 이르게 된다. 이것이 바로 당신이 온전한 믿음을 가진 온전한 그리스도인으로 성장해 가는 과정이요, 그 골인 지점은 『**영광**』이다. 하나님께서 당신을 불러내셔서 자신의 자녀로 삼으신 것은 당신을 먼저 『**덕**』에 이르도록 불러내신 것이요, 결국에는 『**영광**』에 이르도록 불러내신 것이다. 그래서 하나님의 부르심의 목적은 현재에 머무르지 않고 미래를 지향하고 있는 부르심이다. 당신은 이 부르심에 따라 지금 살아가는 동안에는 『**덕**』에 이르고 장차 이 땅에서의 생을 마감하고 죽을 때에는 『**영광**』에 이르게 될 것이다. 가만히 생각해보라. 죽어서 땅에 묻혀 썩어 없어지고 마는 게 아니라 오히려 『**영광**』에 이른다! 죽어서 지옥에 가는 게 아니라 영광의 주님께서 계신 영광의 하늘로 간다! 당신을 거듭나게 하시고 자녀로 삼아 주신 주님께서는 이것을 위해 당신을 불러내신 것이다. 그러나 당신이 이렇게 되는 데에는 먼저 이 사실을 분명히 아는 『**지식**』에서 출발해야 한다. 주님께서 아무리 『**모든 것**』을 주셨더라도 당신이 이것을 "알지" 못하면 『**덕**』이고 『**영광**』이고 아무것도 되는 게 없다. 그래서 당신은 하나님의 말씀을 알지 않으면 안 된다. 주님께서는 당신에게 『**모든 것**』을 주셨지만, 오직 성경을 통해서 주셨음을 잊지 말라. 그래서 성경을 모르면 아무 소용이 없다. 당신이 구원받는 순간 성령께서 당신 안으로 들어오신 목적이 여기에 있다. 하나님께서는 당신이 그분의 자녀로 거듭나는 순간 당신을 진리로 인도하시기를 바라셨다. 『**그러나 진리의 영이신 그분이 오시면 너희를 모든 진리로 인도하시리라.**』(요 16:13)고 주님께서는 말씀하셨다. 성령께서 당신 안으로 들어오신 것은 당신을 어느 한 가지 특정한 진리가 아니라 『**모든 진리**』로 인도하시기 위함이셨다. 성령께서는 자신에 관해서는 아무것도 말씀하시지 않으시지만 주 예수 그리스도께로부터 『**무엇이나 들은 것**』을 말씀하시고 또 당신에게 『**다가올 일들**』을 말씀하실 것이다. 이것은 당신이 가만히 앉아 있어도 저절로 진리에 대한 『**지식**』을 얻게 될 것이라는 뜻이 아니라 능동적으로 일어서서 "진리 사냥"에 나서야 할 것을 말씀하신 것이다. 당신이 진리의 『**지식**』 사냥에 나설 때, 성령께서 친히 안내자가 되어 주실 것이다. 성령의 안내를 받을 때 당신은 그 인도하심을 통하여 주 예수 그리스도의 『**신성의 능력**』이 함께하심을 알게 될 것이요, 그 능력을 통하여 『**생명과 경건에 속한 모든 것**』이 당신에게 쏟아져 들어오고 있음을 알게 될 것이며, 그 『**지식**』을 통하여 『**영광과 덕에 이르도록**』 하시는 주님의 의도와 목적과 은혜를 깨닫게 될 것이다. 당신이 이렇게 되도록 주님께서는 부르셨는데, 이 부르심에 어떻게 현명하게 반응하고 어떻게 합당하게 부응할 것인가는 당신에게 달렸다.

『**이로써 우리에게 지극히 크고 귀한 약속들을 주심은 너희로 하여금 이 약속들을 통해서 정욕으로 인해 세상에 있게 된 타락을 피하여 하나님의 본성에 동참하는 자가 되게 하려 하심이라**』(4절).

당신은 주님께로부터 어떤 『**지극히 크고 귀한 약속**』을 받았다고 생각하는가? 당신은 이 약속으로 『**하나님의 본성에 동참**』할 수 있게 되었다. 『**하나님의 본성에 동참**』했다는 것은 하나님과 본성적으로 똑같은 존재가 되었다는 뜻이다. 이거야말로 『**지극히 크고 귀한 약속**』이 아닐 수 없다. 당신은 그 약속을 받았다. 그것이 무엇인가? 당신이 『**하나님의 본성에 동참**』하자면 당신은 불가불 그분의 자녀가 되어야 한다. 육신적인 당신 부모의 자녀가 아니라 『**하나님에게서 난 사람**』(요 1:13)이 되어야 한다는 말이다.

그래야만 당신은 『**하나님의 본성에 동참**』할 수가 있다. 그래서 주님께서는 당신에게 이런 약속을 주셨다. 『**누구든지 그를 영접한 사람들에게는 하나님의 아들들이 되는 권세를 주셨으니, 즉 그의 이름을 믿는 사람들에게니라**』(요 1:12). 당신이 『**하나님의 본성에 동참**』하기 위해 받은 주님의 약속은 다름 아닌 바로 이것이었다.

『**하나님의 본성에 동참**』할 수 있도록 당신에게 주신 약속이 이것 말고도 또 있다. 그것은 『**너희는 모든 더러움과 넘치는 악을 벗어 버리고, 너희 혼들을 구원할 수 있는, 심겨진 말씀을 온유함으로 받으라.**』(약 1:21)는 말씀 속에 담겨진 약속이다.

『**하나님의 본성에 동참**』할 수 있도록 당신에게 주신 약속은 이것만이 아니다. 『**내 말을 듣고, 또 나를 보내신 분을 믿는 자는 영생을 얻고, 정죄에 이르지 아니할 것이며, 사망에서 생명으로 옮겨지느니라... 나를 믿는 사람은 영생을 가졌나니...**』(요 5:24, 6:47) 당신이 하나님께서 주신 이 세 가지 약속들을 믿으면, 당신은 『**하나님의 본성**』을 얻게 된다.

1:5 이뿐만 아니라 너희가 더욱 전심전력하여 너희의 믿음에 덕을, 덕에 지식을,
6 지식에 절제를, 절제에 인내를, 인내에 경건을
7 경건에 형제 우애를, 형제 우애에 사랑을 더하라.
8 이런 것들이 너희 안에 있어 풍성해지면 그것들이 너희로 우리 주 예수 그리스도에 대한 지식에 관한 한 게으르거나 열매 없는 자가 되지 않게 할 것이라.
9 그러나 이런 것들이 결여되어 있는 자는 눈멀고 멀리 볼 수 없으며 자신이 옛 죄들에서 깨끗하게 된 것을 잊은 것이라.

『**이뿐만 아니라 너희가 더욱 전심전력하여 너희의 믿음에 덕을, 덕에 지식을, 지식에 절제를, 절제에 인내를, 인내에 경건을, 경건에 형제 우애를, 형제 우애에 사랑을 더하라**』(5,6,7절).

『**이뿐만 아니라...**』고 말씀한다. 우리의 구원은 여기에서 끝나는 게 아니다. 그래서 이뿐만이 아닌 것이다. 『**정욕으로 인해 세상에 있게 된 타락을 피하여 하나님의 본성에 동참하는 자**』가 되었다고 해서 거듭난 그리스도인들의 할 일이 다 끝난 게 아니라는 얘기다. 그리스도인들이라고 자처하는 수많은 사람들이 "나는 구원받았으니 이제는 할 일이 다 끝났다."고 생각한다. 그러나 베드로는 『**이뿐만 아니라**』고 말한다. 할 일이 더 있다는 것이다. 구원은 시작에 불과하다. 그리스도인이 구원받은 것으로만 주저앉아 있다면, 그는 곧바로 세상으로 되돌아가 옛날이나 다름없이 육신적인 삶으로 발길을 돌리게 된다. 오늘날 수많은 교회들과 목사들이 구원받은 것으로만 모든 것이 다 끝났다는 듯이 사람들을 진리의 말씀으로 계속 양육하지 않는 바람에 이것저것 딴 짓들만 하면서 구원받지도 못한 죄인들이나 하나도 다를 바 없이 온통 세상 것들로 옷 입게 만든다. 바울은 달려갈 길을 끝마치고 결박과 고난이 그를 기다리고 있을 때, 이렇게 말했다. 『**내가 하나님의 모든 계획을 조금도 주저함이 없이 너희에게 전해 주었음이라**』(행 20:27). 바울은 자신이 구원받았을 뿐만 아니라 거기에서 출발하여 또 복음을 전파하고 사람들을 구원에 이르도록 하는 데에 혼신의 힘을 기울인 다음 또 그것으로 끝난 게 아니라 『**하나님의 모든 계획을**』 유감없이 전해 주었다. 그러나 오늘의 목사들은 이렇게 하지 않는다. 오늘날 교회에서는 『**하나님의 모든 계획을**』 가르쳐 주지 않는다. 가르쳐 주지 않을 뿐더러 다른 엉뚱한 것을 가르쳐 준다.

목사도 목사려니와 교회 다닌다는 사람들도 마찬가지다. 교회에 다니는 사람들 자체가 『**하나님의 모든 계획**』에 대한 진리를 설교하는 목사들을 싫어한다. 그들은 무엇인가 다른 것을 가르쳐 주는 사람을 좋아한다. 그들은 건전한 교리라면 견디지 못한다. 그들은 자신들의 귀를 즐겁게 해줄 사람을 원한다. 이것은 바울이 경고했던 바로 그대로인 것이다. 『**때가 이르리니 사람들이 건전한 교리를 견디지 못하고, 그들 자신의 정욕에 따라 가려운 귀를 즐겁게 해줄 선생들을 많이 두리라. 또한 그들이 그들의 귀를 진리에서 돌이켜 꾸며 낸 이야기로 돌리리라.**』(딤후 4:3,4)고 바울은 일찌감치 경고해 놓았다. 그래서 오늘날 배교는 그리스도의 몸 안에서 일어나고 있는 것이다. 오늘날 그리스도인들은 진리에서 돌이켜 거짓 것을 말하는 설교자들을 환영하게 되었고, 설교자들은 이러한 풍조에 맞추어 그들을 즐겁게 할 이야기를 꾸며낸다. 거듭나고 그리스도 안으로 들어간 자들이 그리스도의 몸 안에서 배교하고 있는 것이다.

내가 이렇게 말한다고 해서 그들이 구원을 상실하고 있다는 말은 아니다. 내 말은 거듭난 자들이 하나님의 말씀에서 돌이켜 거꾸로 하나님을 대적하고 있다는 얘기다. 그들은 요한복음 3:16의 말씀을 감히 거부하지는 않지만, 그 이상의 진리들은 모두 온유한 마음으로 받아들이기를 거부한다는 말이다.

『**이뿐만 아니라 너희가 더욱 전심전력하여...**』(5절)

구원받은 것으로만 다 되었다고 생각하지 말고 그것을 출발점으로 하여 당신의 모든 마음을 다하고 힘을 다해서 열심히 무엇인가를 하라고 촉구한다. 먼저 『**너희의 믿음에 덕을, 덕에 지식을**』 더해 나가라는 것이다. 구원받았으면 구원에 이른 그 『**믿음**』에 무엇인가를 더하라는 것인데, 맨 먼저 『**덕**』을 쌓으라고 베드로는 가르친다. 『**덕**』(virtue)이란 도덕적, 윤리적으로 수준 높은 기준을 말한다. 그리고 또 여기에 『**지식**』을 더하라고 촉구한다. 『**덕**』이 먼저이고 『**지식**』이 그 다음이다. 『**덕**』이 『**지식**』보다 더 중요한 기반이 된다는 것이다. 성경은 『**지식은 교만하게 하지만 사랑은 세워 주느니라.**』(고전 8:1)고 말씀한다. 그래서 당신은 먼저 『**덕**』이 있어야 하고 여기에 『**지식**』을 쌓아 올라가야 한다. 목사가 어느 주일 아침 설교를 통해 『**믿음에 덕을**』! 하고 외친다. 그러자 회중들은 비록 겉으로는 드러내지 않지만, 속으로는 "고리타분하긴!" 하고 불만스러워 한다. 이것이 요즘의 세태다. 그러나 당신은 그들의 눈치를 보고 그들의 장단에 맞추려고 해서는 안 된다. 그들이 고리타분하다고 여길지언정, 당신은 계속해서 『**너희의 믿음에 덕을, 덕에 지식을**』! 하고 외쳐야 한다. 이것은 결코 고리타분한 이야기가 아니다. 이것은 죽어 가는 그들을 살리는 진리의 말씀이다.

그러나 『**지식**』이 쌓이더라도 그것을 적절히 제어할 줄 알아야 한다. 그래서 6절은 『**지식에 절제를**』 더하도록 촉구한다. 절제되지 않은 지식은 교만이요 방자함이다. 그러나 『**절제**』한다고 다 되는 것이 아니다. 또 『**절제에 인내**』를 요구한다. 목사가 지난 주일 아침 설교에 『**덕**』에 이어 『**지식**』을 역설했더니 회중들은 속으로 "성경은 당신이나 읽으시오." 하고 시큰둥한 눈치였다. 그러나 그 다음 주일 한 걸음 더 나아가 『**절제**』 얘기를 꺼냈더니 이젠 노골적으로 불만을 드러내며 눈을 내리깐다. "왜 우리에게 주일만 되면 스트레스를 주는 거지?" 하고 말이다. 그러나 이번 주일에는 여기서도 또 한 걸음 더 나아가 『**인내**』 이야기로 설교가 진전된다. 아마도 그 다음 주일 출석 교인 수가 적어도 3분의 1은 줄어들 것이다. 당신은 그게 무서운가?

그런데 이번에는 『**인내에 경건을**』! 하고 베드로의 설교는 눈치 없이 계속 가열돼 가기만 한다. 『**경건**』(godliness)이란 4절에서 언급된 대로 정욕으로 인해 세상에 있게 된 타락을 피하는 것 이상의 경지에 도달한 것을 의미한다. 『**경건**』이란 "하나님과 같음"이라는 뜻이다. 당신이 주 예수 그리스도와 일치해 있는 것이 바로 『**경건**』이다. 이것은 당신이 그리스도와 "비슷하게 닮아 가는" 것과는 전혀 다르다. 당신은 그분을 닮아 가는 것이 아니라 그분과 "일치"해 가는 것이다. 그리스도인들은 그리스도를 닮아 가는 사람들이 아니라 그리스도의 몸 안으로 들어간 사람들이다. 그리스도와 한 몸이 되었다는 말이다. 바울은 『**우리 많은 사람이 그리스도 안에서 한 몸이 되어 각 사람이 서로의 지체가 되었느니라.**』(롬 12:5)고 말한다. 에베소서 4:3에서는 『**화평의 띠 안에서 성령의 하나됨을 지키도록 열심히 노력하라.**』고 충고한다. 고린도전서 12:27에서는 『**이제 너희는 그리스도의 몸이요 개별적으로는 그 지체들이라.**』고 역설한다. 당신이 구원받는 순간 당신의 옛 사람은 죽고 그리스도의 몸 안에서 새 사람으로 태어났다. 이것을 두고 바울은 『**예수 그리스도 안으로 침례받은 우리가 그의 죽으심 안으로 침례받은 것**』(롬 6:3)이라고 말한다. 당신이 그리스도를 "닮아 간다"면 당신은 여전히 죽지 않고 살아 있다는 뜻이다. 이것은 『**경건**』이 아니다. 『**경건**』은 당신이 그리스도와 한 몸 안에서 일치돼 있는 것을 말한다.

하나님께서는 당신이 『**경건**』에 이르도록 스스로 훈련할 것을 요구하신다. 『**...경건에 이르도록 네 자신을 훈련하라. 몸의 훈련은 유익이 적지만 경건은 모든 일에 유익하여 현재와 미래에 생명의 약속을 소유하게 하느니라.**』(딤전 4:7,8)고 성경은 말씀한다. 이 훈련은 『**선한 교리의 말씀들로 양육을 받아**』(딤전 4:6)야 이루어진다. 이 훈련을 통하여 당신은 『**예수 그리스도의 선한 일꾼**』이 된다(딤전 4:6). 당신이 『**경건**』에 이르면 예수 그리스도와 일치하게 된 것이므로 그분의 능력이 당신에게서 나타나게 된다. 만약 그렇지 않다면 당신의 『**경건**』은 모양만 갖춘 가짜다. 바울은 마지막 때에 이처럼 『**경건**』의 모양만 갖추고 그 능력은 부인하는 자들이 나타날 것을 경고하고 그런 자들로부터 돌아서라고 명령한다(딤후 3:5). 당신이 『**경건**』한 척하는 것이 아니라 참으로 『**경건**』에 이르렀을 때, 당신은 비로소 주 예수 그리스도를 "안다"고 말할 수 있다. 당신은 그분과 일치하기 전에는 주 예수 그리스도를 "안다"고 말할 수가 없다. "안다"는 것, 즉 "앎"은 "~ 에 관해서" 아는 것만을 의미하지 않는다. 참된 "앎"이란 거기에 도달해 있는 경지를 의미한다. 당신이 주님과 온전히 하나가 돼 있는 상태가 참된 "앎"이다. 당신이 예수 그리스도에 "관해서" 아는 것만으로는 아직 참된 "앎"에 도달한 게 아니다. 당신이 그분의 본성에 동참하였을 때, 당신은 비로소 그분과 일치해 있는 "앎"에 이른 것이다. 이것이 『**경건**』이다.

그 다음 7절은 『**경건에 형제 우애를, 형제 우애에 사랑을 더하라.**』고 말씀한다. 결국 『**사랑**』이 그리스도인의 궁극적인 『**덕**』으로 손꼽히고 있는 것이다. 바울도 『**이 모든 것 위에 사랑을 더하라. 이것이 온전함의 띠니라.**』(골 3:14)고 말한다. 이 『**사랑**』이라는 『**덕**』까지 이르러야만 그리스도인이 그리스도인으로서 온전해졌다고 『**띠**』(bond)로 보증 받을 수 있다는 것이 성경의 가르침이다.

여기서 말씀하는 『**사랑**』은 할리우드 식 "love"가 아니라 "자선, 자비심, 자애로움" 등을 나타내는 "charity"이다. 〈킹제임스성경〉이 이런 데서 "love"라는 단어 대신 "charity"라는 단어를 채택하고 있는 이유는 이 『**사랑**』의 이면에 "준다."는 의미가 깔려 있기 때문이다. "charity"로 표기되는 『**사랑**』은 "주되" 그 대가로 되돌아올 반대급부를 고려에 넣지 않은 순수한 마음을 반영한다. 이 순수한 『**사랑**』에는 돌아오는 것이 아무것도 없다. 이 『**사랑**』은 어떤 반사 이익을 기대하는 이기심에서 나온 것이 아니다. 이것은 그저 주기만 하는 이타적인 『**사랑**』이다.

우리는 하나님께로부터 이러한 사랑을 받았고 지금도 받고 있으며, 앞으로도 영원히 받게 될 것이다. 우리는 이러한 사랑으로 하나님을 사랑하고 있고 앞으로도 영원토록 그럴 것이다. 우리는 하나님을 사랑하기 때문에 또 그리스도 안에서 형제들을 사랑한다. 우리가 첫째로 하나님을 사랑하는 것은 주님께서 우리에게 주신 새 계명 중 첫 번째 계명이기도 하다. 『**너는 네 마음을 다하고, 혼을 다하고, 생각을 다하여 주 너의 하나님을 사랑하라. 이것이 첫째며, 큰 계명이니라**』(마 22:37,38). 주님께서는 또 이러한 사랑으로 우리 이웃을 사랑하라고 명하신다. 『**둘째는 이와 같으니, 네 이웃을 네 자신과 같이 사랑하라**』(마 22:39).

성경에서 "charity"라고 썼을 때, 여기에는 현대인들의 이기적이고 육신적인 저급한 할리우드 식 "사랑"이 게재할 만한 틈이 없다. 이것은 사람이 하나님께로부터 받은 것을 다른 사람들에게로 고스란히 반영하고 되돌리는 사랑이다. "charity"는 주기만 하는 사랑이기 때문에 되돌아오거나 되돌려 보낼 수가 없다.

그러나 당신은 하나님을 "charity"로 사랑할 수가 없다. 그것은 이미 하나님께로부터 먼저 받은 것이기 때문에 그분께로 되돌려 보낼 수가 없을 뿐더러 하나님께서는 인간의 "자선"을 필요로 하시는 분이 결코 아니시기 때문이다. 하나님께서는 그것을 다른 사람들에게 나누어 주라고 당신에게 베풀어 주셨지 자신에게 되돌려 달라고 주신 게 아니다.

『**이런 것들이 너희 안에 있어 풍성해지면 그것들이 너희로 우리 주 예수 그리스도에 대한 지식에 관한 한 게으르거나 열매 없는 자가 되지 않게 할 것이라**』(8절).

자, 당신은 믿음을 통하여 구원에 이르렀고, 그 믿음에 전심전력으로 덕을 더하였으며, 덕에 지식을 더하였다. 그리고 그 지식에 절제를, 절제에 인내를, 인내에 경건을, 경건에 형제 우애를 더하였으며, 그 형제 우애에 사랑을 더하였다. 그리하여 당신 안에는 이러한 『**덕**』이 자리잡게 되었다.

그러나 그것만으로 또 다 된 것이 아니다. 이런 것들이 당신 안에 있되, 『**풍성**』해져야 하는 것이다. 이런 것들이 『**풍성해지면**』, 이번에는 『**그것들이**』 당신을 움직이기 시작한다. 그리하여 당신으로 하여금 『**주 예수 그리스도에 대한 지식에 관한 한**』 게으르지 못하게 만든다. 당신은 이제 꼼짝없이 부지런해져야만 하는데, 『**주 예수 그리스도에 대한 지식**』을 쌓아 가는 데 열심을 다하여 『**주 예수 그리스도에 대한 지식**』에 관한 한 당신은 아주 풍성하게 되는 것이다. 그러면 그 풍성한 『**지식**』으로 말미암아 이번에는 당신의 『**믿음**』이 그만큼 풍성하게 자라가고 당신은 비로소 그리스도인으로서의 『**열매**』를 풍성하게 맺기 시작한다. 결국 믿음과 덕과 지식과 절제와 인내와 경건과 형제 우애와 사랑이 견인차가 되어 당신의 믿음이 열매를 맺게 되는 것이다.

『**그러나 이런 것들이 결여되어 있는 자는 눈멀고 멀리 볼 수 없으며 자신이 옛 죄들에서 깨끗하게 된 것을 잊은 것이라**』(9절).

당신이 그리스도인이라고 자처하지만, 만약 당신이 믿음과 덕과 지식과 절제와 인내와 경건과 형제 우애와 사랑이 결여되어 있다면, 당신은 눈먼 그리스도인이라고 이 구절은 말씀한다. 눈먼 그리스도인은 멀리 볼 수 없다. 멀리는커녕 코앞도 보지 못한다. 자기 코앞도 보지 못하기 때문에 예수 그리스도의 재림과 휴거는 더더욱 내다볼 수가 없고 그리스도의 심판석이라든가 천년왕국의 유업과 영원 세계에서의 새 하늘과 새 땅, 그리고 새 예루살렘 같은 것을 도저히 볼 수가 없다. 이처럼 눈먼 그리스도인은 그래서 마치 땅 속 지렁이처럼 이 세상을 살아갈 뿐 산 소망을 갖지 못한다. 이런 처지에 있는 사람이 구원의 가치를 어찌 알 수 있으랴! 베드로 역시 이런 사람에 대해 예수 그리스도의 피로 『**자신이 옛 죄들에서 깨끗하게 된 것을 잊은 것**』이라고 언급한다.

그리스도인이 그리스도인으로 거듭난 이후 봉착하게 되는 치명적인 계기가 바로 이 때이다. 『**자신이 옛 죄들에서 깨끗하게 된 것**』을 잊어버리는 순간 그는 필연적으로 과거의 더러운 세상으로 돌아가게 된다. 『**개는 그 자신이 토해 낸 것으로 다시 돌아가고 또 돼지는 씻고 나서 그녀의 진창 속에서 뒹군다.**』(벧후 2:22)는 말씀 그대로가 되는 것이다. 주님께서 당신을 『**부패의 구렁에서**』 건져내시고 당신의 『**모든 죄를 주의 등 뒤로 던지셨음**』(사 38:17)에도 불구하고 당신은 그 구렁 속으로 다시 들어갈 수야 없지 않은가? 『**음부가 주를 찬양하지 못하며 사망이 주를 경축하지 못하고, 구렁에 들어간 자들은 주의 진리를 바랄 수 없음**』(사 38:18)에도 불구하고 당신은 그 『**구렁에 들어간 자들**』처럼 될 수야 없지 않느냐는 말이다.

뒤를 돌아보려면 주 예수 그리스도께서 당신을 구원하셨던 그 놀라운 날을 뒤돌아보라. 『**너희가 잘려진 그 바위와 너희가 파내어진 그 구덩이를 유의해 보라. 너희의 조상 아브라함과 너희를 낳은 사라를 유의해 보라. 이는 내가 그를 따로 불렀고 그에게 복 주었으며 그를 증대케 하였음이라.**』(사 51:1,2)고 하나님께서는 이사야를 통하여 이스라엘 백성에게 말씀하셨다. 당신이 뒤돌아볼 수 있는 시야의 한계는 그 이상 더 과거로 뒷걸음질쳐서는 안 된다. 당신은 예수 그리스도의 피로 깨끗하게 되었던 바로 그 순간만을 뒤돌아보아야 한다.

1:10 그러므로 형제들아, 오히려 더욱 힘써서 너희의 부르심과 택하심을 확고히 하라. 너희가 이러한 것들을 하면 결코 실족하지 않을 것이요

11 이같이 하면 우리 주 곧 구주 예수 그리스도의 영원한 왕국에 들어가는 입구가 너희에게 풍성하게 마련될 것이니라.
12 이러므로 너희가 이런 것들을 알고 현재의 진리에 굳게 서 있지만 나는 항상 너희로 이런 일들을 기억하게 하는 데 소홀히 하지 아니하겠노라.
13 그렇도다. 내가 이 장막에 있을 동안에, 너희를 각성시켜 기억하게 함이 옳은 줄로 여기나니
14 이는 우리 주 예수 그리스도께서 내게 보여 주신 것같이 나도 나의 장막을 벗어날 때가 임박했음을 앎이라.

『**그러므로 형제들아, 오히려 더욱 힘써서 너희의 부르심과 택하심을 확고히 하라. 너희가 이러한 것들을 하면 결코 실족하지 않을 것이요**』(10절).

다른 누구보다도 먼저 존 칼빈과 그의 추종자들이 이 구절을 잘 읽고 『**부르심과 택하심을 확고히**』 했으면 좋겠다고 나는 생각한다. 그들이 진짜로 『**택하심**』을 받았다면, 택함 받은 자들답게 그 『**택하심을 확고히**』 해야 하지 않겠는가? 바울은 고린도후서 13:5에서 이렇게 촉구하고 있다. 『**너희가 믿음 안에 있는지 너희 자신을 시험하고 스스로 입증하라. 예수 그리스도께서 너희 안에 계신 것을 스스로 알지 못하느냐? 그렇지 못하면 너희는 버림받은 자들이라.**』 바울의 이 말은 "너희가 택하심을 받았는지 아닌지 너희 자신을 시험하고 그것을 스스로 증명해 보여라."는 뜻이다. 다시 말해서, 당신이 과연 구원받아 주님께로부터 택함을 받았는지 여부를 스스로 시험해 보고 당신 스스로에게 입증해 보이라는 말이다. 만약 이것이 확실치 않고 어딘지 의심스러운 데가 있는데다가 이것을 입증하지 못한다면, 당신은 버림받은 자라고 바울은 가차 없이 말하고 있는 것이다.

어떻게 시험해 보고 어떻게 입증할 수 있느냐고 묻고 싶은가? 골방에 들어가 문을 단단히 걸어 잠그고 혼자 앉아 당신 스스로가 깊이 생각해 보면 된다. 이것은 당신 스스로가 시험해 보고 입증해야지 다른 사람은 절대로 할 수가 없다. 입증하되, 다른 사람보다는 당신 자신에게 먼저 입증해 보여라.

『**너희가 이러한 것들을 하면 결코 실족하지 않을 것이요**』(10절).

『**이러한 것들**』이란 앞서 5절부터 8절까지에 걸친 것들이다. 여기서 『**실족**』(fall)이란 "떨어진다."는 의미에서의 『**실족**』이지만, 그렇다고 지옥에 떨어진다는 게 아니라 고린도전서 10:12에서 언급하고 있는 것과 같은 맥락에서의 "넘어짐"을 의미한다. 『**그러므로 서 있는 줄로 생각하는 사람은 넘어지지 아니하도록 주의하라**』(고전 10:12). 이 구절은 하나님을 의심하고 시험하다가 죽임을 당한 이스라엘 사람들을 예로 들면서 그리스도인들이 어려움에 처했을 때 하나님의 뜻을 거역하고 불평하다가 죽임을 당하는 불행을 자초하지 말도록 바울이 충고하고 있는 말이다. 민수기 21장에 보면 광야의 이스라엘 백성이 하늘에서 떨어지는 만나만 먹고시는 데 질려버린 끝에 『**어찌하여 당신들은 우리를 이집트에서 데리고 나와 광야에서 죽게 하나이까? 여기는 먹을 것도 없고 물도 없으니, 우리 혼이 이 보잘것없는 음식을 싫어하나이다.**』(민 21:5) 하고 하나님과 모세에게 투정을 부린다. 그러자 많은 자들이 하나님께서 보내신 불뱀들에 물려 죽었다(민 21:6).

그리스도인들은 『**항상 기뻐하라. 쉬지 말고 기도하라. 모든 일에 감사하라.**』(살전 5:16-18)는 명령을 받고 있는 사람들이다. 이것은 『**그리스도 예수 안에서 너희에 관한 하나님의 뜻이니라.**』(살전 5:18)고 성경은 말씀한다. 그러나 그리스도인들이 조금만 어려운 일에 봉착해도 기뻐하고 감사하기는커녕 『**어찌하여**』? 『**어찌하여**』? 하고 불평하면서 하나님의 뜻을 의심하고 시험한다. 이에 대해 바울은 『**그들은 그러다가 멸망시키는 자에게 멸망당하였느니라.**』(고전 10:10)고 경고한다. 그러면서도 바울은 당신을 위로하며 이런 말로 다독거려 주고 있다. 사람이 감당할 수 있는 시험 외에는 너희가 당한 것이 없지 않느냐? 하나님께서는 신실하셔서 너희가 감당할 수 있는 것 이상으로 시험을 당하게 하지는 않으신다, 그리고 시험을 당하더라도 피할 길도 마련하셔서 너희가 그 시험을 능히 감당케 하신다(고전 10:13)고 말이다. 그러니까, 여기 베드로후서 1:10에서 언급하는 『**실족**』이라는 말은 영어로 "fall"이라고 표기는 되어 있지만, 그리스도인도 죄를 지으면 지옥에 떨어진다는 말이 절대로 아니다. 이것은 그야말로 『**실족**』을 의미하는 것으로 "발을 헛디디고 넘어진다."는 뜻이다. 당신은 발을 헛디디면 크게 다치기도 하고 때로는 죽기까지 한다. 그러나 믿음 위에 덕을 더하고, 덕 위에 지식을 더하며, 지식 위에 절제를 더하고, 절제에 또 인내를, 인내 위에 경건을, 경건에 형제 우애를, 그리고 형제 우애에 사랑을 더하면, 당신은 온전한 그리스도인이 되어 발을 헛디디는 일이 없을 터인즉, 불행에 처하지 않고 안전한 삶을 살아갈 수 있다는 것이 여기서 베드로가 하고 있는 말이다. 요컨대, 당신이 정말로 구원받은 그리스도인이라면, 첫째는 그 구원의 가치를 잊지 말라는 것이요, 구원받고 새 사람으로 거듭났으니 둘째는 믿음 가운데서 진리의 말씀으로 성장하라는 충고이고, 구원받고도 성장하지 못하면 실족하게 되고 최악의 경우에는 죽을 수도 있으니 주의하라는 경고인 것이다.

베드로는 여기서 고린도전서 10장에서 바울이 그리스도인들에게 던지고 있는 가르침의 맥을 정확하게 짚어가면서 이러한 경고를 보내고 있다. 베드로는 이 서신서를 쓸 당시 바울 서신서들을 깊이 유념하고 있었고, 베드로 자신이 이 사실을 다음과 같이 명백하게 밝히고 있다. 『**우리의 사**

랑하는 형제 바울도 그가 받은 지혜대로 너희에게 그렇게 썼고 그의 모든 편지에서도 이런 것에 관하여 말하고 있으나 그 가운데는 깨닫기 어려운 것이 더러 있어 무식한 자들과 견고하지 못한 자들이 다른 성경들처럼 억지로 풀다가 스스로 멸망에 이르느니라』(벧후 3:15,16). 이처럼 베드로는 바울 서신서에 담긴 진리들을 정확하게 이해하고 있었고 그것이 자신이 알고 있는 진리와 하나도 다르지 않다는 것을 천명하고 있을 뿐더러, 무식하고 견고하지 못한 자들이 바울을 통하여 계시된 진리의 일부를 곡해하고 『**다른 성경들처럼 억지로 풀다가**』 제풀에 멸망하게 될 것까지도 경고하고 있다. 가령, 캠벨주의에 오염된 자들이 고린도전서 10:10을 읽고 이것은 그리스도인도 구원을 상실할 수 있음을 밝히는 증거 구절이라고 떠들어대는 것 등이 그 한 예이다. 베드로의 말대로 이처럼 『**무식한 자들과 견고하지 못한 자들**』은 갈라디아서 5장이라든지 에베소서 5장을 읽고도 그것 봐라, 이러저러한 짓들을 하는 자는 『**하나님의 나라를 상속받지 못할 것**』(갈 5:21)이라고 말하지 않느냐? 『**너희가 이것을 알거니와 음행하는 자나 더러운 자나 욕심 많은 자, 곧 우상 숭배자는 누구든지 하나님과 그리스도의 왕국에서 상속받을 것이 없느니라.**』(엡 5:5)고 말하지 않느냐? 이것은 그리스도인들도 죄를 지으면 지옥에 떨어진다는 말이 아니고 뭐란 말이냐? 라고 말하면서 마치 『**다른 성경들처럼 억지로 풀다가 스스로 멸망에**』 이른다. 이들은 『**상속받지 못할**』 『**하나님의 나라**』가 무엇인지도 모른다. 이들은 세상에 존재하지도 않고 한 번도 본 적이 없는 "최초의 원본"을 몽상 속에서 붙잡고 있다가 헛다리짚는 바람에 『**하나님과 그리스도의 왕국에서 상속받을 것**』이 없는 자들로 『**스스로 멸망에**』 이르는 자들인데, 하기야 이들은 『**하나님과 그리스도의 왕국**』이 무엇인지도 모르기 때문에 그럴 수밖에 없다. 더멜로우가 그렇고, 제미에슨이라든가, 포셋이라든가, 브라운 같은 자들이 그러하며, 벌링거니,

해리슨이니, 윌리엄스니 하는 후천년주의자들이 다 그런 자들이다. 이들은 절대 무오한 하나님의 말씀인 〈킹제임스성경〉을 거부하는 배교자들인지라 진리에 대하여 아무런 조명도 받지 못한 채 스스로 멸망에 이른다. 우리는 현존하는 그 어떤 필사본들보다 뛰어난 〈킹제임스성경〉을 통하여 갈라디아서 5장이나 에베소서 5장에서 언급되는 『**하나님의 나라**』나 『**하나님과 그리스도의 왕국**』이 다같이 상속받을 유업으로서의 "왕국"임을 정확하게 알고 있고, 믿음으로 말미암아 하나님의 은혜로 구원받은 사람들이 그리스도와 함께 고난을 받음으로써 이 왕국에서 그리스도와 함께 지상 통치하게 될 것을 한 치의 오차도 없이 정확하게 알고 있다(롬 8:17, 계 5:10). 이 『**나라**』는 하나님의 은혜로 값없이 받는 『**하나님의 나라**』(롬 14:17)만이 아니요, 우리가 구원받고 옮겨가는 하나님의 『**사랑하는 아들의 나라**』(골 1:13)만도 아니며, 예수 그리스도를 섬김으로써 받게 될 『**유업의 상**』(골 3:24)으로서의 나라요, 음행하고 더럽고 욕심 많은 우상 숭배자는 결코 상속받을 수 없는 『**하나님과 그리스도의 왕국**』(엡 5:5)에 동시에 같이 임하는 『**나라**』임을 우리는 〈킹제임스성경〉을 통해서 정확하게 배운다.

당신은 구원받아 그리스도 안에 들어왔다(고전 1:7-9). 그러므로 당신의 구원은 끝까지 부인될 수가 없다. 『**우리가 믿지 아니하여도 그는 항상 신실하시니, 그는 스스로를 부인하실 수 없음이라.**』(딤후 2:13)고까지 성경은 말씀하면서 당신의 구원의 절대 안전을 보장하고 있다. 그러나 『**하나님과 그리스도의 왕국에서 상속받을**』 『**유업의 상**』은 놓칠 수 있다(딤후 2:12). 이것을 놓치느냐 끝까지 확보하느냐 하는 것은 당신이 주 그리스도를 어떻게 섬기느냐에 달려 있다. 『**이는 너희가 유업의 상을 주께로부터 받을 줄 앎이니 너희가 주 그리스도를 섬기고 있음이라**』(골 3:24).

이에 대해 주님께서는 한 비유로 이야기를 들려주셨는데, 주인이 종들에게 한 므나씩을 주면서 자기가 돌아올 때까지 그것으로 장사하라고 명령하고 먼 나라로 여행을 떠났다가 돌아와 그 결과를 일일이 보고 받는 그 유명한 이야기가 바로 그것이다. 주인이 여행에서 돌아오자 종들이 그간의 장사 실적을 보고하는데, 첫 번째 사람이 주인에게 『**주여, 주께서 주신 한 므나로 열 므나를 벌었나이다.**』(눅 19:16)라고 보고한다. 그러자 주인은 『**잘하였다, 착한 종아, 네가 아주 작은 일에 신실하였으니 열 성읍을 다스리는 권세를 가지라.**』(눅 16:17)고 두둑한 상을 내린다. 그런데 한 종은 이렇게 보고한다. 『**주께서 주신 한 므나가 여기 있나이다. 내가 그것을 손수건에 싸서 간직하였나이다**』(눅 16:20). 그러자 주인이 말한다. 『**악한 종아, ...그렇다면 너는 어찌하여 내 돈을 은행에 맡기지 아니하였으냐? 그랬더라면 내가 와서 이자와 함께 원금을 청구하였으리라**』(눅 16:22,23). 그리고는 그 종에게서 한 므나를 빼앗아 열 므나를 가진 종에게 준다.

구원받은 그리스도인들이 주 예수 그리스도를 어떻게 섬기느냐는 이처럼 예수 그리스도의 왕국에서 어떤 보상을 받느냐를 결정하는 절대적 요건이 된다. 당신이 믿음으로 말미암아 하나님의 은혜로 구원을 받는 데에는 아무런 "행위"가 요구되지 않지만, 구원받은 다음에는 그리스도인으로서 마땅히 해야 할 일들이 당신에게 주어진다. 당신은 이것을 "행함"으로 실천하여 『**실족**』(벧후 1:10)하지 않고 『**넘어지지 아니하도록**』(고전 10:12) 주의해야 한다. 이것이 싫다면 당신은 『**유업의 상**』(골 3:24)을 포기해야 한다. 그러나 당신의 구원만은 유지된다. 이것만은 구원받고 거듭나 하나님의 자녀가 된 당신의 최소한의 특권이다.

이상이 바로 『**하나님의 나라를 상속**』받는다든지, 『**하나님과 그리스도의 왕국**』에서 상속받는다든지 하는 말씀들의 참뜻이다. 이것을 두고 그리스도인들이 구원을 상실할 수도 있다고 억지로 풀고 그렇게 가르치는 자들은 『**무식한 자들과 견고하지 못한 자들**』일 뿐이다. 이들은 이러한 하나님의 말씀들을 마치 『**다른 성경들처럼 억지로 풀다가 스스로 멸망에 이르느니라.**』고 베드로가 일침을 놓고 있는 바로 그런 자들이다.

구원받지 못한 죄인들은 새삼스레 "실족"하고 "넘어지고" 자시고 할 것도 없다. 그들은 이미 넘어져 있고 지옥에 떨어지도록 버려져 있는 자들이다. 그러나 구원받은 사람은 실족하고 넘어지기를 일곱 번 하더라도 용서받는다는 것을 알라. 베드로가 주님께 물었다. 『**형제가 내게 죄를 지으면 몇 번이나 그를 용서해 주어야 하리이까? 일곱 번까지 하리이까?**』 이에 대해 주님께서 무어라고 일러 주셨는가? 『**일흔 번씩 일곱 번까지**』라도 용서해 주라고 하셨다(마 18:21,22). 『**그가 하루에 일곱 번이나 너에게 죄를 짓고, 또 하루에 일곱 번이나 너에게 돌아와서 '내가 회개한다.' 고 말하면 그를 용서하라.**』(눅 17:4)는 것이 주님의 충고였던 것이다. 여기서 죄를 지은 사람은 『**형제**』였다. 말하자면, 구원받은 사람이었던 것이다. 당신이 그리스도인이라면, 당신에게는 하루에 일곱 번이라도 회개할 수 있는 기회가 주어져 있기 때문에 하루에 일곱 번이라도 용서받을 수 있는 특권이 부여되어 있다.

베드로는 여기서 어떻게 하는 것이 구원받은 사람으로서 믿음을 실행하는 것인가를 가르치고 있다. 그리고 이것을 실행함으로써 당신은 『**결코 실족하지 않을 것**』이라고 다짐해 주고 있고 다음 11절에서 보듯이 『**영원한 왕국에 들어가는 입구가... 풍성하게 마련될 것**』이라는 약속을 재확인해 주고 있다.

『**이같이 하면 우리 주 곧 구주 예수 그리스도의 영원한 왕국에 들어가는 입구가 너희에게 풍성하게 마련될 것이니라**』(11절).

그리스도인이 구원받은 것만으로 만족하지 않고 『**이같이 하면**』, 즉 더욱 전심전력하여 믿음에 덕을, 덕에 지식을, 지식에 절제를, 절제에 인내를, 인내에 경건을, 경건에 형제 우애를, 형제 우애에 사랑을 더해 나가면, 당신의 구주이신 주 예수 그리스도의 『**영원한 왕국에 들어가는 입구가... 풍성하게 마련될 것**』이다. 이에 대해서는 앞에서 이미 설명했다.

『**이러므로 너희가 이런 것들을 알고 현재의 진리에 굳게 서 있지만 나는 항상 너희로 이런 일들을 기억하게 하는 데 소홀히 하지 아니하겠노라**』(12절).

그리스도인들은 『**현재의 진리**』, 즉 구원받았다는 사실과 그렇기 때문에 영적으로는 이미 하나님의 나라에 들어가 있다는 『**현재의 진리**』를 알고 또 굳게 믿고 있으며 또 미래에 있을 『**이런 것들**』도 잘 알고 있지만, 그러면서도 자주 『**이런 것들**』을 망각하게 되는 것도 사실이다. 그러므로 베드로는 『**이런 것들**』을 당신에게 재삼 환기시키고 당신으로 하여금 그것을 『**기억하게 하는 데 소홀히 하지 아니하겠노라**.』고 다짐한다.

오늘날 미국의 코카콜라 회사가 이 수법을 배워서 선전에 사용하여 큰 성공을 거두었다. 미국 전역은 말할 것도 없고 일본에 가나 중국에 가나 베트남에 가나 하다못해 식량이 모자라 사람들이 굶어 죽어가고 있는 아프리카나 북극 에스키모 촌락에 가더라도 당신은 "마시자, 코카콜라!"라는 선전 간판을 볼 것이다. 그들은 어찌나 코카콜라를 『**기억하게 하는 데 소홀히 하지**』 않았던지 전세계 모든 나라 모든 지역에 사는 세 살짜리 어린아이들에서 팔십 노인들에 이르기까지 "코카콜라"라면 모르는 사람이 없다. 그들은 "미국"이라는 나라는 몰라도 코카콜라는 다 안다. 베드로에게서 이러한 수법을 배워 성공적으로 활용한 대표적인 케이스가 이처럼 코카콜라 회사다. 베드로는 여기서도 『**기억하게**』 하고 있고, 다음 13절에서도 『**각성시켜 기억하게**』 하고 있으며, 15절에서도 『**항상 기억할 수 있도록**』 하고 있고, 16절에서도 『**알게**』 하고 있다. 그러나 베드로는 당신더러 코카콜라를 『**기억**』하라고 말하고 있는 게 절대로 아니다. 그는 당신에게 "믿음"을 기억하게 하고, "덕"을 기억하게 하며, "지식"을 생각나게 하고, "절제"를 환기시키며, "인내"를 상기토록 하고 "경건"을 각성시키며, "형제 우애"를 기억할 수 있도록 하고, "사랑"을 알게 해주고 있다. 그러나 오늘날 그리스도인들은 조금만 목이 컬컬해도 "마시자, 코카콜라!"를 기억할 뿐, 베드로의 이 말은 상기하고 각성하지 못한다. 도무지 한 번이라도 성경을 펼쳐 읽는 법이 없으니 그럴 수밖에 없다. 성경을 덮어둔 채 어찌 이 귀한 말씀들을 상기하고 영적 목마름을 해소할 수 있으랴! 그러나 육신적 목마름일지언정, 코카콜라로 그 목마름을 해소하려고 하지 말라. 목이 마르거든 물을 마실 일이다. 코카콜라는 결코 당신의 갈증을 풀어주지 못한다. 마찬가지로 영적인 목마름도 순수한 하나님의 말씀이 아닌 다른 어떤 헛된 말로 해소할 생각은 하지 말라. 정말로 목마르거든 성경으로 그 목마름을 해소하라. 진리가 아닌 것은 그 어떤 것도 당신의 영적 갈증을 해소해 주지 못한다. 『**내가 주는 물을 마시는 사람은 누구든지 영원히 목마르지 아니하리라. 그러나 내가 그에게 주는 물은 그 사람 안에서 영원한 생명으로 솟아오르는 샘물이 되리라.**』(요 4:14)고 주님께서는 말씀하신다.

『**그렇도다. 내가 이 장막에 있을 동안에, 너희를 각성시켜 기억하게 함이 옳은 줄로 여기나니**』(13절).

바울은 고린도후서 5:1-4에서 『**장막**』에 대해 정의를 내리고 있다. 바울은 여기서 땅에 있는 우리의 장막 집이 무너지면 하나님께서 지으신 큰 집, 즉 손으로 짓지 아니한 하늘들에 있는 영원한 집이 있다는 것을 우리가 안다고 말한다. 그러나 우리가 이 땅에서 육신을 입고 신음하면서 하늘에서 오는 집으로 옷 입게 되기를 간절히 바라지만, 그렇다고 해서 우리가 짐을 지고 신음하는 것은 그 짐을 벗으려는 것이 아니라 『**죽을 것이 생명에 의해서 삼켜**』(고후 5:4)지기 위해 신음하는 것이라고 바울은 말한다.

베드로는 당신을 『**각성시켜 기억하게**』 하려고 각오가 대단하다. 『**내가 이 장막에 있을 동안에**』, 즉 이 땅에 살고 있는 한, 그리스도인이 그리스도인답게 살다가 『**실족**』하지 않고 『**예수 그리스도의 영원한 왕국**』에 들어갈 수 있어야 한다는 것을 한시도 망각하지 않도록 당신을 각성시키는 일이야말로 자기가 할 옳은 일이라는 것이다. 어찌 이것이 비단 베드로만의 일이랴! 이것은 성경을 가르치고 진리로 양육하는 성경 교사들과 사역자들은 말할 것도 없고 모든 그리스도인들이 다같이 떠맡고 있는 일이다. 그리스도인들은 죄인들에게 복음을 전하고 예수 그리스도를 증거한다. 그리고 그들의 혼을 미귀로부터 주 예수 그리스도께로 이겨온다. 그런 다음 그들을 진리의 말씀으로 양육하여 그들의 믿음이 하루하루 강건하게 자랄 수 있도록 돕는다. 그리하여 다같이 『**예수 그리스도의 영원한 왕국**』에 들어가 영원한 유업을 상속받을 수 있도록 도우려고 노력한다. 그리스도 안에서 지체가 된 사람들은 서로 경쟁자가 아니라 서로 돕는 자들이다. 그들은 다 같이 그리스도의 몸 안에서 하나가 돼 있는 지체들이기 때문이다. 몸의 지체들은 서로 돕고 보완한다. 눈으로 보아서 알 수 없는 것을 손끝으로 만져 더 확실히 감지하게 하고, 머릿속으로 생각한 것을 사지를 움직여 행동으로 옮길 수 있도록 하며, 몸으로 체험한 것들을 혼 속에 입력해 두도록 돕는다. 그래서 그리스도인들은 형제 우애를 중시하고 사랑을 귀하게 여긴다. 형제 우애와 사랑은 입으로만 "사랑해요!"라고 말하는 게 아니다. 서로 진리로 인도하며 믿음이 자라도록 돕는 것이 진짜 숭고한 사랑이다. 한 지체가 다른 지체를 돕지 않으면 각 지체들은 아무것도 혼자서는 할 수가 없다. 고린도전서 12장을 잘 읽어 보라. 그리고 몸의 지체들이 어떻게 서로 도우며 서로 보완하는가를 다시 한 번 더 마음에 새기도록 하라.

『**이는 우리 주 예수 그리스도께서 내게 보여 주신 것같이 나도 나의 장막을 벗어날 때가 임박했음을 앎이라**』(14절).

베드로는 머지않아 자기가 죽게 될 것을 감지하고 있다. 그가 이것을 알고 있었던 것은 예수 그리스도께서 그에게 장차 어떻게 죽게 될 것인지를 보여 주셨고 베드로는 주님의 그 말씀을 절대로 잊지 않고 있었으며, 지금 자신이 처하고 있는 상황들이 주님께서 예고하셨던 대로 되어가고 있음을 감지하고 있기 때문이었다. 주님께서는 베드로에게 이렇게 말씀하신 적이 있다. 『"**진실로 진실로 내가 네게 말하노니 네가 젊어서는 너의 허리띠를 스스로 두르고 원하는 곳으로 다녔어도 늙으면 네 팔을 벌리고 다른 사람들이 띠를 둘러 주며 또 원치 않는 곳으로 너를 데려가리라."고 하시더라. 이 말씀을 하심은 베드로가 어떠한 죽음으로 하나님께 영광 돌릴 것인지를 예시하심이라**』(요 21:18,19). 주님께서 이 말씀을 하시기 전 『**네가 나를 사랑하느냐?**』고 베드로에게 물으셨고 이에 대해 『**주여, 그러하옵니다. 주께서는 내가 주를 사랑하는 줄을 아시나이다.**』라는 베드로의 대답을 세 번 확인하셨으며, 그때마다 『**내 어린양들을 먹이라.**』 『**내 양들을 먹이라.**』 『**내 양들을 먹이라.**』고 명령하신 다음(요 21:15-17), 베드로가 어떤 죽음으로 『**하나님께 영광 돌릴 것인지를 예시**』하셨다. 주님께서는 그에게 "네가 지금은 마음 내키는 대로 발길을 옮기며 돌아다니고 있지만, 장차 심판이 있으리라는 것을 잊지 말라."고 말씀하셨던 것이다. 이 말씀을 머리에 떠올리며 베드로는 베드로전서 4:3-5에서 우리가 음란과 정욕과 술취함과... 우상 숭배를 행하여 이방인들의 뜻을 행한 것은 지난날의 생활로 충분하다, 이방인들은 자기들과 함께 너희가 방탕에 휩쓸리지 않는 것을 이상하게 여기고 비방하지만, 그들은 산 자들과 죽은 자들을 심판하시게 될 그분께 설명하게 될 것이다, 이렇게 당신에게 말했었다. 주님께서 베드로에게 들려주셨던 말씀은 전도서 11장에서 청년들에게 보내는 충고와도 같은 것이었다. 청년들아, 너희 젊음을 즐거워하라, 너희들은 마음 닿는 대로 길을 걷고 눈에 보이는 대로 달려가지만, 그러나 이것만은 잊지 말지니, 하나님께서는 너희를 심판하실 것이다, 그러므로 네 육체에서 악을 버려라, 어린 시절과 청년 시절이 모두 헛됨이라, 이것이 전도서 11:9,10의 말씀이다. "지난날의 생활로 충분하다."는 베드로의 말은 바로 이런 맥락에서 던져 주는 충고다. 정말이지 그렇다. 모든 더러운 것들은 지난날의 것들로도 넘친다.

주님께서 베드로에게 예시하셨던 죽음은 병으로 인한 죽음이나 자연사가 아니라 누구에 의해 피살되어 죽임을 당하는 죽음이었으니, 『**늙으면 네 팔을 벌리고 다른 사람들이 띠를 둘러 주며 또 원치 않는 곳으로 너를 데려가리라.**』(요 21:18)는 말씀이 그것이었다. 베드로가 나이 먹게 되면 어떤 자들이 그를 잡아다가 결박하고 죽이게 될 것을 주님께서는 이렇게 서술하셨던 것이다. 베드로는 이 말씀을 기억하고 자신이 현재 처해 있는 상황으로 미루어 자신에게 죽음이 다가오고 있음을 예상하면서 지금 여기 베드로후서를 써내려 가고 있는 중이다. 바울 역시 디모데후서에서 자신이 얼마 후 죽음을 맞게 될 것을 정확하게 예고하고 있었다. 본장 서두에서도 말했듯이 베드로나 바울은 죽음이 임박한 시점에서도 조금도 우울하거나 위축돼 있지 않고 오히려 넘치는 생명력을 과시하며 진리를 역설하고 있다. 이것이야말로 참된 그리스도인들의 삶의 진면목이다. 그들은 죽음마저도 복된 죽음으로 죽는다. 그들의 죽음은 최후 순간까지 하나님께 영광을 돌려드리는 죽음이기에 복된 죽음이다. 그들은 죽어서 주님께로 가기 때문에 더더구나 복된 죽음이다. 그들은 죽더라도 주님께서 다시 오시는 날 새 몸을 입고 다시 일어나 셋째 하늘로 올라가기 때문에 복된 죽음이다. 그들의 죽음은 영원한 생명으로 이어지기 때문에 복된 죽음이다. 바울은 『**이는 내게 사는 것이 그리스도니 죽는 것도 유익함이라.**』(빌 1:21)고 말한다.

베드로가 어디서 죽었는지는 성경 기록으로는 정확하게 알 수가 없는데, 베드로전서만큼은 바빌론에서 썼음이 명백하게 기술되고 있다(벧전 5:13). 로마카톨릭은 성경에 명확한 기록이 없다 싶으면 얼른 그 틈바구니로 끼여 들어와 얼토당토않은 우화를 만들어내곤 하는데, 베드로의 죽음을 둘러싸고도 예외가 아니어서 그들은 베드로가 가 있지도 않은 로마에서 십자가에 거꾸로 매달려 죽었다는 이야기를 창작해냈다. 로마서 16장에 보면 당시 로마에 가 있던 바울이 그곳의 동역자들 한 사람 한 사람에 대해 소식을 전해 주고 있는 것을 보는데, 베드로 이야기는 일언반구도 없다. 이것은 베드로가 로마에 가 있는 게 아니었기 때문이다. 바울이 로마에서 죽음을 맞을 당시에도 베드로는 거기에 없었다. 그러나 어쨌든 베드로는 주님께서 예고하셨듯이 누구에 의해 "피살"되었다. 비록 우리는 그가 어디서 죽었는지는 모르지만, 베드로 자신은 죽은 다음 어디로 가게 될 것이며, 죽은 다음 장차 어떻게 될 것인지에 대해서만은 바울이나 요한 못지않게 정확하게 알고 있었다. 우리는 베드로전서 1:3-5의 기술을 보고 그것을 확실히 알 수가 있다. 『**하나님, 곧 우리 주 예수 그리스도의 아버지를 송축하리로다. 그분은 그의 풍성하신 자비하심을 따라 죽은 자들로부터의 예수 그리스도의 부활로 인하여, 우리를 거듭나게 하사 산 소망을 갖게 하셨으며 너희를 위하여 하늘에 썩지 않고 더럽지 않고**

쇠잔하지 않는 유업을 간직해 두셨으니 너희는 마지막 때에 나타내려고 예비하신 구원을 얻기 위하여 믿음으로 말미암아 하나님의 **능력으로 보호 받고 있느니라.**』

그리스도인이 예수 그리스도로 인하여 고난을 당하다가 그리스도로 인하여 죽임을 당한다면 그것은 하나님께 영광을 돌려드리는 죽음이기에 복된 죽음이다. 성경은 당신이 그리스도인이기에 간혹 비방과 고난을 당하여 사람들에게 구경거리가 되었고 또 그런 처지에 있는 자들과 동료가 되기도 하지만, 그렇기 때문에 오히려 당신의 확신을 버리지 말라고 충고하면서 그리하면 큰 상이 있을 것을 말씀한다. 당신에게 고난과 인내의 중요성을 가르치는 성경은 『**너희에게 인내가 필요함은 너희가 하나님의 뜻을 행한 후에 그 약속을 받기 위함이라.**』(히 10:36)고 그 이유를 설명한다. 이것을 알고 있는 베드로로서는 "그래, 맞아, 내가 비록 죽음을 눈앞에 두고 있고 주님께서 말씀하셨던 대로 그 죽음이 내게 다가오고 있을지언정, 이 장막에 있을 동안 최후 순간까지 모든 그리스도인들을 각성시켜 이런 것들을 기억하도록 만들어 주는 일은 아주 옳은 일이야!" 하고 스스로를 다짐하면서 각오를 새롭게 하는 것이 너무나 당연한 일로 여겨졌다. 하나님의 사람들이 이처럼 자기가 죽을 때를 미리 알고 있었다는 것은 실로 놀랍고도 멋진 일이다.

성경은 사람이 죽는 것을 잠드는 것으로 묘사하고 있거니와, 사람이 졸음이 오면 잠잘 시간이 되었음을 아는 것이야 누구라도 할 수 있는 일이지만, 사실 자신의 죽음을 예측하기란 쉽지 않은 법이다. 나도 그리스도인인 이상 그렇게 될지도 모르지만, 정말이지 그렇게 되기를 갈망한다.

바울은 죽음을 앞두고 이렇게 말했다. 『**내가 이미 제물로 드려질 준비가 되어 있고, 떠날 때가 이르렀도다. 내가 선한 싸움을 싸우고 달려갈 길을 마치고 믿음을 지켰으니 이후로는 나를 위하여 의의 면류관이 마련**

되어 있어 의로운 재판관이신 주께서 그 날에 그것을 내게 주실 것이며 또 나뿐만 아니라 그의 나타나심을 사모하는 모든 사람에게도 주실 것이라』(딤후 4:6-8).

모세도 자기가 죽을 때를 미리 알고 모압 평지로부터 느보 산에 올라 여리코 맞은 편 피스가 산 꼭대기에 올라가 하나님께서 눈앞에 펼쳐 보여 주시는 『**아브라함과 이삭과 야곱에게 맹세한 그 땅**』을 내려다보며 『**내가 그것을 네 씨에게 주리라.**』는 하나님의 약속을 재확인했다(신 34:1-4).

아브라함 역시 자신의 죽음을 예견하고 자기의 모든 소유를 아들 이삭에게 넘겨주고 첩들의 소생들에게도 재물을 주어 멀리 동쪽으로 보내 자기가 살아 있는 동안 이삭으로부터 멀리 떠나도록 조치를 취했다(창 25:5,6). 그는 아내 사라가 죽었을 때, 마므레 앞 막펠라에 있는 에프론의 들과 거기 있는 굴, 그리고 그 사면 지경에 있는 모든 나무들을 사들여 매장지로 소유를 미리 확정해 놓았었다(창 23:17-19).

야곱도 마찬가지였다. 그는 죽음을 눈앞에 두고 모든 아들들에게 예언과 축복을 해준 다음 아브라함과 사라가 묻혀 있는 바로 그 자리에 장사 지낼 것을 당부한 뒤 곧 『**그의 발을 침상으로 모으고 숨을 거두니 그의 백성들에게로 합쳐졌더라.**』(창 49:33)고 성경은 적고 있다.

여호수아도 자신이 죽을 때를 알고 있었다. 그가 죽기 전 이스라엘 모든 지파를 세켐에 모으고 이스라엘 장로들과 그들의 우두머리들과 재판관들과 관원들을 불러 모은 자리에서 이스라엘 온 백성에게 한 여호수아 24장의 마지막 당부는 유명하다. 그는 이 자리에서 『**우리는 주를 섬기리이다.**』(수 24:21)라는 서약을 모든 백성들로 받아냈고, 그 서약에 대해 『**우리가 증인이니이다.**』(22절)라는 다짐까지 받아낸 다음에야 눈을 감았다.

이처럼 베드로도 자기의 죽음을 정확하게 예견하고 있었던 것이다. 그리스도인들이라고 해서 모두 자기가 언제 죽을지를 아는 것이 아니라는 것은 분명하지만, 주님께서는 최소한 모든 그리스도인들에게 그것을 알려 주신다는 것이 내 생각이다. 비록 그리스도인들이 부주의하여 주님의 그러한 예고를 알아차리지 못하거나 망각할지언정 주님께서는 어떤 방법으로든지 그것을 알려 주신다. 때로는 주님께서 데려가시겠다고 예고하기도 하시고, 때로는 마귀에 의해 죽임 당할 것을 예고하기도 하실지 모른다. 그런가 하면 또 이와 반대로 당신 생각에는 꼭 죽을 것 같은 상황인데도 주님께서는 아직 죽을 때가 아니라고 가르쳐 주시기도 한다.

문제는 당신이 언제 죽더라도 사전에 죽음을 잘 준비해 두는 일이다. 무엇보다도 구원을 받아 두는 것이 중요하다는 것은 두 말할 나위도 없지만, 구원받은 그리스도인들이 그것으로만 끝나고 마는 것은 어리석고 애석한 일이다. 사람은 누구나 죽되, 죽음 뒤에는 반드시 심판이 있다는 것과 주님께서 다시 나타나시리라는 것을 잊지 않는 것이 절대로 중요하다. 『**한 번 죽는 것은 사람들에게 정해진 것이고 그 뒤에 심판이 정해진 것같이 그리스도께서도 많은 사람의 죄들을 담당하시려고 한 번 드려지셨고, 두 번째는 자기를 바라는 자들을 구원에 이르게 하시려고 죄 없이 나타나시리라.**』(히 9:27,28)고 성경은 말씀한다.

모든 그리스도인들은 반드시 그리스도의 심판석 앞에 나아가 선이든 악이든 각자 자기 몸으로 행한 것들에 대해 주님께 설명을 드리고 그에 합당한 보상을 받게 되어 있다(고후 5:10). 그리고 예수 그리스도께서 이 땅에 다시 오시는 것은 모든 죄악과 함께 이 땅을 멸하시고 주님 자신이 통치하실 새로운 왕국을 세우시기 위함이거니와, 그리스도인들이 이 땅에 살아 있는 동안 그분을 어떻게 섬겼느냐에 따라 이 왕국에서 지상 통치의 유업을 받게 된다. 그리스도인들이 죽음에 대해 잘 준비한다는 것은 그리스도의 심판석에 나아가 부끄러움을 당하지 않고 오히려 면류관을 받고 천년왕국에서 바로 이 약속된 유업을 잃지 않기 위한 준비를 해두는 것을 말한다. 이 세상에서 누리는 부와 명예와 권력은 순식간에 사라지는 것이요, 죽음과 함께 절대로 가져갈 수 없는 것들이지만, 그리스도인들이 이 세상을 떠난 뒤 그리스도의 심판석과 천년왕국에서 받게 될 것들은 영원히 지속될 것들이다. 당신은 과연 어느 것을 택하겠는가? 당신은 썩어질 면류관이 좋은가, 아니면 썩지 않을 면류관이 좋은가?(고전 9:25). 당신은 죽음에 대비하기 위하여 겨우 몇 천만 원짜리 생명보험에만 들어두고 말 텐가? 당신은 그 돈을 한 푼도 받을 수가 없지 않은가? 당신이 그리스도인이라면, 당신은 이미 이 세상에서 가장 비싸고 가치 있는 생명보험에 들어둔 게 아니던가? 당신이 구원받았다면 당신은 이미 영원한 생명이 보장되지 않았는가? 이제는 그 영원한 생명과 함께 누릴 무엇인가 영원한 유업을 확보해 두어야 하지 않겠는가? 당신은 무슨 일이 있어도 이 영원한 유업만은 결코 포기할 수 없지 않은가? 그렇다면, 당신도 죽음 뒤에 있는 영원한 시간에 미리 현명하게 대비해야 하지 않겠는가? 개미들은 강하지 못한 백성들이지만 그들은 여름에 음식을 예비하며, 토끼들은 약한 무리이지만 그들의 집을 바위 위에 짓는다고 잠언은 말씀한다(잠 30:25,26).

1:15 또한 내가 떠난 후에라도 너희가 이러한 것들을 항상 기억할 수 있도록 내가 힘쓰겠노니

16 우리가 우리 주 예수 그리스도의 능력과 오심을 너희에게 알게 한 것은 교묘하게 꾸며 낸 이야기를 좇은 것이 아니라 그의 위엄의 목격자들이었기 때문이라.

17 지극히 큰 영광으로부터 이러한 음성이 그에게 들려오기를 "이는 내 사랑하는 아들이요 그 안에서 내가 기뻐하노라." 하실 때에 그

가 하나님 아버지로부터 존귀와 영광을 받으셨느니라.
18 **이 음성은 우리가 그와 함께 거룩한 산에 있을 때 하늘에서 나온**
것을 들은 것이라.

『**또한 내가 떠난 후에라도 너희가 이러한 것들을 항상 기억할 수 있도록 내가 힘쓰겠노니**』(15절).

앞에서 살펴본 것처럼 베드로는 눈앞에 죽음이 다가오고 있음을 보면서 이 서신서를 쓰고 있는 중이다. 내가 죽은 다음에라도 그대가 이런 것들을 절대로 잊지 않고 항상 기억할 수 있도록 마지막 순간까지 최선을 다하여 전심전력하겠다는 것이 죽음을 눈앞에 둔 사람이 당신에게 하는 말이다! 당신은 베드로가 왜 이런 일에 집착한다고 생각하는가? 최소한 지금쯤은 당신도 이것을 충분히 알게 되었을 것이다. 시몬 베드로는 『**내 어린 양들을 먹이라.**』『**내 양들을 먹이라.**』『**내 양들을 먹이라.**』(요 21:15-17)는 주님의 명령을 결코 잊지 않고 있으며, 그를 위해 예비되어 있는 『**예수 그리스도의 영원한 왕국**』(11절)에서 상속받게 될 『**유업의 상**』(골 3:24)을 기억하고 그것을 조금이라도 놓치지 않으려고 힘쓰고 있는 것이다. 이런 욕심이야말로 부릴 만한 가치가 있는 대단히 현명한 욕심이다. 나도 세상 욕심을 버린 지는 오래지만 이런 욕심만은 날로날로 더 커가고 있다.

『**우리가 우리 주 예수 그리스도의 능력과 오심을 너희에게 알게 한 것은 교묘하게 꾸며 낸 이야기를 좇은 것이 아니라 그의 위엄의 목격자들이었기 때문이라**』(16절).

예수 그리스도의 재림과 관련하여 유명한 관련 구절들이 이제 펼쳐지고 있다. 베드로는 주님의 다시 오심에 대해 언급하면서 이것이 『**교묘하**

게 꾸며 낸 이야기를 좇은 것』이 아니라는 점을 무엇보다 먼저 확실히 해둔다.

『**교묘하게 꾸며 낸 이야기**』란 예컨대, "모세가 홍해를 건넌 것은 실은 뗏목을 타고 건넌 것이다." 따위와 같은 것을 말한다. 이를테면, 갈보리는 예루살렘 시내에 있었고 지금도 예루살렘 한복판에 있는 소위 "성묘"(聖墓, Holy Sepulchre) 성당 자리가 바로 그리스도의 무덤 자리였다는 따위도 『**교묘하게 꾸며 낸 이야기**』의 한 예이다. 우스꽝스럽게도 이 자리는 A.D. 326년경 로마 황제 콘스탄틴의 어머니 헬레나가 발견했다고 허황한 이야기를 꾸몄고, 이 꾸며진 이야기에 따라 콘스탄틴은 그 자리에 "성당"이라는 것을 지었다.

그러나 베드로는 이 따위 『**교묘하게 꾸며 낸 이야기**』를 좇을 하등의 이유가 없는데, 그것은 그가 『**그의 위엄의 목격자들**』 가운데 한 사람이었기 때문이다. 여기 15절에 따르면, 베드로가 실제 육안으로 목격했던 예수 그리스도의 『**위엄**』은 그분의 『**능력**』과 『**오심**』이었다. 이 구절의 『**오심**』이라는 단어에 특별히 밑줄을 그어두어라. 이것은 그가 실제로 목격했던 것이기 때문에 절대로 『**꾸며 낸 이야기**』가 아니라 확실한 사실이었다.

베드로를 위시한 제자들과 그 밖의 수많은 사람들이 실제 육안으로 목격했던 예수 그리스도의 『**능력**』으로 말한다면, 실로 한두 가지가 아니어서 그 목격담이 사실상 사복음서 전체를 가득 채우고 있거니와, 카나의 혼인식에서 물을 포도주로 변하게 하셨던 기적을 필두로 하여 어떤 귀족의 아들이 카퍼나움에서 병들어 죽게 되었을 때, 현장까지 가시지도 않고 갈릴리의 카나에서 원격 조정하여 말짱하게 치료하셨다든지, 베데스다 연못에서 날 때부터 소경이었던 사람의 눈을 뜨게 해주셨다든지, 물고기 두 마리와 빵 다섯 덩어리로 오천 명을 배부르게 먹이셨다든지, 물 위를 걸으셨다든지, 말씀 한마디로 바다의 풍랑을 잠잠케 하셨다든지, 죽은 지 나흘이나 되어 시체에서 썩은 냄새가 나는 나사로를 다시 살리셨다든지, 자기를 잡으러 로마 병사들과 함께 온 대제사장의 종의 귀를 베드로가 칼로 잘랐는데 그것을 말짱하게 고쳐 주셨다든지 하는 사건들, 아니 그보다 뭐니 뭐니 해도 십자가에 달려 죽으시고 장사까지 지낸 바 되셨다가 사흘 만에 부활하셨다든지 등등, 이런 것들을 여기서 일일이 다 열거하려면 사복음서 전체를 여기에 복사해 두는 편이 차라리 나을 것이다. 베드로는 이러한 주님의 능력을 육안으로 목격했던 강력한 증인들 가운데 하나였다.

베드로는 또 그분의 『**오심**』에 대한 예표를 두 눈으로 똑똑히 목격했던 증인들 가운데 하나였다. 그는 야고보와 요한과 함께 주님을 따라 높은 산으로 올라갔다가 거기서 얼굴이 해처럼 빛나고 옷은 빛처럼 희어져 변형되신 주님께서 모세와 엘리야와 이야기를 나누시는 광경을 목격했으며, 어찌나 그 영광스런 광채에 황홀해졌던지 주님께 『**주여, 우리가 여기 있는 것이 좋사오니 주께서 원하시면 여기에 장막 셋을 짓되, 하나는 주를 위하여, 하나는 모세를 위하여, 하나는 엘리야를 위하여 짓겠나이다.**』(마 17:4) 하고 말씀드리기까지 했고, 이렇게 말씀드리고 있는 중에도 빛나는 구름이 그들 머리 위를 덮는 것을 보았으며, 구름 속에서 들려오는 하나님의 음성까지 직접 귀로 들었다. 『**이는 내 사랑하는 아들이요, 그 안에서 내가 기뻐하노니 너희는 그의 말을 들으라**』(마 17:5, 눅 9:35).

변형산에서 이들이 목격했던 주님의 영광의 위엄은 주 예수 그리스도의 재림의 모형이었다. 이것이 그리스도의 재림의 모형이었다는 사실은 베드로 자신이 16절에서의 『**오심**』과 관련하여 다음 17절과 18절에서 서술하고 있는 내용으로 명백하게 입증된다. 예수 그리스도께서도 변형산에서의 일에 대해 사전에 자신의 재림에 관해 미리 제자들에게 말씀해 주셨었다. 『**진실로 내가 너희에게 말하노니, 여기 서 있는 사람들 몇은 인자가 그의 왕국으로 오는 것을 볼 때까지 죽음을 맛보지 아니하리라**』(마 16:28). 이 말씀 가운데서 주님께서는 자신이 『**오는 것**』을 보게 될 것이라 예고 하셨다. 그리고 엿새 후, 그러니까 그들이 죽음을 맛보기 전에 베드로와 야고보와 요한, 그러고 보니 아닌 게 아니라 주님의 말씀대로 거기 서 있던 『**사람들 몇**』이 보는 가운데 『**그들 앞에서 변형되시니 그의 얼굴은 해처럼 빛나고 그의 옷은 빛처럼**』(마 17:2) 희어지는 것이었고, 이것이 곧 주님께서 예고하셨던 대로 『**인자가 그의 왕국으로 오는 것**』의 모형이었던 것이다. 그리고 모세와 엘리야가 그분에게 나타나 주님과 함께 무슨 이야기인가 나누는 것이었는데, 누가복음 9:31에 따르면 『**영광 중에 나타난 그들은 이제 예루살렘에서 이루시려고 하는 주의 죽음에 관하여 이야기하고**』 있었다. 그리고 구름 가운데서 하나님의 음성이 들려왔던 것이다. 베드로는 지금 여기 16절과 다음 17, 8절에서 이 목격담을 기술하면서 『**우리가... 그의 위업의 목격자들**』이라고 분명하게 증언하고 있는 것이다.

베드로 일행이 변형산에서의 주님의 변형을 통하여 영광 중에 재림하시는 주님을 목격했던 것은 『**엿새 후**』(마 17:1), 즉 "일곱째 날"이었다. 누가복음 9:28에서는 이 "일곱째 날"을 『**약 팔일째 되는 날**』이라고 기술하고 있다. 이로 미루어 우리는 주 예수 그리스도의 재림이 『**엿새 후**』이고, 또 정확히 8일은 아니지만 『**약 팔일째 되는 날**』이라는 것을 알 수 있다. 『**엿새 후**』인데다가 또 『**약 팔일째 되는 날**』이라면, 이것은 곧 "일곱째 날"이다. 누가복음에서 『**약 팔일째 되는 날**』이라고 기술했다고 해서 이것이 정확하지 못한 기록이라는 둥, 복음서들끼리 내용이 상이하다는 둥 하면서 성경 기록의 신뢰성을 의심하고 깎아 내리려는 불순한 의도를 품은 자들이 많지만, 이들 모두가 오히려 자신들의 불순한 반성경적 저의 내지 성경적 무지를 드러낼 뿐이다.

『**약 팔일째 되는 날**』이라고 서술한 것은 "일곱째 날"에서 아무런 날짜 변경의 경계가 없이 연속되는 날임을 나타내는 깊은 영적 의미를 반영한 것이다. 천년왕국 시대의 안식 기간은 영원으로 곧바로 이어진다. 비록 천년왕국이 끝나는 시점에 한 번의 반란이 있고 하늘과 땅이 불로 소멸되고 마는 사건이 있기는 하지만, 그럼에도 불구하고 이것이 한 기간을 구획하는 분수령이 되지 못하는 것은 천년왕국 기간이 『**의가 그의 허리띠**』(사 11:5)가 되는, 즉 그리스도의 의가 통치하는 기간으로서 사실상 영원 시대의 시작임을 성경이 밝히고 있기 때문이다.

성경은 하나님께서 재창조를 마치신 일곱째 날에 대해 『**자신의 일을 끝내시고 자신이 만드시던 자신의 모든 일로부터... 쉬시니라.**』(창 2:2)고 기록하고 있을 뿐, 여기서만은 "저녁과 아침이 되니"라는 날짜 구획을 나타내는 서술은 하지 않고 있음을 우리는 본다. "일곱째 날"은 사실상 영원한 시간이 시작되는 『**약 팔일째 되는 날**』의 일부였던 것이다.

한편, 『**엿새 후**』는 명백하게 "일곱째 날"을 가리킨다. 이것은 하나님의 재창조 이후 6천 년이 경과하면 있게 될 예수 그리스도의 재림의 날이다. "일곱째 날"은 안식의 날이다. 이 날은 하나님께서 쉬신 날이고 복을 주시며 거룩하게 하신 날이다(출 20:11). 그래서 이 날은 일하지 말고 쉬어야 하는 날로 정해진 날이다. 이것은 하나님의 계명이었다(출 20:10). 6주가 지난 후 7주째 역시 안식의 주간이다. 일곱째 달 역시 장막절이고 그 첫날이 안식일이다. 『**일곱째 달, 그 달의 첫날에 안식일을 삼고 나팔들을 불어 기념일과 거룩한 모임을 삼을지니라. 너희는 그 날에 어떤 육체 노동도 하지 말고...**』(레 23:24,25) 그런가 하면 또, 일곱째 해에는 땅이 안식하는 해다. 『**너는 육 년 동안 네 밭에 씨를 뿌리고... 열매를 거둘 것이**

나 일곱째 해에는 땅에게 쉼의 안식이 되게 할지니 주를 위한 안식이라』(레 25:3,4).

어디 그뿐인가, 일곱 안식년(49년)이 지난 다음 해는 매였던 모든 자들에게 자유가 선포되는 "환희의 해"이다(레 25:8-24). 그리고 6천 년이 지나고 일곱 번째 천 년은 안식의 천년왕국 시대가 된다. 이 기간은 마귀요, 사탄이며 옛 뱀인 "용"이 큰 쇠사슬에 묶여 끝없이 깊은 구렁에 던져진 채 갇혀 있게 되기 때문에 세상은 안식의 기간이다(계 20:1-3). 이 기간은 『**예수에 대한 증거와 하나님의 말씀으로 인하여 목베임을 당한 사람들**』이 보좌에 앉아 『**그리스도와 함께 천 년을 통치**』하는 기간이며(계 20:4), 『**첫 번째 부활에 참여**』하여 복되고 거룩하게 된 사람들인지라 『**둘째 사망이 그들을 다스리는 권세가 없고, 오히려 그들이 하나님과 그리스도의 제사장들이 되어 천 년 동안 그와 함께 통치**』(계 20:6)하는 기간이기 때문에 의로운 세계요 영원으로 이어지는 영원한 안식의 기간이다.

그리고 또, 주님께서는 베드로와 야고보와 요한을 『**높은 산**』으로 데리고 가셔서(마 17:1) 변형되는 모습을 보여 주셨는데, 이로 미루어 주님의 재림 장소가 『**높은 산**』과 관련이 있음을 알 수 있다. 스카랴 14:4에 보면 재림하시는 주님께서 올리브 산 위에 서 계신다. 『**그의 발이 그 날에 예루살렘 동편에 있는 올리브 산 위에 서시리니...**』

재림하시는 주님께서는 이 올리브 산 위에 서시기 전에 먼저 시내 산으로 오신다. 『**시내 산은 온통 연기로 자욱하니 이는 주께서 불 가운데 그 위에 내려오심이라... 주께서 시내 산 정상에 내려오셔서...**』(출 19:18,20)라고 성경은 쓰고 있다. 주님께서는 이렇게 시내 산으로 내려오셔서 파란(Paran) 산을 거쳐 올리브 산 위에 서실 것이다. 『**주께서 시내에서 오시어 세일에서 일어나시고 파란 산에서 비치시며, 그가 수만 성도들과 함께**

오셨으니...』(신 33:2)라고 말씀하고 있고 『**하나님은 테만으로부터 오시며 거룩하신 분은 파란 산으로부터 오셨도다.**』(합 3:3)라고 하박국 선지자는 선언한다. 시내 산, 파란 산, 올리브 산, 이처럼 주님의 재림 경로는 『**높은 산**』과 관계가 깊다.

베드로는 또 주님께서 변형되실 때에 그 얼굴이 『**해처럼**』 빛나는 것을 보았다. 예수 그리스도의 재림을 서술하고 있는 말라키 4:2에서는 주님을 『**의의 태양**』이라 지칭하고 있다. 사도 요한은 주의 날에 성령 안에서 셋째 하늘에 올라가 주님을 보았는데, 이때 본 주님의 모습에 대해 『**용모는 해가 그 맹렬한 기세로 비치는 것 같더라.**』(계 1:16)고 기술하고 있다. 시편 19:5에서도 『**태양은 신랑방에서 나오는 신랑 같고... 그의 떠오름은 하늘 끝에서부터며 그의 회전은 하늘 끝들까지니 그 열기로부터 숨은 것은 아무것도 없도다.**』고 말씀한다. 마태복음 13:43에 보면 천년왕국에서의 의인들 역시 주님처럼, 즉 『**해처럼 빛나리라.**』고 주님께서 말씀하신다. 이처럼 성경은 재림하시는 예수 그리스도의 모습을 떠오르는 아침 해와 같이 찬란한 모습으로 묘사하고 있다.

변형산에서의 사건이 주님의 재림을 보여 주는 모형임을 말해 주는 요소들은 이것들만이 아니다. 변형산에는 또 모세와 엘리야가 나타나 주님과 이야기했다. 모세와 엘리야는 예수 그리스도의 재림과 깊은 관련이 있는 인물들이다. 이들은 모두 주님께서 올라가셨던 『**따로 떨어져 있는 높은 산**』(마 17:1), 즉 시내 산에 올라 주님처럼 40일간 금식하며 지냈다는 점에서 주님의 재림과 매우 유사한 상황을 그림으로 보여 주었다. 『**주의 영광이 시내 산 위에 머무르고 구름이 육 일 동안 산을 덮었으며 일곱째 날 주께서 구름 속에서 모세를 부르시더라. 모세가 구름 속으로 들어가서**

산에 올랐으며 모세가 산에서 사십 일 낮과 사십 일 밤을 지내더라』(출 24:16,18). 모세가 시내 산에 올라가 있는 동안 하나님께서는 『**일곱째 날**』에 구름 속에서 모세를 부르셨다.

엘리야 역시 시내 산에 올라가 사십 일 밤낮을 금식하며 지내다가 거기서 하나님의 음성을 듣고 사명을 받았다. 『**그가 일어나 먹고 마시고 그 음식의 힘으로 사십 일 밤낮을 가서 하나님의 산 호렙에 이르렀더라... 보라, 주의 말씀이 그에게 임하여 그에게 말씀하시기를 "엘리야야, 네가 여기서 무엇하느냐?" 하시니**』(왕상 19:8,9).

한편, 예수 그리스도께서는 또 어떻게 하셨던가? 『**그때에 예수께서 마귀에게 시험을 받으시려고 성령의 인도로 광야에 가시니라. 사십 일 낮과 밤을 금식하신 후, 시장하게 되셨을 때에**』(마 4:1,2). 예수 그리스도께서 시험받으셨던 장소를 흔히들 "광야"라고 말하는 게 보통이지만, 주님의 사역과 깊은 관계가 있는 모세와 엘리야와 관련지어 볼 때 이 광야는 사실상 시내 "산"이 있는 시내 광야였을 게 분명하다. 시험하던 마귀는 주님을 『**높은 산**』으로 데리고 갔는데(마 4:8, 눅 4:5), 이 산은 분명 시내 산이었을 것이다.

모세와 엘리야는 예수 그리스도처럼 주의 면전에 서 있던 사람들이다. 모세는 하나님 옆에 있는 한 곳의 바위 위에 서도록 하나님께로부터 직접 지시를 받았다(출 33:21). 그런가 하면 또 엘리야는 하나님 앞에 서서 살아 계신 이스라엘의 주 하나님을 섬겼던 사람이다(왕상 17:1). 그런데 예수 그리스도께서는 지금 하나님의 보좌 오른편에 앉아 계신다. 『**그분은 하늘들에 계신** 위엄 있는 **분의 보좌 오른편에 앉으셨으니, 성소와 참 성막에서 섬기는 분이시라**』(히 8:1,2). 다윗도 이러한 주님을 묘사하여 이렇게 노래했다. 『**내가 주를 항상 내 앞에 모셨도다. 주께서 내 오른편에 계시**

므로 내가 요동치 아니하리로다』(시 16:8).

시몬 베드로는 사도행전 2장에서 이스라엘 사람들에게 설교하는 가운데 다윗의 이 말을 인용하고 있다(행 2:25).

모세와 엘리야는 또 주님처럼 이스라엘에 보냄을 받은 사람들이었다. 하나님께서는 이집트에서 노예 생활을 하며 탄식하고 부르짖는 이스라엘의 신음 소리를 들으시고 아브라함과 이삭과 야곱과 맺은 언약을 기억하시고 이들을 굽어보셨으며 그들에게 관심을 가지셨다(출 2:24,25). 이 때 장인 이드로의 양떼를 치고 있던 모세는 양떼를 이끌고 하나님의 산 호렙에 이르렀고, 거기 한 가시덤불 가운데서 나오는 불꽃 속에서 나타난 주의 천사를 만나게 되었으며, 이때 하나님께서는 『**그러므로 이제, 보라, 이스라엘 자손들의 부르짖음이 내게 미쳤으며 또 이집트인들이 그들을 압제하는 그 압제를 내가 보았으니, 그러므로 이제 오라, 내가 너를 파라오에게 보내고 너로 하여금 내 백성 이스라엘 자손들을 이집트에서 데리고 나오게 하리라.**』(출 3:9,10)는 말씀과 함께 출애굽이라는 큰 사명을 그에게 맡기셨다.

엘리야도 이스라엘에게 보내심을 받았다. 하나님의 명령을 받은 엘리야는 백성에게 나아가 이렇게 도전했다. 『**엘리야가 모든 백성에게 나아가 말하기를 "너희가 얼마나 더 두 의견 사이에서 지체하려느냐? 주가** 하나님 **이시면 그를 따르라. 그러나 만일 바알이면 그를 따르라."**』(왕상 18:21).

이런 점에서도 모세와 엘리야는 이스라엘에 보내심을 받았던 예수 그리스도와 흡사했던 인물들이다. 주님께서는 자신이 이스라엘 집의 잃어버린 양 외에는 보냄을 받지 아니하였노라고 말씀하셨다(마 15:24). 그리고 제자들에게 더러운 영들을 쫓아내고 모든 병과 모든 허약함을 치유하는 권세를 주신 다음(마 10:1) 천국 복음을 전파하도록 그들을 파송하셨을 때도 『**다**

만 이스라엘 집의 잃어버린 양에게로 가라.』(마 10:6)고 명령하셨다.

모세와 엘리야가 기적적인 방법으로 물을 건넜다는 점에서도 물 위를 걸으셨던 예수 그리스도와 그 행적이 아주 흡사했다. 모세는 이스라엘을 이끌고 홍해를 건넜다(출 14,15장). 엘리야도 요단 강을 엘리사와 함께 기적적인 방법으로 건너갔다. 『**엘리야가 자기 외투를 들고 그것을 말아서 물들을 치니 물들이 이리저리 갈라지므로 그들 둘이 마른 땅 위로 건너가더라**』(왕하 2:8). 예수 그리스도께서 바람이 거슬러 불어 풍랑이 이는 물 위를 걸으셨던 일은 아주 유명한 기적들 가운데 하나로 꼽힌다(마 14:24,25).

모세와 엘리야는 두 사람 모두 공교롭게도 그리스도께서 침례 받으셨던 곳에서 생애를 마쳤다. 『**그러므로 주의 종 모세가 주의 말씀대로 모압 땅에서 죽으니라**』(신 34:5). 그리고 벧프올 맞은편 모압 땅에 있는 골짜기에 장사되었지만, 성경은 『**오늘까지 그의 묘를 아는 자가 아무도 없더라.**』(신 34:6)고 기록하고 있다. 한 민족의 왕이 묻힌 묘가 어디인지 아는 자가 없었다니 참으로 이상한 일이다. 굴에 안치한 모세의 시체가 사라져 버렸던 것이다. 우리는 훗날 모세의 시체를 놓고 천사장 미카엘과 마귀가 다투는 것을 성경에서 본다. 『**그러나 천사장 미카엘도 모세의 몸에 대하여 마귀와 더불어 다투며 논쟁할 때...**』(유 1:9).

엘리야도 주님께서 침례 받으셨던 요단 강 건너에서 지상에서의 삶을 마감했는데, 그는 아예 죽음을 맛보지 않은 채 하늘로 끌려 올라가 버렸다. 『**그들이 건넌 후... 그들이 아직 가면서 이야기하는데, 보라, 불병거 한 대와 불말들이 나타나서 그들 둘을 갈라놓더니 엘리야가 회오리바람을 타고 하늘로 올라가더라**』(왕하 2:9-11).

예수 그리스도께서 침례 받으셨던 곳은 『**요단 강 건너편**』(요 1:28)이었다. 『**요단 강 건너 편**』은 모세가 죽은 모압 땅이고, 엘리야가 휴거되었던 바로 그곳이다. 십자가에 달려 처형되신 예수 그리스도께서는 장사되어 그 시체가 무덤에 안치되었지만, 첫날 아직도 어두운 새벽에 사람들이 와 보았을 때, 돌이 무덤에서 옮겨져 있었고 시체는 간 곳이 없는 채 세마포와 머리에 둘렀던 수건만 한편에 가지런히 개어져 있었다. 그 무덤은 이미 빈 무덤이었던 것이다(요 20:1-10). 이 점에서도 모세와 엘리야의 지상에서의 최후는 주님의 경우와 아주 흡사했다.

모세와 엘리야는 또 예수 그리스도의 지상 재림 이전에 대환란 기간 중 지상에 출현하여 하늘을 닫는 권세와 비를 오지 못하게 하는 능력과 물을 피로 변하게 하는 권세를 갖고 증인이 되어 예수 그리스도를 증거하다가 임무를 마칠 즈음 죽임을 당함으로써 대환란 성도들의 모형이 될 인물들이다(계 11:3-8). 모세와 엘리야가 예수 그리스도의 재림 이전 대환란 기간 중에 지상에 내려오게 될 일은 구약의 마지막 책 말라키에서 이미 예고되어 있던 일이었다. 『**너희는... 내 종 모세의 율법을 기억하라. 보라, 내가 주의 크고 무서운 날이 오기 전에 선지자 엘리야를 너희에게 보내리니**』(말 4:4,5).

죽임을 당한 모세와 엘리야는 장사되지도 못한 채 그 시체가 큰 도성 길거리에 나뒹굴게 되는데, 그 장소가 또 공교롭게도 『**우리 주께서 십자가에 못박히신 곳이라.**』(계 11:8)고 성경은 적고 있다. 그러나 모세와 엘리야는 『**사흘 반 후에 하나님께로부터 온 그 생명의 영이 그들에게로 들어가**』 부활하여 두 발로 일어선다. 그리고 하늘로부터 『**이리 올라오라.**』는 큰 음성이 들려오자 『**그들이 구름을 타고 하늘로 올라가니 그들의 원수들이 그들을 바라보더라.**』고 성경은 또 적고 있다(계 11:11,12). 부활하신 예수 그리스도께서는 지상에서 40일 동안의 사역을 마치신 후 사람들이 다 보는 데서 승천하셨다. 이에 대해 사도행전 1:9에서는 『**주께서 이런 일들을 말씀하신 후에 그들이 보는 데서 위로 들려 올라가시니 구름이 그들의 시야에서 주를 가리더라.**』고 기록하고 있고, 누가복음 24장에서는 『**주께서 그들을 베다니까지 데리고 나가시어 두 손을 들고 그들에게 축복하시더라. 주께서 그들에게 축복하실 때 그들에게서 떠나 하늘로 올라가시니라.**』(눅 24:50,51)고 적고 있다. 이런 점에서도 모세와 엘리야가 구름을 타고 하늘로 올라갔던 것은 예수 그리스도의 경우와 똑같았음을 우리는 알 수 있다.

베드로는 또 변형산에서 머리 위에 『**빛나는 구름**』(마 17:5)이 뒤덮는 것을 보았고, 그 구름 가운데서 하나님의 음성이 들려오는 것을 들었다. 이 구름은 권능으로 이 땅을 통치하시기 위해 영광 가운데 오시는 예수 그리스도의 재림을 보여 주는 구름이었다. 『**내가 보았더니, 보라, 북쪽에서 회오리바람과 큰 구름과 불덩어리가 나오는데 그 주위에 광채가 있으며... 보라, 그가 구름들과 함께 오시리니, 모든 눈이 그를 볼 것이며...**』(겔 1:4, 계 1:7)라고 성경은 말씀한다. 성경에서 주님의 나타나심은 언제나 구름을 동반하여 서술되고 있기 때문에 어디서나 "구름" 이야기가 나오면 일단 그분의 오심과 관련이 있지 않나 주의해 보는 것이 좋다. 사도행전 1장에서 주님께서 하늘로 올라가실 때에 그 광경을 보고 하늘을 주시하고 있던 사람들의 시야를 구름이 가렸는데, 그때 흰옷을 입은 두 사람이 그들 곁에 나타나 『**너희 갈릴리 사람들아, 어찌하여 너희는 하늘을 쳐다보고 서 있느냐? 너희를 떠나 하늘로 들려 올라가신 바로 이 예수는 너희가 하늘로 가심을 본 그대로 오시리라.**』(행 1:11)고 예고해 줌으로써 주님께서 다시 오실 때 역시 구름이 나타나리라는 것을 밝혀 놓았다.

이처럼 여러 가지 점에서 예수 그리스도의 경우와 흡사했던 모세와 엘리야가 변형산에 나타나 재림하신 모습으로 변형되신 주님과 이야기를 나누었고, 이때 주님의 재림 상황과 일치하는 여러 가지 상황들이 벌어졌던 것은 이처럼 모세와 엘리야가 주 예수 그리스도의 재림과 밀접한 관계가 있는 인물들임을 생생하게 보여 주는 사건들이었다. 모세는 율법을 대변하고 엘리야는 예언을 대변하는 인물이다. 그리고 주 예수 그리스도께서는 이 두 가지 모두를 다 갖고 계신 분이시다. 변형산 사건이 주님의 재림의 모형이 된다는 근거는 위에서 보듯이 더 이상 충분할 수가 없을 만큼 완벽하다.

『**엿새 후에 예수께서 베드로와 야고보와 야고보의 형제 요한을 데리고 따로 떨어져 있는 높은 산으로 올라가시어 그들 앞에서 변형되시니 그의 얼굴은 해처럼 빛나고 그의 옷은 빛처럼 희어지더라. 그런데, 보라, 모세와 엘리야가 그들에게 나타나서 주와 함께 이야기하더라... 그가 아직 말하는 중인네, 보라, 빛나는 구름이 그들 위를 덮더라. 보라, 구름 속에서 음성이 있어 말하기를 "이는 내 사랑하는 아들이요, 그 안에서 내가 기뻐하노니 너희는 그의 말을 들으라." 하는지라**』(마 17:1-5).

베드로는 지금 베드로후서를 쓰면서 이것을 기억하면서 그분의 재림에 대해 기술하고 있는 가운데 『**주 예수 그리스도의 능력과 오심을... 그의 위엄의 목격자들**』(16절) 중 한 사람으로 증언하고 있는 중이다. 이것은 결코 『**교묘하게 꾸며 낸 이야기를 좇은 것**』이 아니었다(16절). 우리는 베드로의 이 확실한 증언을 통하여 예수 그리스도의 『**오심**』에 대한 확신을 갖고 다시 한 번 더 산 소망을 다지게 된다. 예수 그리스도의 다시 오심을 부인하고 믿지 않는 자들이 이처럼 확실한 증언을 받아들이지 않는 것은 그들이 원천적으로 성경 말씀을 믿지 않기 때문이라는 것을 이만하면 당신도 충분히 알게 되었으리라.

베드로는 지금 자신이 『**장막을 벗어날 때가 임박했음**』을(벧후 1:14) 분명히 알고 있는 가운데 자기가 그리스도의 『**오심**』의 목격자임을 강조하면서 『**너희가 이러한 것들을 항상 기억할 수 있도록 내가 힘쓰**』겠다고(15절) 역설하고 있거니와, 죽음을 눈앞에 둔 사람이 이렇게 활기가 넘치고 정력적일 수 있는 까닭은 사도로서의 사명감도 사명감이었겠지만, 무엇보다도 그가 언급하고 있는 『**장막**』의 의미를 누구보다도 잘 알고 있기 때문이었을 것이다.

신명기 16:16에 보면 이스라엘에게 세 명절을 지킬 것이 명령되고 있음을 본다. 『**너희 중 모든 남자는 주 너의 하나님 앞에 일 년에 세 번씩, 즉 무교절과 칠칠절과 장막절에 그분께서 선정하실 곳에 나오되 그들은 빈손으로 주께 나오지 말지니라.**』 이 세 명절 가운데 『**장막절**』은 『**일곱째 달 십오일**』, 즉 요즘으로 치면 9월 22일 안팎의 추분쯤에 시작하여 칠 일 동안 계속되는 명절로서 이집트 땅에서 나온 구속을 의미한다는 점에서 기념의 뜻이 있으되(레 23:34), 또 한편으로는 이스라엘이 민족적으로 회복되고 천년왕국에서 안식하게 될 것을 내다본다는 점에서 예언적 의미가 있는데, 천년왕국 때에는 이 명절이 비단 이스라엘뿐만 아니라 모든 민족들이 기념하는 날이 될 것이다(슥 14:16-21).

이처럼 주님의 재림과 밀접한 관계를 갖는 이 명절은 비록 레위기 23장에서 처음 『**장막절**』이라는 이름으로 불려지고 있기는 하지만, 출애굽기 23:16에서는 『**추수절**』 또는 『**수확절**』이라 불려졌다. 이 명절은 연중 가장 즐거운 명절로서 이스라엘이 카나안에 들어가고 나서야 사실상 지켜지기 시작했지만, 하나님께서 이집트 땅에서 이스라엘 자손을 데리고 나오실 때 그들을 광야에서 초막에 거하게 하셨음을 후대가 알고 기념하게 하시려는 데에 그 주된 의의가 있었다. 그들이 카나안 땅에 들어감으로써 비로소 초막 생활이 종료되었다는 점에서 볼 때, 이것은 이스라엘 민족의 구속뿐만 아니라 모든 그리스도인들의 구속의 결과가 주님의 재림과 그분의 천년왕국으로 나타나게 되리라는 것을 예시하고 있음을 우리가 알 수 있고, 그렇기 때문에 매우 중요한 의미를 갖는다. 베드로는 지금 이것을 염두에 두고서 자기가 『**장막을 벗어날 때가 임박했음**』을 알고 오히려 기뻐하며 기운을 내고 있는 것이다. 장막을 벗는다는 것은 그리스도인으로서는 새로운 세계로 들어가는 것이요, 그것은 주님의 재림과 함께 펼쳐질 천년왕국으로 들어가게 될 것을 의미한다.

『**지극히 큰 영광으로부터 이러한 음성이 그에게 들려오기를 "이는 내 사랑하는** 아들**이요 그 안에서 내가 기뻐하노라." 하실 때에 그가** 하나님 아버지**로부터 존귀와 영광을 받으셨느니라**』(17절).

베드로와 야고보와 야고보의 형제 요한은 주님을 따라 높은 산에 올라갔다가 변형되신 주님의 모습을 통하여 장차 영광 중에 재림하시게 될 주님의 모습을 모형으로 미리 보았으며, 이것을 확인해 주는 하나님의 음성이 머리 위 구름 속에서 생생히 들려오는 것을 들었다. 이것은 『**꾸며낸 이야기**』도 아니요, 그들이 꿈 속에서 환상으로 보고 들은 것도 아니었으며, 육안으로 직접 보고 실제적인 음성을 귀로 직접 들은 것이었다.

『**이 음성은 우리가 그와 함께 거룩한 산에 있을 때 하늘에서 나온 것을 들은 것이라**』(18절).

베드로는 하늘에서 들려온 하나님의 음성을 "내가" 들었다고 언급하지 않고 "우리가" 들었다고 언급함으로써 목격자로서의 자신의 객관적 신빙성을 더욱 강화시키고 있는데, 그의 증언은 그야말로 "누가," "언제," "어디서," "무엇을," "어떻게"라는 증거 형식의 요소들을 완벽하게 갖추고 있다. 누가? 『**우리가**』, 언제? 『**거룩한 산에 있을 때**』, 어디서? 『**거룩한 산에**』서, 무엇을? 『**하늘에서 나온 것**』을, 어떻게? 『**들은 것이라**.』 얼마나 완벽한가? 『**교묘하게 꾸며 낸 이야기**』가 아니라 사실대로 밝히는 진실한 이야기는 이처럼 완벽한 증거력을 갖는 법이다. 허황한 이야기를 꾸며대는 자들에게 이렇게 조목조목 캐물어 보면 무엇 하나라도 확실한 답변을 하지 못한다. "누가?" 하고 물으면, "그게 그러니까, 저 '내가...,' 그러니까..." 하고 얼버무릴 뿐 다른 사람을 끌어들여 객관적 증거력을 과시하지 못한다. 객관성이 없으면 신뢰할 수 있는 증거력을 갖지 못한다. "언제, 어디서?" 하고 물으면, "글쎄요, 어젯밤 '내가' 잠잘 때였나 봐요. 잠잘 때 꿈에서였지요." 이쯤 되면 "무엇을, 어떻게?" 하고 더 물어볼 것도 없다.

『**거룩한 산**』이라면 어디를 가리키는 것일까? 성경에서 "거룩한 산"이라고 지칭되는 산이라면 예루살렘을 가리키는 "시온 산"이 있는데, "시내 산"도 모세나 엘리야가 하나님을 뵈었던 거룩한 곳이라는 점에서 "거룩한 산"이라 할 만하다. 그러나 여기서 베드로가 언급하는 『**거룩한 산**』이 어디를 가리키는지 나는 모르겠다. 대부분의 성경학자들은 변형산이 북부 팔레스타인 어느 지점에 위치한 것으로 설명들을 하지만 아무런 근거가 없다. 베드로도 단지 그곳을 『**거룩한 산**』이라고만 밝힌다. 그리고 마태복음 17:1에서도 그 변형산을 『**따로 떨어져 있는 높은 산**』이라고만 기술하고 있을 뿐이다.

성경에서 『**거룩한 산**』이라고 직접적으로 지칭되는 곳은 예루살렘, 또는 시온이다. 『**그들은 너희의 모든 형제들을 모든 민족들에서... 나의 거룩한 산 예루살렘으로 데려오리라**.』(사 66:20)는 언급이라든지, 『**그러므로 너희는 내가 나의 거룩한 산 시온에 거하는 주 너희 하나님임을 알게**

되리니, 그때에 예루살렘은 거룩하게 될 것이요, 다시는 타국인들이 그곳을 통과하지 못하리라.』(욜 3:17)는 언급, 그리고 『**내가 시온으로 돌아와서 예루살렘 가운데 거하리라. 예루살렘은 진리의 성읍이라 불리겠고, 만군의 주의 산은 거룩한 산이라 불리리라.**』(슥 8:3)는 언급 등이 모두 이를 뒷받침한다.

그런데 우리는 요한계시록 21장에서 새 하늘과 새 땅, 그리고 새 예루살렘을 보게 되는데, 요한은 『**높은 산**』으로 올라가서 새 예루살렘이 하늘에서 내려오는 장면을 보면서 『**큰 도성 거룩한 예루살렘이 하나님께로부터 하늘에서 내려가는 것을 내게 보여 주니...**』(계 21:10)라고 기술하고 있다. 물론 이 새 예루살렘은 요한이 본대로 어디까지나 하나님께로부터 하늘에서 내려오는 거룩한 "새" 예루살렘이지, 지금의 팔레스타인에 위치한 예루살렘은 아니다.

시내 산은 팔레스타인의 북쪽에 위치한 산이 아니다. 시내 산은 아카바만과 스에즈 만 사이의 시내반도 한 중간쯤에 위치한 시내 광야 한복판에 있기 때문에 그 위치가 예루살렘보다 훨씬 남쪽이다. 시내 산에는 높은 봉우리가 세 개 있는데, 그 중 북동쪽에 위치한 봉우리가 호렙 산이다. 모세는 호렙 산에 올라가 하나님과 최초의 조우를 했는데, 이때 하나님께서는 『**여기로 가까이 다가서지 말고 네 발에서 신을 벗으라. 이는 네가 서 있는 곳이 거룩한 땅임이니라.**』(출 3:5)고 말씀하셨다. 모세는 그 뒤로도 계속해서 시내 산의 한 봉우리인 호렙 산에 올라 하나님께 가까이 나아갔고 그가 계명과 율법을 받은 것도 여기였다. 이에 대해 모세는 이스라엘 자손에게 이렇게 언급한다. 『**특히 네가 호렙에서 주 너의 하나님 앞에 섰던 날에 주께서 내게 말씀하시기를 "백성들을 함께 내게 모으라. 내가 그들에게 내 말들을 들려 주어 그들로 세상에 사는 모든 날 동안 나를 두려워함을 배우게 하고, 또 그들로 그들의 자녀들을 가르치게**

하리라."』(신 4:10).

1:19 우리에게 더 확실한 예언의 말씀이 있으니, 날이 새어 샛별이 너희
마음에 떠오르기까지 너희가 어두운 곳에서 빛나는 빛에 주의하듯
이 예언의 말씀에 주의하는 것이 잘하는 것이니라.
20 먼저 이것을 알지니, 성경의 어떤 예언도 사사로운 해석에서 나온
것이 아니니,
21 예언은 예전에 사람의 뜻에서 나온 것이 아니요 오직 하나님의 거
룩한 사람들이 성령으로 감동을 받아 말한 것이니라.

『**우리에게 더 확실한 예언의 말씀이 있으니, 날이 새어 샛별이 너희 마음에 떠오르기까지 너희가 어두운 곳에서 빛나는 빛에 주의하듯 이 예언의 말씀에 주의하는 것이 잘하는 것이니라**』(19절).

대단히 중요한 말씀을 전하고 있는 구절이다. 우선 무엇보다도 주 예수 그리스도의 위엄의 목격자들 가운데 한 사람이었던 베드로의 언급 자체가 자못 놀랍다. 『**우리에게 더 확실한 예언의 말씀이 있으니**』라고 그는 말하고 있으니 말이다. 『**더 확실**』하다니 무엇보다 더 확실하다는 말인가? 이것은 하나님 아버지께서 하늘에서 말씀하시는 음성을 당신이 들었다고 말하는 것보다 『**더 확실**』하다는 것 아니겠는가? 어떤가? 실로 놀랍지 않은가? 그러나 알고 보면 조금도 이상하게 생각할 필요도 없고 전혀 놀랄 필요도 없다. 당신에게 하나님 아버지께서 하늘에서 들려주시는 음성보다도 『**더 확실한**』 말씀이 있다는 것은 지극히 당연한 말이기 때문이다. 『**우리에게 더 확실한 예언의 말씀이 있으니, 너희가 이 예언의 말씀에 주의하는 것이 잘하는 것이니라.**』 베드로는 지금 이렇게 말하고 있는 것이다. "우리에게는 더 확실한 예언의 말씀이 있는데, 너희들 광신자들이 받아먹기에는 아주 맛이 없을 터이니 주의하는 게 좋을 것이다." 걸핏하면 "하나님의 음성을 들었다."든지, "하나님의 계시를 받았다."든지, "하나님께서 내 마음속에서 말씀하셨다."든지 허풍을 떠는 자들이 참으로 많은 세상이다. 이런 자들은 신비주의 차원을 넘어서 아예 정신 착란증에 걸려버린 광신자들이거나 더러운 영에 사로잡혀 있는 오순절파 은사주의자들 가운데서 흔히 발견되는 정신병자들인데, 입만 열면 한다는 소리가 "어젯밤 꿈에 성령께서 내게 이러저러한 것을 보여 주셨다."든지, "성령 충만하여 정신없이 방언 기도를 하고 있는 중에 주님께서 환상 중에 나타나 이러저러하게 말씀하셨다."든지 하는 말들을 아무렇지 않게 지껄여대는 것을 본다. 이런 자들에게서 발견되는 공통점들 가운데 두드러진 한 가지가 무엇인지 아는가? 성경 기피증이고 성경 혐오증이다. 그들은 성경을 아주 싫어한다. 그들은 성경보다는 더러운 영이 보여 주는 환각이나 마귀가 들려 주는 환청을 훨씬 더 선호한다. 그들은 이런 환각과 환청과 환상에 사로잡혀 보아야만, 자기네들이 "성령 충만"을 체험했다고 믿는 자들이다. 이런 헛된 몽유병에서 깨어나게 하기 위해 그들에게 성경을 들이대면 한다는 소리가, "어머, 당신은 환상을 보지 못하세요? 성경보다 더 확실한 음성을 직접 듣지 못하세요?" 하고 오히려 이상하다는 듯이 고개를 갸웃거리며 심지어는 측은하다는 듯이 당신을 쳐다본다. 은사주의 목사들은 자기들 말에 신뢰의 가면을 씌우기 위하여 설사 성경을 읽고 인용하고 해석하고 적용한다 하더라도 어찌나 자의적이고 아전인수격이며 제멋대로인지 혼란스럽기가 이루 말할 수 없다. 지금 베드로는 이런 자들에게 경고를 보내고 있는 중이다.

『우리에게 더 확실한 예언의 말씀이 있으니, 날이 새어 샛별이 너희 마음에 떠오르기까지 너희가 어두운 곳에서 빛나는 빛에 주의하듯...』 성경은 어둠을 밝히는 진리의 등불이다. 당신은 하나님의 말씀을 등불 삼아 어두움을 밝히고 있어야 한다. 언제까지 말인가? 『**날이 새어...**』, 밤이 다 지나고 아침이 밝아올 때까지, 그리고 『**샛별이... 떠오르기까지**』 그래야 한다고 이 구절은 말씀한다. 그런데 놀라운 사실은 그 『**샛별**』이 아침 하늘이 아니라 『**너희 마음에**』 떠오를 때까지 그래야 한다는 것이다.

『**샛별**』이 무엇인가? 〈킹제임스성경〉은 이 구절에서 이것을 "day star"로 표기하고 있다. "낮의 별"이라는 것이다. 요한계시록 22:16에서는 이것을 "morning star"로 표기하고 있다. "아침의 별"이라는 것이다. "낮의 별," 또는 "아침의 별," 그렇다면 이것은 "태양"이다. 성경에서 "태양"은 주 예수 그리스도를 가리킨다. 그래서 『**샛별이... 떠오르기까지**』란 곧 "예수 그리스도께서 나타나시기까지"란 뜻이다. 그런데, 이 "태양"이 『**너희 마음 속에 떠오르기까지**』라고 서술하고 있다. 예수 그리스도께서는 동쪽 하늘이 아니라 당신의 마음에 떠오르신다는 것이다. 예수 그리스도께서는 자신을 가리켜 친히 『**나 예수는... 빛나는 새벽별이라.**』(계 22:16)고 말씀하신다. 예수 그리스도께서 다시 오실 때, 그분께서는 당신의 『**마음에**』 떠오르실 것이다. 그 순간 당신은 눈 깜짝하는 사이에 위로 들려 올라간다. 그렇게 될 때까지 『**더 확실한 예언의 말씀**』을 어두운 곳에서 빛나는 빛에 주의하듯 주의하라고 베드로는 말한다. 주님께서 다시 오실 때까지는 세상은 흑암에 싸여 있는 어두운 밤이다. 지금의 교회 시대는 성경에서 어두운 밤으로 묘사된다. 바울은 로마서 13:12에서 그리스도의 재림이 가까이 다가온 지금을 가리켜 『**밤이 많이 지났고 낮이 가까웠느니라.**』고 서술하고, 주님의 재림을 믿고 있는 당신더러 『**주의 날이 밤에 도둑같이 오리라는 것을 너희 자신이 정확히 알고**』(살전 5:2) 있다고 서술한다. 이것은 주님께서도 친히 하신 말씀이다. 『**깨어 있으라. 그리고 남아 있으나 죽어 가는 것들에게 힘을 돋우어 주라... 만일 네가 깨어 있지 아니하면**

내가 도둑같이 네게 임하리니...』(계 3:2,3)라는 말씀이나, 『**보라, 내가 도둑같이 오리니 깨어 있어 자기 옷을 지켜서 벗은 채로 다니지 아니하고, 사람들에게 자기 수치를 보이지 않는 자는 복이 있도다.**』(계 16:15)라는 말씀이 모두 지금이 어두운 밤임을 시사한다. 이미 구원받은 당신은 빛의 자녀요, 낮의 자녀이기에 영적으로는 밤이나 어두움에 속하지 않는다. 그러나 오히려 그렇기 때문에 다른 사람들처럼 자지 말고 깨어 있어 정신을 차리자고 바울은 촉구한다(살전 5:5,6). 그리스도인들은 "밤"을 통과하고는 있으되, 낮에 속한 사람들이기 때문에 깨어 있어야 한다는 것이다. 당신은 어두움 속에 있으되, 빛의 자녀이기 때문에 등불을 밝히고 있어야 한다는 것이다. 이와 똑같은 맥락에서 베드로는 『**우리에게 더 확실한 예언의 말씀이 있으니, 날이 새어 샛별이 너희 마음에 떠오르기까지 너희가 어두운 곳에서 빛나는 빛에 주의하듯**』, 주님께서 다시 오셔서 이 어두운 밤으로부터 우리를 데려가실 때까지 주의하는 것이 『**잘하는 것이니라.**』고 충고하고 있는 것이다. 그런즉, 성경을 열고 『**더 확실한 예언의 말씀**』으로 어둠을 밝히고 있지 않는다면, 그것은 아주 잘못하고 있다는 것이다. 잠언은 이렇게 말한다. 『**그러나 의인의 길은 빛나는 빛같이 점점 더 빛나 완전한 날에 이르거니와 악인의 길은 암흑과 같아서 사람이 무엇에 걸려 넘어지는지도 알지 못하느니라**』(잠 4:18,19).

『**먼저 이것을 알지니, 성경의 어떤 예언도 사사로운 해석에서 나온 것이 아니니**』(20절).

그런즉 무엇보다도 『**먼저 이것을 알지니**』라고 베드로가 첫 번째로 강조하고 있는 것이 무엇인가? 성경의 어떤 예언도 사사로이 해석해서는 안 된다는 것, 이것이 바로 무엇보다도 먼저 알아둘 일이라고 말한다. 19절의 『**더 확실한 예언의 말씀**』, 그리고 16절의 『**우리 주 예수 그리스도의...**

오심』, 이러한 『**성경의 어떤 예언도**』 제멋대로 해석해서는 안 된다는 것, 이것이야말로 모든 그리스도인들이 먼저 명심해 두어야 할 일이라는 것이다. 성경은 성경으로만 해석해야 한다. 성경을 성경으로 해석할 때 도우시는 분은 성경의 저자이신 성령이시다. 성경은 성령께서만 해석해 주신다. 그러므로 성경 해석에서 가장 경계해야 할 점은 해석자 개인의 사사로운 "견해"다. 가장 정확하고 신뢰할 수 있는 성경 해석자는 성경 안에서 관련 구절들을 정확하게 찾아 성경을 읽어 주는 사람이다. 이렇게 하자면 성령의 조명과 인도하심은 필수불가결이다.

나는 평생 동안 나 자신의 생각으로 성경을 사사로이 해석해 본 적이 없다. 왜 그랬는지 아는가? 나는 해석할 능력이 없기 때문이다. 나는 단지 성경에 있는 이 구절과 저 구절, 그리고 저 구절과 이 구절을 찾아 당신에게 보여 주고 읽어 주었을 뿐이다. 그리고 성령께서 당신을 인도하여 그 구절들에 대한 해석을 내려주시도록 했을 뿐이다. 어떤 한 구절이 다른 한 구절과 어떻게 부합되고, 저 구절과는 어떻게 상치되는지를 성경 자체를 통해서 성령께서 가르쳐 주시기를 의뢰했을 뿐이다. 당신이 어떤 구절에 대해 의문이 생길 때, 나는 당신의 이해를 돕기 위해 이 구절을 보여 주기도 하고 저 구절을 지적하기도 하며, 당신이 이 구절은 어떠냐고 물어올 때, 또 다른 구절로 그 구절의 관련성 여부를 확인해 보도록 해왔다. 이것이 바로 성령께서 당신에게 성경을 가르쳐 주시는 방법이고 이것만이 당신이 성경을 공부하고 배울 수 있는 유일한 방법이다. 성경은 성령께서만 가르치실 수가 있는 책이다.

"이 단어는 원래 그런 뜻이 아니다. 성경은 그렇게 이야기하지만, 사실은 이 단어가 갖고 있는 본래 뜻은 이러저러한 것이다." 성경학자라고 자처하는 자들이나 성경교사라고 하는 사람들이 이런 식으로 사사로이 성경을 해석하려고 덤벼드는 것을 우리는 흔히 본다. "아, 그것은 당신이 갖고 있는 〈킹제임스성경〉이 유감스럽게도 제대로 번역되지 않아서 그렇지요. 이 단어를 현대 영어로 표현하면...” 그들은 걸핏하면 이런 식으로 자기네들의 생각으로 성경 구절들을 요리한다. 20절에서 『**먼저 이것을 알지니, 성경의 어떤 예언도 사사로운 해석에서 나온 것이 아니니**』(Knowing this first, that no prophecy of the scripture is of any private interpretation.)라고 말씀하고 있는 내용까지도 NIV는 “성경의 어떤 예언도 그 선지자 자신의 해석에서 나온 것이 아니라는 것을 너희는 무엇보다도 먼저 이해하고 있어야 한다.”(Above all, you must understand that no prophecy of Scripture came about by the prophet's own interpretation)라는 식으로 뜯어고쳐 마치 성경이 성경이 아니라 하나의 “해설서”에 불과한 것처럼 뜯어고쳤고, ASV(NASV)는 “무엇보다 먼저 이것을 알지니, 성경의 어떤 예언도 한 사람이 해석할 사항이 아니다.”(But know this first of all, that no prophecy of Scripture is *a matter* of one's own interpretation.)라고 고쳐 버렸다. 말하자면, 혼자 하지 말고 여럿이 같이 해석해야 한다는 식으로 왜곡해 버린 것이다. 다른 것을 그렇다 치더라도 그들은 〈킹제임스성경〉의 『**사사로운**』(private)이라는 단어만큼은 영 마음에 들지 않아 빼버리고 다른 단어로 대체해 버렸던 것이다. 그들은 이 단어를 삭제해 버리기로 “사사로운” 결정을 해 버렸다.

『**성경의 어떤 예언도 사사로운 해석에서 나온 것이 아니니**』 가령, 성경의 예언들을 사람마다 사사로이 해석한다면 어떤 결과가 초래되겠는가? 한 가지 예언을 놓고 이 사람은 이렇게 풀고, 저 사람은 또 저렇게 푼다면, 진리는 여지없이 실종되고 만다. 예언의 해석은 오직 성령께서만 하실 수가 있고, 오직 성령의 해석만이 유일한 진리이며, 성령의 해석만이 진리를 진리로 보존할 수 있는 유일한 길이다.

『**예언은 예전에 사람의 뜻에서 나온 것이 아니요 오직 하나님의 거룩한 사람들이 성령으로 감동을 받아 말한 것이니라**』(21절).

성경은 예언의 말씀을 기록한 책이다. 그런데 여기에 기록된 예언들은 『**사람의 뜻**』에서 나온 것들이 아니라 『**하나님의 거룩한 사람들이 성령으로 감동을 받아 말한 것**』이라고 이 구절은 말씀한다. 『**하나님의 거룩한 사람들**』이 말하였으되, 자기들의 생각을 말하고 기록한 것이 아니요, 『**성령으로 감동을 받아**』 하나님께서 말씀하시는 것들을 그대로 말하고 기록했다는 것이다. 그들은 『**성령으로 감동**』 받았기 때문에 하나님의 음성을 정확하게 들을 수 있었고, 들은 대로 정확하게 말하고 기록할 수가 있었으며 자신들의 생각을 철저히 배제할 수 있었다.

여기서 〈킹제임스성경〉은 하나님의 거룩한 사람들이 성령으로 감동을 받아 말했다는 것을 " but holy men of God spake *as they were* moved by the Holy Ghost."라고 옮긴 부분에서 "*as they were*"를 이탤릭체로 표기하고 있다. 이것은 표준원문에 없는 이 세 단어를 영어로 옮기면서 첨가했음을 정직하게 밝히기 위함이다. 이것은 헬라어에서 영어로 번역할 때 뜻이 통하게 하기 위해 생기는 불가피한 최소한의 조치일 뿐, 성경 구절 자체의 의미를 조금이라도 손상하거나 변질시키기 위함이 아니다. 만약 이 구절에서 "*as they were*"가 없이 그냥 "but holy men of God spake moved by the Holy Ghost."라고 표기했더라면 그 정확한 뜻이 제대로 전달되지 못하고 혼란을 야기했을 것이다. 그래서 〈킹제임스성경〉은 "*as they were*"를 보완해 넣었고 "하나님의 거룩한 사람들은 그들이 성령에 의해 감동을 받은 바대로 말했다."는 뜻을 정확하게 살려냈던 것이다. 〈킹제임스성경〉은 이처럼 불가피하게 첨가된 부분을 반드시 이탤릭체로 표기하여 그 정직성을 자신 있게 과시했다. 다음 2:8에서도 그런 예를 볼 수 있는데, 『**그의 의로운 혼이 고통을 당하였기 때문**』에서 『**그의**』에 해당하는 "his"라는 단어를 보완했고, 이것을 이탤릭체로 표기하여 "*his*"라고 써 놓았다. 이 단어가 첨가되지 않았더라면 『**의로운 혼**』이 도대체 누구의 혼을 말하는 것인지 알 수가 없어 혼란이 야기되었을 것이다. 같은 절에서 『**그들의 불법적인 행동**』이라는 부분에서도 『**그들의**』라는 뜻의 "their"를 보완하였고 이 단어를 "*their*"라고 이탤릭체로 표기하여 표준 원문에 없는 단어가 번역 과정에서 보완되었음을 정직하게 밝혔으며, 이 단어가 없으면 누구의 『**불법적인 행동**』인지 모를 뻔했던 것을 『**그들의**』 불법적인 행동이었음을 확실히 알 수 있도록 말끔히 정리해 놓았다. 이런 것을 두고 우리는 "센스가 있는 번역," 즉 "매우 타당한 번역," 또는 "매우 생각이 깊은 번역"이라고 평가한다. 〈킹제임스성경〉은 그 어디를 보나 이처럼 "타당하고도 깊은 생각으로 센스 있게" 번역하여 말씀들의 진의를 여실히 살려 놓았기 때문에 당신이 혹시 〈킹제임스성경〉에 오류가 있나 의심하고 헬라어 원문을 아무리 뒤져보았자 그것은 헛수고에 지나지 않으며, 당신이 정말로 정직한 사람이라면, 〈킹제임스성경〉의 정확성과 정직성에 두 손 들고 말 것이고, 이 성경이 어째서 〈AV〉, 즉 〈Authorized Version〉(권위 역본)이라 불리는지를 이해하게 될 것이다. 이 세상에는 별의별 "현대판" 역본들이 수없이 나와 있지만, 이 〈권위역본, 1611〉을 제외한 어하한 역본들도 첨가된 단어를 이탤릭체로 표기해 놓지 않았다. 그럴 수밖에 없는 것이 그런 썩어빠진 역본들을 만들어낸 자들의 형편없는 정직성도 문제려니와, 첨가된 단어들을 일일이 이탤릭체로 표기해 놓았다가는 역본 전체가 온통 이탤릭체로만 인쇄될 터인즉, 성경이 성경이 아니라는 사실만 훤히 드러내는데다가 자신들의 정직성은커녕 부정직함만 여실히 과시하는 결과가 되었을 것이다. 그들에게 그만한 용기가 있었다면 애초부터 썩어빠진 역본을 만들 생각부터 하지 않았으리라.

『**예언은 예전에 사람의 뜻에서 나온 것이 아니요...**』(21절) "사람의 뜻에서 나온 것이 아니다."라는 말은 "사람의 뜻에서는 나올 수가 없다."는 뜻이다. 이 말을 바꾸어 표현하면 "성경을 읽으면서 자기 좋을 대로 말씀을 취할 수가 없다."는 뜻이기도 하다. 가령, 당신이 성경을 읽으면서 이런 생각을 하면서 말씀들을 대한다면 어떻게 될까? "나는 이 말씀을 이런 뜻으로 취해야겠어. 저 말씀도 저런 뜻으로 취해야지. 하지만, 이 말씀은 취하지 않을 테야. 이 말씀은 너무 어렵단 말야. 가만 있자, 이 말씀은 또 뭐지? 아, 이 말씀은 마음에 안 드는 걸. 그러니까 이것도 없는 걸로 생각하자. 음, 이 말씀은 이런 뜻으로 해석한다면 그런 대로 괜찮겠군. 그래, 그런 뜻으로 써먹으면 되겠어." 이런 태도가 바로 성경 변개 행위의 출발점이다. 당신이 성경에 대해 이런 자세를 취하다가는 아무리 그러하지 않겠다고 다짐하더라도 말씀들을 제 마음에 맞게 뜯어고치고 삭제하고 첨가하는 짓을 그만 둘 수가 없게 돼 있다.

"주님, 제 능력으로는 도저히 이 말씀을 이해할 수가 없습니다. 주님, 이 구절을 이해할 수 있도록 나를 도와주십시오. 주님, 이 말씀 앞에서 나는 장님이나 다름없습니다. 주님께서는 제 눈을 밝혀주십시오. 주님, 성경 앞에서 나는 바보가 된 기분입니다. 주님의 말씀 앞에서 내가 바보가 되지 않도록 주님께서 내게 가르쳐주시고 보여 주십시오. 무엇이든 주님께서 말씀하시고 가르쳐주시는 것이면 나는 그대로 받아들이고 그것을 다른 사람들에게도 가르쳐주겠습니다." 이것이 당신이 성경에 대해 취할 태도다. 이렇게 할 때 비로소 당신은 성령의 조명을 받아 하나님의 말씀들을 바르게 이해할 수 있게 되고 그 말씀대로 믿고 실행하고 또 다른 사람들에게도 가르쳐줄 수 있게 된다.

『**...오직 하나님의 거룩한 사람들이 성령으로 감동을 받아 말한 것이니**

라.』 성경의 예언들은 성령께서 『**하나님의 거룩한 사람들**』을 감동시켜서 그들을 통하여 계시하신 것이기 때문에 그분께서만이 해석하실 수가 있다. 성경을 기록한 사람들이 『**성령의 감동을 받아 말한 것**』이라면, 그것을 읽는 사람도 그분의 도우심을 받아야 한다는 것은 당연하다.

베드로후서 2장

2:1 그러나 백성 가운데도 거짓 선지자들이 있었던 것처럼 너희 가운데
도 거짓 교사들이 있으리라. 그들은 저주받을 이단들을 비밀리에
불러들여서 자기들을 사신 주를 부인하기까지 하며, 급격한 파멸을
스스로 불러들이느니라.
2 또한 많은 사람들이 그들의 파멸의 길을 따르리니 그들로 인하여
진리의 길이 비방을 받을 것이라.
3 그들은 탐욕을 품고 지어 낸 말로 너희에게서 이득을 취하리니, 이
제 그들의 심판은 예로부터 지체하지 않으며 그들의 멸망은 졸지
아니하느니라.
4 하나님께서는 죄를 지은 천사들조차 아끼지 않으시고 지옥에 던져
서 흑암의 사슬에 내어주어 심판 때까지 가두어 두셨으며

『그러나 백성 가운데도 거짓 선지자들이 있었던 것처럼 너희 가운데도 거짓 교사들이 있으리라. 그들은 저주받을 이단들을 비밀리에 불러들여서

자기들을 사신 주를 부인하기까지 하며, 급격한 파멸을 스스로 불러들이느니라』(1절).

『**거짓 선지자**』와 『**거짓 교사**』로 분류되는 두 부류의 사람들에 대해 주목하자. 2장은 첫 절부터 『**거짓 선지자**』와 『**거짓 교사**』라는 두 부류의 사람들 이야기로 시작하여 마지막까지 이들에 관한 이야기를 계속 기술해 내려간다. 그리고 마지막 22절에 가서 이 『**거짓 선지자**』와 『**거짓 교사**』를 남자와 여자로 구분하는데, 『**거짓 선지자**』는 남자에 비견하고, 『**거짓 교사**』는 여자에 비견하고 있다.

먼저 22절로 가보자. 『**그러나 참된 잠언대로 그들에게 이루어진 것이니 "개는 그 자신이 토해 낸 것으로 다시 돌아가고 또 돼지는 씻고 나서 그녀의 진창 속에서 뒹군다." 하였도다.**』라고 언급하고 있다. 『**그들에게**』, 즉 "거짓 선지자와 거짓 교사"들에게 아닌 게 아니라 잠언대로 일이 이루어지고 말았는데, 『**개**』에 비견되는 "거짓 선지자"에게는 『**개는 그 자신이 토해 낸 것으로 다시 돌아가고**』라는 잠언대로 이루어졌고, 『**돼지**』에 비견되는 "거짓 교사"에게는 『**돼지는 씻고 나서 그녀의 신창 속에서 뒹군다.**』는 잠언대로 이루어졌다는 것이다. 그런데 여기서 〈킹제임스성경〉은 『**개**』를 남성 대명사 "his"로, 『**돼지**』를 여성 대명사 "her"로 받고 있다. 『**개는 그 자신이 토해 낸 것으로 다시 돌아가고**』, 다시 말해서, 개는 "그"가 토해 낸 것," 즉 "his own vomit"으로 다시 돌아가고, 『**돼지는 씻고 나서 그녀의 진창 속에서 뒹군다**』, 즉 씻고 난 돼지가 돼지우리 속 "그녀"의 진창으로, 즉 "her wallowing"으로 되돌아간다고 표기하고 있는 것이다. 이로써 『**개**』는 거짓 선지자이고 또 남성이며, 『**돼지**』는 거짓 교사이고 또 여성으로 비견되고 있음을 우리는 본다.

"남자"에 또 "개"로 비견되는 『**거짓 선지자**』가 되었건, "여자"에 또 "돼지"로 비견되는 『**거짓 교사**』가 되었건, 이들이 자행하는 짓은 결국 매한 가지인데, 『**이단들을 비밀리에 불러들여서 자기들을 사신 주를 부인**』하는 것이 바로 그들이 자행하는 짓이다.

『**자기들을 사신 주를 부인하기까지 하며**』라는 말씀에 주목하고 여기에 밑줄을 그어 두라. 『**자기들을 사신 주**』라니, 이게 무슨 말씀인가? 이것은 분명 『**주**』께서 "그들까지도" 값을 지불하고 사셨다는 말씀이 아닌가! 그렇다면, 이 말씀은 곧 "예수 그리스도께서는 택함 받은 자들만을 사셨다."고 가르치는 칼빈주의자들의 주장을 일시에 뒤엎어 버린다. 칼빈주의자들은 "택함 받은 자들"만이 구원받는다고 주장하지만, 그 "택함 받은 자들" 가운데에 설마 『**개**』와 『**돼지**』에 비견되는 『**거짓 선지자들**』과 『**거짓 교사들**』까지 포함시켜서 말하는 것은 아니리라. 다시 말해서, 거짓 선지자들이나 거짓 교사들 같은 개나 돼지들은 택함 받을 수 없도록 하나님께서 처음부터 정해 놓으셨다는 것이 그들의 주장이고 보면 주님께서 그런 자들까지 사셨다는 것은 도저히 있을 수 없는 일이다. 그러나 여기 1절은 그런 칼빈주의적 발상을 뿌리째 뒤흔들어 놓는다. 이 구절의 『**자기들을 사신 주**』에서 『**자기들**』이란 『**개**』와 『**돼지**』들, 즉 거짓 선지자들과 거짓 교사들을 일컫는다. 주님께서는 이들까지도 사셨다는 것이다. 주 예수 그리스도께서 『**거짓 선지자들**』과 『**거짓 교사들**』까지 값을 지불하고 사셨다는 말이다! 이런 자들을 아예 처음부터 제쳐 두시고 "택함 받은" 자들만을 사셨던 게 아니라는 얘기다.

이로써 우리는 예수 그리스도께서 흘리신 피가 갖는 구속의 포괄적이고도 총체적인 위대한 보편성을 이 구절에서도 선명하게 보게 된다. 주님께서는 "택함 받은 자들"이건, "택함 받지 못한 자들"이건, 그런 것을 따로 가리지 않고 몽땅 다 사버리셨다는 것이다! 놀랍지 않은가? 예수 그리스도께서 갈보리 십자가에 달려 흘리신 피는 지구상의 모든 인류를 몽땅 다

사버리기에 충분한 값이었던 것이다. 그분이 지불하신 값은 존 칼빈 일당이 주장하듯 몇몇 "택함 받은 자들"밖에 사들일 수 없는 그런 "몇 푼 안 되는 값"이 아니었단 말이다. 예수 그리스도께서 갈보리에서 흘리신 피는 실로 무제한적인 구속의 능력을 갖는 피였다! 주님께서는 『**개**』나 『**돼지**』처럼 구원받지 못한 거짓 선지들과 거짓 교사들까지도 몽땅 다 사버리셨던 것이다. 이 위대한 사실을 베드로후서 2:1은 천명하고 있는 것이다.

당신이 바라든 바라지 않든, 당신이 믿든 안 믿든, 당신이 좋든 싫든, 이제 당신은 꼼짝없이 예수 그리스도의 소유가 되어 버렸다. 이제 당신을 살리고 죽이는 것은 그분의 손에 달려 있다는 말이다. 당신은 살고 싶은가? 그렇다면, 주 예수 그리스도께서 당신의 죄들을 위해 피 흘려 죽으셨다는 사실을 믿고 받아들여라. 당신이 사는 길은 이것뿐이다. 당신이 끝까지 고집을 부리고 그분을 당신의 구주로 영접하기를 거부한다면, 그분께서도 어쩔 수 없이 당신을 내버리실 수밖에 없다. 당신이 버림받으면 "죽음"이 당신을 낚아채 버린다. 그야말로 『**급격한 파멸을 스스로 불러들이느니라.**』는 말씀대로 되고 마는 것이다. 실로 당신은 지금 절대 절명의 벼랑 끝에 서 있다. 왜 이것을 모르는가? 자, 어떻게 할 텐가? 당신을 사들이신 주 예수 그리스도께로 올 것인가, 아니면 마귀에게 붙잡힌 채 지옥으로 떨어지고 말 것인가? 지금 결정하지 않으면 안 된다.

성경은 『**그들은 모두 곁길로 갔으며 그들이 모두 함께 더럽게 되어 선을 행하는 자가 없으니 없도다. 한 사람도 없도다.**』(시 14:3)라고 말씀한다. 『**의인은 없나니 없도다, 한 사람도 없도다**』(롬 3:10). 이것이 성경의 선언이다. 그런즉, 당신을 구원하는 능력은 오직 하나님의 의가 아니면 안 된다. 우리를 위해서 율법의 요구를 모자람 없이 충족시키고 "전가"를 통하여 당신의 의가 되어 주신 예수 그리스도(고전 1:30), 바로 그분 자신이 하나님의 의이시다. 이 하나님의 의, 곧 예수 그리스도가 아니고서는 당신은 절대로 자기 의로 구원받을 수가 없다. 당신이 주 예수 그리스도를 믿을 때, 비로소 하나님께서는 당신을 의롭다고 여겨 주시고 또 의롭게 된다(롬 3:26). 『**행함이 없어도 불경건한 자를 의롭다 하시는 그분을 믿는 사람에게는 그의 믿음이 의로 여겨지느니라.**』(롬 4:6)고 성경은 말씀한다. 이에 대해 바울은 이렇게 선언한다. 『**나의 의는 율법에서 나온 것이 아니요, 그리스도를 믿음으로 말미암아 나온 것이니 곧 믿음에 의해서 하나님께로부터 나온 의라**』(빌 3:9). 당신은 이 하나님께로부터 나온 의로써만 구원받을 수 있지, 당신의 의로써는 절대로 구원받지 못한다. 당신의 의로 당신 자신을 아무리 깨끗하게 해 보았자, 더러운 영들은 옳다 좋다 하고 전보다 더 많이 당신 속으로 들어온다는 것을 알라. 그 결과 당신은 오히려 그 이전보다도 더욱 악화된 상태에 놓이게 된다는 것이 성경의 가르침이다. 마태복음 12장에서 주님께서 들려 주시는 "더 악한 다른 일곱 영들" 이야기를 읽어 보라. 『**더러운 영이 어떤 사람에게서 나와, 물 없는 곳으로 두루 다니면서 쉴 곳을 찾다가 찾지 못하자, 그가 말하기를 '내가 나왔던 내 집으로 돌아가리라.' 하고, 돌아와 보니, 그 집이 비어 있고 소제되고, 단장되었더라. 그러자 그가 가서 자기보다 더 악한 다른 일곱 영을 데리고 들어가 거기서 사니, 그 사람의 나중 상태가 처음보다 더 악화되었더라...**』(마 12:43-45) 그런즉, 당신 자신의 의로 스스로 깨끗하게 되려고 쓸데없이 헛수고하지 말라. 주님께서 말씀하셨듯이 그것은 사태를 더욱 악화시키는 위험한 짓이다.

『**그들은**』, 즉 거짓 선지자들과 거짓 교사들은, 『**자기들을 사신 주를 부인하기까지 하며**』, 즉 주님께서는 거짓 선지자들과 거짓 교사들인 자기들까지도 값을 주고 사주셨지만, 그런데도 그런 주님을 부인하는 자들이다.

예수 그리스도께서 그들까지 사셨으므로 이 사실을 믿고 그분을 구주로 영접하기만 하면 그들도 구원받는다. 그러나 그들은 이렇게 하지 않고 오히려 『**저주받을 이단들을 비밀리에 불러들여서... 급격한 파멸을 스스로**』 자초한다. 그들이 이렇게 하는 까닭은 칼빈주의자들의 주장처럼 애당초부터 "택함 받은 자들"이 아니어서가 아니다. 칼빈주의 교리는 오히려 이들로 하여금 『**급격한 파멸을 스스로**』 자초케 만드는 이단 교리다. 어째서 그런가에 대하여 우리는 이미 위에서 살펴보았다. 세상의 기초가 놓이기 이전부터 택함 받은 사람만이 구원받을 수 있다고 주장하는 칼빈주의자들이야말로 『**저주받을 이단들을 비밀리에 불러들여서... 급격한 파멸을 스스로**』 자초하는 자들의 전형이다. 다시 말해서, 그들이 바로 거짓 선지자들이요, 거짓 교사들인 것이다. 이것은 대단한 아이러니가 아닐 수 없다. 그들은 어리석게도 제 손으로 제 무덤을 파는 자들이요, 제 발등을 제 도끼로 찍는 자들이다.

『**또한 많은 사람들이 그들의 파멸의 길을 따르리니 그들로 인하여 진리의 길이 비방을 받을 것이라**』(2절).

베드로의 이 예언은 한 치도 어긋남 없이 적중했다. 거짓 선지자들과 거짓 교사들이 몰래 불러들인 이단들을 따르는 자들이 적지 않은 게 사실이요, 이들로 인하여 『**진리의 길**』이 혹독하게 비방을 받아 온 것이 사실로 드러났다. 적지 않은 정도가 아니라 시대의 종착점을 향해 치닫고 있는 지금 이 라오디케아 교회 시대는 거의 모든 자들이 거짓 교사들을 따르는 세상이 되고 말았다. 실로 수를 헤아릴 수 없이 『**많은 사람들**』이 그들이 은밀히 불러들인 이단 교리들을 따라 『**진리의 길이 비방**』 받으면서 『**급격한 파멸**』의 길을 내닫고 있는 비극적 상황이 지금 우리들 눈앞에서 벌어지고 있는 것이다.

진리의 길을 비방하는 것은 본디 거짓 선지자들이나 거짓 교사들의 전공과목이다. 『**진리**』는 언제나 이런 자들에 의해서 공격당해 왔고 지금도 공격당하고 있으며 앞으로도 끝내 그럴 것이다. 『**진리**』가 무엇인가? 『**진리**』란 곧 예수 그리스도시요, 하나님의 말씀이다. 『**나는 길이요 진리요 생명이라.**』(요 14:6)고 예수 그리스도께서 선언하셨다. 그리고 『**아버지의 말씀은 진리니이다.**』(요 17:17)라고 주님께서 말씀하신다. 성령께서는 『**진리의 영**』(요 16:13)이시기에 이 『**진리의 길**』을 밝히신다. 『**진리의 영이신 그분이 오시면 너희를 모든 진리로 인도하시리라.**』(요 16:13)고 주님께서 말씀하셨다. 그렇기 때문에 진리의 길을 비방하는 거짓 선지자들과 거짓 교사들, 그리고 그들을 따르는 자들은 주 예수 그리스도와 하나님의 말씀과 진리의 영이신 성령을 대적하는 자들이다. 예수 그리스도와 하나님의 말씀과 성령을 비방하는 자들이 『**진리의 길**』을 걸어가는 신실한 그리스도인들을 비방한다는 것은 오히려 자연스럽고 당연한 처사다. 베드로는 베드로전서 4:14에서 『**그들의 편에서는 그분께서 비방을**』 당하신다고 언급했다. 『**진리의 길**』을 따르는 신실한 그리스도인들은 『**그리스도의 이름을 위하여 욕을**』 당하는 사람들이지만, 그렇기 때문에 복이 있는 사람들이라고 베드로는 또 언급했었다. 『**너희가 그리스도의 이름을 위하여 욕을 당하면 복이 있느니라. 이는 영광의 영 곧 하나님의 영께서 너희 위에서 안식하고 계시기 때문이니라. 그들의 편에서는 그분께서 비방을 당하시나, 너희의 편에서는 영광을 받으시느니라**』(벧전 4:14).

『**비방**』이 무엇인가? 〈킹제임스성경〉은 이것을 영어로 "evil speaking"이라고 표기하고(엡 4:31), "비방한다."는 것을 "speaking evil"이라고 표기하며(벧전 4:4), "비방을 받는다."는 것을 여기 베드로후서 2:2에서처럼 "be evil spoken of"라고 쓴다. 그러므로 『**비방**』한다는 것은 쉽게 말해서 악담과 욕설을 퍼붓는다는 뜻이다.

『**진리의 길**』을 걷고 있는 신실한 그리스도인들에게 악담과 욕설을 퍼붓는 자들은 『**파멸의 길**』을 따르는 자들이다. 그들은 『**파멸의 길**』을 내닫고 있기 때문에 『**진리의 길**』을 비방하고 욕하고 악담을 퍼붓고 『**진리의 길**』을 비방하기 때문에 『**파멸의 길**』을 걷고 있는 것이다.

당신은 단지 그리스도인이이라는 이유로 사람들로부터 욕설 세례와 악담 바가지를 뒤집어쓴 적이 있는가? 이런 질문을 받고 당신은 "왜 할 일 없이 욕먹고 삽니까?" 하고 오히려 나에게 반문할 텐가? 당신은 "점잖게 사는데 누가 욕을 합니까?" 하고 오히려 의아한 눈길로 나를 쳐다볼 텐가? "그리스도인이면 오히려 사람들한테 칭찬 받을 수 있어야 하지 않소?" 하고 나를 설득하려 들 텐가? 만약 그렇다면, 당신은 자신도 모르는 사이에 벌써 거짓 교사들을 따라 파멸의 길을 걷고 있는 중인지도 모른다. 당신은 지금 성경 말씀과는 반대되는 생각을 하고 있기 때문이다. 여기 베드로후서 2:2은 『**진리의 길이 비방을 받을 것**』이라고 분명히 예고하고 있다는 사실을 유념하라.

요즘에는 소위 "종교 자유"란 것이 보장되기 때문에 그리스도인이라고 해서 특별히 욕설을 퍼붓는 사람은 없다고 당신은 말할 텐가? 그리스도인들이 박해를 받았던 것은 과거 중세 암흑시대에나 있었던 일이라고 당신은 말할 텐가? 그렇다면, 어디 한번 복음을 들고 지금 당장 밖으로 나가 길모퉁이든 광장이든, 기차 정거장 앞이나 백화점 모퉁이든, 어디든 좋으니 그런 데로 가서 목청 높여 거리설교라는 것을 한번 해 보아라. 그러면 당신은 5분도 채 지나기 전에 그리스도인이 단지 그리스도인이이라는 이유로 사람들로부터 욕을 먹는다는 것을 실증적으로 알게 될 것이다. 당신은 길을 메우고 걸어가는 그 숱한 세상 죄인들이 복음을 전하는 당신에게 진절머리가 날 만큼 퍼부어 대는 갖가지 욕설들을 아주 "리얼하게" 체험하게 될 것이다. 당신이 만약 그리스도인이면서도 지금까지 한 번도 거리설교를 해 보지 않았다면, 당신은 바로 이게 겁나서 복음을 들고 거리로 뛰쳐나가지 못했던 것이다. 당신이 말하는 "점잖게 사는데..."라는 말은 당신이 세상 사람들한테 욕설 세례를 받을까봐 잔뜩 겁먹은 채 살아가고 있다는 증언에 지나지 않는다. 당신은 겁에 질려서 "점잖게" 살고 있는 게 아니라 "그리스도인답지 않게" 살고 있는 것이다. 당신이 "왜 욕먹고 삽니까?" 하고 말했지만, 그것은 사실상 "무엇 하러 그리스도인답게 삽니까?"라는 말과 다르지 않다.

당신이 정말로 그리스도인이라면 이런 말을 함부로 지껄인 데 대해 부끄러워할 줄 알아야 한다. 앞으로는 그런 말일랑 절대로 입에 담지 않도록 주의하라. 당신은 신약을 읽으면서 바울 이야기도 들어보지 못했는가? 바울은 욕먹는 정도가 아니라 매 맞고 감옥에 갇히고 죽을 고비를 여러 번 넘긴 그리스도인이었다. 『**내가 더 많이 수고하였고 매도 헤아릴 수 없이 맞았고 더 빈번히 감옥에 갇혔고 죽을 고비를 여러 번 당하였으니 유대인들로부터 사십에 하나 뺀 매를 다섯 번이나 맞았고 세 번 몽둥이로 맞았으며 한 번은 돌로 맞았고... 배고프며 목마르고 자주 금식하며 춥고 헐벗었노라.**』(고후 11:23-27)고 그는 증언한다. 그가 쓸데없이 "점잖게" 살지 않았기 때문에 이런 고초를 겪었다고 당신은 생각하는가?

스테판은 또 어떤가? 그가 할 일 없어서 돌에 맞아 죽었는지 아는가?

사도 요한은 또 어떤가? 그가 무슨 도둑질이나 강도짓이나 살인을 했거나 무슨 반정부 운동이나 반체제 운동 같은 정치범으로 몰려서 팟모섬에 유배되었는지 아는가?

R. A. 토레이 목사는 거리 설교를 하면서 얼마나 세상 사람들로부터 욕을 먹었는지 아는가? 그는 인생의 가장 노른자위 시절을 사람들한테 진탕

"욕먹는 재미"로 살았던 위대한 복음 전도자였다.

드와이트 무디 목사는 또 어떠했던가? 그는 미국이 배출한 가장 위대한 설교자들 중 한 사람이었지만, 그는 평생 동안 세상 사람들이 퍼부어대는 욕을 먹으면서 살아야만 했다.

세상 사람들은 또 일생 동안 거리 설교를 계속했던 위대한 프랭크 노리스 목사한테 얼마나 악담과 욕설을 퍼부었던가? 노리스 목사는 세계에서 가장 큰 침례교회에서 사역했던 목사님이었다.

제너럴 부스도 일생을 거리 설교로 보낸 위대한 그리스도인이었다.

세상 사람들은 이들 위대한 하나님의 사람들을 향하여 미치광이들이라고 욕설을 퍼부었고, 광신자들이라고 조롱했다. 이것이 구원받지 못한 세상 죄인들이 신실한 그리스도인들에게 나타내 보이는 "정상적인" 반응이다. 그들은 『**파멸의 길**』을 걷고 있는 자들이기 때문에 『**진리의 길**』을 비방하도록 되어 있다. 세상 죄인들이 보기에는 『**진리의 길**』을 따르고 있는 신실한 그리스도인들이 미치광이들이다. 그러나 그리스도인들은 세상 죄인들 눈에 "점잖고" "멋진" 사람들로 보이기 위해 구원받은 것도 아니요, 그들에게 칭찬을 받으려고 복음을 전파하는 것도 절대 아니다.

목사가 세상과 영합하기 시작하면, 목자로서의 역할은 그 순간에 끝장이 난다. 하나님께서는 그런 목사들을 절대로 사용하지 않으신다. 교회 등록 인원수만 많으면 되었지 무슨 짓을 하거나 말거나 그게 무에 그리 중요하냐고 생각한다면, 그것은 마귀적인 발상이다. 세상은 목적을 달성하기 위해 수단 방법을 가리지 않는다. 결과가 중요하지 과정은 중요하지가 않는 것이 세상의 논리요, 세속적인 일 처리 방식이다. 그러나 무슨 일이건 그리스도인은 이런 식으로 일을 처리해 나갈 수는 없다. 이런 발상으로 이룩한 결과들이 아무리 훌륭해 보이더라도 그것으로 하나님께 영광을 돌려 드릴 수는 없기 때문이다. 하나님께서 기뻐하시지 않는 결과를 달성하기 위해 수단 방법을 가리지 않고 사람들만 끌어모으고, 모인 사람들을 잃지 않으려고 성경대로 가르치고 설교하기를 거부한다면, 그것이 곧 『**진리의 길**』을 비방하는 짓이요, 『**파멸의 길**』을 걷는 배교 행위다.

『**그들은 탐욕을 품고 지어 낸 말로 너희에게서 이득을 취하리니, 이제 그들의 심판은 예로부터 지체하지 않으며 그들의 멸망은 졸지 아니하느니라**』(3절).

"말을 지어 낸다."는 것은 단순히 무슨 "작문"(作文)을 한다는 뜻이 아니다. 이것은 사람을 속이려는 속셈으로 사실이 아닌 것을 마치 사실인 양 거짓말을 꾸며 낸다는 뜻이다. 『**거짓 교사들**』이 말을 지어내는 동기는 바로 『**탐욕**』이라고 이 구절은 말씀한다. 그것도 『**이득**』을 취하려는 더럽고 야비한 『**탐욕**』이다. "이득을 취한다."는 말은 쉽게 말해서 "돈을 우려낸다."는 뜻이다. 누구한테서 말인가? 당신한테서 말이다. 거짓 교사들이 진리의 길을 비방하면서 귀에 즐거운 말을 당신에게 들려주는 까닭은 당신한테서 돈을 우려내려는 탐욕 때문이라고 이 구절은 아주 예리하게 분석한다.

이만하면 당신은 수단 방법을 가리지 않고 사람들을 끌어 모은 후 교회 출석 인원수나 자랑하는 자들을 내가 어째서 그토록 신랄하게 공격해 댔는지 이제 충분히 이해가 갈 것이다. 이것은 명백한 범죄 행위다. 이것은 사기 행각이다. 하나님께서 이런 범죄자들을 모른 체 방관만 하실 리가 없다. 그래서 베드로는 『**이제 그들의 심판은 예로부터 지체하지 않으며 그들의 멸망은 졸지 아니하느니라.**』고 경고한다. 그리고 그 사례 몇 가지를 다음 4-7절에서 들고 있다.

『**하나님께서는 죄를 지은 천사들조차 아끼지 않으시고 지옥에 던져서**

흑암의 사슬에 내어주어 심판 때까지 가두어 두셨으며』(4절).

천사들은 원래 거룩하게 창조되었다(눅 9:26). 하늘에서는 주님을 섬기고 경배하는 일이 거룩한 천사들의 기본적인 사역이다. 요한은 영 안에서 셋째 하늘에 올라가 『**죽임을 당하신** 어린양**이 권세와 부귀와 지혜와 힘과 존귀와 영광과 찬송을 받으시기에 합당하시도다.**』(계 5:12) 하고 주님을 찬양하면서 천천 만만의 수많은 천사들이 보좌를 둘러싼 광경을 보았다. 그런가 하면 또, 향과 함께 모든 성도의 기도를 담은 금향로를 금제단에 드리는 천사도 보았다(계 8:3).

지상에서는 주님의 갖가지 심부름을 하는 것이 천사들의 기본 임무다. 아브라함에게 쫓겨난 하갈의 기도를 듣고 그녀를 샘물로 인도하였고(창 21:19), 하나님의 군대 대장이 되어 칼을 빼어 들고 여호수아 앞에 나타나기도 하였으며(수 5:13-15), 사슬에 묶인 채 갇혀 있던 베드로에게 나타나 그를 감옥에서 꺼내 주기도 하였고(행 12:7-11), 아합과 대적하던 엘리야에게 아침 저녁으로 까마귀가 빵과 고기를 물어다 주어 먹이게도 하였으며(왕상 17:2-6), 배를 타고 로마로 항해하던 바울을 풍랑에서 구해 주기도 했다(행 27:23,24).

천사들은 또 하나님의 심판과 계획들을 집행하는 일을 한다. 하나님의 명령을 어기고 나귀를 타고 모압의 발락을 찾아가는 발람의 앞을 칼을 빼어 들고 가로막기도 하였고(민 22:22-35), 왕좌에 앉아 연설을 하던 헤롯을 쳐서 죽이고 벌레들이 그 시체를 뜯어먹게 만들기도 했으며(행 12:21-23), 빌립을 에디오피아 내시에게 인도하여 복음을 전하도록 하기도 하였고(행 8:26), 사자굴에 던져진 다니엘을 보호하기 위해 사자들의 입을 막기도 하였으며(단 6:22), 장차 대환란 시대 끝 무렵 주님께서 영광 중에 재림하실 때에는 그분을 수행할 것이고(마 25:31), 아마겟돈에서는 천사들이 구원받지 못한 자들을 불못에 던지기 위해 그들을 한데 모으기도 할 것이다(마 13:41,42).

그러나 이처럼 거룩하게 창조된 천사들 중 많은 자들이 창세기 6장에서 타락하게 된 것을 우리는 본다. 여기 베드로후서 2:4의 『**죄를 지은 천사들**』이란 바로 이 창세기 6장의 타락한 천사들을 일컫는다. 『**하나님의 아들들이 사람들의 딸들이 아름다운 것을 보고 그들이 택한 모든 자를 아내들로 삼으니라**』(창 6:2). 이처럼 타락한 천사들이 인간의 딸들에게 들어와 거인족들이 생기게 하였고, 이로써 인간의 사악함이 세상에 창대케 되었으며 『**그 마음의 생각의 모든 상상이 계속해서 악할 뿐**』임을 하나님께서 보시고 노아의 가족을 제외한 모든 사람들을 홍수로 멸해 버리기로 작정하셨던 것이다(창 6:5-7).

유다서 1:6에서도 이들 타락한 천사들에 대해 언급하고 있다. 『**또 자기들의 처음 지위를 지키지 아니하고 자신들의 처소를 떠난 천사들을 주께서 영원한 사슬로 묶어 큰 날의 심판 때까지 흑암 속에 가두어 두셨느니라.**』 자신들의 처음 지위를 저버리고 타락하여 멋대로 놀아나는 바람에 심판 때까지 흑암 속에 갇히게 된 천사들은 결국 우리들 그리스도인들이 주님과 함께 심판하게 될 것임을 성경은 바울을 통해 확실하게 밝히고 있다. 『**너희는 우리가 천사들을 심판하리라는 것을 알지 못하느냐?**』(고전 6:3).

그런가 하면 또, 요한계시록 12장은 장차 마귀의 천사들이 또 타락하게 될 것과 이들이 지구상에 출현할 것을 예고하고 있다. 『**하늘에 또 다른 이적이 나타났으니, 보라, 커다란 붉은 용 한 마리가 있는데 일곱 머리와 열 뿔이 있고 그 머리들 위에는 일곱 왕관이 있더라. 그런데 그의 꼬리로 하늘의 별 삼분의 일을 끌어다가 땅에 던지더라**』(계 12:3,4).

하나님께서는 마귀와 함께 이 타락한 천사들을 보낼 곳을 이 지구 속 어딘가에 마련해 두셨는데, 그것은 이미 아담이 생겨나기 전부터 마련되어 있던 곳으로 바로 지옥이라는 곳이다.

당신은 타락한 천사들에 대한 이런 이야기를 듣고 심히 놀라면서도 한낱 동화에 불과하겠거니 하고 애써 생각하고 일소에 붙여 버리고 싶겠지만, 〈킹제임스성경〉은 이런 사실들에 대해 대단히 진지하다는 것을 유의해 둘 일이다. 마귀와 타락한 천사들을 보내기로 돼 있는 지옥이 아담이 창조되기 이전부터 이 지구 속 어딘가에 마련되어 있었다는 이야기를 듣고도 당신은 어디에 그런 이야기가 있느냐고 고개를 갸웃거리겠지만, 그것은 당신이 성경을 읽지 않았다는 증거다. 하나님께서는 〈킹제임스성경〉을 통해 욥에게 아주 명료하게 이 사실을 밝히신다. 『**너는 바다의 샘들 속으로 들어가 보았느냐? 아니면 네가 깊은 곳을 찾아 거닐어 본 적이 있느냐?**』(욥 38:16)고 하나님께서는 욥에게 물으신다. 물론 욥은 그래 본 적이 없다. 비단 욥뿐만이 아니다. 『**바다의 샘들 속**』까지 내려가 그 『**깊은 곳**』을 들여다 본 적이 없다는 것은 그 어떤 과학자나 해양 연구가나 해저 탐험가의 경우도 마찬가지다. 바다에 샘들이 있다는 것은 나중에 사실로 발견되었지만, 그곳까지 내려갈 만한 과학의 위력은 20세기 중반까지도 발휘되지 못하고 있다가 1969년이 되어서야 특수 제작된 해저 탐사 잠수함 트리에스터호를 타고 사이판 근처의 마리안나 해저 협곡 1만 미터 아래까지 내려가 볼 수 있었다. 그러나 그렇다고 해서 그들이 『**바다의 샘들 속으로**』 들어가 보았거나 탐사선 밖으로 나와 해저의 깊은 곳을 『**거닐어**』 보았느냐 하면 그것도 아니다. 그것은 아직까지도 불가능한 일로 남아 있다. 그곳에서 받는 수압은 미국에서 가장 큰 군함 다섯 척을 쌓아 올린 무게와 맞먹는지라 특수 제작된 해저 탐사선 밖으로 나갔다가는 백만 톤도 넘는 유압프레스에 눌린 것처럼 납작해지고 말 것이다. 웬만한 쇠붙이는 30톤 프레스로 찍어 누르기만 해도 알루미늄 은박지처럼 얇은 종이가 되고 만다. 그런데도 하나님께서는 이어서 욥에게 『**사망의 문들이 네게**

열렸더냐? 아니면 사망의 그림자의 문들을 보았더냐?』(욥 38:17)고 다그치듯 물으신다. 『**바다의 샘들 속**』까지도 들어가 보지 못한 욥으로서는 『**사망의 문들**』 근처 어귀까지 얼씬거린다는 것은 상상도 못할 일이었다.

『**사망의 문들**』이란 곧 『**지옥의 문들**』(마 16:18)을 말한다. 〈킹제임스 성경〉에 따르면 지옥에는 문들이 있다. 로마카톨릭의 가르침에 따르기로 한 현대판 역본들은 이것을 "지옥의 권세들"이니, "음부의 권세"니 하는 식으로 뜯어고쳐 버렸지만, 그렇다고 『**지옥의 문들**』이 결코 사라지는 것은 아니다. 지옥에 문들이 있다는 사실은 예수 그리스도께서 그 열쇠들을 갖고 계시다는 사실로도 입증된다. 『**나는 살아 있는 자며, 죽은 자였으나, 보라, 영원무궁토록 살아 있노라. 아멘. 또한 내가 지옥과 사망의 열쇠들을 가졌노라.**』(계 1:18)고 주님께서는 명백하게 선언하신다.

성경에서 『**바다 가운데 깊음 속**』은 말할 것도 없고 『**지옥**』까지 다녀온 사람으로 요나가 있다. 『**...내가 지옥의 뱃속으로부터 부르짖었더니 주께서 내 음성을 들으셨나이다. 주께서 바다 가운데 깊음 속으로 나를 던지셨으므로... 물들이 나를 에워싸 혼까지 에워쌌고 깊음이 나를 둘렀으며... 내가 산들의 밑바닥까지 내려갔더니 땅이 그 빗장들로 영원토록 나를 막았나이다. 그러나 오 주 나의** 하나님**이여, 주께서 내 생명을 부패함에서 건져내셨나이다**』(욘 2:2-6).

요나의 보고에 따르면, 지옥에는 문들뿐만 아니라 문을 걸어 잠그는 『**빗장들**』까지도 있음을 알 수 있다. 마귀와 타락한 천사들, 그리고 구원받지 못한 죄인들은 백보좌 심판을 받은 뒤 이 지옥에 갇히고 『**사망의 문들**』, 즉 『**지옥의 문들**』이 철꺽 잠기는 순간 영원토록 그 속에 갇혀 지내야 한다. 타락한 천사들은 지금 흑암의 사슬에 묶인 채 심판 때까지 갇혀 있다. 그리고 이들은 장차 언젠가 우리들 그리스도인들에게 심판을 받게 될 것이다(고전 6:3).

2:5 또 옛 세상을 아끼지 아니하셨으나 여덟 번째 사람인 의의 전파자 노아는 구원하시고 경건치 않은 자들의 세상에 홍수를 내리셨느니라.
6 또 소돔과 고모라 성읍들을 무너뜨림으로 정죄하여 재가 되게 하셔서 후세에 경건치 않게 살 자들에게 본으로 삼으셨으며
7 또 사악한 자들의 음란한 행실로 인하여 고통당하는 의로운 롯을 건져내셨으니
8 (이는 그 의인이 그들 가운데 살면서 날마다 그들의 불법적인 행동을 보고 들음으로써 그의 의로운 혼이 고통을 당하였기 때문이니라.)
9 주께서는 어떻게 경건한 자들을 시험에서 구해 내시고 불의한 자들을 형벌에 처할 심판의 날까지 가두실 것을 아시느니라.
10 특히 더러운 정욕 가운데서 육체를 따라 행하고 통치권을 무시하는 자들에게니라. 그들은 대범하고 완고해서 위엄있는 자들을 비방하기를 두려워하지 아니하느니라.

『**또 옛 세상을 아끼지 아니하셨으나 여덟 번째 사람인 의의 전파자 노아는 구원하시고 경건치 않은 자들의 세상에 홍수를 내리셨느니라**』(5절).

하나님께서 창조하셨던 『**옛 세상**』을 아낌없이 멸해 버리셨던 것은 창세기 6장에서의 사건이었다. 이때 하나님께서는 노아의 일족과 각종 짐승들 한 쌍씩을 제외하고는 모든 생명체들을 홍수로 뒤덮어 멸해 버리셨다.

노아는 아담의 10대손이었지만, 여기서 『**여덟 번째 사람**』이라고 서술하는 것은 방주에 들어간 사람의 순서로 보아 마지막 여덟 번째였기 때문이 아닌가 생각된다. 대홍수에서 살아남은 사람은 노아의 가족 여덟 명뿐이었는데, 자기 아들들과 아내와 며느리들이 모두 방주에 들어간 뒤 아마도 노아는 가장 나중 여덟 번째로 방주에 들어갔을 것이다.

하나님께서 『**옛 세상을 아끼지 아니**』하시고 홍수로 지면에서 쓸어버리신 이유에 대해 성경은 타락한 천사들이 본연의 위치에서 벗어나 인간의 딸들과 관계를 맺음으로써 성적 타락을 가져왔고 그 결과 인간의 사악함이 세상에 창대해지고 마음속에 악한 생각만이 가득 차게 되자 하나님께서는 땅 위에 사람을 지으신 것을 후회하셨기 때문이라고 창세기 6장에서 설명하고 있다. 이것이 바로 타락한 세상에 내리신 심판의 첫 번째 사례였다.

『**또 소돔과 고모라 성읍들을 무너뜨림으로 정죄하여 재가 되게 하셔서 후세에 경건치 않게 살 자들에게 본으로 삼으셨으며**』(6절).

그 유명한 소돔과 고모라의 멸망이 하나님께서 타락한 인간들에게 내리셨던 심판의 두 번째 사례였다. 유다서 5절에서 8절까지의 언급으로 미루어 롯의 시대에 일어났던 소돔과 고모라 사건은 사실상 창세기 6장과 관련이 있었던 노아 시대 사건의 재판이었던 게 분명하다. 다시 말해서, 롯의 시대에 소돔과 고모라에 내려졌던 하나님의 심판 이유는 노아 시대에 내려졌던 심판의 이유와 똑같이 타락한 인간들이 『**다른 육체**』를 따라간 데 있었다. 『**또 자기들의 처음 지위를 지키지 아니하고 자신들의 처소를 떠난 천사들을 주께서 영원한 사슬로 묶어 큰 날의 심판 때까지 흑암 속에 가두어 두셨느니라. 소돔과 고모라와 또 그 같은 방식을 따르는 그 주위의 성읍들까지도 자신들을 음행에 내어 주어 다른 육체를 따라가다가 영원한 불의 형벌을 받음으로 한 본보기가 되었느니라.**』(유 1:6,7)고 성경은 말씀한다. 노아 시대의 현상이 롯의 시대에 반복된 것이다. 이로써, 『**다른 육체**』란 노아의 홍수 이전 창세기 6장에서 타락한 천사들과 사람의 딸들 사이에서 태어난 거인들을 말하지만, 홍수 이후 롯의 시대에도 이와 유사한 거인들이 또 출현했음을 우리는 알 수 있다. 다윗에게 죽임을 당했던 골리앗은 노아의 홍수 이후에 나타난 거인들의 후예였다. 타락한 천사들이 인간의 딸들에게 음행을 저질러 생겨난 『**다른 육체**』들 역시 성적으로 타락한 존재들이었고, 소돔과 고모라는 이들로 인해 음행이 일반화될 정도로 극도의 성적 타락으로 물들어 있었다.

소돔의 성적 타락 현상은 동성연애라는 형태로 발전하여 하나님의 질서를 교란하는 범죄를 일삼았다. 동성연애는 『**음행**』이다. 동성연애는 범죄 행위다. 동성연애는 요즘 사람들이 말하듯 "또 하나의 성적 유형"이 아니다. 동성연애자들을 비호하는 세력은 범죄자들을 변호하고 음행을 조장하는 자들일 뿐 "인권" 운운하는 것은 구실에 불과하다. 동성연애는 범죄 행위다. 동성연애를 옹호하는 자들은 범죄 행위를 지지하는 사악한 자들이다.

『**또 사악한 자들의 음란한 행실로 인하여 고통당하는 의로운 롯을 건져내셨으니**』(7절).

세상을 멸해 버리시는 가혹한 심판에서도 의인들을 구원하신 하나님께서는 노아를 그 첫 번째 사례로 삼으셨고 롯을 두 번째 사례로 삼으셨다. 마태복음 24,25장과 누가복음 17장과 21장, 그리고 마가복음 13장 등에서 예수 그리스도께서 제자들에게 대환란과 재림에 대해 말씀해 주시면서 『**노아의 날들과 같이**』(마 24:37)라든지, 『**롯의 날들에 일어났던 것과 마찬가지라.**』(눅 17:28)고 언급하시는 것을 우리는 본다. 이렇게 볼 때, 노아는 아마도 교회 시대가 끝나고 대환란으로 접어드는 시대를 보여 주는 그림으로 볼 수도 있겠다. 홍수에서 구원받았던 노아의 사례는 하나님의 자녀가 된 당신에게 머지않아 다시 재현될 것이다.

노아 시대에 있었던 『**다른 육체**』들이 롯의 시대에도 다시 출현하여 의로운 롯은 그들에게 둘러싸인 채 고통을 당하고 있었던 게 분명하다. 소돔에서 빠져나와 두 딸들과 함께 굴 속에 거할 때 술에 취하는 바람에 근친상간을 당하는 큰 실수를 저지르기 이전까지만 해도 롯은 의로운 사람이었다. 하나님께서 소돔을 멸하실 때 『**의로운 롯**』을 건져내셨다고 성경은 말씀한다.

〈킹제임스성경〉에서 『**의로운 롯**』을 "just Lot"이라고 표기한 것을 "only Lot"으로 혼동하여 "오직 롯만은"이라고 번역하기 쉽지만, 여기서 "just"란 "righteous"(의로운)라는 뜻이다. 다음 8절에서는 롯을 일컬어 "righteous man"이라고 표기하고 있음을 본다.

『**고통당하는**』이란 뜻으로 쓴 "vexed"란 단어는 "난처한 일에 시달리다, 악을 보고 분노하다." 등의 뜻이다. 의로운 사람은 세상의 악을 보고 짜증을 내고 성을 내기 마련이며 그런 세상에 섞여 살고 있는 자신이 참담하게 느껴지고 그런 세상에서의 삶에 시달리며 고통을 당하기 마련이다. 롯이 그러했다.

『**(이는 그 의인이 그들 가운데 살면서 날마다 그들의 불법적인 행동을 보고 들음으로써 그의 의로운 혼이 고통을 당하였기 때문이니라.)**』(8절).

창세기 19장을 보면 아닌 게 아니라 롯이 얼마나 악한 자들 때문에 시달리고 있었는지를 잘 알 수 있다. 그리스도인들도 일상생활에서 세상으로 돌아가면 『**사악한 자들의 음란한 행실**』과 『**불법적인 행동**』을 보고 듣고 당하면서 롯처럼 참담함을 느끼고 시달리게 된다. 구원받고 하나님의 자녀가 된 그리스도인이면서도 세상 사람들과 어울려 놀음이나 하고 더러운 영화나 보고 술이나 마시면서 질탕하게 놀다가 집으로 돌아와 혼자 앉아 있게 되었을 때, 당신 자신을 한번 조용히 되돌아보아라. 얼마나 자신이 참담하고 가련하게 느껴지는가? 만약 그러고도 아무렇지 않게 느껴진다면, 그 사람은 마귀에게 사로잡혀 단단히 죄의 종으로 전락해 버렸거나 아니면, 진짜 구원받은 그리스도인이 아니거나 둘 중 하나임에 틀림이 없다. 당신이 정말로 그리스도인이라면 세상 사람들이 당신을 웃기려고 농담을 건네거나 어떤 재미있는 이야기를 들려주더라도 같이 맞장구치며 깔깔대고 웃기는커녕 입가에 미소조차 지어서도 안 된다. 당신이 세상 사람들과 어울려 같이 낄낄대는 것 자체가 죄에 참여하는 것이요, 당신 자신이 이미 타락했다는 증거다. 당신은 어쩌다가 그런 계제에 당면하더라도 당장 그 자리를 뜨는 게 상책이다. 당신이 그리스도인이라면 세상 사람들의 그런 분위기가 못마땅하여 얼굴을 찡그린 채 그냥 그 자리에 남아 있을 이유가 없다. 나는 구원받고 그리스도인으로 거듭난 직후부터 어떤 경우에도 세상 사람들의 경박한 분위기에 휩쓸리거나 그들이 시시덕거리는 장소에 그냥 꾹 참고 눌러 앉아 있은 적이 한번도 없다. 어떤 때는 그들이 내게 일부러 아주 짓궂게도 질탕한 농담을 걸어오기도 했지만, 한번도 거기에 응대해 본 일이 없다. 그 바람에 나는 일시에 세상 친구들을 다 잃고 말았고 세상에서는 아주 고립되고 말았다. 그러나 그렇다고 그것을 아쉬워해 본 적은 한번도 없다.

『**주께서는 어떻게 경건한 자들을 시험에서 구해 내시고 불의한 자들을 형벌에 처할 심판의 날까지 가두실 것을 아시느니라**』(9절).

하나님께서는 『**경건한 자들**』이 있을 곳이 못되는 곳에 『**경건한 자들**』을 그대로 방치해 두지 않으신다. 『**의로운 롯**』은 있을 곳이 못되는 곳에 있었다. 그는 분명 잘못된 곳에 있었다. 그래서 하나님께서는 그를 그 곳에서 빼내오셨다.

하나님께서는 『**불의한 자들**』도 그들이 있을 곳이 못되는 곳에 그대로 방치해 두지 않으신다. 하나님께서는 『**불의한 자들**』을 『**경건한 자들**』로부터 떼어내 『**형벌에 처할 심판의 날까지**』 가두어 두시는 분이시다. 하나님께서는 천사들조차 타락하자 그들을 아끼지 않으시고 『**흑암의 사슬에 내어 주어 심판 때까지 가두어**』 두신 분이시다(4절). 구원받지 못한 죄인들은 그리스도인들이 자기네들과 교제를 끊고 세상을 외면하고 답답하게 산다고 손가락질을 하고 조롱하고 비방하지만, 하나님께서 자신들이 갈 곳을 따로 마련해 두셨다는 사실을 애써 믿으려고 하지 않는다. 그들은 자신들이 갈 곳으로 지옥이 마련돼 있다는 것을 애써 믿지 않으려고 하지만 속으로는 은연중 이것을 다 알고 있다. 그들이 걸핏하면 술에 취하고 웃고 떠들면서 흥청대는 것은 사실은 그 불안을 떨쳐 버리고 이것을 숨기려는 속셈에서다. 그러면서도 주 예수 그리스도를 믿고 그분을 자신의 구주로 영접하여 구원받기를 주저한다. 그들이 복음을 거부하는 것은 그들이 마귀의 자녀들이기 때문이다. 그들은 죄의 노예요, 타락의 종들이다.

『특히 더러운 정욕 가운데서 육체를 따라 행하고 통치권을 무시하는 자들에게니라. 그들은 대범하고 완고해서 위엄있는 자들을 비방하기를 두려워하지 아니하느니라』(10절).

이른바 성 개방을 앞세워 자유연애를 즐기는 자들이나 히피 같은 자들, 육감적인 록음악이나 팝 뮤직에 들떠 흐느적거리면서 마약을 즐기는 타락한 세대들이 모두 더러운 정욕 가운데서 육체를 따라 행동하는 자들이다. 이런 자들은 건전한 가치관이나 윤리 의식이 극도로 결핍돼 있고 무질서한 생활에 푹 빠져 살아가기 때문에 사회 치안을 책임지고 있는 공공 당국의 통치권 따위는 안중에도 없다. 이런 자들은 매사에 한결같이 『**대범**』하여 주제넘은 짓을 자행하기가 이루 말할 수가 없고 『**완고**』해서 무엇이나 제멋대로 생각하고 제멋대로 행동하면서 『**위엄있는 자들**』, 즉 정부 당국의 정사들과 권세들을 두려워하지 않고 걸핏하면 오히려 비방하고 덤벼든다. 이런 자들을 풍기 문란 죄나 사회 치안 교란 죄로 잡아들여 감옥에 잡아 넣더라도 출옥하고 나면 전보다 더 무질서하고 문란한 사회생활을 영위하고 점점 더 극악한 범죄자로 변질돼 갈 뿐 조금이라도 나아지는 법 없이 더욱더 사악한 사회의 독소로 뿌리 내리기가 일쑤다. 우리는 이런 사례들을 한두 번 겪어본 게 아니다.

2:11 더 큰 능력과 권세를 가진 천사들도 주 앞에서 그들을 거슬러 비방하는 송사를 하지 아니하나,

12 이들은 잡혀서 멸망케 된 본성이 잔인한 짐승 같아서 자기들이 알지 못하는 것을 비방하다가 그들 자신의 타락 가운데서 완전히 멸망하게 되리라.

13 그들은 불의의 대가를 받게 되리니 대낮에 흥청거리는 것을 낙으로 여기며, 너희와 더불어 잔치를 즐기는 동안에도 자신들의 속임수로 방탕하니 그들은 점과 흠이요,

14 음욕이 가득 찬 눈을 가지며 죄로부터 단절될 수 없고, 견고하지 못한 혼들을 유혹하며 그들은 마음이 탐욕으로 단련되었으니 저주받은 자식들이니라.

『**더 큰 능력과 권세를 가진 천사들도 주 앞에서 그들을 거슬러 비방하는 송사를 하지 아니하나,**』(11절).

정작 사회 치안을 책임지고 있는 정부 당국이나 공공 기관의 정사와 권세들보다도 더 『**큰 능력과 권세를 가진 천사들**』조차도 당국에 대해 이렇다 저렇다 불평하고 고소하고 통치권에 도전하지는 않건만, 육신적인 정욕 가운데서 문란한 생활로 밤낮을 가리지 않는 사악한 자들은 정부 당국이나 공공 기관의 통치권을 우습게 알 뿐만 아니라 오히려 비방하고 덤벼들기가 일쑤다.

오늘날 미국에서 범죄자들이 오히려 당국을 『**비방하는 송사**』를 하도록 부추기는 데 앞장서는 세력이 언론 매체들이다. 동성연애자들이 "부당하게 박해받는 소수 그룹"이라고 외치며 길거리 시위에 나서면 신문이나 TV는 이에 대해 사회 일반의 동정심을 은근히 불러일으키려고 이것을 대대적으로 왜곡 보도한다. 경찰이 범죄 현장에서 흑인을 체포하면서 범죄자가 대항하는 바람에 몽둥이라도 휘둘렀다가는 언론 매체의 카메라에 "찍혀" 빗발치는 사회적 비난에 곤욕을 치르고 옷을 벗어야 한다. 『**더러운 정욕 가운데서 육체를 따라**』(벧후 2:10) 행하는 자들이 이처럼 당국의 통치권을 무시하고 도전하게 된 데에는 언론 매체가 절대적인 기여를 한 것이 사실이다. 음행하는 범죄자들이 주제넘고 제멋대로 행동하도록 자꾸 부추겨 놓아야만 언론 매체들이 먹고 살 수 있는 일감이 그만큼 많아지기 마련이고, 그래야만 신문 한 장이라도 더 팔아먹을 수가 있게 되며, 자신들이 "점점 더 좋아지는 사회 건설"에 앞장서는 자들인 양 행세할 수 있게 된다. 오늘날 미국은 언론 매체들이 사회 여론을 오도함으로써 건전한 가치 체계가 완전히 붕괴되고 말았기 때문에 그들은 자기네가 떠드는 소리가 무슨 소리인지도 모르고 계속 떠들어대게 되었다. 그들은 무엇인가를 비방하면서도 자기들이 비방하는 것이 무엇인지를 알지 못하게 되었다.

『**이들은 잡혀서 멸망케 된 본성이 잔인한 짐승 같아서 자기들이 알지 못하는 것을 비방하다가 그들 자신의 타락 가운데서 완전히 멸망하게 되리라**』(12절).

하나님께서 이런 자들을 지옥으로 보내실 수밖에 없는 것은 이런 자들이 죄악의 노예가 되어 멸망으로 치달을 수밖에 없도록 그 『**본성이 잔인한 짐승**』 같기 때문이다. 이런 자들은 더러운 정욕 가운데서 육체만을 따라 행동하는 데 이골이 난 자들로서 그러한 자신들의 타락 가운데서 저절로 지옥으로 걸어 들어갈 수밖에 없게 된 자들이다.

『**본성이 잔인한 짐승**』 같다는 것은 짐승처럼 야수적이어서 기본적인 지성과 양심마저도 완전히 마비된 상태를 의미하는 것으로 한마디로 미친 개처럼 된 것을 말한다. 미친개는 잡아 죽이는 수밖에 달리 처리 방법이 없다. 그 본성이 『**잡혀서 멸망케**』 되었다는 것은 이것을 서술하는 것이다.

이런 자들은 기본적인 지성과 양심이 마비돼 있기 때문에 『**자기들이 알지 못하는 것을 비방**』한다. 다시 말해서, 자기들이 무엇을 비방하는지도 모르면서 비방하는 것이다. 정상적인 가치관이 전도되고 가치체계가 무너진 사회에서 흔히 나타나는 현상이 바로 이런 것인데, 앞에서도 언급했듯이 오늘날 미국이 이렇게 되는 데에 크게 기여한 것이 바로 언론 매체들이고, 이들과 제휴하고 있는 세력이 소위 "신교육"을 표방하는 교육계다. 미국은 언론과 "신교육" 세력 때문에 괴물로 변해가고 있는 나라다. 『**그들 자신의 타락 가운데서 완전히 멸망하게 되리라.**』는 베드로의 경고는 바로 오늘의 미국을 두고 한 말이다.

『**그들은 불의의 대가를 받게 되리니 대낮에 흥청거리는 것을 낙으로 여기며, 너희와 더불어 잔치를 즐기는 동안에도 자신들의 속임수로 방탕하니 그들은 점과 흠이요**』(13절).

『**그들은 불의의 대가를 받게 되리니**』, 아무렴, 그렇고말고! 육신적 쾌락으로 밤낮을 가리지 않는 자들은 워낙 『**점과 흠**』 투성이인지라 방탕이 곧 삶의 최고 가치요, 인생의 목적인 양 스스로 속아 산다. 당신이 만약 그런 자들과 어울리더라도 그들은 술판을 벌리고 당신을 즐겁게 해주는 척하지만 실은 그게 모두 『**자신들의 속임수로 방탕**』하는 것에 지나지 않는다. 그렇기 때문에 당신이 그런 자들과 어울려 보았자 괜히 더러운 죄에 참여하여 그들의 죄악 파티에 들러리나 서 주는 것일 뿐 얻는 것은 아무것도 없다. 당신은 쓸데없이 『**불의의 대가를 받게**』 될 자들과 놀아나 방탕함으로써 그들의 속임수에 걸려 넘어진 것이다. 당신이 TV 앞에 앉아 그 더러운 정욕과 육체를 따라 행하는 질탕한 쇼들을 즐기고 있는 동안 당신은 멍청이처럼 『**대낮에 흥청거리는 것을 낙으로**』 여기는 자들과 한 패거리가 돼 주고 있는 것이다. 당신은 그런 자들과 더불어 잔치를 벌이고 앉아 있을 만큼 그렇게도 할 일이 없는가? 이 시대의 수많은 사람들이 방탕과 흥청거림에 휩쓸리다가 받게 된 『**불의의 대가**』가 무엇이었던가? 그것은 『**점과 흠**』이었다. 극도의 성적 타락으로 인하여 "후천성 면역 결핍증"(AIDS)이라 명명된 에이즈라는 질병에 걸리면 온몸에 『**점과 흠**』이 나타나 짓무르고 썩어가다가 죽는다. 이에 대해 성경은 『**그들은 너희와 더불어 잔치를 할 때 두려움 없이 자신들을 먹이는 너희 애찬의 흠**』(유 12)이라고 말씀하기도 한다. 타락한 자들이 자신들의 쾌락 파티에 당신을 끌어들여 잔치를 벌이면서 당신에게 남겨 주는 것은 결국 『**점과 흠**』뿐이라는 것이다. 그래도 『**점과 흠**』이 "에이즈"와 어떻게 관련되는지 잘 납득이 안 간다면 요한계시록 16:2을 읽어 보도록 하라. 거기에 보면 대환란 시대에 짐승의 표를 가진 자들과 짐승의 형상에 경배한 자들의 온몸에 『**악취가 나는 심한 헌데**』가 생기는 것을 볼 수 있다. 당신이 아무리 간이 큰 사람일지라도 에이즈 환자가 입었던 옷을 당신더러 입으라고 한다면 비명을 지르면서 도망칠 텐데, 이것이 성경에 따르면 아주 잘 한 일이다. 성경은 『**애찬의 흠**』이 생겨서 악취가 나는 『**육신으로 더럽혀진 그 옷조차도 증오하라.**』(유 1:23)고 말씀하고 있으니까 말이다. 에이즈는 현대판 신형 문둥병이다. 성경에서 『**피부에 부스럼이나 딱지가 생기거나 반점**』(레 13:2)이 생긴 문둥병에 걸린 사람을 어떻게 처리하라고 가르치고 있는지 자세히 알고 싶다면 레위기 13장을 읽어 볼 일이다. 문둥병을 레위기 13장에서 집중적으로 다루고 있는 우리의 성경은 적그리스도 역시 요한계시록 13장에서 집중적으로 다루고 있는데, 이것은 성경 저자이신 성령님의 치밀한 계산에 의한 것이지 결코 우연이 아니다. 요한계시록 13:2에 보면 "짐승"인 적그리스도가 『**표범과 같고**』라고 묘사되고 있음을 본다. 표범은 온몸이 검은 "점"으로 뒤덮여 있는 가장 대표적인 짐승이다. 왜 하필이면 적그리스도의 몸이 그 숱한 짐승들 중에서 "점"박이 표범을 닮았겠는가? 이것을 염두에 두고 베드로후서 2:13을 다시 한 번 더 읽어 보라. 그러면 어째서 『**그들은 점과 흠이요**』라고 서술되고 있는지 충분히 수긍할 수 있을 것이다.

『**음욕이 가득 찬 눈을 가지며 죄로부터 단절될 수 없고, 견고하지 못한 혼들을 유혹하며 그들은 마음이 탐욕으로 단련되었으니 저주받은 자식들이니라**』(14절).

지금 이런 이야기가 모두 1절에서 『**저주받을 이단들을 비밀리에 불러들여서 자기들을 사신 주를 부인하기까지 하며, 급격한 파멸을**』 불러들이는 거짓 선지자들과 거짓 교사들에 대한 경고에 계속 이어지고 있는 언급임을 잊지 말라. 『**신리의 길**』을 비방하고(2절) 『**지어 낸 말로**』 당신을 속여 돈을 빼앗는(3절) 이 시대의 모든 거짓 교사들과 거짓 목사들은 『**탐욕**』(3절)만 품고 있는 게 아니라 『**음욕**』까지도 그 눈에 가득 차 있어 도무지 『**죄로부터 단절될 수**』가 없는 자들이다. 오죽하면 『**본성이 잔인한 짐승**』 같다고까지(12절) 언급했겠는가!

이런 사악한 자들이 유혹의 대상으로 삼고 호시탐탐 노리는 것은 당연히 『**견고하지 못한 혼들**』이다. 그리스도인으로 거듭났다고는 하나 진리의 말씀으로 제대로 양육되지 못한 젖먹이 갓난아기들 말이다. 이런 『**견고하지 못한 혼들**』이 일단 『**탐욕으로 단련**』된 거짓 교사들이나 가짜 목사들에게 걸려들기만 하면, 일생 동안 신세를 망칠 뿐만 아니라 그리스도의 심판석에서 부끄러움을 당하고 자신들을 위해 마련되어 있던 모든 유업을 영원히 놓치고 만다. 그리고 이들을 이렇게 만든 그 자들은 영원히 『**저주받은 자식들**』인 것이다.

2:15 그들이 바른 길을 버리고 빗나가서 브올의 아들 발라암의 길을 따르는도다. 그는 불의의 삯을 사랑하였으나
16 자기의 죄악으로 인하여 책망을 받았으니 말못하는 나귀가 사람의 음성으로 말하여 그 선지자의 미친 짓을 막았느니라.
17 이들은 물 없는 샘이요, 폭풍에 밀려다니는 구름이니 이들을 위하여 흑암의 안개가 영원히 간직되어 있느니라.
18 그들은 헛된 말로 자랑하며, 잘못된 생활을 하는 자들에게서 온전히 피해 나온 자들을 육신의 정욕과 더 많은 방탕함으로 유혹하며,
19 그들에게 자유를 약속하나 자기들 자신은 타락의 종들이니, 누구든지 정복을 당하면 그는 정복한 자의 종이 되는 것이라.

『**그들이 바른 길을 버리고 빗나가서 브올의 아들 발라암의 길을 따르는도다. 그는 불의의 삯을 사랑하였으나**』(15절).

『**발라암의 길**』이 어떠했었는지는 민수기 22장과 23장을 읽으면 자세히 알 수 있다. 발라암은 신약성경에서 세 가지 유형으로 인용되는 거짓 선지자 내지 거짓 교사의 대명사격인 치욕의 인물이다. 발라암이 자행한 짓을 분류하여 여기 베드로후서 2장에서는 그 거짓 선지자의 악한 행각 가운데서 어느 한 부분을 『**발라암의 길**』로 명명하고 있고, 유다서 1:11에서는 그 거짓 선지자가 저질렀던 잘못을 따로 떼어 『**발라암의 잘못**』으로 일컫고 있으며, 요한계시록 2:14에서는 그 자가 받아들이고 가르쳤던 거짓 교리를 『**발라암의 교리**』로 명명하고 있다.

『**발라암의 길**』이란 하나님께서 바라시는 『**바른 길을 버리고**』 자신의 뜻대로 곁길로 『**빗나가서... 불의의 삯을 사랑**』한 악한 길을 일컫는다(벧후 2:15). 발라암은 바른 길을 선택하기를 바라셨던 하나님의 진의를 무시하고 자신의 유익을 위해 임의대로 옳지 못한 길을 선택하기로 했는데, 이스라엘을 대적하는 이방 나라 왕으로부터 돈을 받으려는 욕심 때문이었다. 민수기 22장에 보면, 이스라엘 자손이 모압의 평지에 진을 치자 이를 몹시 두려워한 모압 왕 발락이 선지자 발라암에게 고관들을 보내어 그를 돈으로 매수하고 자기에게 와서 이스라엘 백성을 저주해 줄 것을 간곡히 청하는 것을 우리는 읽는다. 그러나 하나님께서는 발라암으로 하여금 모압 왕 발락에게로 가지 말 것을 명하셨으므로(민 22:12) 처음에는 발라암도 하나님의 뜻에 따라 발락에게 가기를 거절한다. 여기까지는 좋았다. 그러나 발락은 먼젓번보다 더 높은 지위에 있는 고관들을 재차 사자로 보내 『**내가 그대를 아주 큰 존귀로 높여 줄 것이며 그대가 내게 말하는 것은 무엇이든지 행하리라. 그러므로 내가 네게 청하노니, 와서 나를 위하여 이 백성을 저주하라.**』(민 22:17)고 집요하게 발라암을 설득한다. 그러자 발라암은 발락이 내미는 달콤한 조건에 마음이 흔들려 그 요구를 단호히 물리치지 못한다. 그러자 하나님께서는 발라암을 시험해 보시기 위해 그에게 임하셔서 『**만일 사람들이 너를 부르러 오면, 일어나서 그들과 함께 가라. 그러나 너는 내가 너에게 하는 말만 할지니라.**』(민 22:20)고 넌지시 허락하신다. 이것은 어디까지나 하나님의 진의가 아니라 그를 시험해 보신 것이었다. 그러나 발라암은 이것을 하나님의 허락으로 간주하고 하나님의 진의를 파악하려고 시도하지도 않은 채 자기 뜻에 따라 모압의 고관들을 따라 마귀에 안장을 지우고 길을 떠난다. 그래서 성경은 『**그가 떠났기 때문에 하나님의 진노가 일어났으니, 주의 천사가 그의 대적자로서 길에 섰더라.**』(민 22:22)고 말씀하고 있다. 발라암은 자신의 의지와 이익만을 선택함으로써 하나님의 시험에 걸려들고 말았고, 하나님께서는 하는 수 없이 특별한 방법으로 그를 막으실 수밖에 없었던 것이다. 이것이 바로 여기 베드로후서 2:15에서 언급하는 『**발라암의 길**』이라는 것이다. 『**불의의 삯을 사랑**』하여 하나님의 뜻을 무시하고 바른 길에서 벗어나 자기 탐욕대로 행동하는 모든 거짓 선지자들과 거짓 교사들이 이 『**발라암의 길을 따르는**』 자들이다. 그리고 이들이 행하는 모든 짓들이 『**미친 짓**』(16절)이다.

유다서 1:11에서 언급하고 있는 『**발라암의 잘못**』이란 『**발라암의 길**』이나 『**발라암의 교리**』(계 2:14)와는 그 성격이 또 다르다. 발라암은 자신이 생각하는 통상적인 도덕적 관념에 비추어 볼 때, 하나님께서는 의로우시기 때문에 이스라엘의 악에 대해서도 율법에 따라 마땅히 저주를 내리셔야만 한다고 가정했다. 이것이 바로 『**발라암의 잘못**』이라 명명되는 그의 과오였던 것이다. 발락이 자기에게 금과 은이 가득 찬 집을 준다 해도 자기는 하나님의 말씀을 어겨 가면서 선악 간에 자기 임의대로 행할 수가 없다고 말은 하면서도(민 24:13) 발라암은 발락에게 『**이제 보소서, 나는 내 백성에게로 가거니와, 오소서, 훗날들에 이 백성이 당신의 백성에게 어떻게 할 것을 내가 당신에게 알려 주리이다.**』(민 24:14) 하고 이스라엘의 범죄로 말미암아 하나님의 저주가 그 백성에게 임할 것을 은근히 예고한다. 아닌 게 아니라 이스라엘이 싯팀에 거할 때 모압의 딸들과 더불어 음행하기 시작하였고 모압의 신들에게 절을 하는 범죄를 자행하였으며 이로써 하나님의 진노가 이스라엘에 대하여 일어났다(민 25:1-5). 그러나 이스라엘에 내려진 하나님의 진노는 곧 돌이켜졌고, 이스라엘 자손은 진멸 당하는 재앙을 모면하게 되었다. 이에 대해 하나님께서는 모세에게 『**제사장 아론의 손자, 엘르아살의 아들 피느하스가 그들 가운데서 나를 위해 열심을 내어, 이스라엘 자손으로부터 나의 진노를 돌이켰으니,**

내가 나의 질투심으로 이스라엘 자손을 진멸하지 않았도다. 그러므로 말하라. 보라, 내가 그에게 화평의 언약을 주리라. 그와 그의 뒤를 잇는 그의 씨가 그것을 가지리니, 곧 영원한 제사장 직분의 언약이라. 이는 그가 그의 하나님을 위하여 열성이 있어, 이스라엘 자손을 속죄하였음이라.』(민 25:11-13)고 말씀하셨다. 피느하스는 미디안 여인과 버섯이 음행을 서시른 이스라엘 남자와 여자를 창으로 배를 찔러 죽여 버렸다. 하나님께서는 이것을 하나님을 위한 열성으로 간주하시고 또 이스라엘 자손의 속죄로 받아들이심으로써 이스라엘에 내려진 역병을 멈추셨던 것이다. 발라암은 이러한 속죄의 도덕적 가치에 무지하였다. 그런 그가 영원한 제사장이신 예수 그리스도를 통한 하나님의 화평의 언약에 대해 전혀 알지 못했던 것은 오히려 당연하다 하겠다. 하나님께서 이스라엘을 의롭게 여기신다는 사실을 간과했던 그로서는 하나님의 대속이라는 한층 차원이 높은 도덕적 가치에 대해 무지할 수밖에 없었다. 이것은 모든 거짓 선지자들에게 공통적으로 나타나는 최대의 약점이고 결함이다. 하나님께서는 대속의 능력으로 말미암아 스스로 의롭게 되실 수 있고 대속의 가치를 믿는 죄인들까지도 의롭게 하실 수 있다(롬 3:26). 이것이 갈보리 십자가의 참된 의미였다. 하나님께서는 십자가를 통하여 자신의 권위를 유지하시고 율법에 따른 심판도 공의에 따라 강행하실 수가 있기 때문에 자신도 의롭게 되시고 죄인도 의롭게 하실 수가 있는 것이다. 발라암은 이것을 알지 못했다. 이것이 바로 유다서 1:11에서 말씀하는 『**발라암의 잘못**』이었고 결정적인 실수였다.

요한계시록 2:14에서 언급되는 『**발라암의 교리**』는 위에서 살펴본 『**발라암의 잘못**』에서 기인은 하였으되, 『**발라암의 길**』과는 그 성격이 전혀 다르고 『**발라암의 잘못**』과도 성격이 다르다. 하나님께서는 퍼가모 교회가 발라암의 교리를 받아들인 것을 책망하시면서 이렇게 말씀하신다. 『**그**

러나 내가 네게 두어 가지 책망할 것이 있나니 이는 네게 발라암의 교리를 지키는 자들이 있음이라. 그가 발락을 가르쳐 이스라엘 자손들 앞에 거치는 것을 놓게 하며, 우상에게 바친 제물을 먹게 하고 또 음행하도록 하였느니라』(계 2:14).

『**발라암의 교리**』는 의로우신 하나님께서 이스라엘이라고 해서 그 죄악을 절대로 묵과하실 수가 없으리라는 통상적인 계산 하에서 자기가 저주할 수 없었던 이스라엘을 책략적으로 타락하게 만들어 하나님의 저주가 이스라엘에게 내려지도록 유도하는 계략을 모압의 발락에게 가르쳐 준 것을 말한다. 하나님께서 이스라엘을 저주하지 못하도록 막으시자 발라암은 하나님 스스로가 이스라엘 자손을 저주하실 수밖에 없는 상황에 처하도록 계략을 꾸미고 그 방법을 발락에게 가르쳐 주었는데, 그 계략이란 유대인과 모압인 간의 잡혼을 책략적으로 장려하는 음모 정책이었다. 모압 여인들과 결혼함으로써 유대인들은 이방 민족이 섬기는 우상들을 받아들이고 숭배하는 범죄 행위를 자행하도록 했던 것이다. 민수기 31:16에서 모세는 이에 대해 『**보라, 이들이 발라암의 계략을 통하여, 이스라엘 자손으로 프올의 사건 때에 주를 거역하여 범죄하게 하여, 주의 회중에 역병이 있었느니라.**』고 언급하고 있다. 교회가 타락하여 그리스도인들로 하여금 세상과 타협하고 세상일에 한 다리 걸친 채 육신적인 삶을 살도록 유도하는 타락 행위는 곧 『**발라암의 교리**』를 따르는 배교자들이 계략적으로 장려하는 음모다. 그리스도인이 세상과 야합하는 것이 곧 우상 숭배요, 음행이며, 『**발라암의 교리**』가 노리는 것이 바로 이것이다. 이렇게 하기 위하여 교회는 책략적으로 하나님의 백성인 그리스도인들 사이에 하나님의 진노가 머무르고 있는 백성들을 마구 뒤섞어 놓는다. 교회 안으로 이단자들을 끌어들여 이단 교리가 침투하도록 만들고 구원받지 못한 자들을 마구 회원으로 끌어들여 그리스도인들이 그들과 잡혼을 하도록 만드는 것이다. 하나님의 자녀들인 그리스도인들을 죽이려면 이보다 더 효과적인 방법이 없다.

발라암이 『**발라암의 길**』이라든지, 『**발라암의 잘못**』, 그리고 『**발라암의 교리**』 따위의 불명예스러운 딱지를 붙인 채 성경에서 이토록 치욕의 굴레를 영원토록 뒤집어쓰게 된 것은 그가 애초에 『**불의의 삯을 사랑**』하였기 때문인데, 이 시대에 얼마나 숱한 거짓 교사들과 가짜 사역자들이 하나님의 성경을 들고 진리를 왜곡하며 발라암의 길을 따르고 있고 발라암의 잘못을 반복하고 있으며 또 발라암의 교리를 가르치고 있는가! 이런 자들은 그러나 『**저주받은 자식들**』(14절)로 분류되어 『**완전히 멸망하게**』(12절) 되도록 정해져 있으므로 그렇다 치더라도, 문제는 이런 자들에게 놀아나 농락당하고 있는 철부지 그리스도인들이다. 그리스도인들이 이런 자들에게 속고 농락당하는 것은 아주 단순한 데에 그 까닭이 있는데, 그들 스스로가 하나님의 말씀을 멀리 하기 때문이다. 당신이 늘 성경을 열심히 읽고 열심히 공부하며 하나님의 말씀을 상고하는 그리스도인이라면, 당신은 결코 불의의 삯을 사랑하는 거짓 교사들에게 쉽사리 속고 농락당하는 일은 일어나지 않는다. 모든 잘못은 성경을 멀리한 데서 시작된 것이다.

『**자기의 죄악으로 인하여 책망을 받았으니 말못하는 나귀가 사람의 음성으로 말하여 그 선지자의 미친 짓을 막았느니라**』(16절).

이것은 민수기 22장에서 있었던 일이다. 모압 왕 발락에게로 가지 않기를 바라시는 하나님의 뜻을 거역하고 발라암이 나귀를 타고 발락을 찾아 길을 나서자 천사가 칼을 들고 나타나 나귀의 앞을 가로막는다. 나귀가 이를 보고 길에서 벗어나 들로 가자 발라암이 나귀를 때린다. 포도원의 양쪽 담장 사이 좁은 길에 들어서자 또 천사가 나타나 길을 가로막는다. 이때 나귀가 담에 몸을 밀어붙이는 바람에 발라암의 발이 담에 뭉개어졌다. 발라암이 또 나귀를 사정없이 때린다. 나귀가 이보다도 더 좁은 길에 들어섰을 때, 천사가 또 나타나 앞을 가로막는다. 나귀는 하는 수 없이 그 자리에 엎드리고 만다. 발라암이 화가 나서 또 나귀를 지팡이로 후려갈긴다. 그러자 하나님께서 나귀의 입을 열어 발라암에게 이렇게 말하게 하셨다. 『**내가 네게 무엇을 하였기에, 네가 나를 이같이 세 번 때리느냐?... 나는 네 것이 된 때부터 오늘까지 네가 타는 나귀가 아니냐? 내가 네게 이같이 하는 버릇이 있더냐?**』(민 22:28-30) 이렇게 하여 말 못하는 나귀가 입을 열어 말함으로써 발라암의 『**미친 짓**』을 막았던 것이다. 하나님의 뜻을 거역하고 자기 뜻대로 행하는 『**발라암의 길**』이 『**미친 짓**』이라는 것을 말 못하는 짐승조차도 알고 있었던 것이다.

『**이들은 물 없는 샘이요, 폭풍에 밀려다니는 구름이니 이들을 위하여 흑암의 안개가 영원히 간직되어 있느니라**』(17절).

거짓 교사들이 『**발라암의 교리**』를 가르치는 교회는 하나님의 진리가 없기 때문에 『**물 없는 샘**』이다. 당신이 영적 갈증 때문에 허덕이고 있더라도 이런 교회에서는 당신의 목마름을 절대로 해소해 주지 못한다. 거짓 교사들이 올바른 성경을 배척하고 이것저것 가짜 현대판 역본들을 채택해 사용하고 세상 풍조에 따라 온갖 이단 교리들을 받아들여 사람들을 속이는 이런 교회는 『**폭풍에 밀려다니는 구름**』이어서 당신에게 견고한 믿음을 심어 주지 못한다. 성경적 진리를 가리고 사람이 꾸며 낸 별의별 거짓 교리들이 판을 치는 이런 교회는 하나님의 진리에 대하여 『**흑암의 안개가 영원히**』 가로막고 있는 집단이다.

『그들은 헛된 말로 자랑하며, 잘못된 생활을 하는 자들에게서 온전히 피해 나온 자들을 육신의 정욕과 더 많은 방탕함으로 유혹하며』(18절).

헛된 말로 자랑한다(speak great swelling *words* of vanity)는 것은 다시 말해서, 아첨하는 말로 당신을 우쭐하게 만든다는 뜻이다. "당신은 정말 멋진 분이에요." "당신을 존경합니다." "당신은 정말 현대적인 감각을 갖고 계시군요." 따위와 같은 유치한 아첨으로부터 시작하여 "아, 당신은 역시 세상 유행에 대해 깊은 안목을 갖고 계시군요." "당신의 호소력 있는 가스펠 송을 듣고 있노라면 절로 엉덩이가 들썩거린답니다." 따위에 이르기까지 별의별 저속하고 야비한 아첨으로 당신을 즐겁게 하여 마냥 붕 뜨게 만드는가 하면, 또 "아, 당신의 그 놀라운 설교에 은혜를 얼마나 많이 받았는지 모릅니다. 그것은 '새로운 복음'이었습니다!" "오, 성경에 대한 당신의 현대적 접근 방식은 성경 해석에 실로 새로운 지평을 열었습니다." 따위와 같은 유치한 "고급 비평"으로 지성을 가장하고 입에 침을 튀기지만 속은 텅 비어 있는 헛된 속임수에 불과하다. 그러나 이런 헛된 말로 계속 아첨 당하는 바람에 당신은 정말로 자기가 대단한 유명인사라도 된 기분이 들기 마련이다. 당신이 이런 자들 속에 섞여 지내면서 이런 헛된 말로 계속 세뇌되는 동안 당신은 어느 새 육신의 정욕으로 유혹되어 영적 방탕에 흠뻑 빠져들게 되고 영적 음행을 밥먹듯 자행하게 된다. 당신이 주 예수 그리스도를 믿고 그분을 구주로 영접하여 거듭나게 됨으로써 『**잘못된 생활을 하는 자들에게서 온전히 피해**』 나올 수가 있었다. 그러나 그것도 잠깐뿐, 당신은 구원받은 하나님의 자녀로서 이제 막 올바른 생활을 시작하려는 찰나에 발라암의 교리를 가르치는 거짓 교사들을 만나 그들로부터 진리에서 떠난 헛된 말을 듣는 바람에 구원받지 못했던 시절이나 하나도 다름없이 다시 타락하고 만다. 마귀는 특히 갓 거듭난 갓난아기들에게 접근하여 이들의 영적 성장을 가로막기 위해 별의별 짓을 다하는 법이다. 기껏 구원받고 나서 캠벨주의자들의 꾐에 빠진다든지, 안식교니 여호와의 증인이니 하는 이단 집단에게 넘어간다든지, 교회를 가장한 엉터리 오순절파 은사주의 무당 집단에 휩쓸리는 사례들을 우리들은 흔히 보고 있다. 베드로는 지금 당신에게 이것을 엄중히 경고하고 있는 것이다.

『**그들에게 자유를 약속하나 자기들 자신은 타락의 종들이니, 누구든지 정복을 당하면 그는 정복한 자의 종이 되는 것이라**』(19절).

그리스도인도 얼마든지 마귀의 종이 될 수 있다. 『**누구든지 정복을 당하면 그는 정복한 자의 종이 되는 것**』이다. 마귀에게 정복되어 마귀의 종이 되면 당신은 그리스도 안에서 진리의 말씀에 따라 기쁨과 소망 가운데서 살아갈 자유를 박탈당하고 만다. 『**타락의 종들**』은 별의별 교묘한 기술적 용어들을 동원하여 무엇인가 수준이 높은 학문적 진리를 설파하는 척하지만, 알고 보면 그 속에는 아무 내용도 없는 빈껍데기에 불과한데, 특히 헬라어가 어떻다느니, 성경 원본이 어떻다느니 하면서 매우 현학적인 용어들을 사용하여 무엇인가 거창한 이야기들을 늘어놓기가 일쑤인 소위 성경학자들의 경우가 그러하다. 그들은 성경을 통해 계시되는 하나님의 진리에서 떠나 자신들의 생각에서 나온 헛된 말들만 지껄이기 때문에 아무리 들어도 알맹이 없는 뜬구름에 불과하다. 그들은 이미 마귀에게 사로잡힌 『**타락의 종들**』이기 때문에 성경적 진리에 접근하는 것조차 불가능해진 자들이다. 이런 자들의 말에 귀를 기울이다 보면 당신도 어쩔 수 없이 『**타락의 종들**』이 되어 진리가 제공하는 자유를 박탈당하고 마는 것이다. 그들이 약속하는 "자유"란 성경의 진리로부터 벗어나는 가짜 자유요 타락으로 몰고 가는 방종일 뿐이다.

2:20 만일 그들이 주 곧 구주 예수 그리스도를 아는 지식을 통해 세상의 오염에서 피했다가 다시 거기에 말려들고 패배하면 그들의 나중 결과가 처음보다 더 악화되나니,

21 의의 길을 알고 난 뒤에 그들에게 전수된 거룩한 계명을 저버리는 것보다는 알지 못했던 편이 더 나았으리라.

22 그러나 참된 잠언대로 그들에게 이루어진 것이니 "개는 그 자신이 토해 낸 것으로 다시 돌아가고 또 돼지는 씻고 나서 그녀의 진창 속에서 뒹군다." 하였도다.

『**만일 그들이 주 곧 구주 예수 그리스도를 아는 지식을 통해 세상의 오염에서 피했다가 다시 거기에 말려들고 패배하면 그들의 나중 결과가 처음보다 더 악화되나니, 의의 길을 알고 난 뒤에 그들에게 전수된 거룩한 계명을 저버리는 것보다는 알지 못했던 편이 더 나았으리라**』(20,21절).

복음을 통하여 주 예수 그리스도를 만나 그분을 믿고 영접함으로써 거듭나 죄에서 깨끗하게 된 사람이 『**예수 그리스도를 아는 지식을 통해 세상의 오염에서**』 기껏 멀리 피하는가 싶더니 거짓 교사들을 만나 다시 세상 더러움에 말려들어 패배하고 만다면 당신의 『**나중 결과가 처음보다 더 악화**』된다고 이 구절은 경고한다. 그러느니 차라리 『**알지 못했던 편이 더 나았으리라.**』는 것이다. 이렇게 볼 때, 구원받았다고 해서 만사가 다 끝난 게 아닌 것이 분명하다. 구원은 시작에 불과하다. 당신이 의의 길을 알고 난 뒤에 당신에게는 『**거룩한 계명**』이 전수되었다. 당신이 전수 받은 이 『**거룩한 계명**』을 저버린다면, 차라리 그것을 알지 못했으니만 못하다고 이 구절은 말씀한다.

당신은 그리스도인으로 거듭나고 나서 어떤 『**거룩한 계명**』을 받았는가? 『**그의 계명은 이것이니, 우리가 그의** 아들 예수 **그리스도의 이름을 믿**

고, 그가 우리에게 주신 계명대로 서로 사랑하라는 것이라.』(요일 3:23)고 성경은 말씀한다. 이 계명을 지키는 그리스도인은 『**그분 안에 거하고 그분은 그 사람 안에 거하시느니라.**』(요일 3:24)고 성경은 또 말씀한다. 주 예수 그리스도를 믿고 첫째는 하나님을 사랑하며 둘째는 형제들을 사랑하는 것이 『**거룩한 계명**』이다. 이 계명을 저버리고 세상으로 돌아가면, 당신의 나중 결과는 처음보다 더 악화된다고 경고한다. 그래서 성경은 당신더러 세상도, 세상에 있는 것들도 사랑하지 말라고 명령한다. 당신이 세상을 사랑하면 주님에 대한 사랑이 당신 안에 있지 않다는 것을 입증한다(요일 2:15). "세상에 있는 것"이 무엇인가? 그것은 『**육신의 정욕과 안목의 정욕과 생의 자랑이요, 아버지께 속한 것이 아니라 세상에 속한 것**』(요일 2:16)이라고 성경은 말씀한다. 세상은 그래서 주 예수 그리스도를 미워한다. 왜 미워하는가? 『**이는 내가 세상에 관하여 그 일들이 악하다고 증거하기 때문이라.**』(요 7:7)고 주님께서는 말씀하신다.

주 예수 그리스도를 미워하는 세상 사람들은 장차 적그리스도가 나타나면 오히려 그를 따르고 마귀를 경배하게 될 것을 성경은 예고한다. 『**또 내가 보니, 그의 머리들 가운데 하나가 상처를 입어 죽게 된 것 같았으나, 그의 치명적인 상처가 나으니 온 세상이 기이히 여겨 그 짐승을 따르더라. 사람들이 그 짐승에게 권세를 준 용에게 경배하고 또 그 짐승에게도 경배하며**』(계 13:3,4). 따라서 당신이 거듭나 진정으로 주 예수 그리스도의 이름을 믿고 그분을 아는 지식을 통해 『**세상의 오염**』을 피하여 깨끗하게 되었다면, 당신은 결코 그 더러운 『**세상의 오염**』으로 되돌아가서는 안 된다. 이런 것쯤이야 누구인들 모르겠느냐고 생각하기 쉽지만, 앞에서도 말했듯이 마귀는 갓 거듭난 당신을 절대로 내버려두지 않기 때문에 잔뜩 정신을 차리고 조심하지 않으면 안 된다. 이에 대해 주님께서는 누가복음 11장에서 이런 이야기를 들려 주셨다. 『**더러운 영이 어떤 사람**

에게서 나와 물 없는 곳으로 두루 다니면서 쉴 곳을 찾다가 찾지 못하자 그가 말하기를 '내가 나왔던 내 집으로 돌아가리라.' 하고 돌아와 보니 그 집이 소제되고 단장되었더라. 그러자 그가 가서 자기보다 더 악한 다른 일곱 영을 데려와서 들어가 거기서 사니, 그 사람의 나중 상태가 처음보다 더 악화되었더라』(눅 11:24-26).

주님께서는 청지기와 그의 종의 이야기를 또 예화로 들려 주시면서 구원받고 세상으로 돌아가면 그 나중 상태가 처음보다 더 악화되는 사례를 누가복음 12장에서 비유로 말씀해 주신다. 주인이 먼 길을 떠나면서 종들에게 양식을 나눠 주고 자기의 집안일 일체를 맡아 다스릴 청지기를 세운다. 그러나 이 청지기가 주인이 돌아오는 것이 지연되는 것을 알자 종들을 때리면서 자신은 일하지 않고 먹고 마시고 술에 취해 게으름을 피운다. 그러나 예기치 않던 날 돌아온 주인에게 발각되어 매를 맞는다. 매를 맞되, 주인의 뜻을 알고 있으면서도 그 뜻을 행하지 않았기에 더욱 심하게 매를 맞는다. 만약 주인의 뜻을 몰라서 게으름을 피웠다면 매를 맞더라도 덜 맞았을 것이나. 결국 이 종에게는 주인의 뜻을 알게 된 나중 결과가 처음보다 더 악화된 것이었던 것이다. 주님께서는 『**너희 허리에 띠를 두르고 너희 등불을 밝히고 있으라.**』(눅 12:35)든지, 『**그러므로 너희도 준비하고 있으라. 너희가 생각지 않은 시간에 인자가 오리라.**』(눅 12:40)고 제자들에게 명령하신 끝에 이런 예화를 비유로 들려 주셨다. 이것이 주님의 재림을 기다리는 그리스도인들의 신실한 삶의 태도에 관한 가르침이라는 것을 알기는 어렵지 않으리라.

『**그러나 참된 잠언대로 그들에게 이루어진 것이니 "개는 그 자신이 토해 낸 것으로 다시 돌아가고 또 돼지는 씻고 나서 그녀의 진창 속에서 뒹군다." 하였도다**』(22절).

앞서 1절을 공부하면서 이미 설명한 것처럼 〈킹제임스성경〉은 거짓 선지자를 『**개**』에 비견하고 남성 대명사 "his"로 받고 있고 거짓 교사를 『**돼지**』에 비견하여 여성 대명사 "her"로 받고 있다. 『**개는 그 자신이 토해 낸 것으로 다시 돌아가고**』에서 "그"가 토해 낸 것," 즉 "his own vomit"으로 기술하고, 『**돼지는 씻고 나서 그녀의 진창 속에서 뒹군다.**』에서 돼지가 돼지우리 속 "그녀"의 진창을 "her wallowing"으로 기술하고 있는 것이다. 이로써 『**개**』는 "거짓 선지자"이고 또 "남성"이며, 『**돼지**』는 "거짓 교사"이고 또 "여성"에 비견된다. "남자"에 또 "개"로 비견되는 『**거짓 선지자**』가 되었건, "여자"에 또 "돼지"로 비견되는 『**거짓 교사**』가 되었건, 이들이 자행하는 짓은 『**이단들을 비밀리에 불러들여서 자기들을 사신 주를 부인**』(1절)하는 짓이라는 점에서 매한가지인데, 이 시대의 『**개**』나 『**돼지**』들은 이렇게 『**발라암의 교리**』를 받아들임으로써 자신들뿐만 아니라 다른 그리스도인들까지 파멸로 이끌어간다.

거짓 선지자와 거짓 교사들을 『**개**』와 『**돼지**』에 비견한 것은 이주 적절한 잠언이 아닐 수 없는데, 개나 돼지를 길러본 사람이라면 누구라도 수긍할 수 있을 것이다. 돼지까지는 몰라도 당신은 아마 개는 길러 보았을 텐데, 기껏 목욕시켜 놓았더니 금방 마당에 나가 뒹굴면서 몸에 흙먼지를 묻히고 들어오는 게 개라는 짐승이 아니던가? 어디 흙먼지뿐이던가? 쓰레기통에 코를 들이대기가 일쑤고 뒤켵 담장 밑에 죽어 나자빠져 있는 쥐의 시체를 킁킁거리면서 냄새 맡는가 하면, 옆집 강아지가 배설해 놓은 오물 냄새 맡는 데에 정신이 없는 게 개라는 짐승이다. 그러고도 아무렇지 않다는 듯이 집안으로 들어와 양탄자고 소파고 가릴 것 없이 헤집고 다니는가 하면 심지어 침대 위에까지 올라온다. 이런 개가 아무것이나 집어먹고 속탈이라도 나면 아무 데나 우걱우걱 토해내기 일쑤지만, 조금 있다 보면 그 더러운 자신의 토사물을 도로 먹어치우고 말끔히 핥기까지

하는 것을 본다. 이런 광경은 웬만큼 비위가 좋은 사람이 아니고서는 옆에서 보기만 해도 속이 메스꺼워져 구토가 나기 마련이다. 만약 당신이 한 번도 이런 광경을 본 적이 없다면, 당신은 어떻게 해서라도 한번쯤은 이런 꼴을 보고 기분이 어떤가 감상해 볼 필요가 있다. 왜냐하면, 거짓 선지자나 거짓 교사들이 하는 짓이 바로 이렇게 혐오스럽다고 성경은 말씀하기 때문이다. 이들은 마귀에 사로잡힌 『**타락의 종들**』(19절)이기 때문에 아무리 『**예수 그리스도를 아는 지식을 통해 세상의 오염에서**』 한때 피했더라도 금방 『**다시 거기에 말려들고**』 아무리 『**의의 길을 알고 난 뒤**』라도 쉽사리 『**거룩한 계명을 저버리는 것**』쯤 아무렇지 않게 자행하고 심지어 『**자기들을 사신 주를 부인**』(1절)하는 게 바로 그들이라는 것이다. 이것은 개가 스스로 토해낸 것을 다시 먹고 또 돼지가 씻고 나서 진창 속에 다시 뒹구는 것이나 하나도 다를 바가 없어 생각만 해도 구역질이 난다.

개가 먹은 것을 토해 내는 것은 무엇인가 잘못된 것이 위장 속에 들어갔기 때문에 뱃속을 깨끗이 씻어내기 위함이다. 양돈장에서 돼지를 치는 사람이 돼지들을 씻기는 것은 돼지우리가 너무 더러워져 청소를 할 때 같이 돼지까지 씻어주는 게 보통이다. 어쨌거나 깨끗하라고 씻어 주는 것인데, 그런다고 해서 한번 씻어준 것으로 영원히 깨끗한 상태를 유지하는 것은 물론 아니다. 이것은 죄를 짓거나 죄에 연루된 그리스도인이 하나님께 죄를 자백하고 예수 그리스도의 보혈로 깨끗이 씻으려 하지 않고 자기 의나 경건한 척 위장된 행동으로 자신의 죄를 가리려고 하는 것과 마찬가지다.

마태복음 12장이나 누가복음 11장에서 예수 그리스도께서 더러운 영이 사람에게서 나갔다가 쉴 곳을 찾지 못하자 다시 옛집으로 돌아와 보니 그 집이 비어 있고 말끔히 소제되어 있는 것을 보고 더 악한 일곱 영을 데리고 들어와 사는 바람에 이 사람의 나중 상태가 처음보다 더 악화되었다는 이야기를 들려주신 것은 이런 상황을 두고 하신 말씀이었다. 주님께서는 『**이 악한 세대도 그러하리라.**』(마 12:45)고 예고하셨다. 구원받았다고 자처하는 자들이 구원받았다고 공언하고 다니면서 경건한 척하지만 사실은 세상에 영합하고 갖가지 이단 교리들을 받아들여 『**자기들을 사신 주를 부인**』(2:1)하는 구역질나는 사태가 이 시대에 벌어질 것을 예고하셨던 것이다. 정말로 구원받은 그리스도인들이 구원받았다는 사실을 확신하고 있다면, 구태여 구원받은 그리스도인임을 사람들 앞에 공언하면서 자신의 의를 드러내며 자기가 훌륭한 사람인 체 애써 가장할 필요를 느끼지 않는 법이다. 자기 의를 애써 드러내며 선량한 척하는 것 자체가 실은 자기가 의롭고 선량한 그리스도인이 아니라는 반증이다. 성경을 공격하고 예수 그리스도의 신성을 모독하는 이 시대의 모든 거짓 교사들이 바로 이런 자들이다. 그들이 성경에 대해 어디가 잘못 되었고 어디가 모순이라는 둥, 예수 그리스도는 하나님의 아들이 아니라 지구상에 살았던 가장 훌륭한 성인들 가운데 한 사람이었다는 둥, 예수 그리스도가 성령으로 처녀의 몸에 잉태된 게 아니라 사생아였다는 둥, 성경은 인간이 쓴 인간의 기록이지 하나님의 말씀이 아니라는 둥, 이런 잡다한 헛소리들을 늘어놓는 자들을 보면 한결같이 자기는 구원받은 그리스도인으로서 경건하게 사는 사람인 척 가장하고 있는 것을 우리는 본다. 이런 자들은 설사 구원을 받았다는 게 사실인지는 모르지만, 더러운 영이 나갔다가 자기보다 더 악한 일곱 영을 다시 끌고 들어와 사는 바람에 나중 상태가 처음보다 더 악화된 자들이다. 그래서 나는 누가 구원받아 그리스도인이 되었다고 공언하는 자들이 어떤 일을 하고 다니거나 어떤 말을 하고 다니더라도 거기에 관심을 갖고 큰 점수를 주지 않는다. 나는 오히려 그 사람들이 과연 구원받았느냐에 더 관심을 갖는다. 정말로 구원받은 그리스도인이라면 어쟀든 그 나중 상태가 처음보다는 더 나아지리라는 것은 두말할 필요도 없기 때문에 구태여 거기에 큰 점수를 매길 필요가 없다. 다시 말하건대, 정말로 구원받은 사람이라면 구태여 자기 의를 드러내고 자기가 선량한 사람임을 애써 가장할 필요가 없는 법이다. 정말로 구원받은 사람이라면, 그 나중 상태가 처음보다 아무리 못하더라도 지옥보다는 나은 법이다. 예수 그리스도께서는 당신더러 의롭고 선량한 사람처럼 행세하라고 갈보리 십자가에 달리셨던 게 아니다. 주님께서는 당신더러 정말로 구원받고 거듭나라고 십자가에 처형되셨다. 당신이 정말로 구원받은 그리스도인으로서 구원의 참된 가치를 진정으로 인식한다면, 당신은 구태여 의로운 척 가장할 필요를 느끼지 않는다. 그렇기 때문에 나는 그리스도인이라고 공언하는 자들이 과연 어떤 일을 하고 어떤 말을 하고 돌아다니는가보다는 그 자들이 과연 구원받았느냐에 더 관심을 갖는 것이다. 더러운 영이 자기보다 더 악한 일곱 영을 데리고 사람에게 들어와 사는 까닭은 그 사람 속이 말끔히 비어 있고 청소되었으되, 예수 그리스도의 보혈로 깨끗이 된 것이 아니라 그 사람 자신의 빗자루와 걸레로 쓸고 닦아 놓았음을 알기 때문이다. 다시 말해서, 주 예수 그리스도를 믿고 그분을 구주로 영접하고 거듭난 것이 아니라 자기 의로 경건한 척 가장하는 가짜 그리스도인이기 때문이란 말이다. 더러운 영들은 이것을 용케도 잘 안다. 아무리 사람 속이 깨끗이 청소되었다 할지라도 그것이 사람의 빗자루로 쓸고 사람의 걸레로 닦은 것이면 더러운 영들은 이것을 알아보고 마음 턱 놓고 들어와 산다. 그 사람의 속이 예수 그리스도의 보혈로 씻겨졌다면, 그리고 그 증거가 뚜렷이 나타난다면, 더러운 영들은 그리스도의 피가 무서워 거기에 함부로 들어오지 못하는 법이다. 그렇기 때문에 정말로 그리스도인으로 거듭난 사람이라면, 그 사람이 거듭나고 나서도 이런 일 저런 일을 한다거나, 이런 일 저런 일에 휘말려 고생한다거나 하는 것에 나는 큰 관심을 갖지 않는다. 구원받은 게 사실이라면, 사정이 어떻더라도 그 사람은 구원받기 전보다는 상태가 나아진 게 분명하기 때문이다. 이 세상에 지옥보다 더 고약한 것은 없다. 이 세상에 지옥보다 더 악한 것은 없다. 이 세상에 지옥보다 더 악화된 상태는 있을 수가 없다. 바로 그렇기 때문에 내가 관심을 갖는 것은 그 사람이 과연 구원받았느냐 하는 점이다. 진짜로 구원받은 사람은 어떤 상태에 놓이더라도 그 형편이 심지어 "정사들"과 "권세들"보다도 훨씬 더 나은 상태에 놓여 있는 사람이다. 그 사람은 절대로 지옥에는 가지 않기 때문이다. 구원받은 그리스도인은 결코 자기가 토한 것을 다시 핥아먹는 개가 아니요, 씻고 난 뒤 다시 진창에 돌아가 뒹구는 돼지가 아니다. 그리스도인은 예수 그리스도의 피로 정결케 된 사람이기 때문이다. 예수 그리스도의 피는 영원하다. 그리스도인이 설사 죄를 짓더라도 그에게는 갈보리에서 흘려 놓으신 주 예수 그리스도의 영원한 피가 또 있어 죄를 자백하고 이것으로 씻으면 죄는 얼마든지 용서되고 주님과의 교제는 영원히 지속되기 때문에 나중 상태가 처음보다 더 악화되는 사태는 벌어지지 않는다. 문제는 진짜로 구원받는 것이다. 세상에는 자신이 구원받았다고 착각하거나 구원받은 것으로 가장하는 자들이 너무나 많다.

베드로후서 3장

3:1 사랑하는 자들아, 이제 내가 이 두 번째 편지를 너희에게 쓰는 것은
이 편지들로 말미암아 너희로 기억나게 하여 너희의 순수한 생각을
일깨워 주려 함이니
2 그리하여 기록된 선지자들이 미리 전한 말씀들과 주 곧 구주의 사도
들인 우리에게 주신 계명을 생각나게 하려는 것이라.
3 먼저 알 것은 이것이니 마지막 날들에 조롱하는 자들이 와서 그들
의 정욕대로 행하며,
4 말하기를 "그가 온다는 약속이 어디 있느냐? 조상들이 잠든 이래로
만물은 창조의 시작부터 그대로 있다." 하리니
5 이는 그들이 이것을 고의로 잊으려 함이라. 즉 하나님의 말씀에 의
해 하늘들이 옛적부터 있었다는 것과, 땅도 물에서 나왔고 물 안에
있었다는 것이니
6 이로써 이전에 있던 세상은 물이 범람해서 멸망하였느니라.

『사랑하는 자들아, 이제 내가 이 두 번째 편지를 너희에게 쓰는 것은 이 편지들로 말미암아 너희로 기억나게 하여 너희의 순수한 생각을 일깨워 주려 함이니』(1절).

시몬 베드로는 베드로전서에 이어 여러 해 뒤 베드로후서를 또 기록하게 된 동기를 여기서 밝힌다. 그것은 당신의 『**순수한 생각**』을 일깨워 주려는 것이었다는 것이다. 『**순수한 생각**』은 사람의 말이나 사람의 행동에서 비롯되는 게 아니다. "순수하다."는 것은 사람의 생각이나 사람의 가르침이나 사람의 행동으로 조금도 오염되지 않은 것을 말한다. "순수함"은 하나님의 말씀이 하나님의 말씀 그대로일 때 유지된다. "순수함"은 주 예수 그리스도에 대한 모든 말씀들이 사실 그대로 기록된 그대로 언급되고 가르쳐질 때 유지된다. 아무리 위대한 사람의 아무리 위대한 말이나 위대한 가르침이나 위대한 행동일지라도 그것이 하나님의 말씀과 주 예수 그리스도에 관련된 것이 아니면 그 말이나 가르침이나 행동이 당신에게 『**순수한 생각**』을 절대로 집어넣어 주지 못하는 법이다. 베드로는 이것을 알고 있었고 이것을 여기서 강조하고 있는 것이다. 그는 위대한 "사도"의 한 사람으로서 자신의 말이나 가르침을 당신에게 일깨워 주려고 이 편지를 쓰고 있는 게 결코 아니다. 그는 성경 말씀들과 주님의 계명들을 사실 그대로 당신에게 다시 일깨워 주려고 이 편지들을 썼다. 그는 자신이 쓴 이 편지들을 통해서 성경 말씀들과 주님의 계명들과 주 예수 그리스도에 관한 모든 사실들이 사실 그대로 당신에게 다시 생각나게 되기를 바라면서 이 편지들을 썼던 것이다. 베드로는 이 점을 편지 서두에서 분명하게 밝히고 있고 다음 2절에서도 또 천명한다.

『그리하여 거룩한 선지자들이 미리 전한 말씀들과 주 곧 구주의 사도들인 우리에게 주신 계명을 생각나게 하려는 것이라』(2절).

『**거룩한 선지자들이 미리 전한 말씀들**』이란 곧 성경을 말한다. 이 구절에서 『**말씀들**』을 영어 〈킹제임스성경〉은 "words"(말씀들)라고 복수형 명사로 표기하고 있다. 이것은 하나님의 『**말씀들**』이 어떤 추상적인 관념이 아니라 구체적으로 활동하며 살아 역사하는 실체를 가진 진리의 말씀임을 뜻한다.

『**거룩한 선지자들이 미리 전한 말씀드**』은 "선지자들의 말"이 아니라 선지자들이 전해준 하나님의 "말씀들," 즉 성경이다. 이것은 사람의 생각이나 사람의 의견이나 사람의 뜻에서 나온 말이 아니라 거룩한 선지자들이 성령으로 감동을 받아 말한 하나님의 말씀들이다. 우리는 이것을 앞서 1:21에서 이미 읽었다. 『**예언은 예전에 사람의 뜻에서 나온 것이 아니요 오직 하나님의 거룩한 사람들이 성령으로 감동을 받아 말한 것이니라**.』 요컨대, 하나님의 영감으로 주어진 모든 성경(딤후 3:16)이 곧 이 『**말씀들**』이다. 하나님의 말씀들은 성경에 기록만 해 두라고 주신 말씀이 아니다. 하나님께서는 당신의 실제적인 삶에 적용하고 실행하라고 말씀들을 하셨고 기록되게 하셨으며 당신에게 주셨다.

베드로는 자신이 지금 쓰고 있는 이 서신서를 통해서 하나님의 거룩한 사람들이 성령으로 감동을 받아 기록해 놓은 하나님의 말씀들을 당신에게 환기시킴으로써 당신에게 『**순수한 생각**』이 일깨워지기를 기대한다. 그리고 『**주 곧 구주의 사도들인 우리에게 주신 계명**』이 또 당신에게 일깨워지기를 기대한다. 베드로는 주 예수 그리스도의 위대한 사도들 중 한 사람이었다. 『**사도**』란 지금 이 시대의 "목사"가 아니다. 『**사도**』란 지금 이 시대의 여하한 "기독교계" 지도자들을 말하는 것도 아니다. 『**사도**』란 예수 그리스도를 직접 만났고 그분에게서 직접 가르침과 명령들과 계명들을 받았으며 그분으로부터 직접 신임장을 받았고 표적들과 이적들을 행할 수 있는 능력을 부여받았던 사람들이다. 예수 그리스도의 지상 사역 기간 동안 그분과 함께 살았던 제자들뿐만 아니라 다마스커스로 가는 길에 주님을 만났던 바울(행 9:15, 갈 2:7,8, 딤전 2:7) 역시 분명히 『**사도**』였다. 그는 『**(사람들로부터도 아니요, 사람에 의해서도 아니고, 오직 예수 그리스도와 죽은 자들로부터 그분을 살리신 하나님 아버지에 의하여) 사도된**』 사람이었다(갈 1:1). 오늘날 교회 목사나 기독교계 "거물"들이 스스로 "사도"라고 자칭하는 것은 새빨간 거짓말이다. 그들은 예수 그리스도를 직접 만난 적도 없고 표적들과 이적들과 같은 사도로서의 표도 갖고 있지 못한 사람들이다. 그들이 자칭 사도라고 부르는 것은 사칭이다.

『**먼저 알 것은 이것이니 마지막 날들에 조롱하는 자들이 와서 그들의 정욕대로 행하며**』(3절).

"마지막 날들에 조롱하는 자들이 와서 그들의 정욕대로 행하게 되리라"는 사실, 나는 이 사실을 항상 기억하면서 이 시대를 살아가고 있다. 이 구절은 다음 4절과 함께 베드로후서 전체에서 반드시 기억해 두어야 할 중요 구절들 가운데 하나다.

베드로전서 1:20에서 설명했듯이, 『**마지막 날들**』이란 기본적으로 대환란 때를 가리킨다. 그러나 영적으로 적용해 볼 때, 교회 시대가 마감되고 주 예수 그리스도의 재림이 절박하게 가까워진 지금 이때는 마지막 날들이라 불리기에 매우 적절하다. 베드로의 경고대로 이 시대에 『**조롱하는 자들**』이 얼마나 많이 나타나 자신들의 정욕대로 활동하고 있는가! 예수 그리스도를 조롱하고 성경을 조롱하고 성경에 기록된 예언의 말씀들을 조롱하고 성경대로 믿는 사람들을 조롱하는 자들 말이다. 이런 자들이 바깥 세상에 널려 있다면 또 모르되, 소위 "기독교계" 안에 기생하고 있고 소위 "기독교 신학"을 가르친다는 신학교들 안에 득실거리고 있을 뿐만 아니라 이제는 교회들 안에까지 파고들지 않았는가! "설마?" 하고 당신은 믿고 싶지 않겠지만 이것은 엄연한 현실이다. 신학교라는 데서 성경을 가르치지 않고 인간이 만들어낸 "현대주의 신학"을 가르치기 시작한 지는 이미 오래되었고, 여기서 배출해 낸 자들이 기독교계와 교회들에 파고들어 반성경적인 현대주의 사상을 퍼뜨리기 시작한 지도 이미 어제오늘의 일이 아니지 않는가? 성경 변개 행위는 또 어떤가? 하나님께서 섭리로 보존하신 유일한 성경인 〈킹제임스성경〉을 조롱하고 뜯어고치기 시작한 지가 이미 100년도 훨씬 넘지 않았는가? 은사주의 운동은 또 어떤가? 성경을 극도로 왜곡하고 예수 그리스도의 신성을 부인하며 "성령의 능력"을 제멋대로 사칭하면서 성령을 농락하고 하나님을 모독하는 은사주의가 교회 안에 침투하기 시작한 지도 벌써 반세기가 넘지 않았는가? 베드로는 1,900여 년 전에 벌써 이것을 경고해 두었던 것이다. 그리고 이들 『**조롱하는 자들**』을 『**그들의 정욕대로**』 행하는 자들이라고 일찌감치 규정해 놓았다.

『**정욕**』이란 쉽게 말해서 세속적인 탐욕을 말한다. 성경을 조롱하여 가짜 "현대판" 역본들을 찍어내는 자들이나 이들을 옹호하는 자들, 그리고 성령을 농락하는 은사주의자들이 노리는 것이 바로 이 세속적인 더러운 이득이다. 요컨대 "돈" 말이다. 그들은 돈에 눈이 어두워 이런 짓들을 하고 있는 것이다. 그 자들은 돈이 안 되는 일에는 조금도 관심이 없다. 그들의 시선은 항상 당신의 지갑에 쏠려 있다. 그들의 관심사는 돈이지 예수 그리스도와 하나님의 말씀들이 아니다. 그들은 구원받지 못한 죄인들의 혼에도 관심이 없고 지옥에도 관심이 없으며 예수 그리스도의 다시 오심 따위에도 관심이 없다. 그들은 으리으리한 교회 건물과 돈지갑을 들고 교회에 몰려드는 수천 명이 넘는 출석 교인 숫자와 자신이 살 화려한 저택과 고급 승용차 따위에만 관심이 있을 뿐이다. 그들은 돈이 되는 일에만 흥미를 갖는다. 돈, 『**돈을 사랑하는 것이 모든 악의 뿌리**』(딤전 6:10)라고 경고하고 있는 그 돈 말이다. 성경은 『**이런 자들에게서 돌아서라.**』(딤후 3:5)고 충고한다.

『**말하기를 "그가 온다는 약속이 어디 있느냐? 조상들이 잠든 이래로 만물은 창조의 시작부터 그대로 있다." 하리니**』(4절).

자신들의 정욕대로 행하는 자들이 성경을 조롱하는 데 흔히 써먹는 게 바로 『**그가 온다는 약속이 어디 있느냐?**』는 말이다. 주 예수 그리스도의 재림을 부인하는 것이다. 구원받지 못한 자들이 가장 두려워하는 것들 가운데 최대의 것이 바로 그리스도의 재림이다. 이것을 싫어하고 이것을 생각만 해도 히스테리 증세를 나타내는 자들을 안심시키려면 『**정욕대로**』 행하는 교회 목사들이 할 일은 한사코 예수 그리스도의 재림을 부인하는 일이다. 그래서 이들은 『**그가 온다는 약속이 어디 있느냐?**』고 새빨간 거짓말을 한다. 이것이 거짓말인 것은 신구약 성경 전체를 통틀어 그리스도의 재림을 언급하고 있는 구절들이 초림 관련 구절들보다 훨씬 더 많다는 사실만으로도 입증되고도 남는다. 그런데도 그들은 『**그가 온다는 약속이 어디 있느냐?**』고 뻔뻔스럽게 거짓말을 한다. 이렇게 하기 위해 그들은 성경을 덮어둔다. 그리고 사람이 지어낸 말들로 사람들을 안심시키고 그들의 귀를 즐겁게 하는 말들만을 생각해내는 데에 몰두한다. 그러므로 그들은 절대로 지옥을 설교하지 않는다. 돈을 긁어모으는 데에 지옥 이야기는 절대 금물이다. 그들은 그리스도의 재림과 심판에 대해서 극도로 말을 아낀다. 성경이 밝히고 있는 이런 사실들은 그들이 『**정욕대로**』(3절) 행하는 데 아무 도움도 되지 않고 오히려 방해가 되기 때문이요, 돈이 안되는 부질없는 짓이기 때문이다.

그들은 그리스도의 재림을 명백하게 천명하고 있는 〈킹제임스성경〉을 덮어두고 『**조상들이 잠든 이래로 만물은 창조의 시작부터 그대로 있다.**』고 또 속인다. 이들은 이를 위해 "진화론"이라는 희대의 사기극을 만들어냈고 이것으로 모든 성경적 진리들을 쓸어내는 데 전념한다. 진화론자들은 오늘의 하늘과 땅은 창세기 1:1의 하늘과 땅 그대로 변함없이 지속돼 왔다고 가르친다. 그래야만 거기에 살고 있는 모든 생물들이 점진적으로 진화해 왔다는 거짓말이 성립될 수 있기 때문이다. 아메바 상태의 단세포 생물이 현재와 같은 복잡한 구조의 다세포 생물로 진화해 왔고 원숭이가 인간으로 진화하는 과정을 부단하게 밟아 오려면 창세기 1:1에서의 하늘과 땅은 그대로 존속하며 지구 환경만을 그때그때 조금씩 바꾸어 준 것이어야만 하는 것이다. 만약 모든 생물들을 몰살해 버릴 만한 대격변이 지구에 일어난다면 "진화"는 설명될 수가 없는 것이다.

그러나 성경은 그렇게 가르치지 않는다. 만물은 결코 창조의 시작부터 그대로 있지 않다는 게 성경의 가르침이다. 『**창조의 시작**』은 창세기 1:1을 말한다. 『**태초에 하나님께서 하늘과 땅을 창조하셨느니라.**』 그 이후로 세상은 몇 번의 재앙으로 크게 변했다. 먼저, 성경이 암시하고 있는 첫 번째 재앙으로 『**땅은 형체가 없고 공허하며 어두움이 깊음의 표면에**』(창 1:2) 있게 되었었다. 그래서 창세기 1:2은 1:1의 창조 이후 큰 재앙이 있은 다음의 상태이다. 창세기 1:3은 하나님의 재창조에 의한 새로운 시작이다. 현재의 모습을 지닌 인간도 창세기 1:27에 이르러서야 비로소 등장한다. 이것은 사람의 생각이 아니라 『**순수한 생각**』으로 〈킹제임스성경〉으로 돌아가 성경을 성경으로 해석할 경우에만 발견되는 진리다. 이것은 하나님을 믿지 않는 자들에게는 감추어져 있는 진리다. 『**지혜 있는 자가 어디 있느냐? 학자가 어디 있느냐? 이 세상의 변론가가 어디 있느냐? 하나님께서 이 세상의 지혜를 어리석게 만드신 것이 아니냐?**』(고전 1:20)고 성경은 구원받지 못한 "현대인들"을 힐난하고 있다. 『**하나님께서 자기를 사랑하는 자들을 위하여 예비하신 것들은 눈으로 보지도 못하였고 귀로 듣지도 못하였으며 인간의 마음속에 들어온 적도 없었느니라.**』(고전 2:9)

고 성경은 잘라 말씀한다. 성경에 나타난 진리들은 구원받고 『**그리스도의 생각**』을 갖게 된(고전 2:16) 그리스도인들만이 발견하고 분별할 수 있다고 성경은 가르친다. 아담과 이브 이전에는 인간이 존재하지 않았다. 인간이 존재하기 이전에는 창세기 6장이나 욥기에서 "하나님의 아들들"이라 일컫는 "인간과 유사한" 존재들이 있었다. 『**내가 땅의 기초들을 놓을 때 네가 어디 있었느냐? 네게 명철이 있다면 분명히 밝히라... 언제 새벽별들이 함께 노래했으며 하나님의 아들들이 모두 기뻐서 소리쳤느냐?**』(욥 38:4-7)고 성경은 아득히 먼 과거에 있었던 하나님의 창조를 말씀한다. 인간 창조 이전에 존재했던 이 "하나님의 아들들"은 성경에서 "신들"로 언급되기도 한다(요 10:34, 행 14:11). 이 "신들" 중 재창조 이후 인간이 사는 지상에 내려왔던 자들은 사람의 딸들과 관계하여 "거인들"을 낳았으며 이들이 『**노아가 방주에 들어가던 날까지... 먹고, 마시고, 장가가고, 시집가고 하였으나, 홍수가 나서**』(눅 17:27) 모두 진멸되고 말았다. 이들은 노아의 시대에 이 땅에 존재했었다. 이들이 극도로 타락하여 정상적인 인간들 역시 타락에 물들고 말았다. 『**그 당시에 땅에는 거인들이 있었고, 그 후에도 있었으니, 즉 하나님의 아들들이 사람의 딸들에게 들어와서 그녀들이 그들에게 자식들을 낳았을 때며, 그들은 옛날의 용사들로 유명한 사람들이 되었더라.**』(창 6:4)고 성경은 적고 있다. 이러한 사실은 세상에서 일어나고 있는 상식적이고도 자연 현상적인 당연한 일밖에 이해하지 못하는 현대의 유물론적 과학자들로서는 도저히 성경에 이렇게 기록돼 있다는 사실 자체를 인정하고 싶지 않은 골치 아픈 사건들이다. 그러나 『**거인들**』은 지구 역사상 사실적으로 존재했고 이들 중 몇몇은 그 이름까지 성경에 알려져 있다. 예컨대, 『**바산 왕 옥**』(신 3:11)이라든지, 다윗이 필리스티아인들과 전쟁했을 때 십브캐가 죽인 거인 자손 『**십패**』(대상 20:4)라든지, 무게가 300세켈이나 나가는 거대한 놋 창과 새 칼을 들고 다윗을 죽이려고 덤벼들었던 필리스티아의 『**이스비브놉**』(삼하 21:16)이라든지 하는 자들이 그들이다. 모세가 하나님의 명령에 따라 카나안에 보냈던 정탐꾼들은 돌아와 『**그 땅은 그 거민들을 삼키는 땅이요, 거기에서 우리가 보았던 백성은 키가 큰 사람들**』(민 13:32)이었다고 보고했다. 카나안에 들어간 여호수아가 요셉 자손에게 프리스인과 『**거인들의 땅**』인 삼림 지역을 주어 개간토록 했다(수 17:15). 여호수아는 이 지역의 거인족들이 『**철병거를 가졌고 강할지라도**』(수 17:18) 요셉의 자손이 『**큰 백성이요, 큰 능력이 있으니**』(수 17:17) 그 거인족들을 능히 쫓아낼 수 있을 것으로 판단했던 것이다. 다윗이 상대하여 물매로 이마를 찍어 죽였던 골리앗 역시 거인이었던 것은 성경에서도 유명한 얘기다. 골리앗은 갑옷의 무게만도 『**놋 오천 세켈**』(삼상 17:5)이었고, 그의 창날만도 『**철 육백 세켈의 무게**』(삼상 17:7)였다고 기록돼 있다. 이들은 창세기 1:2 이전 어느 시점에 한 차례 지상에서 멸망했고, 노아의 때에 홍수로 또 한 차례 진멸되었으며, 또 『**롯이 소돔에서 나가던 날 하늘에서 불과 유황이 비오듯하여 그들 모두를 진멸시켰느니라.**』(눅 17:29)고 주님께서는 말씀하셨다.

이 땅에 내려졌던 이런 재앙들은 그것으로 끝나는 게 아니다. 주님께서는 『**노아의 날들에 일어났던 것같이 인자의 날들에도 그러하리라... 이와 같이 인자가 나타나는 날에도 그러하리라.**』(눅 17:26,30)고 예고해 놓으셨다. 세상은 과거에 일어났던 재앙들로 인해 창세기 1:1과는 전혀 다른 모습을 띠게 되었다. 이것은 비단 세상 만물들뿐만이 아니다. 성경에서는 세 쌍의 "하늘과 땅"을 언급한다. 창세기 1:1에서의 "하늘과 땅"이 그 하나요, 창세기 1:4-20에서 언급되는 현재의 "하늘들과 땅"이 또 하나며, 베드로후서 3:13과 요한계시록 21장에서 언급하는 새로운 "하늘들과 땅"이 또 있게 될 것이다. 창세기 1:1에서 언급되고 있는 하늘과 땅은 현대의 우주과학자들이나 천체 물리학자들이나 철없는 진화론자들이 생각하고 있는 것과는 그 개념이 전혀 다르다. 창세기 1:1은 원래의 하늘을 묘사하고 있고, 현재의 지구와는 전혀 다른 위치에 있었던 원래의 땅을 묘사하고 있는 것이다. 원래의 지구는 예컨대 별자리로 볼 때 지금과는 그 위치가 달랐다는 얘기다. 이 원래의 지구는 하나님으로부터 떨어져 나와 "깊음"의 심연 속으로 가라앉아 버렸고, 이 『**깊음의 표면**』을 어두움이 덮어버리게 되었다(창 1:2). 비록 현재의 지구가 하나님으로부터 얼마나 멀리 떨어져 나왔는지 성경은 언급하고 있지는 않지만, 『**하늘들에 계신 위엄 있는 분**』(히 8:1)으로부터 충분히 먼 거리를 유지할 만큼은 떨어지도록 우주에는 어떤 위력적인 대폭발이 있었던 게 분명하다. 그러나 구원받지 못한 현대 과학자들은 『**하나님의 영의 일들을 받아들이지**』(고전 2:14) 못할 뿐만 아니라 『**영적인 일들을 영적으로 비교하여**』(고전 2:13) 판단할 만한 능력이 없기 때문에 이러한 진리를 밝히고 있는 성경을 오히려 조롱한다. 그들은 창세기 1:1과 1:2 사이에 있었던 우주적 대재앙을 알고 있지 못하고, 창세기 6장에 있었던 전 지구적 대재앙도 인식하지 못하며, 요한계시록 20장에서 장차 백보좌 심판 때에 있게 될 대재앙 역시 절대로 믿지 못한다. 그렇기에 요한은 『**또 내가 큰 백보좌와 그 위에 앉으신 분을 보니, 그의 면전에서 땅과 하늘이 사라졌고 그들의 설 자리도 보이지 않더라.**』(계 20:11)고 적고 있다.

이 엄청난 대격변이 있은 다음 『**새 하늘과 새 땅**』이 생기고 『**처음 하늘과 처음 땅은 사라지고, 바다도 더 이상 있지 아니**』하게 될 것을 성경은 예고한다(계 21:1). 현대의 기상학자들이 갖가지 실험을 통하여 얻어낸 결과는 창세기 시대의 지구 대기나 현재의 대기는 본질적으로 동일하다는 결론에 도달했다지만, 이 역시 성경 말씀들과는 아무 관련이 없기 때문에 『**순수한 생각**』이 아니다. 따라서 『**조상들이 잠든 이래로 만물은 창조의 시작부터 그대로 있다.**』(벧후 3:4)는 그들의 주장은 거짓말이다. 앞에서도 말했듯이 창세기 1:1에서 창조되었던 원래의 하늘은 『**깊음**』(2절) 속에 가라앉고 말았다. 이 『**깊음**』은 지중해나 대서양이나 태평양 같은 "큰 바다"와는 물론 관계가 없다. 이것은 태양계 전체보다도 훨씬 더 큰 물덩이를 내포하고 있는 광활한 지역으로 그 표면은 절대 0도로 얼어 있어 분자활동마저 정지돼 있는 『**유리 바다**』(계 4:6)를 말한다. 성경은 이것을 『**불로 뒤섞인 유리 바다**』(계 15:2)라고도 언급한다. 창세기 1:7은 『**하나님께서 창공을 만드시고 창공 위에 있는 물들에서 창공 아래 있는 물들을 나누시니 그대로 되니라.**』고 말씀한다. 우리 머리 위 창공 위 우주 공간 끝 어딘가에 거대한 "물들"이 존재한다는 것이다. 성경 말씀들이 창세기 1장 첫머리 부분부터 현대 과학자들에 의해 조롱거리가 되는 것은 이런 엄청난 기록들 때문이다. 로마카톨릭 학자들은 말할 것도 없고 현대 기독교의 근본주의자들이나 정통보수주의자들은 성경의 이러한 기록들을 대할 때마다 과학자들의 눈치를 살피면서 성경이 이들의 조롱거리가 되지 않게 해 보려고 "현대과학" 측에 하나님을 대신하여 사죄를 하고(딤전 6:20), 성경을 기록케 하신 성령께서는 현대의 과학적 인식이 부족하고 그 용어에 서툴러서 비유적 형상화에 의존하여 시적 묘사를 하느라고 이렇게 말씀하신 것이니 양해해 달라고 변명하기에 급급하다. 이들은 성경에 대하여 그 첫 번째 책 일곱째 절에 이르기도 전에 마귀에게 무릎 꿇고 만 것이다. 성경이 말씀하고 있는 "하늘들 위에 있는 물들"은 수증기가 한 조각 구름이 되어 허공에 떠다니는 그런 물이 아니다. 이 물은 "하늘"이 아니라 복수형으로 표기된 『**하늘들**』(창 2:1,4, 시 148:4) 위에 존재한다. 이 물들로 나뉘어진 『**창공**』은 해와 달은 물론 우주의 모든 별들까지 내포하고 있는 하늘들이다. 하늘들 위에 존재하는 돌처럼 얼어 있는 이 『**깊음**』의 표면 위에 하나님의 보좌가 있다. 욥은 이 깊음의 표면이 북쪽이라고 말한다. 하나님의 보좌는 그래서 이 우주 너머 "북쪽" 저 먼 우주의 경계 끝 유리 바다의 표면 위에 있다고 성경은 말씀한다. 욥기 41장을 보면 "리비야단"이라 불리는 사탄은 이 물 안에 있다. 예수 그리스도께서는 재림하실 때 이 바다를 통과하여 지상에까지 오실 것이다(합 3:10, 삼하 22:8-17). 이 바다는 하늘과 땅이 폭발한 뒤 사라진다(계 20:11, 21:1-2). 이 바다는 출애굽기 12-15장에서 홍해 바다로 예표되었고 여호수아나 엘리야 그리고 엘리사가 강과 바다를 건넌 것으로도 예표된다(출 14장, 수 2-4장, 왕하 2장). 이것을 설명하기 위해 구구하게 인간의 지식이나 상상 내지 구차한 변명 따위에 기대지 않고 성경 구절들만 찾아내더라도 무려 30군데가 넘는데, 여기서 이 구절들을 일일이 살펴보기보다는 내가 쓴 책 〈피터 럭크만의 주석서 창세기〉 1장 부분을 참고하기 바란다.

『**이는 그들이 이것을 고의로 잊으려 함이라. 즉 하나님의 말씀에 의해 하늘들이 옛적부터 있었다는 것과, 땅도 물에서 나왔고 물 안에 있었다는 것이니**』(5절).

이 구절 역시 앞의 3절, 4절과 함께 반드시 기억해 두고 있어야 할 구절이다. 진화론의 허위성을 입증하는 데 중요한 근거가 되기 때문이다. 이 구절은 창세기 6장이 아니라 창세기 1장의 상황에 대한 언급이다. 여기서의 『**물**』은 노아의 홍수가 아니라 창세기 1:2에서 언급되는 『**깊음**』을 말한다. 『**땅은 형체가 없고 공허하며 어두움이 깊음의 표면에 있으며 하나님의 영은 물들의 표면에서 거니시더라.**』고 창세기 1:2은 서술하고 있다. 이 『**깊음**』은 앞서 이미 설명했듯이 "유리 바다"로 일컬어지는 우주 자체를 담고 있는 거대한 용기를 말한다. 창세기 1:1에서 최초로 창조되었던 원래의 지구는 창세기 1:2의 대재앙 때에 거대한 『**깊음**』의 『**물**』 속에 잠겨버렸다가 창세기 1:3 이후에 그 『**물**』에서 다시 나와 현재의 위치로 옮겨졌다. 따라서 현재의 지구는 천문학적 위치로 볼 때 최초의 위치와는 다른 별자리에 놓이게 되었다. 현재의 지구 위에는 대기층이라 불리는 지구의 하늘이 있고 대기층 바깥 너머에 우주 공간이라 불리는 하늘이 있으며, 또 그 너머에 하나님이 계시는 셋째 하늘이 있다. 그래서 『**하늘들**』이다. 하나님께서는 창세기 1:6,7에서 창공을 만드셨고 이 창공으로 물들에서 물들을 나누셨으며 창공 위에 있는 물들에서 창공 아래 있는 물들로 나누셨다. 말하자면, 둘째 하늘 위와 아래에 물이 있는 것이다. 창공 위에 있는 물들이 곧 "유리 바다"라고도 불리는 "깊음"이다. 물들 가운데 나타난 창공은 해와 달과 별들과 은하계들을 내포하고 있는 거대한 우주 공간이다. 하나님의 보좌는 "깊음의 표면" 위에 있다(욥 26:7-13, 38:30). 이 "깊음의 표면" 위에는 원래 어두움이 있었다(창 1:2). 하나님께서는 또 빛을 창조하시고 그 빛을 어두움에서 나누셨다(창 1:3,4). 그리하여 어두움은 빛에서 분리되어 "깊음의 표면" 아래로 내려갔고 빛은 "깊음의 표면" 위에 거하도록 나뉘게 되었다. 우주 공간은 그래서 암흑 세계이다. 사탄은 이사야 14장과 에스겔 28장 및 욥기 38장 등에서 셋째 하늘에서 쫓겨나 창공 아래의 물 속 어두움에 갇히게 되었다. 이와 관련하여 하나님께서는 욥에게 『**너는 바다의 샘들 속으로 들어가 보았느냐? 아니면 네가 깊은 곳을 찾아 거닐어 본 적이 있느냐? 사망의 문들이 네게 열렸더냐? 아니면 사망의 그림자의 문들을 보았더냐?**』(욥 38:16,17)고 질문을 던지셨다. 욥이 이에 대해 한마디라도 대답할 만한 과학 지식이 없었던 것은 두말할 나위도 없는데, 이렇기는 오늘날의 과학자들 역시 마찬가지다. 이것은 오직 〈킹제임스성경〉만이 가르쳐 주고 있는 과학적 사실들이다. 이에 대한 좀더 체계적이고 상세한 이야기에 흥미가 있다면 내가 쓴 〈피터 럭크만의 주석서 욥기〉의 38장, 39장, 40장 부분을 한번 읽어보기 바란다.

뜰과 성소와 지성소의 세 부분으로 되어 있는 성막은 우주의 모형이다. "모퉁잇돌"로 비견되는 예수 그리스도는 피라미드의 꼭대기 삼각형 꼭지 부분을 일컫는다. 이것은 우주가 삼각면을 가진 피라미드 형태로 되어 있음을 암시한다. 그 꼭대기에 하나님의 보좌가 놓여 있는 것이다. 만물은 어느 것 하나 예외 없이 세 요소로 되어 있다. 하나님 자신도 아버지 하나님과 아들 하나님과 성령 하나님의 세 신격으로 되어 있다. 인간은 몸과 혼과 영의 세 요소로 되어 있고, 빛도 자외선과 적외선, 그리고 가시광선으로 되어 있으며, 물질 구성 원자도 양자와 전자 및 중성자로 되어 있으며 시간도 과거, 현재, 미래의 3요소로 되어 있는가 하면, 입체 공간도 가로와 세로 및 높이를 갖는다. 이런 사실들을 이해하면 하나님의 삼위일체 되심을 이해하는 데 도움이 된다.

진화론자들은 성경이 제시하는 진리들을 『**고의로 잊으려**』(벧후 3:5) 하는 자들이다. 이들은 성경적 진리들에 대해 자신들의 무지와 불신을 감추기 위해서라도 순전히 개인적인 이유로 이것을 일부러 잊어버려야만 한다. 이들에게 있어 "양심" 따위는 휴지조각이나 다름없다. 하나님의 말씀을 『**조롱하는 자들**』(3절)은 양심이 화인을 맞아 위선으로 가득 찬(딤전 4:2) 자들이기 때문에 성경이 밝히고 있는 사실들을 『**고의로 잊으려**』 한다. 왜 그럴까? 그것은 『**하늘들이 옛적부터 있었다는 것과, 땅도 물에서 나왔고 물 안에 있었다는 것**』이 『**하나님의 말씀에 의해**』 그렇게 되었다는 사실을 믿을 수가 없고 또 믿기가 싫기 때문이다. 이러한 현상들이 『**하나님의 말씀**』에 의해 이루어졌다는 사실을 믿으려면 창세기 1장과 2장에서 말씀으로 만물을 만드신 하나님의 창조부터 받아들이지 않으면 안 되는데, "진화론"을 옹호하는 그들로서는 도저히 이것을 용납할 수가 없는 것이다. 하늘들과 땅이 하나님의 말씀으로 만들어졌고, 몇 번의 대재앙으로 인해 지구 환경이 바뀌고 생물들이 몰살당하는 대격변을 겪기는 하였으되, 『**그 동일한 말씀으로 보존되어**』(7절) 왔다는 사실을 인정하게 되면 "진화론"은 설 땅을 잃게 되는지라, 그들은 『**고의로**』(5절) 이것을 잊으려고 발버둥쳐야 하는 입장에 있는 것이다. 그래서 이들은 하나님의 말씀을 『**고의로**』 잊어버려야 한다. 이것은 성경 말씀에 무지하다거나, 말씀을 곡해한다거나 하는 것보다 훨씬 가증스럽고 더럽고 치사한 짓이다. 이것은 다른 사람들을 속일 뿐만 아니라 자신의 양심까지도 스스로 속이는 대단히 뻔뻔스럽고 극도로 이기적인 사람이 아니고는 할 수 없는 일이다. 이에 대해 예수 그리스도께서는 이렇게 말씀하셨다. 『**만일 누구든지 그분의 뜻을 행하려고 한다면, 그 교리가 하나님으로부터 온 것인지 아니면 내가 내 자신에 관하여 말하는 것인지 알게 되리라. 자기 자신에 관하여 말하는 사람은 자신의 영광을 구하지만 보내신 분의 영광을 구하는 사람은 참되며 그 안에 아무 불의도 없느니라**』(요 7:17,18).

성경을 통하여 제시되고 있는 하나님으로부터 나온 『**교리**』에 대해 잘못 이해하는 실수를 범할 수는 있지만, 그 『**교리**』가 하나님의 "구원 계획"과 같은 성경에서 주류를 이루는 핵심 교리들이라면, "실수"란 있을 수도 없고 용납될 수도 없다. 그런데 하물며 이 교리를 개인적인 목적에서 고의적으로 내팽개치거나 숨기거나 왜곡해서 가르친다면 이것은 엄청난 죄가 아닐 수 없다. 예수 그리스도께서는 인간으로 오신 분으로서의 자신이 가르치는 교리에 대해 『**나의 교리는 나의 것이 아니요 나를 보내신 분의 것이라.**』(요 7:16)고 천명하신다. 그리고 『**누구든지 그분의 뜻을 행하려고 한다면**』, 즉 누구든지 하나님의 뜻을 행하려고 한다면 『**그 교리가 하나님으로부터 온 것인지**』 아니면 사람에게서 나온 것인지 알게 된다고 말씀하신다(요 7:17). 그렇기 때문에, 하나님의 교리를 잘못 오해한다는 것은 애당초 하나님의 뜻을 행할 의사가 없다는 것을 반증한다. 여호와의 증인이라든지, 몰몬교라든지, 제칠일예수재림교라든지, "물침례 구원"을 가르치는 캠벨주의 집단을 위시한 모든 종파들에게 진리가 없는 것은 이들에게 하나님의 뜻을 행하고자 하는 마음이 없는 이단들이기 때문이다. 그들은 애당초 하나님의 뜻을 행할 의사가 없기 때문에 그 중대한 하나님의 구원 교리마저 "오해"하게 된 것이다. 이것은 부정직한 자들이 하나님을 두려워하지 않고 멸시한 데서 초래된 "오해"인 것이다. 『**정직하게 행하는 자는 주를 두려워하나, 행실이 패역한 자는 그를 멸시하느니라.**』(잠 14:2)고 성경은 단정한다. 부정직하고 하나님을 두려워할 줄 모르는 패역한 자들은 근본적으로 하나님의 진리를 깨달으려고 하지 않기 때문에 성경 지식을 이해하기가 어렵고 진리를 깨달을 만한 지혜를 얻지 못한다. 『**조롱하는 자는 지혜를 구하여도 얻지 못하나, 깨닫는 자에게는 지식이 쉬우니라.**』(잠 14:6)고 성경은 말씀한다. 이 구절을 꼭 암송하고 있으라. 당신이 진정으로 성경적 진리들에 대해 올바른 지식을 갖기 원한다면, 먼저 하나님의 뜻을 행하고자 하는 마음부터 간직하고 있어야 한다. 이것이 신실하고 정직한 증인이 될 수 있는 결정적인 요인이다. 『**신실한 증인은 거짓말을 하지 않을 것이나, 거짓 증인은 거짓말을 내뱉을 것이라.**』(잠 14:5)고 성경은 말씀한다. 하나님의 뜻을 행할 의사가 없다면, 그 자체가 죄악이요, 그 사람이 곧 죄인이다. 그래서 악인에게는 진리의 지식이 들어가지 않기 때문에 그들은 암흑 속에 갇혀 걸려 넘어지게 된다. 『**악인의 길은 암흑과 같아서 사람이 무엇에 걸려 넘어지는지도 알지 못하느니라**』(잠 4:19). 이와 반대로 하나님의 뜻을 행하고자 하는 사람은 그 자체로서 의인의 대열에 설 수 있는 사람이다. 그래서 그의 길은 항상 밝게 빛나 점점 더 하나님의 진리 가운데로 들어가게 된다. 『**의인의 길은 빛나는 빛같이 점점 더 빛나 완전한 날에 이르거니와**』(잠 4:18)라고 가르치는 성경은 『**내 아들아, 내 말들에 주의를 기울이고, 내가 말하는 것들에 귀를**

기울이라. 그것들을 네 눈에서 떠나지 않게 하고, 네 마음속에 간직하라.』(잠 4:20,21)고 충고한다.

성경의 교리들을 오해하는 자들은 오해에서 끝나는 게 아니라 하나님을 두려워하지 않기 때문에 사람들을 지옥으로 보낸다는 데에 아주 심각한 문제가 있다. 『**진실한 증인은 혼들을 구해 주나, 속이는 증인은 거짓말을 하느니라. 주를 두려워하는 것에는 견고한 신뢰가 있으니, 그의 자녀들에게는 피난처가 있으리라.**』(잠 14:25,26)는 성경 말씀을 단단히 유의해 둘 필요가 있다. 속이는 증인의 거짓말에 속으면 『**그 끝은 죽음의 길들이니라.**』(잠 14:12)고 성경은 경고한다. 그래서 『**어리석은 사람의 앞을 떠나라. 너는 그에게서 지식의 입술을 보지 못하느니라.**』(잠 14:7)고 충고한다. 속이는 자는 어리석은 자다. 어리석은 자는 거짓말을 한다. 거짓말은 하나님을 두려워할 줄 모르는 어리석음에서 나온다. 진실은 현명한 사람의 입에서만 나온다. 잠언을 통틀어 현명한 사람의 특징에 대한 정의를 종합하자면, 그것은 진리의 말씀에 대해 진지한 태도를 갖는 사람이다. 성경에서 "현명하다."고 말할 때, 그것은 언제나 성경이 진하고 있는 정보에 대해 진지하게 귀를 기울이는 것과 깊은 관련을 갖는다. 성경 말씀에 귀를 기울이는 사람은 성경이 제공하는 정보가 사람에게 옳게 보이는 것과는 다르게 들리기 때문이다. 그래도 진지하게 귀를 기울이는 까닭은 사람이 생각하는 것과는 다르되 거기에는 생명이 있기 때문이다. 그래서 현명한 사람은 『**사람에게 옳게 보이는 길이 있으나, 그 끝은 죽음의 길들이니라.**』(잠 14:12)는 말씀을 알아채고 있는 사람이다. 그래서 그들은 성경을 사랑한다. 성경을 미워하는 사람은 어리석은 사람이다. 그들은 어리석기 때문에 하나님을 조롱하고 성경을 조롱한다. 그리고 하나님과 성경을 멀리한다. 『**조롱하는 자는 자기를 책망하는 자를 사랑하지 아니하며 현명한 자에게 가지도 아니할 것이니라.**』(잠 15:12)는 성경 말씀은 이를 두고 한 말이다. 이 어리석고 거짓말을 좋아하는 자들은 하나님의 말씀에 유념하는 게 아니라 자기 입술에 유념하고 사악한 자들의 말에 오히려 귀를 기울인다고 성경은 또 말씀한다(잠 17:4). 말하자면, 유유상종하는 것이다. 그러다 보니 이들의 주변에는 똑같이 하나님의 말씀을 멀리하는 자들만 모여들기 마련이다. 그리고는 성경을 놓고 여기가 틀렸다, 저기가 말도 안 된다, 이것은 비과학적이다, 저것은 신화다, 이 얘기는 역사적 사실과는 다르다, 저 얘기는 영적으로 해석할 때 그렇다는 것이지 실제성은 없다 등등, 이러쿵저러쿵 별의별 트집을 잡는다. 그러나 이들의 생각과 이들이 하는 말 속에는 도무지 진실이 깃들어 있지 않다. 이들은 성경이 말씀하고 있는 어리석고 사악한 자들의 모든 특징들을 고스란히 갖춘 자들이다. 이들은 본질적으로 "지혜"에 대해서는 마음이 없는 자들이기에 "지혜"를 얻기 위해 무슨 투자를 한다는 것은 상상도 못할 일이다. 『**어리석은 자는 지혜에 마음이 없거늘 그가 손에 값을 가지고 지혜를 사려 함은 어찜인가?**』(잠 17:16) 하고 성경은 조소를 보낸다. 어리석은 자들은 진리가 아니기에 지혜가 아닌 것이라면 일 년에 2만 5천 달러나 되는 거금을 학비로 내면서까지 "명문 신학대학"이라는 데를 다니면서도 진리를 가르치고 지혜를 전해주는 성경대로 믿는 사람들의 펜사콜라 성경신학원 같은 데는 공짜로 가르쳐 준대도 오지 않는다. 지혜에 마음이 없는 자들이 어찌 지혜를 사고자 하겠는가? 마음이 없으면 무엇을 하겠는가? 마음이 없으니 구원인들 받으려 하겠으며, 마음이 없거늘 구원주인들 어찌 영접하려 하겠는가? 심지어 마음이 없으면 생명도 지긋지긋한 법이다.

세상에서 살 수 있는 방법을 아는 지혜보다 더 귀한 지혜는 없다. 이 세상에서 살 수 있는 지혜를 마다하는 자만큼 바보는 없다. 주 예수 그리스도를 거부하는 자들은 살 마음이 없는 어리석은 자들이다. 하나님께서는 당신이 영원토록 살 수 있는 방법을 한 푼도 받지 않고 가르쳐 주신다. 하늘나라는 입장료가 없다. 그런데도 여기 들어오기를 거부하는 자들은 다른 데서 지혜를 구하고자 돈을 싸들고 다니면서 여기저기 엉뚱한 곳을 기웃거린다. 이런 자들에게 『**어리석은 자는 지혜에 마음이 없거늘 그가 손에 값을 가지고 지혜를 사려 함은 어찜인가?**』라고 힐난하는 "지혜의 책"은 이어서 『**지혜는 명철을 지닌 자의 앞에 있으나, 어리석은 자의 눈은 땅 끝에 있느니라.**』(잠 17:24)고 고개를 절래절래 내젓는다. 지혜가 바로 눈앞에 있는데도 땅 끝만 쳐다보며 방황하는 어리석은 자들은 골방에 들어앉아 "피안"을 바라보며 "좌선"을 한답시고 일 년이고 이 년이고 아무 일도 하지 않고 벽만 대하고 가부좌를 틀고 앉아 있는가 하면, 거지꼴을 하고 걸식하며 일생 동안 세상을 방랑하는 자가 또 있고, 일주일에 한 번씩 교회에 나가 "주여 삼창"을 목청껏 외친 다음 나블레고블레 엉터리 "방언"을 뇌까리는 얼간이들까지도 있다. 이런 사람들은 알고 보면 이승에서의 지독한 욕심 때문에 진리에서 떠나 있고 자기 소리만 지껄이며 세상을 혼잡케 하는 자들에 불과하다. 이런 자들에 대해서 성경은 『**욕망으로 말미암아 스스로 분리된 사람은 모든 지혜를 찾아 혼잡케 하느니라.**』(잠 18:1)고 지혜의 책을 통해 일찌감치 진단을 내려놓았다. 명철이 있어야 지혜를 얻을 수 있는지라 하나님의 말씀을 읽고 이해할 수 있는 명철을 기뻐해야 하거늘 이들은 오히려 명철을 뿌리치고 기뻐하지 않는다. 그러면서 이들은 자기 생각만 드러내고 자기 입술만 계속 나불대며 돌아다니는데, 성경은 이에 대해서도 물론 한마디 하기를 잊지 않는다. 『**어리석은 자는 명철을 기뻐하지 아니하고 자기 마음을 드러내기만 하느니라**』(잠 18:2). 이것은 구원받지 못한 모든 신학자들의 특징을 여실하게 묘사해 놓은 서술이다. 학자들은 성경을 통해 제시되는 진리들을 공격하고 자기네 생각들을 변명하기 위한 자료들을 꾸며 내기 위해 일생 동안 무엇인가를 연구하고 공부하는 척하면서 자기네 이야기만 지껄여댄다. 과거에 그러했고 지금도 그러하며 앞으로도 마찬가지로 이것이 구원받지 못한 학자들의 공통된 특색이다. 성경에 대해 알고자 하는 "호기심"만 갖더라도 성경의 진리들에 접근하고 그것을 알게 되는 법이다. 진리를 알게 되면 될수록 명철이 점점 늘어나 하나님을 두려워할 줄 아는 지혜가 증가하게 되는 법이다. 『**지혜의 샘은 흐르는 시냇물과 같으니라.**』(잠 18:4)고 말씀한다. 시냇물은 마르지 않고 끊임없이 흐른다. 시냇물은 투명하여 물속이 환히 들여다보인다. 시냇물은 끊임없이 속삭인다. 성경이란 이런 책이다. 기왕 욕망을 가질 바에는 하나님의 말씀을 알고자 하는 욕망을 가져라. 그러면 알게 되는 책이 성경이다. 그렇기 위해 먼저 명철을 기뻐하라. 명철은 지혜를 건져 올리는 낚시와 같다. 지혜란 진리에 대한 지식을 얻고자 열망하고 그 지식을 자신에게 유익이 되도록 사용하는 것을 말한다. 진리에 대한 지식을 얻고자 열망하고 그 지식을 다른 사람의 유익이 되도록 사용하는 것은 사랑이다. 이 두 가지가 하나님의 말씀을 공부하게 만드는 동기가 된다. 팔아먹기 위해 지식을 구하거나, 자기 생각을 변호하기 위해 지식을 이용하거나, 진리를 공격하기 위해 지식을 사냥하는 것은 지혜가 아니라 야비한 욕망이다. 이런 더러운 욕망은 스스로 진리에서 떨어져 나와 모든 지혜를 혼잡케 한다.

진화론자들은 창세기 1:2에서의 지구 대격변뿐만 아니라 명백한 역사적 사실들과 기록들 내지 과학적 연구로 입증되고 있는 창세기 6,7장의 노아의 홍수까지도 부인하지 않으면 안 될 입장에 놓여 있다. 창세기 7장에 보면 노아의 때에 있었던 홍수에 대해 『**그 날에 모든 큰 깊음의 샘들이 터지고 하늘의 창들이 열렸으니, 비가 땅에 사십 일 낮과 사십 일 밤을 내렸더라.**』(창 7:11,12)고 말씀한다. 비가 쏟아져 지상의 에베레스트산 정상까지 완전히 물로 덮어서 지상의 모든 생물들을 쓸어버리려면 40

일 동안 밤낮을 가리지 않고 하루 240미터 이상으로 쏟아지되 시간당 10미터 이상씩 퍼부어 대야 하는데, 이렇게 되었을 때 지면을 뒤덮은 물은 그 중량이 4천억 톤 곱하기 10억 배나 된다. 이렇게 볼 때, 『**깊음의 샘들**』은 도저히 지구 자체가 갖고 있는 대기 중의 구름이나 땅 밑에서 솟구쳐 오른 물일 수가 없다. 이 『**깊음**』은 앞에서 살펴본 것처럼 창세기 1장에서 언급된 지구 밖의 그 『**깊음**』이다. 얼어 있는 "유리 바다" 말이다. 이 "바다"의 물은 지구 정도가 아니라 태양계 전체를 40일 만에 홍수로 뒤덮어 버리고도 남을 만한 분량의 물이다. 이것은 바울이 『**그 너비와 길이와 깊이와 높이가 얼마인가를 깨달을 수 있게**』(엡 3:18) 해주시기를 간구했던 그 『**깊음**』으로서 로마서 8:39에서도 언급하고 있는 그 『**깊음**』이다. 다시 말해서, 노아의 홍수는 지구에서 일상적으로 일어나고 있던 자연 현상에 의한 정상적 "강우"에 의한 것이 아니라 그 원천이 "외계"로부터 운반된 엄청난 양의 물이었다. 우리는 이 모든 사실들을 오직 성경을 통해서만 알 수 있다.

천문학자들이나 우주물리학자들이야 무어라고 말하건, 태양계 너머 우주 끝 하나님이 계신 셋째 하늘과 경계를 이루고 있는 곳에는 엄청난 양의 물이 존재한다는 것이 성경의 가르침이다. 그리고 노아의 홍수 자체가 역사적 사실이었다는 증거는 전 세계적으로 수없이 많다. 이것은 B.C. 2300년경의 앗시리아 기록에도 엿보이고 있고, 고대 희랍의 기록에도 나와 있으며, 이집트인들이나 멕시코인들의 역사 기록에도 나와 있는 사실이다. 하다못해 하와이 원주민들인 폴리네시안 기록이나 중국의 고전 기록들, 영국 드루이드족의 기록이나 인도의 베다, 말레이시아인들이나 동아프리카인들, 심지어 알래스카와 아이슬란드인들의 기록 가운데에도 이 홍수에 관한 기록이 나와 있을 정도이다. 이렇게 볼 때, 노아 시대의 대홍수에 관한 성경 기록이 갖는 역사성은 의심의 여지가 없다.

이 엄청난 홍수를 실제로 목격하고 체험했던 노아의 증언을 모세는 창세기에 영감으로 기록해 놓았던 것이다. 이 기록을 일소에 붙이고 성경을 거부하는 건방지고 무지한 과학자들은 전 지구적 대홍수 현상이 아니고서는 도저히 설명될 수 없는 지구의 지질학적 현상들까지 부인하지 않으면 안 되는 자가당착에 빠지고 만다. 예를 들면, 거대한 암석 덩어리가 엄청난 물의 힘에 밀려서 아주 먼 곳까지 떠내려가 오늘날 엉뚱한 곳에서 발견되고 있는 소위 미아석들이라든가, 인간과 동물의 뼈가 뒤엉켜 화석이 돼버린 채 고지대의 거대한 암석 균열 틈에서 발견되고 있고 그 가운데는 서식지가 다른 종류의 동물 화석들이 상당수 뒤섞여 있다든가, 미국의 그랜드캐니언이라든가, 대삼림이 거대한 흙더미 속에 갑자기 묻혀 석탄층을 형성하게 되었다든가, 엄청난 양의 물고기들 시체가 흙에 묻히고 그 기름이 한데 모여 석유 유정을 형성하게 되었다든가, 그 밖의 수많은 지질학적 사실들까지 합리적으로 부인할 수 있어야만, 노아의 홍수도 부인할 수 있다는 얘기다. 그렇지 않은 채 이것이 단순히 성경에 기록돼 있는 사실이라는 이유로 일소에 붙이는 것은 대단히 무모하고 무책임한 태도가 아닐 수 없다. 도날드 패튼(Donald Patton)이 쓴 양서 〈성경에 기록된 홍수와 빙하시대, *The Biblical Flood and the Ice Epoch*〉에 보면, 노아 시대에는 지구 대륙이 대체로 평원을 이루고 있었고 현재 우리가 보는 것과 같은 높은 산이나 깊은 계곡은 노아의 홍수 도중이나 그 이후에 형성되었을 가능성과 지구의 자전축마저 이때 기울어졌을 가능성까지 과학적으로 제시되고 있음을 본다. 패튼의 저서 외에도 레빙켈이 쓴 책이나 임마누엘 벨리코프스키라든지, 지 엠 프라이스 같은 사람들이 쓴 책들을 보면, 오늘날 소위 대학 교수라는 사람들이 "진화"에 대해서나 "빙하시대," "창조론," "지각의 냉각" 등에 관해 더 가르칠 게 없을 정도로 풍부한 내용을 제시하면서 성경의 대홍수 기록을 지지하고 있다. 황토층의 형성이라든가, 산꼭대기에서 발견되는 수성암층이나 해토층이라든가, 급격한 기후 변화에 의한 빙하의 형성 같은 사실들은 수백 년이나 수천 년에 걸친 점진적 변화가 아니라 40일간의 대홍수와 같은 단시일에 전 세계를 휩쓸었던 전 지구적 대재앙이 있었음을 입증하고도 남는 사실들이다. 어떤 인류학자는 노아의 대홍수로 지구의 전 인류가 그 당시 몰살하지 않았더라면, 자연적 인구 증가율로 환산해 볼 때 현재의 세계 인구는 약 8천억에 달했을 것이라고 설명한다. 노아의 대홍수를 가져왔던 그 엄청난 양의 물이 지구의 대기층이 아니라 외계 우주로부터 운반된 엄청난 양의 물 덩어리에 의한 것이었으리라는 데에 대하여 도날드 패튼이 제기하고 있는 행성의 근접 충돌 현상은 매우 흥미롭고 설득력 있는 설명이다. 이것은 다량의 물을 갖고 있는 외계의 한 물 덩어리 혹성이 지구와 아주 가까이 스쳐 지나가는 동안 엄청난 양의 서리가 지구 표면에 내려 쌓여 두터운 얼음 층을 형성하였고 이 얼음 층이 극지방으로 운반되었는데, 그 뒤 다시 달 크기의 4배 내지 10배나 되는 거대한 혹성과의 근접 충돌로 인한 지열 상승으로 두터운 얼음 층이 증발하였고 그 결과 다량의 비가 일시에 내리게 되었다는 것이다. 거대한 혹성이 지구와 근접하여 지나가는 동안 지표의 약한 부분들이 강력한 인력에 의해 융기하여 산을 형성하고 그 결과 계곡들이 형성될 수 있었을 것이라는 게 그의 흥미로운 추측이다. 패튼의 저서를 통해 그의 연구를 접해보지 않은 채 성경 기록을 부인하고 다윈의 진화론이나 지질학적 연대론 따위에만 매달리는 자들은 자신들의 과학적 무지만을 드러낼 뿐 그 어떤 합리적, 객관적 설득력을 갖지 못한다. 그러나 노아의 대홍수를 인정하게 되면 현대의 과학자들은 불가불 "진화론"을 철회하고 포기하지 않으면 안 될 입장에 놓인다. "진화론"은 모든 생물이 "점진적으로" 발전을 거듭해 왔다고 주장한다. 이것을 뒷받침하려면 갑작스러운 대재앙에 의한 전 지구적인 전면적 멸종 사건과 같은 것이 있어서는 안 되는 것이다. 더구나 창세기 1:2에서와 같은 『**하나님의 말씀**』에 의한 "재창조"를 용납한다는 것은 그들로서는 절대로 있을 수가 없다. 그들은 창세기 6,7장에서의 노아의 대홍수와 같은 대재앙도 마찬가지로 받아들일 수가 없다. 하나님의 명령에 따라 홍수를 피하여 모든 동물들을 그 종류대로 한 쌍씩 방주에 태웠던 결과 이것들이 생존하여 오늘날 지상에 있는 동물들의 조상이 되었다는 것, 현재의 인간도 아담의 자손 중 유일하게 생존한 노아의 가족들에 의해 존속되었다는 것은 단세포 생물체가 점점 복잡한 다세포 생물체로 진화하여 현재의 동식물들이 생겨났다든지, 인류의 조상이 원숭이었다든지 하는 따위와 같은 그들의 진화론에 정면으로 배치되기 때문이다.

"진화론"은 순전히 성경과 하나님을 부인하기 위해 만들어진 가설적 허구다. 그것은 결코 객관적 증거로 입증되는 과학이 아니다. 이것은 하나님의 존재와 그분의 창조를 인간이 믿지 못하도록 하기 위한 사탄적 속임수에 지나지 않는다. 하나님의 존재를 견디지 못해 하는 타락한 인간들이나 이 속임수에 스스로 속기를 즐긴다. 진화론은 과학이 아니라 하나님을 대적하기 위해 발명해 낸 사탄 종교다.

『**이로써 이전에 있던 세상은 물이 범람해서 멸망하였느니라**』(6절).

이 『**범람**』은 노아의 홍수 훨씬 이전에 있었던 창세기 1:2의 사건을 말한다. 창세기 6장의 홍수 때에는 "하늘들"은 아무런 변화가 없었다. 다시 말해서 노아의 홍수 때에는 둘째 하늘의 은하계나 우주의 성운들에 무슨 변화가 있었다는 조짐이나 언급은 어디에도 나타나지 않는다. 땅에서만 홍수가 있었고 따라서 변화는 땅에서만 있었다.

이 구절에서 『**멸망하였느니라.**』고 언급하는 것은 창세기 1:1에서 창조되었던 원래의 『**세상**』이 그 이후 어떤 대재앙으로 말미암아 멸망하였음을 전하는 말씀이다. 따라서 현재의 지구 환경이나 지상의 생물들은 최초의 창조가 아니라 창세기 1:3 이후의 재창조에 의하여 이루어진 것이다. 이 구절은 『**이전에 있던 세상**』이라는 언급이나 『**멸망**』이라는 어휘를 통하여 그 최초의 "세상"에 "하나님의 아들들"에 의한 모종의 "문명"이 존재하고 있었음을 강하게 암시한다. 창세기 1:1에서 창조되었던 지구는 아마도 하나님의 보좌가 있는 유리 바다 "위"에 있었을 것이다. 그러던 것이 대재앙과 함께 유리 바다의 심연 속에 가라앉아 버렸고 이 심연의 표면은 어두움이 덮이게 되었으며 우주의 대폭발과 함께 하나님으로부터 아주 멀리 떨어져 나와 지금의 위치로 옮겨지게 되었다. 그렇기 때문에 현재의 지구는 최초에 창조되었을 당시와는 대기도 다르고 기상 조건도 달라졌으며 모든 지구 환경이나 지상의 형태 등이 판이하게 달라졌을 게 분명하다.

그런데도 현대의 과학자들이나 진화론자들은 계속해서 『**만물은 창조의 시작부터 그대로 있다.**』(4절)고 뇌까리기를 멈추지 않는다. 이들은 성경을 성경이라는 이유로 거부하고 과학도 아닌 과학으로 과학을 가장하여 성경이 전하는 사실적인 진실들을 무조건 부인하는 자들이다. 성경이 말씀하는 진실들을 그 자들이 사실은 몰라서가 아니라 잘 알면서도 『**이것을 고의로 잊으려 함**』(5절)이라고 베드로는 예리하게 지적하고 있는 것이다. 어째서 이들이 고의로 잊으려 하는지에 대해서는 이미 위에서 살펴보았다. 진화론이야말로 19세기에 제기되어 20세기를 거쳐 오늘에 이르기까지 인간이 꾸며 낸 최대의 사기극이다. 진화론은 과학도 아니면서 과학을 가장한 마귀의 종교 철학으로서 천체물리학이나 생물학, 인류학, 동식물학, 생리학 같은 과학 일반은 물론 사회학, 경제학, 정치학, 윤리학 같은 사회과학 분야까지 완전히 장악한 다음 이제는 기독교계에까지 잠식해 들어와 궁극적인 목표인 성경 타도에 전력을 쏟고 있는 중이다. 진화론은 지구상의 모든 생물들이 최초에는 하나의 동일한 물질에서 우발적으로 기원(起源)하여 유물론적 진화과정을 거쳐 현재와 같은 다양한 종류로 분화·발달해 왔다고 보는 가상적인 "설"(說)이다. 그리고 생물의 기원물질이 되었던 그 최초의 유기체 또한 순전히 우발적으로 무생물계에서 합성되어 생물 진화와 흡사한 과정을 거쳐 생성된 물질이었다고 설명한다. 그러니까, 인간과 같은 고등생물도 그 기원을 거슬러 올라가면 하나의 보잘것없는 물질 분자에 불과했었다는 얘기다. 오늘날 대부분의 과학자들은 이 진화론은 모두 받아들이되, 이상한 것은 하나의 과학적 "이론"으로 그것을 받아들이는 것이 아니라 아예 확고한 기정사실로 간주하고 받아들인다. 말하자면, 과학적 "이론"이 되기 위해서 필요한 관찰 가능한 사실들이나 실험을 통해 입증된 객관적 자료의 뒷받침 같은 것을 완전히 결여하고 있음에도 불구하고 이것을 전혀 문제 삼지 않은 채 그들은 이 가설을 반증불가(反證不可)의 기정사실로 수용하는 것이다. 그들이 진화론을 이처럼 반증불가의 명제로 간주하는 것은 성경이 말씀하는 하나님의 창조 사역을 대적하기 위한 도구로 사용하려는 의도 때문이다. 하나님의 창조는 초자연적인 사역이므로 성경 이외의 과학으로는 입증이 불가능하다는 것을 그들은 잘 알고 있는 것이다. 입증 불가능한 창조를 입증 가능한 과학으로는 도저히 설명될 수 없기 때문에 그들은 "입증 불가능한 과학"을 하나 고안해 냈던 것이고 그것이 진화론이라는 것이다. 진화론은 "입증 불가능한 과학"이다. 그래서 진화론은 과학이 아니다. 세상에 입증 불가능한 과학이란 존재할 수가 없기 때문이다. 진화론이 만약 과학이라면 과학으로 입증될 수 있어야 한다. 그러나 진화론은 절대로 과학으로는 입증 될 수가 없다. 그런데도 그들은 진화론이 과학이라고 억지를 부린다. 진화론이 사기극인 이유가 여기에 있다. 그들은 하나님의 진리를 사기로 대적하려는 것이다. 비단 과학뿐만 아니라 모든 분야에 걸친 20세기의 똑똑하다는 모든 똑똑한 현대인들이 모두 다 이 사기극에 걸려들고 말았다. 진화론으로 인하여 현대는 또 하나의 중세 암흑시대가 되고 말았다. 현대인들은 이 암흑 속에 갇힌 채 『**만물은 창조의 시작부터 그대로 있다.**』고 잠꼬대를 한다. 그러나 성경은 『**이전에 있던 세상은...**』, 즉 창세기 1:1의 최초 창조 때 만들어졌던 세상은 『**물이 범람해서 멸망하였느니라.**』고 말씀한다.

3:7 그러나 현재 있는 하늘들과 땅은 그 동일한 말씀으로 보존되어 있으되 경건치 아니한 자들의 심판과 멸망의 날에 불사르려고 간수되어진 것이니라.

8 사랑하는 자들아, 주께는 하루가 천 년 같고 천 년이 하루 같은 이 한 가지를 잊지 말라.

9 주의 약속은 어떤 사람들이 더디다고 생각하는 것같이 더딘 것이 아니라 오직 우리에 대하여 오래 참으시어 아무도 멸망하지 않고 나 회개에 이르게 하려 하심이라.

10 그러나 주의 날이 밤에 도둑같이 오리니 그 날에는 하늘들이 굉장한 소리를 내며 사라지고 우주의 구성 요소들이 맹렬한 불로 녹아 내리며 땅과 그 안에 있는 일들이 타버릴 것이라.

11 그때 이 모든 것이 녹아 버리리니 너희가 모든 거룩한 행실과 경건에 있어 어떠한 사람들이 되어야겠느냐?

『**그러나 현재 있는 하늘들과 땅은 그 동일한 말씀으로 보존되어 있으되 경건치 아니한 자들의 심판과 멸망의 날에 불사르려고 간수되어진 것이니라**』(7절).

『**현재 있는 하늘들과 땅**』은 창세기 1:3이후의 하늘들과 땅이다. 이 하늘들과 땅은 창세기 1:3 이후 오늘에 이르기까지 하나님의 『**동일한 말씀으로 보존되어 있으되**』 요한계시록 20장에서의 『**심판과 멸망의 날**』에 불살라져 사라지고 말 것이다. 지금 이 하늘들과 지구는 심판의 날에 불사르려고 하나님께서 간수하고 계신 것이다.

이 『**현재 있는 하늘들과 땅**』을 『**말씀으로 보존**』하고 간수하고 계신다는 언급에 주목하라. 〈킹제임스성경〉에서 이 『**말씀**』이 5절에서도 그렇고 여기 7절에서도 소문자 "w"로 써서 "word"라고 표기하고 있는 점을 유의해 두라. 이것은 추상적이고 관념적인 어떤 "정신"으로서의 "말씀"이 아니라 문자 그대로 하나님의 말씀, 곧 성경인 것이다. 하늘과 땅을 함께 보존하는 것은 성경이라고 말씀한다. 성경은 또, 전에는 선지자들을 통하여 조상들에게 여러 번에 걸쳐 다양한 방법으로 말씀하신 하나님께서 이 마지막 날들에 이르러서는 『**그의 아들을 통하여 우리에게 말씀하셨으니**』, 하나님의 영광의 광채시고 하나님의 인격의 정확한 형상이신 예수 그리스도께서 『**그의 능력의 말씀으로 만물을 붙들고**』 계신다고 말씀하기도 한다(히 1:1-3). 여기 7절에서의 『**하늘들과 땅은 그 동일한 말씀으로 보존되어**』 있다는 말씀은 바로 이 히브리서 1:3 말씀에 호응하는 언급이다. 하늘들과 땅이 말씀으로 보존하고 있다는 것은 하늘들과 땅을 구성하고 있는 물질 요소들까지 말씀으로 보존하고 있다는 뜻이다. 물론 이 하늘들과 땅은 『**현재 있는**』 하늘들과 땅이지 창세기 1:1에서의 하늘과 땅이 아니다. 이에 대해서는 앞에서 상세히 다루었다.

현재의 하늘들과 땅이 말씀으로 보존되 있으되, 『**그 동일한 말씀**』으로 보존되고 있다고 언급한다. 이것은 하늘들과 땅을 창조하셨을 때의 "그 말씀"과 "동일한" 말씀이라는 뜻이다. 히브리서 11:3은 이렇게 언급한다. 『**믿음으로 우리는 세상들이 하나님의 말씀으로 지어진 것을 깨닫나니 보**

이는 것들은 나타나는 것들로 된 것이 아니니라.』 이 구절에서도 『**말씀**』은 마찬가지로 소문자로 된 "word"이다. 세상들이 창조된 것은 이 『**말씀**』으로 된 것이다. 세상은 눈에 보이지만, 그 세상을 만든 것은 눈에 나타나는 것들로 된 것이 아니라 하나님의 『**말씀**』으로 된 것이다. 『**말씀**』은 만물의 본질적 실체요 근원이다.

골로새서 1:16,17에서 바울은 또 이렇게 적고 있다. 『**이는 만물이 그에 의하여 창조되되 하늘에 있는 것들과 땅에 있는 것들과 보이는 것들과 보이지 않는 것들과 보좌들이나 주권들이나 정사들이나 권세들이나 만물이 그에 의하여 또 그를 위하여 창조되었기 때문이라. 그는 만물 이전에 계시고 또 만물은 그로 말미암아 존속하느니라.**』 만물이 예수 그리스도에 『**의하여**』 창조되었고, 그분을 『**위하여**』 창조되었으며, 또 그분으로 『**말미암아**』 존속한다고 선언한다. 주 예수 그리스도, 그분께서는 만물을 창조하시고 보존하시는 절대적인 하나님이신 것이다. 그렇기 때문에 그분께서는 『**시작**』이시며, 만물 안에서 『**으뜸**』이시다(골 1:18). 히브리서 1:2,3 역시 그분께서 만물의 상속자로 세워지셨고, 또 그를 통하여 세상들이 지어졌다고 천명하고, 그분께서 『**능력의 말씀**』으로 만물을 붙들고 계심을 확인한다. 예컨대, 예수 그리스도께서는 『**말씀**』으로 물질 구성의 기본 단위인 원자 구조까지 붙들고 계셔서 폭발을 저지하고 계신 것이다. 〈킹제임스성경〉이 만물을 보존하고 있고 모든 물질 원자의 역학적 구조를 붙들고 있어 폭발을 억제하고 안정을 유지하고 있다는 것이다. 모든 물질의 기본 구성 요소는 원자라는 미세한 입자이다. 이 입자 속에는 양전하를 띤 양자가 있고, 음전하를 띤 전자가 있으며, 전하를 띠지 않은 중성자가 있다. 그리고 이 양자와 전자 및 중성자는 서로 힘의 균형을 이루는 가운데 제자리를 지키고 있다. 이 힘의 균형이 무너지면 원자는 폭발하면서 엄청난 에너지를 발산하고 물질 자체는 다른 물질로 변질되고 다른 물질에까지 영향을 미쳐 변질시키고 만다. 핵 물질이니 방사능 물질이니 하는 것들이 무서운 위력을 갖는 것은 이 때문이다. 당신이 방사능에 피폭되면 당신 몸을 구성하고 있는 단백 분자 속의 모든 원자들이 와해되고 붕괴되어 세포들이 괴사하고 만다. 당신의 몸을 구성하고 가장 기본적인 요소들이 근원적으로 파괴되고 마는 것이다. 이것은 사람의 몸뿐만 아니라 모든 물질들이 마찬가지다. 이렇게 되면 우주 만물의 보존은 불가능해진다. 핵폭탄이 가공할 만한 위력을 갖는 것은 이 때문이다. 그래서 어떤 힘이 원자 내 입자들의 세력 균형이 유지되도록 양자와 전자와 중성자를 창조 당시의 상태대로 붙잡고 있지 않으면 안 되는 것이다. 원자를 이런 식으로 최초에 만든 것은 어떤 근본이 있었을 것이다. 이 원자의 질서를 유지하고 있는 것도 이 근본이다. 이 근본을 "본질"이라고도 이름한다. 이 근본, 이 본질이 하나님의 『**말씀**』, 곧 예수 그리스도이신 것이다. 하나님께서 말씀들을 영감으로 기록되게 하시고 그 기록을 섭리로 보존하신 유일한 성경이 〈킹제임스성경〉이다. 그렇기 때문에 〈킹제임스성경〉에 담겨 있는 말씀들이 물질 원자의 폭발을 저지하고 만물을 붙들고 있는 것이다. 황당한 얘기처럼 들리겠지만, 이것은 성경 자체가 확언하고 있는 엄연한 사실이다. 당신이 사물의 "본질"이라는 개념을 이해하고 있다면, 이것은 결코 황당한 얘기가 아니라는 것을 어렵지 않게 수긍할 수 있을 것이다. 하나님의 말씀은 모든 사물의 본질이요, 근원인 것이다. 하나님의 말씀이 "진리"인 까닭이 여기에 있다. 『**아버지의 말씀은 진리니이다**』(요 17:17). "진리"란 사물의 근본, 즉 본질을 말한다. 그래서 하나님의 말씀은 사물의 근본이다. 철학에서는 이 근본을 "정신"이라고도 부르고, 물리학에서는 "에너지"라고도 부른다. 그러나 우리의 성경은 이것을 "말씀," 또는 "진리"라고 부르고, 이것이 곧 주 예수 그리스도시라고 가르친다. 예수 그리스도께서는 우주 만물을 창조하셨고 또 그것들을 보존하고 계신다. 언제까지 말인가? 『**심판과 멸망의 날**』에 불사르게 될 때까지(7절) 말이다. 『**경건치 아니한 자들**』, 즉 구원받지 않은 모든 마귀의 자식들을 심판하시고 멸망시키시는 날, 여태까지 만물을 보존하고 계신 주님께서 그 손을 놓으시는 날, 우주는 대폭발과 함께 눈 깜짝할 사이에 모든 것이 불타 사라지고 말 것이다. 불타 버리면 재만 남는다. 일단 재로 변하면 다시는 원상대로 복원되지 못한다. 핵폭발과 같은 재앙은 우주를 불태워 없애는 하나님의 방식 중 한 가지가 될 것이다. 지금 하늘들과 땅이 하나님의 말씀에 의하여 보존되고 있는 것은 심판과 멸망의 날에 하나님께서 이런 방식으로 불살라 없애기 위해서라고 7절은 말씀한다. 그런즉, 지금 인간들에 의해 핵전쟁이 벌어져 지구가 멸망하리라는 걱정은 안 해도 된다. 지구는 강대국들의 핵전쟁으로 멸망하도록 프로그램 돼 있는 게 아니라 하나님께서 멸망시키시도록 프로그램 돼 있는 것이다. 현재의 지구는 하나님께서 멸망시키시지 인간이 멸망시킬 수가 없다는 얘기다. 핵전쟁은 인간을 공포로 몰아넣고 그 공포 가운데서 세계 인류를 지배코자 하는 세상 권세들이 통치 수단으로 쓰는 위협에 불과하다. 지구는 하나님에 의해 멸망하게 될 것이다. 그리고 새 하늘과 새 땅과 새 예루살렘이 출현하게 될 것이다. 구원받지 못한 죄인들은 마귀와 함께 불못에 던져져 영원토록 거기에 갇혀 고통 속에 살게 될 것이요, 지금 이 은혜 시대에 구원받은 "교회"는 새 예루살렘에서, 유대인은 새 땅에서, 그리고 대환란 이후 구원받게 될 이방인들은 새 하늘에서 영원토록 살게 될 것이다. 이것이 성경이 밝히고 있는 하나님의 마스터플랜이다. 하나님의 말씀을 조롱하다가 큰코다치지 말라. 하나님의 말씀은 결코 조롱의 대상이 아니다. 성경 말씀에 진지하게 귀를 기울여라. 성경은 결코 아무렇게나 귓가에 흘려들어도 되는 책이 아니다. 말씀을 우습게 여기는 것은 자신의 본질과 자신을 보존해주고 있는 근본을 우습게 여기는 것이다. 말씀을 부인하고 거부하는 것은 자신의 존재 이유와 그 기반 자체를 부인하고 거부하는 짓이다. 그래서 말씀을 거부하는 것은 엄청난 자가당착이다. 성경은 이것을 “어리석다.”고 표현한다. 실로 이보다 더 어리석은 짓이 어디 있는가? 어리석고 현명하다는 것은 이 세상에서 잘 살고 못사는 차원에 머무르는 문제가 아니다. 어리석고 현명하다는 것은 영원 세계에까지 직결되는 중대한 문제다. 하나님께서는 경건한 자들을 이 엄청난 재앙에서 건져내시고 불의한 자들을 영원한 형벌에 처하도록 하는 심판 계획을 갖고 계신다. 이것은 지금 우리가 읽고 있는 베드로후서 2:9에서도 천명된 바 있는 사실이다. 『**주께서는 어떻게 경건한 자들을 시험에서 구해 내시고 불의한 자들을 형벌에 처할 심판의 날까지 가두실 것을 아시느니라**.』 우리의 죄들을 대속하시기 위해 갈보리 십자가에 달려 죽으셨다가 죽은 자들로부터 다시 일으켜지셔서 의를 선포하시고 하늘에 올라 지금 하나님의 보좌 우편에 앉아 계시는 주 예수 그리스도께서는 이제 이 지상에 재림하셔서 7년 대환란을 종결하시고 천년왕국에서 지상을 통치하실 것이다. 이 천년왕국이 종료되면 백보좌 심판이 열리고 경건치 못한 자들, 불의한 자들, 즉 주 예수 그리스도를 믿지 않으므로 구원받지 못한 모든 자들을 불못에 던져 넣으실 것이다. 주님께서는 이 백보좌 심판의 날까지 이들을 지옥에 가두어 두셨다가 백보좌 심판석 앞으로 끌어내실 것이다. 이 때 이미 주님의 면전에서 땅과 하늘이 사라졌고 이들이 설 자리도 사라져 없어진 뒤인지라, 이들에게는 불못만이 기다리고 있을 뿐이다(계 20:10-15). 이때는 사망과 지옥 자체도 불못에 던져진다. 성경은 이것을 『**둘째 사망**』이라고 지칭한다(계 20:14). 백보좌 심판은 “일곱째 날”이 아니라 “여덟째 날”에 해당하는 시점에 있게 된다. 이것은 처음 하늘과 처음 땅은 사라지고 새 하늘과 새 땅, 그리고 새 예루살렘이 출현하기 직전의 시점인 것이다.

『**사랑하는 자들아, 주께는 하루가 천 년 같고 천 년이 하루 같은 이 한 가지를 잊지 말라**』(8절).

유명한 구절이다. 『**잊지 말라.**』 사악한 자들은 하나님의 말씀을 『**고의로 잊으려**』(5절) 하지만, 그들이야 어찌하든 당신만은 기억해 두라. 하나님께서는 창세기 1장에서 엿새 동안 창조 사역을 진행하시고 일곱째 날에 비로소 안식하셨다. 이것은 왕국 시대 천년 기간에 주님께서 안식하실 것을 예표한다. 이것은 창세기 1:2에서의 하나님의 재창조 이후 율법 시대 이전 2천 년과 율법 시대 2천년, 그리고 신약 시대 2천년, 모두 6천 년이 지난 지금 이 시점이 안식의 "일곱째 날"에 들어서는 문턱을 넘는 시점임을 시사하는 계시라는 점에서 매우 중대한 의미를 갖는다. 지금 우리는 주님께서 안식하실 "일곱째 날," 그 일곱 번째 천 년 기간인 왕국 시대의 도래가 임박해 있는 시점에 와 있는 것이다. 이 "일곱째 날"에 주님께서 안식하셨듯이 "일곱째 날" 천년왕국 기간에 주님과 이 땅이 안식하게 될 것이다. 이 땅은 마귀가 지옥에 던져지게 될 때까지는 안식하지 못한다. 『**그러나 너는 지옥까지 끌어내리질 것이요, 구덩의 사면에까지 끌어내리지리라.**』(사 14:15)고 성경은 마귀에게 이미 선언해 놓았다. 이를 위해서 주님의 재림이 먼저 이루어질 것이다. 주님의 재림이 있기 위해서는 먼저 7년 대환란이 지상에 펼쳐질 것이다. 모든 그리스도인들은 대환란 직전 주님께서 공중 재림하실 때 모두 구름 위로 들려 올라가게 될 것이다. 그리고 지상 재림하신 주님께서 7년 대환란을 평정하시고 몸소 지상을 통치하시는 천년왕국 시대가 열리는 것이다. 그러나 구원받지 못한 자들은 지상에 남아 극심한 재난의 고통 가운데서 모두 죽어갈 것이다. 그리고 그 혼들은 모두 마귀와 함께 백보좌 심판 때까지 끝없이 깊은 구렁에 갇혀 있게 될 것이다. 백보좌 심판이 있기까지 이 땅은 안식에 들어간다. 『**아래로부터 지옥이 너로 인하여 움직여서 네가 올 때 너를 맞이하려 하는도다. 그**

것이 너로 인하여 죽은 자들을 움직이니 곧 땅의 모든 지도자들이라. 또 그것이 민족들의 모든 왕들을 그들이 보좌에서 일어서게 하였도다. 그들 모두가 네게 일러 말하기를 "너도 우리처럼 연약하게 되었느냐? 너도 우리와 같이 되었느냐? 하리로다.』(사 14:9,10)라고 성경은 말씀한다. 이처럼 마귀는 무력해져서 끝없이 깊은 구렁에 끌어내려지게 될 때, 『**온 땅이 평안하고 조용하니 그들이 노래는 부르는도다.**』(사 14:7)라고 성경이 묘사하고 있는 시대가 열리게 된다. 이 땅은 비로소 천 년 동안의 안식에 들어가게 되는 것이다. 이것이 곧 안식의 "일곱째 날"이다.

천 년 동안의 "일곱째 날"이 끝나면, "여덟째 날"이 시작된다. 이 날은 백보좌 심판이 끝나고 영원 시대가 열리는 날이다. 베드로가 여기 8절에서 『**주께서는 하루가 천 년 같고 천 년이 하루 같은 이 한 가지를 잊지 말라.**』고 역설하고 있는 까닭은 바로 이 사실을 당신에게 일깨워주기 위함이다. 이것이 성경이 밝히고 있는 하나님의 "세대적 경륜의 진리"(Dispensational Truth)이다. 이것은 성경의 전천년주의를 무시하는 후천년주의자들이나 무천년주의자들이 알지 못하고 깨닫지도 못하는 진리다. 하나님의 말씀을 『**고의로 잊으려**』 하는 그 자들은 『**그가 온다는 약속이 어디 있느냐? 조상들이 잠든 이래로 만물은 창조의 시작부터 그대로 있다.**』(4절)고 주장하면서 사람들을 속인다. 지상평화를 믿는 로마카톨릭과 공산주의자들, 모든 정상배들과 타락하고 배교한 개신교 교파들은 모두가 무천년주의자들이고 후천년주의자들이다. 이들은 성경이 제시하는 하나님의 전천년주의 "세대적 경륜의 진리"를 『**고의로**』 무시하는 자들이다. 전천년주의는 사람이 만들어낸 "설"이나 "주의"가 아니라 성경 자체가 전천년주의이다. 무천년주의자들이나 후천년주의자들이 하나님의 경륜을 『**고의로**』 무시하는 이유는 다음 9절에서도 언급하듯이 『**아무도 멸망하지 않고 다 회개에 이르게 하려**』 하시는 하나님의 뜻을 방해하려는 마귀의 계획에 동조하기 위함이다. 예수 그리스도의 재림은 없다, 있더라도 지상평화가 건설된 다음에나 있게 될 것이다, 그러니 다급하게 생각할 필요가 없다, 먼저 이 땅 위에 우리 손으로 지상 평화를 건설하는 것이 급선무다, 이렇게 사람들을 가르치고 선동하는 자들이 그들이다. 그들에게는 구원이니 복음 전파니 하는 따위는 중요하지가 않다. 중요한 게 아니라 이것을 방해하고 막는 자들이다. 이 은혜 시대에 구원받은 사람들은 대환란을 겪지 않고 들려 올라가 지상에서 대환란이 진행되고 있는 동안 셋째 하늘에 올라가 있게 되고, 대환란이 끝나고 천년왕국이 펼쳐질 때 자동적으로 그 일곱째 날 안식에 들어가게 된다. 만약 지금 구원받지 않는다면, 당신은 지상에 남아 대환란을 통과해야 하고 그때 가서야 극심한 재난과 고통 가운데서 예수 그리스도를 믿고 행위로 그것을 지켜 구원을 받되, 끝까지 행위로 견뎌 내야만 이 "일곱째 날" 안식에 들어갈 수가 있게 된다. 이것이 얼마나 어려운 일인가는 요한계시록을 읽어 본 사람이면 다 안다. 당신이 대환란 기간에 구원받는다는 것은 사실상 불가능한 일이다. 가령, 대환란 기간에 당신이 어렵게나마 구원을 받았다고 치자. 하지만, 먹고 살기 위해 식료품 가게에 가서 식량을 사려면 먼저 "짐승의 표"를 오른손이나 이마에 받아야만 한다. 그렇지 않고서는 물건을 사고파는 행위가 금지된다(계 13:16,17). 아니, 그보다도 먼저 당신이 생명을 부지하려면 "짐승의 형상"에게 경배하지 않으면 안 된다(계 13:15). 그러나 당신이 살기 위해 "짐승의 형상"에게 경배하고 "짐승의 표"를 오른손이나 이마에 받고도 당신의 구원이 유지되고 천년왕국의 안식에 들어갈 수 있을 것 같은가? 어림도 없는 소리다. 성경은 이렇게 잘라 말씀한다. 『**누구든지 그 짐승과 그의 형상에게 경배하고 그의 표를 자기 이마나 손에 받는다면 그 역시 하나님의 진노의 포도주를 마시게 되리니, 그것은 그의 진노의 잔에 혼합하지 않고 부은 것이니라. 또 그 사람은 거룩한 천사들의 면전과** 어

린양의 면전에서 불과 유황으로 고통을 받으리니, 그 고통의 연기가 영원 무궁토록 올라가리라. 그 짐승과 그의 형상에게 경배하고 그의 이름의 표를 받는 자는 누구든지 밤낮 쉼을 얻지 못하리라』(계 14:9-11). 지금 이 은혜 시대에 아무런 대가를 지불하지 않고도 주 예수 그리스도를 믿기만 하면 하나님의 은혜로 받을 수 있는 구원을 뿌리친 당신이거늘, 대환란 시대에 구원을 받고 짐승의 형상에게 경배하지 않으며 짐승의 표도 받지 않은 채 그 믿음을 지켜 끝까지 견디리라는 것을 어떻게 장담할 수 있단 말인가? 그런즉, 지금 당장 구원받지 않으면, 당신은 그것으로 끝장이다. 당신이 갈 곳은 지옥뿐이라는 말이다. 당신이 대환란 시대에 구원을 받는다는 것 자체가 불가능한 일인 데다가 구원받더라도 그 구원의 확신과 소망의 기쁨을 끝까지 굳게 붙잡는다는 것은 도저히 불가능하다는 것, 그렇기 때문에 당신은 천년왕국의 안식은커녕 불과 유황이 불타는 지옥에 갈 수밖에 없으리라는 것을 절대로 가볍게 생각하지 말라. 『**그리스도는 자기 자신의 집을 맡은 아들이니, 만일 우리가 확신과 소망의 기쁨을 끝까지 굳게 붙들면 우리가 그의 집이라.**』(히 3:6)고 성경은 말씀한다. 이것은 대환란 관련 구절이다. 당신이 비록 그리스도께서 지켜주실 그분의 『**집**』이라 하더라도 확신과 소망의 기쁨을 끝까지 붙들지 않으면 그리스도께서도 당신을 지켜주지 않으신다고 말씀한다. 대환란 때 받는 구원이란 이렇게 영속성이 보장되지 않는다. 대환란 때 구원받게 될 사람은 믿음을 끝까지 고수하지 않으면 그 믿음은 처음부터 없는 것이나 다름이 없고 구원은 취소되고 만다. 이스라엘은 하나님의 백성이면서도 출애굽하여 광야에서 방황하던 40년에 걸친 시험의 날 동안 그들의 마음을 완악하게 하여 하나님을 시험하여 범죄하였고, 하나님께서는 그 세대에 대해 노여워 말씀하시기를 "그들은 항상 마음이 미혹되어 내 길들을 깨닫지 못하였느니라."고 하셨으며, 진노 가운데서 맹세하시기를 "그들은 내 안식에 들어오지 못하리라."고 선언하셨음을 히브리서 3:7-11은 확인하고 있다. 그리하여 성경은 이스라엘에 대하여 『**형제들아, 너희 중에 아무도 믿음 없는 악한 마음으로 살아 계신 하나님에게서 떨어지지 않도록 주의하라.**』(히 3:12)고 경고하고 있는 것이다. 40년 광야 생활이라는 시험의 때에 이스라엘 전체가 다 그러했던 것은 아니고 일부는 끝까지 믿음을 버리지 않았으며, 따라서 이들에게는 하나님의 안식에 들어갈 약속이 계속 유효했기 때문에, 대환란 기간에 어떤 일이 있더라도 복음을 버리지 않도록 하라고 히브리서는 유대인들에게 쓰고 있음을 우리는 읽는다. 하나님께서 사십 년 동안 누구에게 노여워하셨느냐? 범죄하여 그들의 시체가 광야에 쓰러진 자들에게가 아니냐? 또 하나님께서 누구에게 맹세하시어 그의 안식에 들어오지 못하리라고 하셨느냐? 믿지 아니한 자들에게 하신 것이 아니냐? 하고 이스라엘에게 묻고 있는 히브리서 3장은 『**오늘 너희가 그의 음성을 듣거든 격노의 때와 같이 너희 마음을 완악하게 하지 말라.**』(히 3:15)고 경고하면서, 하나님의 백성에게 한 안식이 남아 있으되(히 4:9), 이것이 비록 『"**...세상의 기초가 놓인 때부터 완성되었을지라도, 그가 말씀하시기를 "내가 내 진노중에 맹세하였거니와 '그들이 내 안식에 들어오려면'이라 하였도다."라고 하신 대로**』(히 4:3) 대환란 기간 동안 끝까지 믿음을 지키도록 거듭거듭 강조하고 또, 『**그의 안식에 들어갈 한 약속이 우리에게 남아 있는 이상, 너희 중에 혹 그것에 이르지 못할 자가 있을까 두려워해야 하리라.**』(히 4:1)는 충고와 함께 『**우리가 그 안식에 들어가도록 힘써야 하리니 이는 아무도 똑같은 믿음 없음의 본에 빠지지 않게 하려 함이라.**』(히 4:11)고 반복적으로 촉구하고 있는 것으로 보아 이것이 사실상 얼마나 어려운 일인가를 우리는 짐작하고도 남는다. 히브리서의 이 부분은 교리적으로는 명백하게 대환란 관련 구절들이고 역사적으로는 이스라엘의 과거 출애굽 당시의 40년 광야 생활을 다루고 있지만, 또 한편 영적으로는 이 시대의 모든 그리스도인들이 믿음에서 떨어져 나가지 않도록 경고하고 있는 말씀이기도 하다. 교리적으로 이 시대의 그리스도인들이 믿음에서 떨어져 나간다고 해서 구원이 취소되는 것은 아니지만, 유업의 보증은 취소될 수 있다는 점에 유념해 둘 필요가 있다. 대환란 관련 구절에서 흔히 반복되는 "끝까지"라는 말을 그렇게 가볍게 생각하지 말라. 우리가 어째서 이토록 힘든 고생을 할 필요가 있단 말인가? 지금이라도 당신이 죄인임을 자백하고 주 예수 그리스도를 믿고 그분을 구주로 영접하기만 하면 영원히 보장되는 구원을 받게 되거늘, 어째서 이것을 거부하고 대환란의 고통을 겪다가 지옥에 던져지는 어리석음을 자초한단 말인가? 지금 구원받으면 당신은 영원히 그리스도께 참여한 자가 되지만, 대환란 때가 되면 당신이 설사 구원받더라도 『**처음의 확신을 끝까지 견고하게 붙들면 그리스도께 참여한 자**』(히 3:14)가 될 수 있고 그렇지 않으면 당신은 하나님에게서 떨어나가고 만다. 그러나 지금 구원받으면 당신은 성령으로 인침을 받아 영원한 구원의 보장을 받고 또 그 믿음에서 떨어져 나가지 않고 끝까지 그 믿음을 지키고 그분을 신뢰하면 천년왕국에서의 유업을 보증 받게 된다. 『**너희도 진리의 말씀, 곧 너희 구원의 복음을 듣고서 그분을 신뢰하였으니 또 너희가 그분을 믿고서 약속의 그 성령으로 인침을 받은 것이니라. 이는 값 주고 사신 그 소유를 구속하기까지 우리의 유업의 보증이 되사 그의 영광을 찬양케 하려 하심이니라.**』(엡 1:13,14)고 성경은 말씀한다.

『**주의 약속은 어떤 사람들이 더디다고 생각하는 것같이 더딘 것이 아니라 오직 우리에 대하여 오래 참으시어 아무도 멸망하지 않고 다 회개에 이르게 하려 하심이라**』(9절). 하나님의 약속은 반드시 성취되기 때문에 당신이 생각하는 것만큼 더딘 것이 아니다. 여기서 "더디다."(slack)는 것은 시간적으로 지연된다는 뜻만이 아니라 확고하지 못하고 느슨하다(loose)는 뜻을 함께 함축한 말이다. 하나님의 약속은 결코 확고하지 못하거나 느슨한 게 아니다. 여기서 언급하는 『**주의 약속**』은 특히 13절의 『**의가 거하는 새 하늘들과 새 땅**』에 관한 약속을 말한다. 하나님께서 새 하늘들과 새 땅에 관해 하신 약속은 절대로 확고하다. 새 하늘들과 새 땅이 펼쳐지기 위해서는 먼저 예수 그리스도의 재림과 천년왕국의 도래가 있어야 한다. 그분께서는 이를 위해 반드시 오신다. 그분께서 성경의 마지막 장을 끝내시면서 하신 약속도 바로 이것이었음을 잊지 말라. 『**반드시 내가 속히 오리라.**』(계 22:20)고 그분께서는 약속하셨다. 그러므로 『**그가 온다는 약속이 어디 있느냐?**』(4절)고 함부로 말하지 말라. 이것은 믿음이 없고 구원받지 못한, 그리스도인들과는 상관도 없는 『**어떤 사람들**』이나 철없이 지껄이는 소리다. 갈보리 십자가가 갖는 그 위대한 대속의 의미를 전혀 알지 못하는 무지한 자들이나 『**그가 다른 사람들은 구원하였으나 자기 자신은 구원하지 못하는도다. 그가 이스라엘의 왕이면 지금 그 십자가에서 내려와 보라고 하라.**』(마 27:42)고 조롱한다. 이들은 이스라엘의 대제사장들과 서기관들과 장로들과 동조하는 자들이다. 이런 소리는 예수 그리스도의 부활을 믿지 않는 자들이나 지껄이는 소리다. 이런 소리는 예수 그리스도의 하나님의 아들이심을 믿지 못하는 영적 소경들이나 하는 소리다. 그들이야 뭐라고 말하건, 그분께서는 반드시 오실 테니 걱정하지 말라. 하나님께서는 『**오래 참으시어**』 당신으로 하여금 멸망하지 않고 회개하고 구원에 이를 수 있는 기회를 지금 주고 계신다는 것을 잊지 말라. 『**아무도 멸망하지 않고 다 회개에 이르게 하려 하심이라.**』는 구절에 밑줄을 그어두고 기억해 두라. 하나님께서는 『**아무도**』 멸망하는 것을 원치 않으신다. 하나님께서는 누구나 『**다**』 지옥으로부터 구원받게 되기를 바라신다. 칼빈은 이 구절을 "그리스도인들에 대하여 오래 참으시어 모든 그리스도인들은 아무도 멸망하지 않고 다 회개에 이르게 하려 하신다."고 읽는다. 웃기는 소리다. 그는 『**아무도**』를 "택함 받은 자들"에게만 국한시키고 『**다**』 역시 "구원받도록 예정된 자들"만으로 제한한다. 그는 하나님의 의도를 제멋대로 제한하고 국한시키는 이단 교리를 퍼뜨렸다. 주님께서는 결코 멸망하지 않을 사람을 따로 제한하지 않으신다. 그분께서는 반드시 오신다. 그분의 약속은 반드시 성취된다. 성경을 통하여 약속하신 것들 중 어느 것 하나라도 주님께서 지키지 않으신 것이 있다면 대 보아라. 2천 년 전에 하셨건, 3천 년 전에 하셨건, 주님의 약속은 반드시 이루어진다. 천 년이라 봤자 그분께는 하루 24시간에 불과하고 2천 년이라 봤자 그분께는 단 이틀에 불과하다. 그분의 약속 성취는 결코 더딘 것이 아니다. 그분께서는 겨우 이틀밖에 안되는 시간이었지만, 우리에게는 이미 2천 년이라는 시간을 주셨다. 이제 그분께서 일하시는 엿새는 다 끝나간다. 이제는 그분께서 안식하실 일곱째 날이 임박했다. 당신에게는 이제 남은 시간이 없다. 지금 당장 그분을 믿고 구원받아 지옥을 모면하라. 기회는 지금뿐이다. 그분께서는 이미 『**우리에 대하여 오래 참으시어**』 오셨다. 여기서 『**우리에 대하여**』(us-ward)란 특정한 누구를 말하는 게 아니라 "누구나 다에 대하여"라는 뜻이다. 이것은 칼빈주의자들이 말하듯 "예정되고 선택받은 우리에 대하여"가 아니다. 만약 이것이 "예정되고 선택받은" 어느 특정한 자들만이라면 하나님께서 그토록 오래 참으실 이유가 하나도 없다. 어차피 예정되고 선택받은 자들이라면 멸망할 까닭이 없기 때문이다. 멸망할 까닭이 없는 자들인데 무엇 때문에 다 회개에 이르도록 기다린단 말인가? 이들이 끝내 회개하지 않는다면 하나님께서는 엄청난 딜레마에 빠지게 되실 것이다. 멸망하지 않도록 "창세 이전부터" 예정해 놓으셨고 일곱째 날 안식의 경륜은 눈앞에 임박해 오는데, 이것들이 도무지 회개할 줄을 모르고 날뛰고 있으니 "예정"을 변경할 수도 없고 "선택"을 취소할 수도 없으며 그렇다고 무턱대고 기다릴 수도 없지 않은가? 하나님을 이토록 멍청한 분으로 만들어 놓고 난처한 입장에 처하도록 하는 칼빈주의자들이야말로 유례없는 멍청이들이다.

칼빈주의자들은 하나님의 구원 계획과 관련하여 자기네들의 생각을 변호하기 위하여 "누구든지"(whosoever)라든지, "누구나"(any)라든지, "다"(all)라든지, "모든 사람"(every one) 같은 단어들은 모두 『**고의로**』(5절) 외면해 버린다. 그들은 성경에서 "택함 받은 자들"(the elect)이라는 말만 나오면 넋을 잃고 모든 지성이 마비돼 버린다. 우리는 이미 베드로전서 1:2을 공부하면서 『**택함받은 자들**』이 갖는 진정한 의미에 대해 살펴보았다. 『**곧 하나님 아버지의 미리 아심을 따라 성령의 거룩케 하심을 통하여, 순종함과 예수 그리스도의 피뿌림으로 택함받은 자들에게** *편지하노니*, **은혜와 평강이 너희에게 충만할지어다.**』라고 베드로전서 1:2은 언급한다. 한 마디로 『**택함받은 자들**』이란 구원받은 자들이라는 뜻이다. 구원받았다는 자체가 택함 받은 것이요, 구원받는 순간 당신은 하나님께 택함 받은 사람이 된다는 얘기다. 위의 베드로전서 1:2을 다시 한 번 주의 깊게 읽어 보라. 당신이 구원받는 순간 성령께서 당신 안으로 들어오신다. 성령께서 당신 안으로 들어오시면 당신은 『**성령의 거룩케 하심**』으로 거룩하게 된다. 구원받는 순간 그리스도의 몸 안으로 침례받은 당신은 그리스도로 옷입게 되었으므로(갈 3:27) 거룩한 존재가 될 수밖에 없다. 당신이 구원받은 것은 그리스도의 죽음 안으로 침례를 받아 그리스도와 함께 장사되었고 그리스도의 부활하심으로 영원한 생명 가운데로 들어간(롬 6:3,4) 사람이기에 다른 사람과는 완전히 다른 사람이 된 것이다. 성경은 이에 대해 『**유대인이나 이방인이나, 종이나 자유인이나 한 성령에 의하여 우리 모두가 한 몸 안으로 침례를 받았으며 또 모두가 한 성령 안으로 마시게 되었느니라.**』(고전 12:13)고 말씀한다. 다시 말해서, 한 성령 안으로 마시게 된 사람은 영원 전부터 택함 받기로 따로 예정되어 있었던 게 아니라는 얘기다. 『**유대인이나 이방인이나, 종이나 자유인이나**』 누구든지 주 예수 그리스도를 믿고 그분을 구주로 영접하여 거듭나기만 하면 그 사람은 택함 받은 사람이라는 말이다. 이들은 복음에 순종한 사람들이다. 누구든지 복음에 순종하면 예수 그리스도의 피뿌림으로 죄사함을 받고 구원받아 하나님의 자녀로 택함을 받게 된다. 『**...순종함과 예수 그리스도의 피뿌림으로 택함받은 자들**』이라는 베드로전서 1:2의 말씀이 바로 그 말씀인 것이다. 이 말을 바꾸어 표현하면, 누구라도 복음에 순종하지 않으면, 즉 누구라도 예수 그리스도의 피뿌림으로 죄사함 받고 구원받지 못하면, 『**택함받은 자**』가 될 수 없다는 말인즉, 미리 택함 받기로 예정되어 있는 사람이 따로 있는 게 아니라는 말이다. 당신이 구원받았다면 그것은 그렇게 되기로 영원 전부터 미리 예정되어 있었기 때문이 아니라 당신이 복음에 순종하여 예수 그리스도의 피뿌림을 믿음으로써 그 피뿌림을 받아 그리스도의 피뿌림이 당신에게 효력을 발생했기 때문이다.

당신이 이렇게 택함 받게 된 데에는 또 한 가지 중요한 조건이 있었는데, 그것 역시 베드로전서 1:2에서 극명하게 언급되고 있듯이 『**하나님 아버지의 미리 아심**』이 있었던 것이다. 이것은 칼빈주의자들이 내세우는 "무조건적으로 택함 받음"이라든지, "절대적으로 예정돼 있음" 따위를 간단히 일축해 버린다. 로마서 8:29은 『**그분께서는 미리 아신 자들을 자기 아들의 형상과 일치하게 하시려고 또한 예정하셨으니...**』라고 언급한다. 하나님께서는 당신을 구원하시기로 미리 예정하신 것이 아니라 당신이 복음에 순종하여 구원받게 되리라는 것을 『**미리 아신**』 것이다. 그래서 당신이 구원받게 되면 당신으로 하여금 『**자기 아들의 형상과 일치하게 하시려고**』 예정하셨다. 하나님께서는 당신이 복음에 순종하여 그리스도의 피뿌림을 받게 되리라는 것을 미리 아셨기 때문에 당신을 그리스도와 일치하게 하시려고 예정하실 수가 있었던 것이다. 하나님의 "미리 아심"이 전제되지 않았더라면 "예정"이란 성립할 수조차 없었다는 얘기다. 따라서 칼빈주의자들이 말하는 "무조건적으로 택함 받음"이니, "절대적으로 예정됨"은 모두가 꾸며 낸 거짓말이다. 하나님께서는 당신이 주 예수 그리스도를 믿고 구원받게 될 줄을 미리 아셨다. 전지(全知)하신 하나님께서 이것을 모르셨을 리가 없다. 당신이 하나님의 아들이신 주 예수 그리스도를 믿고 거듭나 구원받게 되리라는 것을 『**미리 아신**』 하나님께서는 당신을 위해 "예정"해 놓으신 것이 있는데, 그것은 당신이 구원받고 『**자기 아들의 형상과 일치하게**』 하시려는 것이었다. 따라서 당신이 구원받은 후 예수 그리스도의 형상과 일치해 가는 것은 필연적인 수순이다. 그것은 당신을 위해 하나님께서 예정해 놓으신 것이기 때문이다. 하나님께서 미리 아신 대로 일단 구원받고 나자 당신은 하나님께서 마련해 놓으신 모든 수순을 밟지 않으면 안 되게 되었다.

『**아들의 형상과 일치**』한다는 것이 무엇인가? 그것은 구원받고 거듭난 사람이 무엇보다도 그리스도의 고난에 동참하지 않으면 안 된다는 뜻이다. 이에 대해 예수 그리스도께서는 자기 십자가를 지지 않고 주님을 따르는 자는 주님께 합당치 않다고 선언하셨고(마 10:38), 누구든지 주님을 따라가려면 자기를 부인하고 자기 십자가를 지고 주님을 따르라고 명령하셨던 것이다. 바울을 위시한 사도들과 우리 믿음의 선배들은 모두 이렇게 했던 사람들이다. 바울은 이에 대해 『**...나에게는 우리 주 예수 그리스도의 십자가 외에는 결코 자랑할 것이 없나니 그로 인하여 세상이 나에게 십자가에 못박히고 나도 세상에게 그러하니라.**』(갈 6:14)고 말한다. 이것은 어디까지나 당신이 구원받을 것을 하나님께서 미리 아신 대로 당신이 구원받았기 때문에 이렇게 하도록 하나님께서 당신을 위해 예정하신 일이지, 하나님께서 당신을 택하기로 미리 예정해 놓으셨기 때문에 당신이 그렇게 된 것이 아니다.

이만하면 칼빈주의 사상이 거짓말이라는 것을 충분히 알게 되었을 것이다. 칼빈주의 사상은 일부 몰지각한 사람들이 지어 낸 한낱 엉터리 철학 사상이다. 그것은 성경이 말씀하는 하나님의 진리와는 전혀 무관하다. 하나님께서는 누가 구원받도록 예정해 놓으신 게 아니라 누가 구원받게 될 것인지를 미리 아신다. 그래서 그들이 『**아무도 멸망하지 않고 다 회개에 이르게**』 되기를 바라시면서 오래 참고 계신다. 우리 그리스도인들이 아직도 구원받지 못한 죄인들에게 열심히 복음을 전파하고 그들의 혼을 그리스도께로 이겨오기 위해 열심을 다하는 까닭은 하나님의 이 바라심을 성취시키기 위함이다. 그들이 모두 구원받으려면 그들에게 복음을 전하지 않으면 안 된다. 믿음은 하나님의 말씀을 듣는 데서 나오기 때문에 (롬 10:17) 우리는 그들에게 열심히 복음을 전해 주어야 하고 이것은 모든 그리스도인들에게 지워진 지상명령이다. 『**하늘과 땅에 있는 모든 권세를 나에게 주셨도다. 그러므로 너희는 가서 모든 민족들을 가르치고,** 아버**지와** 아**들과 성령의 이름으로 침례를 주며 내가 너희에게 명령한 모든 것을 가르쳐 지키게 하라. 보라, 내가 세상 끝까지 너희와 항상 함께 있으리라**』(마 28:18-20). 칼빈주의 사상을 신봉하는 교회들은 "무조건적으로 택함 받음"이나 "절대적으로 예정됨"을 핑계로 구령활동에 나서지 않는다. 그들은 죽은 교회들이다. 그들은 모든 그리스도인들에게 내려진 지상명령을 깔아뭉개는 자들이다. 그들은 『**아무도 멸망하지 않고 다 회개에 이르게**』 되기를 바라시면서 오래 참으시는 하나님의 열망을 모른 체하는 이단들이다. 이 따위 교회들이 아무리 버젓한 교회 건물을 자랑하고 아무리 신자들 수를 자랑하더라도 그들은 지역 사회 내에 사는 죄인들에게 생명을 전하지 못하기 때문에 사람들에게 전혀 복음의 영향력을 행사하지 못하는 죽은 교회들이다. 그들의 교회 건물은 무덤일 뿐이다. 그들은 자기

네 교회에 나오라고 교회 선전을 일삼고 교회 신자 수를 늘리는 데에 열심을 내지만 그것은 사회 단체들이 회원 수를 늘려 재정 수입을 올리고 세를 자랑하려는 것과 하나도 다를 바가 없다. 그들은 죄인들의 혼을 그리스도께로 이겨오는 일에는 전혀 무관심하다. 당신은 장로교파에 속하는 교회들이 거리설교에 나선다든지, 진정한 의미에서는 복음전파 활동에 나서는 것을 보지 못했을 것이다. 그들이 외국에 나가 있는 선교사들에게 선교 지원금을 보낸다지만, 그것은 신자들로부터 선교 헌금을 걷기 위한 명분에 불과한 경우가 대부분이고, 또 그것으로 자기네들도 "선교"를 한다는 것을 내외에 과시하기 위한 겉치레에 지나지 않는 경우가 대부분이다. 다 그렇다고는 감히 말할 수 없겠지만 현실적으로 대부분이 그러하다는 말이다. 장로교에서 파송한 선교사들도 순수한 선교활동보다는 밥 먹고 살기 위한 방편으로 "선교사라는 직업"을 선택한 경우가 많다.

장로교파에 속하는 사람들이 이런 이야기를 들으면 펄쩍펄쩍 뛰면서 두 눈에 불을 켜고 내게 거칠게 항의해 오겠지만, 나는 사실을 사실대로 말한 뿐이다. 나는 지난 30년 동안 미국 전역에서 장로교파 사람들이 "전도" 활동이라는 명목으로 자기네 교회를 홍보하는 광경은 많이 보았지만 진짜 거리설교를 하는 광경은 한번도 보지 못했다. 그들은 교회 예배 시간에도 설교가 끝난 뒤에 죄인들에 대한 구원으로의 초청 순서를 갖지 않는다. 장로교 목사들을 양성하는 미국의 여하한 장로교파 신학교나 신학원에서도 이 "초청"에 대해 가르치는 법이 없다. 장로교파 가운데서 전천년주의를 믿고 스코필드 주석성경을 사용하는 교회들의 경우 혹간 초청 시간을 갖는 경우도 없지 않지만, 대부분 초청 시간이 무엇인지조차 모르는 게 그들이다. 설사 초청 시간을 갖더라도 초청 받아 강단 앞으로 나가는 사람들을 보면 지난주에 나왔던 사람들이고 지지난 주에도 나왔던 사람들이 대부분이다. 그들은 "헌신"과 "초청"을 구별하지 못하고 매번 앞으로 나가 머리를 내민다.

한번은 일리노이 주의 어떤 장로교 목사가 설교를 마친 다음 초청 시간을 갖는 것을 직접 본 일이 있는데, 설교 자체는 썩 훌륭한 설교였다. 그런데 그가 초청할 때 보니까 이건 초청 시간이 아니라 꼭 무슨 장례 의식을 치르는 것처럼 보였다. 그는 나지막하게 목소리를 잔뜩 내리깔고 실로 "감동적인" 말로 찬송가까지 불러가며 말했다. "자, 여러분은 이제 모두 하나님을 믿습니다. 이제 하나님께서 여러분을 만나시려고 하늘에서 내려오십니다. 모두들 자리에서 조용히 일어나 앞으로 나와 고개를 숙이고 하나님의 축복을 받으십시오. 지금 결단을 내리지 않으면 늦을지도 모르고, 영영 기회를 잡지 못할지도 모릅니다. 주저하지 말고 앞으로 나오십시오. ♬할렐루야! ♪주님을 찬양하세! 주께서 임하시네♬" 그러자 모든 사람들이 다 자리에서 일어나 앞으로 걸어 나오는데, 그 광경이 영락없는 장례행렬이었다. 이게 무슨 구원으로의 초청이란 말인가? 목사가 설교를 통해 복음을 전하고 지옥을 설교했다면 어째서 구원받지 못한 죄인들을 구원으로 초청하지 않는단 말인가? 이것은 그들이 죄인들의 구원에 관심이 없기 때문이다.

또 한편, 세상의 기초가 놓이기 이전부터의 예정에 따라 특별히 선택받은 자들만이 구원받는다고 믿는 그들이 "유아 세례"를 행하고 그것으로 구원받는다고 가르치는 것은 대단한 자기모순이 아닐 수 없다. 하나님께서 특별히 예정해 놓은 사람이 따로 있다면, "유아 세례"가 무슨 의미가 있단 말인가? 그렇다고 장로교 목사가 하나님께서 특별히 선택해 놓으신 "유아"를 판별할 수 있는 것도 아닐 테고, 목사가 "택함 받음" 여부를 판별해 보고 나서 어떤 유아에게만 선택적으로 "세례"를 주는 것도 아니면서 그들은 자기네 교회에 다니는 신자들의 유아들이라면 정해진 날 누구나 다 무차별적으로, 그야말로 무조건적으로 "세례"라는 의식을 치르고 유아들의 머리에 물 몇 방울 똑똑 떨어뜨려 주고는 구원받았다고 선언하고 "세례 증명서"를 떼어 준다. 그 결과 그 유아는 자라서 영원히 구원받지 못한 채 교회만 다니다가 지옥에 가고 마는 것은 물론 하나님의 "예정" 자체를 완전히 무시해 버리는 모순을 범한다. 그들은 심지어 또 "모태 신앙"이라는 것을 곧잘 자랑하고 다니기를 좋아하지만, 이것으로 지옥행을 예약해 놓은 가련한 사람들이 얼마나 많은지 모른다. 그런 교회가 구원도 받지 못한 신자들을 잔뜩 모아 놓고 "선행"을 행하지 않으면 지옥에 간다거나, 열심히 교회 봉사 활동을 하지 않으면 하늘에서 상을 받지 못한다거나, 하늘에 보물을 쌓아 놓지 않으면 "천국"에서 거지 신세가 된다거나 하면서 신자들을 옥죄고 위협한다. 그래서 장로교파 교회에 다니는 사람들을 보면 이런 일에는 대단히 열심이어서 누가 보아도 독실한 "그리스도인답게" 행세하지만, 정작 구원조차 받지 못한 사람들이 숱하다. 오늘날 오순절파 이단 집단들이 퍼뜨려 놓은 은사주의 사상이 손쉽게 장로교파 교회들을 장악하게 된 것도 다 이런 연유에서 비롯된 자연스런 결과다. 무엇인가 영적 갈증을 느끼기는 하지만, 구원조차 받지 못했으니 성경의 영적 진리가 그들에게 들어갈 리는 없고, 게다가 그것을 가르쳐 주는 사람도 없다. 그런 참에 돈으로 TV 채널을 세내고 얼굴을 나타낸 오순절파 목사들의 설교를 듣거나 광고를 보고 어떤 은사주의 집회에 가 보니까 그 분위기가 "영적" 열기로 가득 차 있어 절로 들썩들썩해진다. 그래서 그들은 『**그 영들이 하나님께 속하였는지 시험**』(요일 4:1)해 보고 자시고 할 것도 없이 아주 손쉽게 그 들썩거리는 더러운 영에게 금방 장악되고 마는 것이다. 장로교파 교회들 목사가 이것을 가만히 보자니 자기네 교회 신자들이 오순절파 은사주의자들에게 혼을 뺏기고 하나 둘씩 빠져나가는 것이 여간 심상치가 않은지라 그만 위협을 느끼고 궁여지책으로 생각해 낸 것이 무엇인지 아는가? 자기네들도 슬그머니 은사주의 흉내를 내기로 결정했던 것이다. 그래서 예배 시간에 나불레고블레 "방언 기도"란 것을 슬그머니 권장하고, 소위 "성령 집회"란 것도 일 년에 한두 번씩 열어 구원도 받지 못한 죄인들을 잔뜩 모아 놓고 "성령의 불을 받으라!"고 외쳐대는가 하면, 심지어는 "신유"라든지, "귀신 쫓기" 놀이까지도 장로교 목사들이 감행하게 되었다. 그래서 오늘날 은사주의 집회는 더 이상 오순절파의 전유물이 아니게 되었다. 그러다 보니 요즘 기독교계는 거짓 선지자들과 거짓 교사들이 경쟁적으로 은사주의를 표방하고 나서게 되었다. 장로교파가 이렇게 타락으로 치닫게 된 것은 그 원인을 따져 올라가 볼 때, 사실은 그 몹쓸 칼빈주의 이단 사상 때문이었다. 오늘날 오순절파 은사주의 이단들의 흉내를 어떤 형태로든 내지 않고는 교회가 살아남지 못한다고 생각하게 되었다.

『**그러나 주의 날이 밤에 도둑같이 오리니 그 날에는 하늘들이 굉장한 소리를 내며 사라지고 우주의 구성 요소들이 맹렬한 불로 녹아내리며 땅과 그 안에 있는 일들이 타버릴 것이라**』(10절).

『**주의 날**』은 그리스도의 재림에서 그리스도의 심판석을 거쳐 백보좌 심판까지 이어지는 천년왕국 기간을 의미한다. 구원받은 그리스도인들에게 있어 『**주의 날**』은 그리스도의 공중 재림과 함께 "휴거"로 시작되고 구원받지 못한 죄인들에게 있어서는 그리스도의 지상 재림으로 시작된다. 따라서 데살로니가전서 5:2에서 『**주의 날이 밤에 도둑같이 오리라는 것...**』이라 말씀한 것은 "휴거"를 의미한 것이고, 여기 베드로후서 3:10에서 『**주의 날이 밤에 도둑같이 오리니...**』는 천년왕국 시대의 종료와 함께 백보좌 심판이 있게 될 그날을 언급한 것이다. 천년왕국이 끝나면 『**그후에는 끝이 오리니 주께서 모든 정사와 모든 권세와 능력을 폐하시고 그 왕국을 하나님, 곧 아버지께 바칠 때라.**』(고전 15:24)고 성경은 말씀한다.

백보좌 심판의 그 날에는 『**하늘들이 굉장한 소리를 내며 사라지고 우주의 구성 요소들이 맹렬한 불로 녹아내리며 땅과 그 안에 있는 일들이 타버릴 것**』이다. 이것은 요한계시록 20장의 상황이다. 이때의 상황은 비단 "전 지구적" 사건으로만 그치는 게 아니라 "전 우주적" 대사건이다. 그야말로 『**하늘들**』이 엄청난 굉음과 함께 사라지고 『**우주**』의 구성 요소들이 녹아 없어져 버리는 형국인지라 『**땅**』이 순식간에 증발해 버리는 것은 불문가지요, 태양계마저 그 전체가 이 때 완전히 와해돼 버리고 『**현재 있는 하늘들과 땅**』(7절)은 간 곳 없이 사라진다. 이때 심지어 "유리 바다"로 일컬어지는 "깊음"이라는 그 거대한 "바다"도 사라져 없어질 것이다(계 21:1). 현재의 우주 체계 전체가 소멸되고 재편되는 이 대재앙은 원체 엄청나서 현재의 인간으로서는 도저히 상상하기가 어렵지만, 우주를 애초에 창조하셨던 하나님의 입장에서 보면 이런 일은 아무것도 아니다. 당신이 만약 자동차 폐차장에 가서 못쓰게 된 고물 자동차들을 어떻게 처치하는지 한번 살펴보면 하나님께서 현재 우리가 살고 있는 지구 하나쯤 어떻게 처리해 버리실까를 상상하는 데에 도움이 될 것이다. 거대한 집게로 자동차를 번쩍 들어올려 "프레임" 틀에 올려놓은 뒤 30피트 높이의 유압 크레인이 "우웽!" 하고 괴상한 굉음을 내는가 싶더니 거대한 사각 쇠망치가 공중에서 자동차 위로 낙하한다. 이 순간 고물 자동차는 순식간에 납작한 철판조각이 되고 마는데, 이번에는 프레임 틀이 또 "우웽" 하고 굉음을 낸다. 그러면 철판조각이 돼버린 고물 자동차가 이번에는 좌우에서 잔뜩 우그러지고, 또 한 번 "우웽" 하는 소리가 나면 이번에는 전후에서 우그러들어 한 변이 1미터도 채 안 되는 작은 정육면체 고철덩어리로 변해 버린다. 그 조그만 고철 덩어리를 보면 이것이 원래 자동차였다고는 도저히 생각할 수가 없는데, 이것이 트럭에 실려 제철소로 운반되어 용광로에서 녹여져 형체마저 완전히 사라지고 마는 것이다. 용광로에서 녹아

버린 고철은 다시 철판으로 뽑혀 나와 자동차 제조 공장 유압 프레스 기계 속으로 다시 들어간다. 하나님께서 보실 때, 지금의 지구 덩어리 하나쯤은 고물 자동차 한 대만도 못한 아주 보잘것없는 흙덩어리에 불과한지라 이것을 처치하는 데에 폐차장만큼의 시설도 필요치가 않으시다. 하나님께서 우주 전체를 이처럼 처치해 버리실 것이다. 그런 다음 "새 하늘"과 "새 땅"을 다시 만드실 것이다. 이 "새 하늘"과 "새 땅"은 지금의 하늘들과 땅의 구성 요소와 성분은 같을지 몰라도 『**우주의 구성 요소들이 맹렬한 불로 녹아**』 내려 새로운 원자재가 된 다음의 구성 요소로 만들어질 것이 분명한즉, 지금의 하늘과 땅과는 여러 가지 점에서 다를 것이다.

그러나 이토록 엄청난 대사건이 우주에 벌어지고 있는데 하나님께서는 보좌에 앉아 계신다! 이에 대해 요한은 『**또 내가 큰 백보좌와 그 위에 앉으신 분을 보니, 그의 면전에서 땅과 하늘이 사라졌고...**』(계 20:11)라고 기술하고 있다. 모르면 모르되, 이때 우리는 지금의 태양계를 가리고도 남을 만큼 거대한 하나님의 보좌를 눈앞에 목도하게 될 것이다. 그리고 그 보좌에 주님께서 앉아 계신 것이다! 불꽃 같은 눈을 가지신 그분께서 말이다. 이런 분께서 보좌에 앉아 주변을 휘 둘러보시고 음성을 발하실 때, 우주 전체가 요동치며 뒤흔들릴 만큼 그 위엄이 엄청날 것이다. 이때 마귀와 "짐승"은 말할 것도 없고 거짓 선지자와 구원받지 못하고 죽었던 모든 죄인들이 백보좌 앞에서 심판을 받고 불못에 던져지게 될 것이다. 『**바다도 그 안에 있던 죽은 자들을 넘겨주고 또 사망과 지옥도 그들 안에 있던 죽은 자들을 넘겨주니 그들이 각자 자기들의 행위에 따라 심판을 받으며 사망과 지옥도 불못에 던져지니 이것이 둘째 사망이라.**』(계 20:13,14)고 성경은 말씀한다.

죽은 자들이 "넘겨질 때," 그들은 지옥에서 부활하여 백보좌 앞에 서게 되지만, 이 부활은 불못에 던져지기 위한 대단히 불행한 부활이 될 것이다. 예수 그리스도의 재림과 함께 시작된 『**주의 날**』은 바로 이 백보좌 심판 때에 끝날 것이다. 이 『**주의 날**』의 종료와 함께 하늘들이 사라지고 우주가 녹아 버린 뒤 『**새 하늘과 새 땅**』(계 21:1)이 펼쳐지고 『**새 예루살렘**』(2절)이 하나님께로부터 하늘에서 내려옴과 동시에 영원 시대가 이어지게 될 것이다. 불못에 던져진 자들은 불못에서 영원 시대를 살아야 하고, 이 시대에 구원받은 "교회"(그리스도인들)는 새 예루살렘에서 영원히 살 것이며, 유대인들은 새 땅에서 살게 될 것이고 이방인들은 새 하늘에서 살게 될 것이다.

『**그때 이 모든 것이 녹아 버리리니 너희가 모든 거룩한 행실과 경건에 있어 어떠한 사람들이 되어야겠느냐?**』(11절).

현재의 우주 전체가 이처럼 녹아 없어지고 새롭고 영원한 우주 체계가 재편성 될 판국인데도 당신이 만약 구원받지 못하고 죽는다면, 당신은 지옥에 갔다가 백보좌 심판 때 부활하더라도 이 엄청난 재앙을 본 다음 또 영원토록 불못에 던져지게 된다. 자, 그렇다면, 당신은 『**모든 거룩한 행실과 경건에 있어 어떠한 사람들이 되어야겠느냐?**』고 11절은 묻는다. 당신은 이에 대해 무어라고 대답할 것인가? "그걸 누가 믿는단 말이오?" 하고 여전히 하나님의 말씀을 무시할 텐가? 『**그가 온다는 약속이 어디 있느냐?**』(3:4)고 여전히 성경을 무시하고 마귀 편에 서 있을 텐가? 당신은 이토록 어리석은가? 당신이 지금이라도 주 예수 그리스도를 구주로 영접하고 거듭나기만 하면 주 예수 그리스도께서 다시 오실 때 하늘로 들려 올라가 이 모든 재앙들을 모면할 수가 있다는 것을 어찌 받아들이지 못한단 말인가? 하나님께서는 『**아무도 멸망하지 않고 다 회개에 이르게**』(9절) 되기를 바라시고 오래 참고 계신다는 것을 잊지 말라. 그 날은 반드시 오고야 만다. 하나님의 오래 참으심이 지금 당장 끝날지도 모른다. 그분께서 재림하시면 당신은 그것으로 끝장나고 만다. 백보좌 『**심판과 멸망의 날**』에 앞서 주님께서 다시 오시는 재림의 날이 오늘밤일 수도 있고 내일일 수도 있다. 하나님께는 『**하루가 천 년 같고 천 년이 하루 같은 이 한 가지를 잊지 말라**』(8절). 천 년을 하루같이 오래 참아오신 주님께서 이제는 하루를 천 년같이 여기시고 지금이라도 당장 오실는지 누가 아는가?

『**...그 날에는 하늘들이 굉장한 소리를 내며 사라지고 우주의 구성 요소들이 맹렬한 불로 녹아내리며 땅과 그 안에 있는 일들이 타버릴 것이라. 그때 이 모든 것이 녹아 버리리니...**』(10,11절)

이 두 구절에서 종말의 그림이 순서대로 제시된다. 『**사라지고**』(pass away), 『**녹아내리며**』(melt), 『**타버릴 것**』(burned up)이라는 10절 말씀이 그것이고, 11절의 『**녹아 버리리니**』(dissolved)가 그것이다. 앞에서도 예를 들어 설명했듯이 이것은 고물 자동차를 처리하는 폐차장과 제철소의 용광로 용해작업 과정 그대로다. 150톤이 넘는 유압 프레스가 고물 자동차를 찍어 누르면 문자 그대로 자동차는 완전히 『**사라지고**』 한 덩어리 고철 덩어리만 남는다. 이것을 제철소로 옮겨가 용광로에 쳐 넣으면 그 고철 덩어리는 『**녹아내리며**』, 『**타버릴 것**』이요, 완전히 녹아져 시뻘건 마그마처럼 되어 버린다. 이 용융된 쇳물을 틀에 부어 다시 열연(熱延)이나 냉연(冷延)으로 눌러 뽑으면 적당한 두께의 철판이나 빔이 되어 나온다. 이것을 자동차 공장에 다시 보내면 프레스 금형 틀에 들어가 다시 자동차 부품으로 재생돼 나오고 조립되어 먼젓번과는 전혀 다른 모습의 새 자동차로 만들어져 나온다. 천년왕국이 종료되고 백보좌 심판이 열리는 날 하늘들과 땅이 이처럼 『**사라지고**』, 『**녹아내리며**』, 『**타버릴 것**』이요, 완전히 녹아질 것이고, 다시 새 하늘과 새 땅으로 만들어질 것이다. 이것이 요한이 영 안에서 셋째 하늘에 올라갔을 때 미리 볼 수 있었던 엄청난 광경이었다(계 20:11; 21:1).

3:12 하나님의 날이 오기를 고대하고 열망하라. 그때는 하늘들이 불에 타서 녹아 버리고 우주의 구성 요소들도 맹렬한 불에 녹아내릴 것이나
13 우리는 그의 약속대로 의가 거하는 새 하늘들과 새 땅을 기다리도다.
14 그러므로 사랑하는 자들아, 너희가 이런 것을 기다리고 있으니 점 없고 흠 없이 평강 가운데서 그분께 발견되도록 힘쓰라.

『**하나님의 날이 오기를 고대하고 열망하라. 그때는 하늘들이 불에 타서 녹아 버리고 우주의 구성 요소들도 맹렬한 불에 녹아내릴 것이나**』(12절).

구원받지 못한 죄인들에게는 『**하나님의 날**』이 아주 무서운 날이기에 그 날이 오기를 고대하고 열망하기는커녕 상상조차 하기 싫겠지만, 구원받고 거듭난 그리스도인들에게는 고대하고 열망하는 기쁨의 날이다. 구원받지 못한 죄인들은 『**하나님의 날**』을 기다릴 권리도 없으려니와 고대하고 있을 면목도 없다.

구원받지 못한 자들은 복음에 불순종한 죄로 유황불이 불타는 지옥에 갇혀 있다가 심판과 멸망의 백보좌 심판이 열리게 될 날만을 기다리고 있을 의무밖에는 없다. 구원받은 그리스도인들은 백보좌 심판석에서 주님을 섬기며 심판에 참여한다. 이때의 광경이 다니엘 7장에 묘사돼 있다. 세상을 통치하던 권세들의 보좌들이 여기저기 어지럽게 넘어져 있고 『**옛날부터 계신 분**』(단 7:9)이 하나님의 보좌에 앉으셨는데, 그분의 옷은 눈같이 희고 그분의 머리털은 순전한 양모 같다. 그분의 보좌는 불타는 불꽃 같고 그분의 보좌에 달린 바퀴들 역시 불타는 불과 같다. 그분의 보좌 앞에서 불 같은 강이 흘러나오고 그분을 섬기는 구원받은 사람들만 해도 수백만 명이 주님의 보좌 둘레에 서 있고 심판이 준비된 가운데 죄인들 수천만 명이 그분 앞에 서 있으며 이윽고 심판의 책들이 펼쳐진다. 이것이 다니엘이 본 백보좌 심판 장면이다(단 7:9-11). 이것은 대환란 끝 무렵에 있을 주님의 재림 광경이 아니라 백보좌 심판의 광경이다. 많은 사람들이 이 장면에서 혼란을 일으켜 재림 관련 구절로 간주하는 실수를 범하지만, 그들은 재림의 산봉우리 너머 천년왕국 시대의 계곡을 뛰어넘은 채 백보좌 심판의 산봉우리를 함께 중첩해서 내다보았던 선지자들과 똑같은 시야로 보기 때문에 이런 실수를 범한다(이에 대해서는 〈피터 럭크만의 주석서 다니엘〉의 7장 부분을 참고하기 바란다. - 옮긴 이).

마태복음 25장을 보면 재림하신 예수 그리스도께서 민족들을 심판하실 때에는 그분 앞에 『**책들**』이 펼쳐져 있지 않다. 『**책들**』은 백보좌 심판석에서 펼쳐진다. 요한계시록 20:11,12을 보라. 『**책들**』이 펼쳐져 있다는 것은 심판이 이미 확정되었음을 말한다. 이 심판은 죄를 심문하는 것이 아니라 심문이 이미 끝난 죄를 집행하는 자리다. 『**옛날부터 계신 분**』(단 7:9)이란 예수 그리스도 안에 거하시는 하나님을 이렇게 부른 것이다. 그래서 이분은 곧 예수 그리스도시다. 요한계시록 1:14에서도 예수 그리스도를 『**그의 머리와 머리털은 눈처럼 희어서 양모처럼 하얗고, 그의 눈은 불꽃 같더라.**』고 묘사하고 있다. 자, 이러하신 주님께서 백보좌에 앉아 계시고 그분 앞에서 『**불 같은 강**』이 흘러나오는데, 『**수천만 명**』의 죄인들이 그분 앞에 서서 심판을 기다린다(단 7:10). 이때 『**수백만 명**』의 그리스도인들이 주님을 섬기며 그분과 함께 심판에 참여한다. 고린도전서 6:2,3에 보면, 그리스도인들은 세상을 심판하고 천사들까지 심판하게 되어 있다. 이윽고 『**책들**』이 펼쳐진다. 거기에는 이미 확정된 판결문이 쓰여 있고, 그 확정 판결에 따라 형벌이 집행된다. 하늘들과 땅은 보좌의 불타는 불꽃과 보좌에 달린 바퀴의 타는 불, 그리고 그분 앞에서 흘러나오는 불같은 강에 의해 모두 불타 버리고 없다. 그러니까, 지금 백보좌 앞에 서 있는 수천만 명의 죄인들은 허공에 매달려 있는 중이다. 죄인들은 주님의 불꽃 같은 안광뿐만 아니라 보좌의 불타는 불꽃 때문에 눈이 부셔 감히 얼굴을 들고 앞을 쳐다볼 수조차 없다. 그분께서는 그 누구도 감히 접근할 수 없는 빛 가운데 거하시는지라 누구라도 눈으로 볼 수 있는 분이 아니시다. 이에 대해 바울은 이렇게 서술한다. 『**자기 때가 되면 주께서 나타나시리니 그분은 복되시고 유일하신 통치자시요, 만왕의 왕이시며 만주의 주시라. 오직 그분만이 불멸하시며, 어떤 사람도 접근할 수 없는 빛 가운데 거하시며, 어떤 사람도 보지 못하였고 또 볼 수도 없는 분이시니, 그분께 영원한 존귀와 능력이 있기를 원하노라. 아멘.**』(딤전 6:15,16).

백보좌 앞에 끌려나와 고개를 푹 숙이고 서 있는 죄인들은 곧 마귀와 함께 불못에 영원토록 던져지게 된다. 구원받지 못한 죄인들이 기다리고 있어야 하는 날은 최종적으로 바로 이 날이다. 그리스도인들은 이에 앞서 주님의 재림을 기다린다. 주님께서 재림하시면 이 땅에 대환란이 일어나기 직전 그리스도 안에서 잠자고 있던 모든 그리스도인들이 새 몸을 입고 살아 일어나고 살아남아 있던 모든 그리스도인들 역시 새 몸을 입고 구름 가운데로 끌려 올라가 하나님께서 계신 셋째 하늘에서 주 예수 그리스도와 혼인 잔치를 치른 후 그분과 신혼 여행을 즐긴다. 그리고 지상에서 7년 동안의 대환란이 끝나면 주님과 함께 지상에 내려와 천년왕국에서 유업을 받고 주님과 함께 이 땅을 통치한다. 천년왕국 시대가 종료되고 백보좌 심판이 열리는 날 이들은 주님과 함께 마귀와 짐승과 거짓 교사들과 모든 구원받지 못한 죄인들을 심판하고 불못으로 보내는 일에 동참한다. 이들에게는 『**하늘들이 불에 타서 녹아 버리고 우주의 구성 요소들도 맹렬한 불에 녹아내릴**』지라도 『**의가 거하는 새 하늘들과 새 땅**』

(13절)이 펼쳐지는 날 하나님께로부터 하늘에서 내려오는 "새 예루살렘"에서의 영원한 거처가 보장되어 있다.

폭발력이 수백만 메가톤급의 코발트탄이 되었건, 수천만 메가톤급 핵폭탄이나 수소폭탄이 되었건, 엄청난 위력을 가진 폭탄으로 하늘들도 불에 타 녹아 버리고 우주의 구성 요소들마저 그 맹렬한 불에 녹아 없어질지라도 그리스도인들은 절대 안전하다. 그들은 이미 주님과 똑같은 초자연적인 몸을 입고 보좌 주변에서 주님을 섬기고 있기 때문이다.

『**우리는 그의 약속대로 의가 거하는 새 하늘들과 새 땅을 기다리도다**』(13절).

성경대로 믿고 이러한 하나님의 약속을 믿는 그리스도인들이기에 그들은 영원한 『**새 하늘들과 새 땅**』을 기다린다. 성경은 『**새 하늘과 새 땅**』이 펼쳐짐과 함께 『**거룩한 도성 새 예루살렘**』이 하나님께로부터 하늘에서 내려온다고 성경은 또 말씀한다(계 21:1,2). 사실상 그리스도의 몸이요, 신부인 "교회"가 영원 시대에서 살게 될 곳은 이 새 예루살렘이다. 이 새 예루살렘은 지금 지상의 예루살렘과는 전혀 다르다. 새 예루살렘은 지금 저 위 하나님께 있다. 이것이 장차 하늘로부터 내려오게 되는 것이다. 갈라디아서 4:26은 『**위에 있는 예루살렘은 자유로우니 우리 모두의 어머니라.**』고 언급한다. 우리 그리스도인들의 시민권이 하늘에 있다고 성경이 말씀하는 까닭이 여기에 있다. 지금의 이 지구는 그리스도인들에게 있어 "모국"이 아닌 타국이다. 그리스도인들은 이 지구에서 나그네인지라 자유롭지가 못하다. 그리스도인들은 하늘나라가 모국이고 그곳의 시민이기 때문에 하늘나라에서나 자유로울 수가 있다. 그것이 하나님께로부터 하늘에서 내려오는 것이다. 새 예루살렘은 유대인들이 아니라 예수 그리스도의 신부인 "교회"를 위해 예비되어 있는 영원 시대의 거처인 것이다. "교회"

는 "어린양"이신 예수 그리스도를 신랑으로 맞이하기 위해 준비된 "신부"인 것이다. 그리고 새 예루살렘은 이 신부를 위해 예비된 처소다. 우리는 지금 『**그곳으로부터 오실 구주이신 주 예수 그리스도를 기다리고**』 있다(빌 3:20).

영원 시대에서 유대인을 위해 예비된 처소는 "새 땅"이다. 유대인들은 성경에서 항상 "땅"이 약속되어 있는 민족이다. 유대인들은 아버지 하나님의 아내로 성경에서 묘사된다. 이에 반하여 "새 하늘"은 이방인들을 위한 영원 시대의 처소다. 이 이방인들은 물론 대환란 시대와 천년왕국 시대에서 우리들과는 다른 방식으로 구원받은 사람들이다. "교회"와 유대인과 이방인, 이 세 부류는 영원 시대에도 지금과 마찬가지로 존재하되 거처하는 장소와 하나님을 섬기는 장소가 각기 다를 것이다.

모든 그리스도인들은 "믿고 또 기다리는" 사람들이다. 그들은 주 예수 그리스도를 믿고 그분의 다시 오심을 믿으며 영원한 유업의 소망을 기다린다. 이 기다림은 물론 하나님의 약속들에 근거를 둔 것이요, 이 약속들을 믿는 우리의 믿음에 토대하고 있는 소망이다. 베드로는 여기 13절에서 『**우리는 그의 약속대로 의가 거하는 새 하늘들과 새 땅을 기다리도다.**』라고 언급한다. 이 『**약속**』은 이사야 65장과 66장에 서술되고 있는 약속들을 말한다. 『**보라, 내가 새 하늘들과 새 땅을 창조하나니 이전 것이 기억되거나 생각나지 아니할 것이라. 그러나 너희는 내가 창조하는 것으로 영원히 기뻐하고 즐거워하라. 보라, 내가 예루살렘을 즐거움으로 창조하고 그 백성을 기쁨으로 창조하노라. 내가 예루살렘을 즐거워하며 내 백성을 기뻐하리니 우는 소리와 부르짖는 소리가 그 가운데서 더 이상 들리지 아니하리라.**』(사 65:17-19)로 시작되는 이 약속은 이사야 65장 끝까지 진행되고 또 66장으로 이어지되, 한편 『**보라, 주가 불과 함께 올 것이며, 회**

오리바람과 같은 그의 병거들과 더불어 오리니 진노함으로 그의 분노를, 불꽃으로 그의 책망을 나타내리라. 주가 불로, 또 주의 칼로 모든 육체를 징책하리니 주에게 살육당할 자가 많으리라.』(사 66:15,16)는 무서운 경고가 부기되어 있음을 명심하라. 의가 거하는 새 하늘들과 새 땅이 창조되기 전 주님께서는 먼저 불과 칼로 의롭지 않은 자들을 모두 징책하고 살육하고 불못에 던져버리신다. 지금 이 시대에 예수 그리스도를 믿고 그분을 신뢰하지 않은 모든 자들은 모두 말끔히 청소돼 버리는 것이다. 천년왕국이 끝나고 이어지는 새 하늘과 새 땅에서는 대환란에서 살아남은 자들과 천년왕국 시대 사람들이 살게 되는데, 우리들 구원받은 그리스도인들은 그리스도와 함께 심판을 끝마친 다음 새 예루살렘으로 들어가 살게 된다.

『**그러므로 사랑하는 자들아, 너희가 이런 것을 기다리고 있으니 점 없고 흠 없이 평강 가운데서 그분께 발견되도록 힘쓰라**』(14절).

『**너희가 이런 것을 기다리고 있으니**』, 정말이지 우리들 그리스도인들은 이런 것을 아주 간절히 기다리고 있는 중이다. 우리는 무엇보다 먼저 우리의 신랑이신 어린양 예수 그리스도의 오심을 기다리고 있다. 우리는 그분의 신부이기 때문이다.

신랑을 기다리는 신부가 『**점 없고 흠 없이 평강 가운데서**』 기다리고 있어야 한다는 것은 두말할 나위도 없다. 어느 날 갑자기 신랑이 찾아올 때 신부가 온갖 약점으로 뒤덮인 흠투성이로 그분께 발견된다면, 그 얼마나 부끄러운 일이겠는가? 그러나 인간은 그 누구도 자기가 『**점 없고 흠 없이 평강 가운데서 그분께 발견**』될 수 있다고 자신할 수가 없고 그 누구도 자신의 힘으로 『**점 없고 흠 없이**』 될 수 있다고 감히 말할 수가 없다. 『**점 없고 흠 없이**』 정말로 정결한가 여부는 오직 주님께서만이 분별하실 수 있고, 그분께서만 『**점 없고 흠 없이**』 하실 수가 있기 때문이다. 주님께서는 지극히 거룩하시고 그 안광이 말할 수 없이 밝을 뿐 아니라 그분의 임재 자체가 눈부신 광채여서 그분의 면전에서는 그 어떤 것도 은밀히 숨겨질 수가 없고 그 어떤 것도 발견되지 않은 채 그냥 넘겨질 수가 없다. 그분의 면전에서는 하늘들과 땅도 사라져 없어지는 엄청난 위력의 광채가 불타고 있는지라 그 어떤 죄악도 마음속에 숨겨진 채 늘어붙어 있을 수가 없다. 요한은 백보좌에 앉으신 그분의 면전에 하늘들과 땅이 사라져 없어지는 광경을 영 안에서 목도했다(계 20:11). 성경은 또 『**전체 일의 결론을 들을지니, 하나님을 두려워하고, 그의 계명들을 지키라. 이것이 사람의 모든 의무니, 이는 하나님께서 선이든 악이든 모든 행위와 모든 은밀한 것들을 심판하실 것임이라.**』(전 12:13,14)고 말씀한다. 그런가 하면 또 성경은 『**심판의 보좌에 앉은 왕은 그의 눈으로 모든 악을 흩어 버리느니라. "나는 내 마음을 깨끗하게 하였도다. 나는 내 죄에서 정결케 되었도다."라고 말할 수 있는 자가 누구냐?**』(잠 20:8,9)라고 말씀한다. 그런즉 심판석에 끌려 나온 죄인들 가운데 누구 한 사람 "나는 죄가 없소."라고 말할 수 있는 자는 아무도 없다. 그렇게 『**말할 수 있는 자가 누구냐?**』라고 일갈하고 있는 성경 말씀에 당신은 "나요!" 하고 감히 나설 수가 있겠는가? 이것은 절대로 불가능하다. 인간은 오직 예수 그리스도의 피가 아니면 스스로 깨끗게 될 수가 없다. 그리스도의 피로 죄를 깨끗게 하지 않으면 그 누구도 다른 방법으로 구원받을 수가 없다. 구원받은 그리스도인들도 죄를 지을 때마다 죄를 자백하고 그리스도의 보혈로 씻어야지 자기 힘으로는 깨끗하게 할 수가 없다. 그리스도의 피뿌림 없이 『**나는 내 마음을 깨끗하게 하였도다. 나는 내 죄에서 정결케 되었도다.**』라고 말할 수 있는 인간은 아무도 없다. 여기 베드로후서 3:14에서 『**점 없고 흠 없이 평강 가운데서 그분께 발견되도록 힘쓰라.**』는 권고도 당신 스스로가 노력하여 깨끗해지라는 게 아니라 죄를 자백하고 갈보리 십자가에서 흘려 놓으신 그리스도의 보혈로 깨끗게 되라는 권고인 것이다. 하나님 앞에서 그 누구도 자기 스스로 깨끗하다고 생각하는 사람은 지옥에 가야 한다. 우리의 죄가 되신 예수 그리스도께서도 『**나의 하나님, 나의 하나님, 어찌하여 나를 버리셨나이까?**』(마 27:46, 막 15:34) 하고 부르짖으셨다. 그분께서도 지옥에 다녀오셔야만 했던 것이다.

주님께서는 "은밀한" 것까지 어찌나 투명하게 들여다보실 수 있는지 그분의 보좌마저 수정처럼 투명하다. 요한이 영 안에서 하나님의 보좌를 보았을 때 『**그 보좌 가운데와 그 보좌 주위에는 앞뒤로 눈이 가득한 네 짐승이 있더라.**』(계 4:6)고 서술했다. 『**보좌 가운데**』란 보좌의 "뒤쪽" 가운데를 말한다. 요한은 투명한 보좌를 통해 그 뒤에 있는 것까지도 볼 수 있었던 것이다. 모든 것들을 보시는 주님 앞에서는 아무것도 숨길 수가 없다. 성경은 『**주께서 우리의 죄악들을 주 앞에 놓으시며 우리의 은밀한 죄를 주의 얼굴빛 가운데 두셨으니**』(시 90:8)라고 말씀한다. 당신이 죄를 지으면 최소한 세 사람이 그것을 아는데, 하나는 하나님이시고 다른 하나는 마귀이며, 나머지 하나는 당신 자신이다. 이 외에도 당신의 남편이나 아내가 알 수 있고, 당신의 자녀들도 알 수 있는 경우가 허다하지만, 설사 그들이 모른다 해도 최소한 하나님과 마귀와 당신 자신에게만은 그것을 숨길 수가 없다. 어찌 하나님 앞에서 죄를 숨길 수 있겠는가? 당신의 은밀한 죄는 그분의 『**얼굴 빛**』 가운데 나오기만 해도 그 정체를 훤히 드러내지 않을 수가 없다. 이에 대해 다윗이 어떻게 고백했던가를 읽으면서 당신은 절로 고개를 숙이게 될 것이다. 다음을 읽어 보아라.

『**오 주여, 주께서는 나를 살펴보셨으며 또 나를 아셨나이다.**

주께서는 나의 앉고 서는 것을 아시며 나의 생각을 멀리서도 이해하시나이다.

주께서는 나의 길과 나의 눕는 것을 샅샅이 아시며 나의 모든 길들을 익히 아시나이다.

보소서, 오 주여, 주께서 모두 아시나니 *알지 못하시는* **내 입의 말은 한마디도 없나이다.**

주께서는 나를 앞뒤에서 감싸셨고 내게 안수하셨나이다.

그와 같은 지식이 내게 너무 경이롭고 높아서 내가 이를 수 없나이다.

내가 주의 영으로부터 벗어나 어디로 가며 주의 면전에서 벗어나 어디로 피하리이까?

내가 하늘로 올라갈지라도 주께서는 거기 계시며
내가 지옥에 잠자리를 마련한다 하여도,
보소서, 주께서는 거기 계시나이다』(시 139:1-8).

이것은 어떤 말 잘하는 사람이 쓴 사랑의 시가 아니다. 이것이 만약 인간 혼을 건드리며 바람처럼 스쳐 지나가는 한순간의 감정 발로에 지나지 않았다면, 읽는 이로 하여금 이렇게 옷깃을 여미게 하지는 못했을 것이다. 이것이 만약 위대하신 하나님을 향하여 체면치레로 한번 해 본 소리에 지나지 않았다면, 이토록 인간 존재의 근원으로부터 메아리쳐오는 본질의 부르짖음으로 들려오지는 않았을 것이다. 이것은 아름다운 수식어들로 치장된 한 편의 문학작품이 아니다. 이것은 사람의 심장과 허파가 꾸밈없이 발설해내고 있는 적나라한 생명의 소리인 것이다. 그 누구도 하나님에 대한 자신의 생각을 이보다 더 순수하고 소박하게, 이보다 더 진솔하게 고백할 수는 없으리라. 다윗의 이 고백을 들으면서도 여전히 팔짱을 낀 채 조소와 의혹의 눈길을 거두지 못하는 사람은 이 지구상에 하나도 없을 것이다. 사람은 누구나 하나님께 대하여 최소한 이 정도의 두려움을 마음속에 간직하고 있는 법이다. 만약 하나님께 대한 이만한 두려움도 갖고 있지 않다면 그는 사람도 아니다.

하나님께 대해 갖고 있는 두려움은 당신으로 하여금 공포에 떨게 하는 게 아니라 오히려 모든 것을 하나님 앞에서 훌훌 털어 버리고 죄로부터 자유로운 가운데 하나님을 찬양하고 경배하게 만드는 법이다. 이 찬양을 들으시고 하나님께서는 당신에게서 영광을 받으시는 것이다.

어느 날 빌리 브레이 목사는 배가 고픈 가운데 방바닥에 엎드려 기도하다 말고 이렇게 혼자 중얼거렸다.

"배는 고파 죽겠는데 식량은 다 떨어졌으니 어디 가서 빵이라도 훔쳐 먹어야겠는 걸."

혼자 두런거리는 소리에 불과했는지라 누가 옆에 있어도 알아들을 만큼 또렷한 말은 결코 아니었다. 그 때 아내가 방으로 들어오는 발소리가 들리기에 빌리 브레이는 얼른 중얼거림을 뚝 그쳤다.

"계속해 보세요." 아내가 말했다.

"무얼 말이요?" 빌리는 깜짝 놀랐지만 시치미를 뗐다.

"당신이 지금 하고 싶어 했던 말 말이에요." 아내가 다그쳤다.

그러자 빌리는 큰 소리로 외쳤다.

"오 주님을 찬양하세! 주님께서는 모든 것을 다 아시네!"

그는 온 집안을 여기저기 돌아다니면서 집이 떠나가라고 계속 소리를 질러댔다.

"오 주님을 찬양하라. 어찌 되었든, 주님을 찬양하라! 주께서는 모든 것을 아시도다! 나 혼자 중얼거리는 소리조차 주님께서는 다 아시는도다!"

그의 집 앞을 지나가던 이웃 사람 하나가 빌리가 계속 외쳐대는 이 소리를 듣자 집안에서 무슨 싸움이라도 벌어진 줄 알았다. 그러나 가만히 들어보니 "어찌되었든 주님을 찬양하라!"였다. 그는 자기 집으로 급히 돌아가 커다란 빵 두 덩어리에 이것저것 눈에 띄는 대로 콩 통조림이며 과일 잼 같은 것들을 한 봉지 싸들고 빌리 브레이의 집으로 달려 왔다.

"이게 뭐요?" 현관에서 그를 맞이한 빌리가 자기를 찾아온 이웃 사람에게 물었다.

"먹을 겁니다."

"먹을 거라니요?"

"목사님은 6년 전에도 양식이 떨어지자 '어쨌거나 주님을 찬양하라! 주께서는 다 아시는도다!' 하고 외쳐대신 적이 있으시지요."

빌리 브레이는 그날 아내와 함께 배불리 먹을 수 있었다.

다윗은 아들 솔로몬에게 자신이 이루지 못한 성전 건축을 당부하면서 먼저 이렇게 가르쳤다 『**너, 내 아들 솔로몬아, 너는 네 아버지의 하나님을 알라. 그리고 온전한 마음과 기쁜 뜻으로 그분을 섬기라. 주께서는 모든 마음을 살피시고 생각의 모든 상상을 아시나니, 만일 네가 그분을 찾으면 그가 너를 만나실 것이나, 만일 네가 그분을 버리면 그가 너를 영원히 버리시리라**』(대상 28:9). 하나님을 알고 모자람 없이 마음을 다하여 기쁜 뜻으로 하나님을 섬기라고 훈계하면서 그 이유로 첫째, 하나님께서는 『**모든 마음을 살피시고**』, 즉 하나님께서는 사람의 마음속을 속속들이 다 탐색하시고(searcheth), 둘째, 『**생각의 모든 상상을 아시나니**』, 즉 무슨 꿍꿍이속인지 그 생각의 동기부터 다 아시기 때문이라고 다윗은 가르친다. 하나님께서는 당신이 무슨 짓을 하고, 무슨 말을 하며, 무슨 생각을 하고, 어떤 상상을 하더라도 그 모든 동기부터 샅샅이 판단하고 계신다는 것이다. 그런즉, 무슨 일이건, 이것만은 하나님께서 모르시겠지 하고 생각하는 것은 완벽한 바보라는 것이다. 하나님께서 마음속을 훤히 들여다보시고 모든 것을 다 아신다는 사실을 인식할 때, 사람은 하나님께 숨기는 것 없이 정직해져서 『**온전한 마음과 기쁜 뜻으로**』 주님을 섬길 수 있게 된다. 다윗은 이것을 솔로몬에게 가르쳐 주고 있는 것이다.

『**하나님을 알라**.』

부모가 자식의 마음속에 깊이 새겨줄 수 있는 교훈으로 이보다 더 숭고하고 위대한 가르침이 어디 있으랴! 이와 같이 고매한 훈계가 있는데도 "너는 경쟁에서 이겨야 한다. 너는 잠재력을 최대한 키워야 한다. 너는 얼마든지 할 수 있다. 너는 다른 사람보다 잘 되어야 한다. 너는 부자가 되어야 한다. 너는 대통령도 될 수 있다." 따위처럼 저속하게 자식을 격려하는 부모가 있다면, 이 얼마나 유치하고 부끄러운 일인가? 그러나 이 시대의 "똑똑한" 현대인들은 이것을 최대의 교육 이념으로 만들어 놓았다. 하나님을 알고, 반듯하고 기쁜 마음으로 그분을 섬기라고 자식들을 가르치는 부모들은 하나씩 둘씩 사라져 버렸다. 하나님께서는 모든 마음을 살피시고 생각을 다 아시기에 정직하게 하나님께 나아가 그분께 구하고 그분을 버리지 말라고 가르치는 부모는 지상에서 사라졌다. 그래서 요즘 아이들은 하나님을 두려워하지 않는다. 하나님께서는 너에 관하여 모든 것을 다 아시기 때문에 무엇 하나 하나님께 숨기려고 한다면, 이보다 더 어리석은 생각은 없다고 가르치는 어른들은 가정에도 없고 학교에도 없고 심지어는 교회에도 없다. 그러나 성경은 말씀한다. 『**속지 말라, 하나님은 우롱당하지 아니하시느니라**』(갈 6:7). 손바닥으로 하늘을 가릴 수는 없다. 하나님을 속일 생각일랑 절대로 하지 말라. 하나님께로부터 도망칠 생각도 하지 말라. 하나님께서는 당신을 보고 계신다. 어디에 숨더라도 그분께서는 거기서 당신을 보고 계신다.

그러하신 분께서 눈부신 보좌에 앉아 당신을 심판하고 계실 때, 당신의 숨겨진 죄가 드러나지 않으리라고 행여라도 상상한다면, 당신은 완벽한 바보다. 그러고도 구원받지 못한 죄인들은 하나님 앞에서 자신을 변명하려고 든다. 그들은 백보좌 앞에서도 자신들의 죄에 대해 변호해 보려고 시도할지 모른다. 하지만 이에 대해 성경이 무어라고 말씀하고 있는지 아는가? 『**보소서, 내가 죄악 중에서 조성되었고 죄 중에서 내 어머니가 나를 배었나이다**』(시 51:5). 요컨대, "하나님, 그건 제 잘못이 아닙니다. 보세요, 내 어미가 나를 배었을 당시부터 죄 가운데 있지 않았습니까? 그러니 저는 태어날 때부터 죄악 중에서 태어났습니다. 이게 어디 제가 잘못한 겁니까?"라고 구원받지 못한 죄인들은 하나님께 자신을 변명해 보려고 시도한다. 자, 그렇다고 하나님께서 "참, 그렇구나. 네 어미 뱃속에 잉태될 때부터 죄악 중에 있었으니 태어나기를 죄 가운데 태어난 너를 정죄할 수야 없겠구나." 하고 한 발짝 물러나실 것 같은가? 어림도 없는 소리다. 『**보소서, 내가 죄악 중에서 조성되었고 죄 중에서 내 어머니가 나를 배었나이다.**』 "아 그래? 그럼 예수 그리스도를 믿고 거듭 나야겠구먼!" 이것이 성경이 말씀하는 바다. 성경은 예수 그리스도를 믿지 않는 것이 곧 죄라고 말씀한다. 『**그분이 오시면 죄에 대하여, 의에 대하여, 심판에 대하여 세상을 책망하시리라. 죄에 대하여라 함은 그들이 나를 믿지 않기 때문이요**』(요 16:8,9).

로마서 3장에 보면 할례 받은 것을 앞세워 자신들의 무죄를 변명하려 드는 유대인들에게 바울은 이렇게 말한다. 『**그렇다면 유대인의 나은 점이 무엇이며 할례의 유익이 무엇이냐? 모든 면에서 많으니 무엇보다도 그들에게 하나님의 말씀들이 맡겨졌음이니라**』(롬 3:1,2). "오, 그래. 그러고 보니 너희는 할례를 받았지. 그러니까 너희 유대인들은 이방인들보다 나은 점이 한두 가지가 아니로구나. 너희들은 할례의 이점을 많이 갖고 있어. 그 중 가장 큰 이점은 너희들에게 하나님의 말씀들이 맡겨졌다는 사실이지." 바울은 지금 이렇게 말하고 있는 중이다. 할례를 구실로 의기양양해하던 유대인들은 바울의 말뜻을 파악하느라 두 눈을 멀뚱거린다. 그러자 바울이 그들에게 다그친다. "그런데도 『**어떤 자들이 믿지 아니하였다면 어찌하겠느냐? 그들의 믿지 아니함이 하나님의 신실하심을 무효화시키겠느냐?**』(롬 3:3)." 천만의 말씀! 당신이 믿든 안 믿든 하나님의 신실하심은 계속 유효하다. 말하자면, "자, 너희에게 하나님의 말씀들이 맡겨졌다. 하지만, 그런데도 너희에게 맡겨진 그 말씀들을 믿고 구원받으려 하지 않는 자들이 너희들 가운데 있지 않느냐? 이것은 누구의 책임이냐? 하나님의 신실하심이 충분치 못했거나 효과가 없었기 때문이라고 주장하겠느냐? 너희는 책임이 없고 하나님께 책임이 있다고 항변하겠느냐? 그럴 수야 없지 않느냐? 그런즉, 너희가 할례를 받았다고 해서 불못에 던져지지 않으리라고는 결코 생각지 말라." 바울은 지금 이렇게 힐난하고 있는 것이다. 그리고는 『**결코 그럴 수 없느니라. 실로, 하나님은 참되시나 사람은 모두 거짓말쟁이라**』(롬 3:4)고 못박는다.

죄를 자백하면서 『**보소서, 내가 죄악 중에서 조성되었고 죄 중에서 내 어머니가 나를 배었나이다.**』(시 51:5)라고 변명할 뻔했던 다윗은 바울의 이 말을 전폭적으로 지지한다. "『**주, 주만을 거역하여 내가 죄를 지었으며 주의 목전에서 이 악한 행실을 행하였으니**』, 이것은 전적으로 제 잘못이지 주님의 잘못이 아닙니다. 그러므로 제 변명을 받아들이지 마시고 하나님의 의로우심을 절대 굽히지 마시며 『**주께서 말씀하실 때에 의롭게 되시고 주께서 판단하실 때에 순전하시리이다**』(시 51:4)."라고 다윗은 말하고 있는 것이다. 바울은 다윗의 이 말을 로마서 3:4에서 인용하면서 『**...그들의 믿지 아니함이 하나님의 신실하심을 무효화시키겠느냐? 결코 그럴 수 없느니라. 실로, 하나님은 참되시나 사람은 모두 거짓말쟁이라. 기록된 바 "이는 주께서 주의 말씀에 의롭다 함을 얻으시고 판단받으실 때에 이기려 하심이라."고 함과 같으니라.**』고 언급하고 있다.

요컨대, 구원받지 못한 죄인이 하나님의 심판을 받으면서 아무리 자신을 변명하고 합리화 시키려고 애쓰더라도 하나님께서는 당당히 그를 심판하실 권한을 가지신다는 말이다. 『**내가 죄악 중에서 조성되었고 죄 중에서 내 어머니가 나를 배었나이다.**』라는 변명은 통하지 않는 것이다. 그것을 알았다면 왜 진작 주 예수 그리스도를 믿고 그분을 영접하여 구원받지 않았단 말인가? 그분께서 이를 위해 당신의 모든 죄를 대신하여 갈보리 십자가에 달려 피를 흘리셨고 또 죽은 자들로부터 다시 일으켜지지 않으셨던가? 그리고 이것을 알고 믿고 구원을 받도록 당신에게는 일찍이 하나님의 말씀이 전파되어 있지 않았던가? 그런데도 "글쎄요? 나는 그런 소리를 한번도 못 들어봤는데요." 하고 시치미를 떼면서 잘못을 하나님께 돌릴 텐가? 아니면, "아 그거야 인간들이 죄 가운데 그대로 있어야 하나님께서 심판하고 의를 드러내실 수가 있을 것 아닙니까?" 하고 뻔뻔스러운 궤변을 늘어놓을 텐가? 그렇다고 『**응징하시는 하나님께서 불의하시냐?**』(롬 3:5)고 성경은 묻는다. 그리고 『**결코 그럴 수 없느니라. 만일 그렇다면 하나님께서 이렇게 세상을 심판하시겠느냐?**』(롬 3:6)고 성경은 또 말씀한다. 당신이 복음에 순종하지 않고 구원받지 않은 채 죄 가운데 있어야 하나님의 선하심이 드러나고 그분의 의가 드러나며, 그렇기 때문에 하나님께서 당신의 죄를 묵과해야 한다고 억지를 부릴 수 있겠는가? 위에서 인용했던 시편 51편에서 다윗은 자기가 명백하게 죄를 지었고 그것을 책망하시므로 하나님의 의가 드러나고 그분의 심판이 순전하다고 고백하고 있다. 이른바 "예정설"을 주장하는 극단적 칼빈주의자들 같으면 다윗이 죄를 범한 것이 창세 전부터 이미 예정되어 있던 일이고 다윗은 하나님의 이 계획에 따라 죄를 범한 것이기 때문에 그 죄를 심판하고 징벌하신다는 것은 부당하다고 항변하면서, 『**응징하시는 하나님께서 불의하시냐?**』는 성경의 질문에 "암, 그렇고말고!"라고 뻔뻔스럽게 대들어야 할 것이다.

그러나 바울은 『**결코 그럴 수 없느니라.**』고 칼빈주의자들의 입을 꽉 틀어막아 버린다. 칼빈주의자들은 인간이야 무슨 짓을 하건 하나님께서는 영광을 받으신다고 주장한다. 그야 물론 하나님께서는 여하한 상황에서도, 여하한 일을 통해서도 영광을 받으실 수 있는 분이시다. 그러나 그렇다고 해서 하나님께서 인간이 죄를 범하도록 예정해 놓으셨다는 발상은 엄청난 신성모독이 아닐 수 없다. 하나님께서는 인간의 불순종이 아니라 순종을 통해서 영광을 받으신다. 하나님께서는 우리가 그분께 순종할 때 우리에게서 영광 받기를 바라신다. 죄인이 복음에 순종하지 않은 채 거듭나지 못하고 그대로 죄와 죽음 가운데 있을 때 하나님께서는 이를 통하여 영광 받기를 원하시는 분이 아니다. 더구나 구원받은 그리스도인들이 죄를 범한다면 그것이 하나님께 결코 영광이 될 수가 없고 그것은 오히려 하나님의 영광을 가리는 일이요 모독이다. 그래서 그리스도인은 죄를 짓더라도 얼른 그것을 자백하고 그리스도의 보혈로 죄 씻음을 받아야 하는 것이다. 하나님께서는 모든 것을 아시므로 더 이상 죄를 짓지 말고, 더 이상 죄를 숨기지 말며, 더 이상 죄를 변명하지 말라. 그분의 심판 앞에서 당신에게는 변명거리가 하나도 남아 있지가 않다. 『**이는 그분의 심판이 참되고 의롭기 때문**』이다(계 19:2). 요한계시록 16장에 보면, 요한이 영 안에서 셋째 하늘에 들려 올라갔을 때 "하나님의 진노의 일곱 호리병"을 땅에 쏟는 일곱 천사들을 보았는데, 셋째 천사가 자기 호리병을 바다에 쏟아 바다가 죽은 자의 피같이 되었고 모든 살아 있는 혼들이 바다에서 죽는 것을 보는 가운데 물의 천사가 이렇게 외치는 소리를 듣는다. 『**오 주여, 주는 지금도 계시고, 전에도 계셨고, 앞으로도 계실, 의로우신 분이시니, 주께서 이렇게 심판하셨나이다. 그들이 성도들과 선지자들의 피를 흘렸으므로 주께서 그들에게 피를 주어 마시게 하신 것이 그들에게는 마땅하니이다**』(계 16:5,6). 하나님께서는 의로우시기에 그분의 심판은 이유여하를 막론하고 마땅할 수밖에 없다. 그런즉 하나님의 심판은 여하한 경우에도 당신의 잘못에 원인이 있고 그 책임은 당신에게 있다. 당신은 주 예수 그리스도를 믿고 구원받아야 한다. 심판은 당신이 구원받지 않았기 때문에 모면할 수 없게 된 것이다. 복음을 한번도 들어 본 적이 없다든가, 구원의 방법을 몰랐다든가 하는 변명은 통하지 않는다. 하나님께서는 어떠한 방법이나 어떠한 경로로든지 당신의 일생 중 한 번 이상은 반드시 당신에게 복음을 전해 주셨다. 만약 당신이 태어나서 말도 배우기 전 젖먹이 상태에서 죽었다고 치자. 그렇다면 하나님께서는 당신에게 죄를 묻지 않으실 것이다. 그것이야말로 당신에게 잘못이 없다는 게 명백하기 때문이다. "유아 세례"가 구원과 아무 관계가 없는 것은 이 때문이다. 성경은 『**믿음은 들음에서 나오며 들음은 하나님의 말씀에 의해서니라.**』(롬 10:17)고 말씀한다. 성경은 또 『**네가 네 입으로 주 예수를 시인하고 또 하나님께서 그를 죽은 자들로부터 살리신 것을 네 마음에 믿으면 구원을 받으리라. 이는 사람이 마음으로 믿어 의에 이르고 입으로 고백하여 구원에 이르기 때문이라.**』(롬 10:9,10)고 말씀한다. 갓난아기가 어찌 하나님의 말씀을 들을 수 있으며 어찌 마음으로 믿고 입으로 고백할 수 있단 말인가? 설사 당신이 정말로 복음을 한번도 들어 볼 기회가 없었던 아프리카 정글에 혼자 사는 부시맨이었다 할지라도 당신에게는 하나님을 알고 선과 악을 구별할 줄 아는 양심이 부여돼 있음을 잊지 말라. 그러나 정말이지 양심적으로 말해서 부시맨의 내면에 하나님을 아는 양심도 형성되지 않았고 선과 악을 구별하는 능력도 전무하다고 가정할 때(이런 경우가 실제로 있을 수도 없지만), 이 경우에는 하나님의 심판이 그에게 임하지 않는다. 성경은 『**율법이 없는 곳에는 범법도 없느니라.**』(롬 4:15)고 말씀한다. 성경은 또 『**율법이 있기 전에도 죄가 세상에 있었으나 율법이 없을 때에는 죄를 죄로 여기지 아니하였느니라.**』(롬 5:13)고 말씀한다. 그러나 이러한 구절들은 갓난아기들이나 선천적인 저능아들의 경우에나 실제로 적용될 수 있는 말씀들이다(이에 대한 상세한 설명은 〈피터 럭크만의 주석서·로마서〉 4:15 부분의 주석을 참조하기 바람. - 옮긴 이).

『**그러므로 사랑하는 자들아, 너희가 이런 것을 기다리고 있으니 점 없고 흠 없이 평강 가운데서 그분께 발견되도록 힘쓰라**』(14절).

당신이 구원받아 하나님의 은혜 안에 들어와 있고 그리스도의 재림을 믿고 있으며 대환란이 무엇이고 전천년주의가 무엇인지 알고 있다면, 당신은 이제 베드로후서 3:14이 말씀하는 이 구절에 주목해야만 한다. 당신이 구원받은 그리스도인이라면 장차 그리스도의 심판석에서 모든 것을 설명드릴 수 있어야 한다. 그분께서 다시 오시는 날, 당신이 『**점 없고 흠 없이**』 발견되지 못한다면, 당신은 그분 앞에서 말할 수 없는 부끄러움을 당해야 할 테고 받을 상이 하나도 없을 것이다. 당신은 그런 것을 알지 못했다고 변명할 수가 없다. 당신이 구원받는 순간 당신에게는 성령께서 들어오셨기 때문에 당신은 그분께서 인도하시도록 맡겨 드렸어야만 했다. 당신이 구원받은 후 당신 앞에는 반드시 성경이 놓여 있었을 터인즉, 당신은 그 성경을 매일매일 펼쳐 읽고 말씀들을 상고하고 마음에 새기며 실행했어야만 했다. 당신이 구원받은 후 당신에게는 주님의 계명들이 주어졌고 믿음 안에서 행하도록 명령되고 있었을 터인즉, 당신은 주님의 그 명령들에 순종했어야만 했다. 그런데도 당신은 그런 것을 하나도 알지 못했다고 변명할 수는 도저히 없다.

그리스도의 심판석에서 받을 상이 없고 영원한 유업을 받을 수 없다는 것을 결코 가볍게 여기지 말라. 당신이 당해야 할 그 부끄러움과 손해가 글자 그대로 "영원히" 지속된다는 것을 한번 생각해 보라. 잠시 있다 사라지는 안개 같은 이 세상 삶에서조차 그 알량한 영광을 누리지 못해 가슴을 치며 안타까워하거늘, 영원한 세상에서 영원한 영광을 놓쳐 버린다는 것이 어찌 가벼운 일이겠는가? 주 예수 그리스도를 믿고 그분의 다시 오심을 믿으며 그분을 통하여 받게 될 영원한 유업의 소망을 믿는 사람들이 그리스도인들이다. 그리스도인들이 하나님의 약속대로 의가 거하는 새 하늘과 새 땅, 새 예루살렘을 기다리는 것은 이 때문이다. 이를 위해서 바울은 이렇게 기도했다. 『**악은 어떤 형태이든지 피하라. 화평의 하나님 바로 그분께서 너희를 온전히 거룩하게 하시고 너희의 온 영과 혼과 몸이 우리 주 예수 그리스도께서 오실 때까지 책망할 것이 없게 보존되기를 하나님께 기도하노라**』(살전 5:22,23).

3:15 또 우리 주의 오래 참으심이 구원인 줄로 생각하라. 우리의 사랑하는 형제 바울도 그가 받은 지혜대로 너희에게 그렇게 썼고

16 그의 모든 편지에서도 이런 것에 관하여 말하고 있으나 그 가운데는 깨닫기 어려운 것이 더러 있어 무식한 자들과 견고하지 못한 자들이 다른 성경들처럼 억지로 풀다가 스스로 멸망에 이르느니라.

17 그러므로 사랑하는 자들아, 너희가 이런 것을 미리 알았으니 악한 자들의 미혹에 이끌려 자신의 견고한 입장에서 떨어지지 않도록 주의하라.

18 오직 은혜와, 우리 주 곧 구주 예수 그리스도를 아는 지식 안에서 자라가라. 영광이 이제와 영원토록 그에게 있을지어다. 아멘.

『**또 우리 주의 오래 참으심이 구원인 줄로 생각하라. 우리의 사랑하는 형제 바울도 그가 받은 지혜대로 너희에게 그렇게 썼고**』(15절).

주님께서 다시 오시기까지 오래 참고 기다리시는 한 가지 이유는 모든 사람들의 구원이다. 앞에서도 언급되었듯이 주님께서는 『**아무도 멸망하지 않고 다 회개에 이르게**』(9절) 되기를 바라고 기다리신다. 이에 대해서는 『**바울도**』 편지에서 그렇게 썼다고 베드로는 상기시킨다. 정말 그렇다. 바울은 로마서 8장에서 『**피조물이 간절한 기대를 가지고 하나님의 아들들이 나타날 것을 기다리고 있으니... 피조물 자체도 그 썩어짐의 속박으로부터 해방되어 하나님의 자녀의 영광스러운 자유에 이를 것이기 때문이라.**』(롬 8:19-21)고 썼다. 바울은 또 그리스도의 신부인 교회가 점 없고 흠 없이 그분을 기다리고 있는 데 대하여 데살로니가후서 1장에서 이렇게 쓰고 있다. 『**너희가 견디는 모든 박해와 환난 가운데서 너희의 인내와 믿음에 대하여 하나님의 교회들 안에서 우리 스스로 너희를 자랑하느니라. 그것은 하나님의 의로우신 심판의 표요, 너희로 하나님의 나라에 합당하게 여겨지게 함이니, 이를 위하여 너희가 또한 고난을 받고 있느니라**』(살후 1:4,5). 그러면서 바울은 뒤이어 주 예수께서 그의 능력의 천사들과 함께 하늘로부터 나타나실 때에 하나님을 알지 못하는 자들과 우리 주 예수 그리스도의 복음에 순종치 아니하는 자들을 불길 가운데서 벌하실 것을 경고하고 이런 자들은 주의 임재와 그의 능력의 영광으로부터 떠나 영원한 멸망의 형벌을 받게 될 것이라고 경고하고 있다(살후 1:8,9). 바울은 또 주님의 오래 참으심이 자신에게 어떤 자비로 작용했던가에 대해 고백하면서 이렇게 썼다. 『**그리스도 예수께서 죄인들을 구원하시려고 세상에 오셨다는 이 말씀은 신실하며, 온전히 받아들이기에 합당하도다. 죄인들 중에서 내가 우두머리라. 그러나 내가 자비를 입은 것은 이 때문이니, 곧 먼저 내 안에서 예수 그리스도께서 온전한 오래 참으심을 보여 주셔서 후에 그를 믿고 영생을 얻는 자들에게 본이 되게 하려 하심이니라**』(딤전 1:15, 16).

바울에게 보이셨던 그 오래 참으심은 지금 당신에게도 여전히 유효하게 적용된다. 주님께서는 당신의 구원을 위해 지금도 오래 참고 계신다는 말이다. 그러나 그분께서 언제까지나 오래 참으시는 것은 아니다. 『**하나님께서 그의 진노를 나타내시고 또 그의 능력을 알게 하시려고 멸하기에 합당한 진노의 그릇들을 심히 오래 참음으로 인내**』하고 계시지만(롬 9:22), 그 진노를 나타내시고자 하면 지금 당장이라도 재림하셔서 그렇게 하실 수 있다는 것을 결코 잊지 말라.

『**그의 모든 편지에서도 이런 것에 관하여 말하고 있으나 그 가운데는 깨닫기 어려운 것이 더러 있어 무식한 자들과 견고하지 못한 자들이 다른 성경들처럼 억지로 풀다가 스스로 멸망에 이르느니라**』(16절).

베드로가 여기 베드로후서 3장 3절부터 15절에 이르기까지 언급하고 있는 모든 사항들을 바울도 그의 『**모든 편지**』에서 언급했다. 바울이 자신의 서신서들 가운데서 언급하고 있는 내용들 가운데는 『**깨닫기 어려운 것이 더러**』 있다고 베드로는 언급하면서 『**무식한 자들**』(unlearned)과 『**견고하지 못한 자들**』(unstable)이 마치 『**다른 성경들처럼**』 억지로 푼다고 언급한다.

여기서 『**무식한 자들**』이란 학교 교육을 제대로 받지 못한 사람들이 아니라 성경 공부를 하지 않아 하나님의 진리를 알지 못하는 사람들을 말한다. 당신이 비록 중학교도 나오지 못했고 대학 교육을 받아보지도 못했을지언정 올바른 성경 교사로부터 올바른 성경을 놓고 하나님의 말씀을 공부했고 하나님의 진리에 대해 알게 되었다면 당신은 유식한 사람이지 무식한 사람이 아니다. 현대에는 대부분의 사람들이 고등교육을 받고 상당수의 사람들이 최고 수준의 사회 교육 기관에서 교육을 받았으되, 하나님의 진리에 대해서는 형편없이 무식한 기형적 인텔리들이 넘쳐 나고 있다. 이 시대에 진정으로 유식한 사람들은 오직 성경대로 믿는 사람들뿐이다. 성경대로 믿는 사람들은 성경을 읽고 공부하고 이해하고 있는 사람들이기 때문에 유식한 사람들이다.

『**견고하지 못한 자들**』이란 문자 그대로 안정돼 있지 못한 사람들을 말한다. 이들은 성경을 통한 진리를 알지도 이해하지도 못하기 때문에 생각이나 태도가 확고할 수가 없을 뿐더러 하나님의 의도와는 관계가 없는 왜곡된 가르침과 사람들의 자의적인 견해에 따라 왔다갔다 하기 때문에 더욱더 견고한 위치를 지키지 못한다. 이런 자들이 성경을 놓고 이러쿵저러쿵 제멋대로 해석하고 적용하는 바람에 진리의 말씀들이 사람들 사이에 왜곡과 오해의 혼란을 초래함으로써 야기된 진리의 훼손이 얼마나 심각한 지경에 이르렀는가는 잘 알려진 사실이거니와, 바울 서신서들 역시 이런 자들로 인해 왜곡되고 훼손되기는 예외가 아니다.

여기 15절과 16절의 언급을 통해서 우리가 무엇보다 주목해야 할 사실은 바울 서신서들이 하나님의 영감으로 된 "성경"들임을 확인해 주고 있다는 사실이다. 베드로는 15절에서 바울의 편지들에 대해 『**우리의 사랑하는 형제 바울도 그가 받은 지혜대로 너희에게 그렇게 썼고**』라고 말한다. 베드로는 바울이 "자기의 지혜대로" 편지를 썼다고 말하지 않고 『**그가 받은 지혜대로**』 썼다고 확인하는 것이다. 바울이 누구로부터 지혜를 받았다는 것은 명백하게 하나님의 영감을 받았다는 것을 의미한다. 다시 말해서, 바울 서신서들은 하나님의 영감으로 되었다는 것이다. 『**모든 성경은 하나님의 영감으로 주어진 것**』이라고 디모데후서 3:16은 언급한다. 베드로후서 3:16은 더 나아가 바울 서신서들 "전체"가 성경의 일부임을 더욱 분명하게 확인하고 있다. 베드로는 『**그의 모든 편지**』라고 말함으로써 바울 서신서들 중 "일부"가 아니라 그 "전체"에 대해 언급하고 있으며, 무식하고 견고하지 못한 자들이 바울 서신서들을 『**다른 성경들처럼**』 억지로 풀었다고 언급함으로써 『**그의 모든 편지**』들을 『**성경**』에 당당히 포함시켜 말하고 있는 것이다. "무식한 자들과 견고하지 못한 자들이 구약과 사복음서를 비롯한 신약성경들 같은 '다른 성경들'도 억지로 풀더니 바울의 모든 서신서 부분으로 된 '성경들'까지 억지로 푼다."고 베드로는 지금 말하고 있는 것이다. 사실 베드로는 여기서 바울 서신서들이 성경임을 확인해 주는 데에 역점을 두고 있는 것은 아니다. 그는 바울의 모든 편지들이 성경이라는 점은 재론의 여지가 없는 기정 사실로 받아들이고 이 성경을 『**억지로 풀다가 스스로 멸망에**』 빠지고 있는 자들에 대한 경고에 역점을 두고 있는 것이다.

베드로는 16절에서 바울 서신서에 나타난 진리들에 대하여 『**그 가운데는 깨닫기 어려운 것이 더러**』 있음을 인정한다. 그러나 깨닫기 어렵다고 해서 진리가 아닌 것은 아니다. 성경에는 바울 서신서들 말고도 깨닫기 어려운 진리들이 한두 가지가 아니다. 문제는 깨닫기 어렵다고 해서 그것을 『**억지로**』 푸는 데 있고 그 결과 『**스스로 멸망에**』 이르는 데 있음을 베드로는 정확하게 지적한다. 가령, "기독교계" 내에서 발생을 일으키고 있는 모든 학자들과 기관들과 이단적 조직체들과 교파들, 그리스도의 몸에 들어왔으되 타락하고 배교한 모든 그리스도인들, 모든 이단 종파들과 사이비 기독교 단체들을 보자. "기독교계"에 어째서 이러한 자들이 생겨나게 되었을까? 그것은 이들이 한결같이 예수 그리스도의 재림을 부인하고 이에 대한 말씀들에 대해 공부하고 믿기를 거부한 데서 비롯된 것이다. 바울은 서신서들을 통해서 예수 그리스도의 부활이 갖는 의미를 역설하고 그분의 다시 오심을 강력하게 천명하고 있다. 『**주께서 호령과 천사장의 음성과 하나님의 나팔 소리와 함께 하늘로부터 친히 내려오시리니 그러면 그리스도 안에서 죽은 자들이 먼저 일어나고 그리고 나서 살아남아 있는 우리도 공중에서 주와 만나기 위하여 그들과 함께 구름 속으로**

끌려 올라가리니, 그리하여 우리가 영원히 주와 함께 있으리라』(살전 4:16,17). 바울이 서신서들을 통하여 언급하는 내용들 전체가 예수 그리스도의 재림에 초점을 맞추어 이에 대비한 믿음과 구원과 성도들의 삶에 대한 가르침들이라고 해도 과언이 아니다. 그럼에도 불구하고 『**무식한 자들과 견고하지 못한 자들**』은 바울 서신서에 나타난 이런 진리들을 외면하거나 『**억지로**』 왜곡함으로써 혼란을 초래하여 다툼을 일으키고 분열을 조장하며 그리스도의 몸을 갈기갈기 찢어 놓으려고 시도한다. 바울은 이에 대해서 신랄하게 꾸짖고 있다. 『**나의 형제들아, 클로에 집안의 사람들이 너희에 관하여 내게 전해 준 바로는 너희 가운데 다툼이 있다는 것이라. 이제 내가 이것을 말함은 너희 각자가 말하기를 "나는 바울에게, 나는 아폴로에게, 나는 게바에게, 나는 그리스도께 속한다."라고 함이라. 그리스도께서 나뉘시느냐? 바울이 너희를 위하여 십자가에 못박혔더냐? 아니면 너희가 바울의 이름으로 침례를 받았더냐?**』(고전 1:11-13) 그러면서 바울은 『**형제들아, 이제 내가 우리 주 예수 그리스도의 이름으로 너희에게 권고하노니 너희 모두는 같은 것을 말하고 또 너희 가운데 분열이 없게 하여 같은 생각과 같은 판단으로 온전히 함께 연합하라.**』(고전 1:10)고 강력하게 촉구한다. 진리가 하나일진대, 모든 그리스도인들이 이 한 가지 진리에 대하여 『**같은 것을 말하고... 같은 생각과 같은 판단**』을 갖는다는 것은 지극히 당연하고 자연스러운 일이다. 그러나 성경을 억지로 푸는 자들은 진리에 대하여 다른 것을 말하고 다른 생각과 다른 의견을 갖고 그리스도인들을 분열시킨다. 문제는 그들이 『**억지로**』 진리를 왜곡하고 『**억지로**』 이단 교리들을 만들어 내며 『**억지로**』 타협하고 야합한다는 데 있다. 그들은 무천년주의와 후천년주의 같은 반성경적 이단 사상을 만들어 내고 서로 야합하며 일부 전천년주의 성경대로 믿는 사람들까지 이들에게 타협하고 로마카톨릭과 손을 잡는다. 이 시대에 후천년주의를 가장 강력하게 홍보하면서 그리스도의 다시 오심을 부인하고 거부토록 사주하는 일에 선봉장 역할을 함으로써 성경의 전천년주의를 분쇄하고 그리스도의 몸을 파괴하고자 혈안이 되어 있는 집단이 바로 로마카톨릭 집단이다. 이들과 타협한 "기독교" 단체들이나 신학교들은 오히려 전천년주의 성경대로 믿는 침례교 성도들을 지탄하고 공격하면서 "너희들은 '성별'이라는 명목으로 무천년주의 장로교와 손을 잡지 않고 후천년주의 침례교와도 분리돼 있다."고 비난한다. 그들은 예수 그리스도의 다시 오심을 믿는 전천년주의 성경대로 믿는 사람들이 오히려 그리스도의 몸을 찢고 있다고 비난하고 자기들과 손잡을 것을 촉구한다. 그들은 진리를 알고 진리를 확고하게 붙잡고 있는 그리스도인들이 여간 골치 아픈 게 아니다. 그들은 돈과 야합하지 않고 진리에 대적하는 자들과 타협하지 않는 그리스도인들이 그리스도의 몸 안에 들어와 있는 것을 큰 문제로 여기고 오히려 이들을 공격하는 것이다. 이들은 모두 로마카톨릭 집단과 야합하고 있는 자들이다. 그러나 성경은 무어라고 말씀하는가? 다툼과 분열을 일으키고 있는 그리스도인들을 꾸짖고 있는 바로 그 장에서 성경은 이렇게 말씀한다. 『**그리스도의 증거가 너희 안에서 확고하게 되어 너희가 아무 은사에도 부족함이 없이 우리 주 예수 그리스도의 오심을 기다림이라. 또한 그분께서 너희를 끝까지 확고하게 지키시어 우리 주 예수 그리스도의 날에 책망할 것이 없게 하시리라**』(고전 1:6-8).

주님께서 끝까지 확고하게 지켜 주시는 사람들이 누구라고 말씀하는가? 『**그리스도의 증거**』를 확고하게 견지하고 있는 가운데 『**우리 주 예수 그리스도의 오심**』을 기다리고 있는 사람들, 즉 전천년주의 성경대로 믿는 사람들이라고 말씀한다. 왜 주님께서는 이들을 확고하게 지켜 주시는가? 『**우리 주 예수 그리스도의 날에 책망할 것이 없게**』 하시기 위함이라고 말씀한다. 이들이야말로 그리스도의 몸 안에 확고하게 들어가 있는 사람들이요, 그리스도의 몸을 분열시키고자 획책하고 있는 자들과는 여하한 형태로든지 절대로 타협하지 않는 사람들이다. 바울은 이들에 대하여 『**너희를 그의 아들 예수 그리스도 우리 주의 교제 안으로 부르신 하나님께서는 신실하시도다.**』(고전 1:9)라고 하나님께 감사하고 찬양한다.

그리스도의 몸 안에 들어와 있는 그리스도인들을 분열시키고 있는 장본인은 로마카톨릭이다. 로마카톨릭은 A.D. 325년 이래로 예수 그리스도의 재림을 확신하고 있는 성경대로 믿는 사람들을 분열시키기 위해 갖은 수단으로 박해해 왔다. 초대 교회 시대의 사도들은 누구 한 사람 예외 없이 그리스도의 재림을 확신하고 있었다. 예수 그리스도의 재림이야말로 모든 성경대로 믿는 사람들의 신앙의 토대였다. 부활하신 예수 그리스도의 다시 오심과 왕의 보좌에 앉게 되신다는 사실은 이미 구약 시대부터 널리 예언되어 있었고 다윗도 이것을 미리 내다보고 확신하고 있었음을 베드로는 사도행전 2장의 설교를 통해서 환기시켰다. 유대인들에게 했던 베드로의 이 설교는 너희가 예수 그리스도를 십자가에 못박아 죽였지만 그분께서는 사망의 고통에서 다시 살아나 일으켜지셨고 장차 보좌에 앉게 되실 것을 다윗이 미리 앞을 내다보고 알고 있었음을 환기시킨다. 『**...그리스도를 일으키시어 그의 보좌에 앉게 하신다는 맹세를 하나님께서 자기에게 하신 것을 알고 그가 미리 앞을 내다봄으로 그리스도의 부활에 관하여 말한 것은, 주의 혼이 지옥에 버려지지 아니하였으며, 또 주의 육신도 썩어짐을 보지 아니하였다는 것이라**』(행 2:30,31). 그분의 부활과 다시 오심, 그리고 그분과 함께 있게 될 영원에 대한 소망이 없다면 이 지구상에서 그리스도인들만큼 어리석고 불쌍한 사람들도 없다. 바울은 이에 대해 이렇게 말한다. 『**만일 그리스도 안에서 우리가 바라는 것이 오직 이생뿐이라면 우리는 모든 사람 가운데서 가장 비참한 사람이라**』(고전 15:19).

예수 그리스도께서 부활하셨다는 사실은 모든 그리스도인들의 부활에 대한 보장이며 그분의 재림에 대한 절대적인 보장이다. 예수 그리스도께서는 몸소 자신의 다시 오심을 약속하셨다. 『**너희는 마음에 근심하지 말라. 너희가 하나님을 믿으니 또한 나를 믿으라. 나의** 아버지 **집에는 많은 저택들이 있느니라. 그렇지 아니하면 내가 너희에게 말하였으리라. 나는 너희를 위하여 처소를 마련하러 가노라. 내가 가서 너희를 위하여 처소를 마련하면 다시 와서 너희를 내게로 영접하여 내가 있는 그곳에 너희도 있게 하리라**』(요 14:1-3). 주님께서 성경을 통하여 하신 약속들 가운데서 가장 마지막으로 다짐하셨던 약속도 재림에 관한 것이었음을 당신도 잘 알고 있을 것이다. 『**"반드시 내가 속히 오리라." 하시니라. 아멘.**』(계 22:20). 예수 그리스도의 재림은 하나의 "설"이 아니라 확고한 기정사실이기에 그리스도인으로서 누구나 이것을 믿고 이 믿음의 토대 위에 서서 이것을 설교하고 이것을 가르친다. 이런 그리스도인은 소위 "기독교계"의 그 어느 누구보다도 진리를 알고 있는 사람이고 그 누구보다도 자기 위치를 지키고 있는 사람이며, 그 누구보다도 그리스도의 몸 안에서 연합하고 있는 사람이다. 그리스도인들은 그 무엇보다도 주님의 재림을 알고 있고 확신하는 사람들이다. 그분의 재림이야말로 주님의 모든 약속들 가운데서도 가장 중요한 약속이다. 이것을 믿고 이 사실을 받아들이며 이 사실을 설교하고 가르치며 모든 삶 가운데서 이에 합당하게 행하는 그리스도인이라면, 그는 누구보다도 옳은 일을 하고 있는 올바른 그리스도인이며 그리스도의 몸 안에서 가장 견고하게 제 위치를 지키는 사람들이다. 그들은 자신들이 서 있어야 할 적절한 장소와 자신들이 사역해야 될 최적의 역할과 자신들이 죄인들의 혼을 이겨오는 구령 활동의 타당한 위치에서 결코 벗어나지 않는다. 뿐만 아니라 그들은 자신들의 이웃이 해야 될 가장 바람직한 일들과 자신들의 국가가 견지해야 될 최상의 정책과 그리스도의 몸 안에 들어온 모든 사람들이 어디서 어떻게 활동해야 하는지에 대해서 그 누구보다도 잘 알고 있는 사람들이다. 그들은 하나님의 말씀을 기록돼 있는 그대로 확고히 믿는 사람들이기에 이 모든 것들을 가장 정확하게 알고 있는 사람이다. 그들은 자신들 안에 들어와 계신 성령의 인도를 받는 사람들이며 성령께서 인도하시는 대로 움직이는 사람들이기에 이 모든 것들을 가장 정확하게 아는 지혜는 물론 알고 있는 진리를 아는 바를 가장 정확하게 행동으로 옮길 줄 아는 명철을 가진 사람들이다. 그리스도의 재림을 사실 그대로 받아들이지 않으며 이것을 믿지 않고 부인하는 자들은 설사 그들이 구원받아 그리스도의 몸 안에 들어와 있다 할지라도 『**악한 자들의 미혹에 이끌려 자신의 견고한 입장**』(17절)을 버리고 『**저주받을 이단들을 비밀리에 불러들여서**』(벧후 2:1) 성경을 억지로 풀다가 스스로 멸망을 자초하는 어리석은 자들이다. 예수 그리스도의 재림을 믿지 않고 이것을 말씀하는 성경을 고의로 무시하며 이에 대해 설교하지도 않고 가르치지도 않고 아예 관심조차 없는 이런 자들이 교회의 목사가 된다거나 소위 "기독교계"의 지도자들이 된다거나, 혹은 신학교 교수들이 되었을 경우 성경은 이들을 거짓 교사들이라고 단정한다. 이들이 거짓 교사들이 되는 것은 『**탐욕을 품고 지어 낸 말로 너희에게서 이득을**』(벧후 2:3) 취하려고 하기 때문이라고 베드로는 이미 앞에서 언급한 바가 있다. 그들은 마귀에게 미혹된 자들이요, 세상과 야합한 자들이며 "육신적인" 사람들이다.

『**그러므로 사랑하는 자들아, 너희가 이런 것을 미리 알았으니 악한 자들의 미혹에 이끌려 자신의 견고한 입장에서 떨어지지 않도록 주의하라**』(17절).

『**너희가 이런 것을 미리 알았으니**』라는 부분에 밑줄을 그어 두고 암송하라. 당신은 그리스도인으로서 베드로가 지금까지 이 서신서에서 기술해 온 사실들을 미리 알고 있는 사람이 되었다. 당신은 중대하고도 위대한 미래의 사실들에 대해 미리 알고 있고 알고 있는 것들을 증언하는 예언자요, 증인이다. 그리스도인들은 예언자들이다. 그래서 그리스도인이 하는 말은 곧 예언이다. 그리스도인들은 복음에 순종하지 않고 구원받기를 거부한 죄인들이 지옥에 갈 것을 안다. 이 한 가지를 아는 것만으로도 대단히 중요한 미래 사실을 미리 알고 있는 예언자이다. 주 예수 그리스도께서는 반드시 오신다. 그분께서 오시면 구원받은 그리스도인들은 죽은 사람들이나 살아남아 있는 사람들이나 모두가 새 몸을 입고 구름 속으로 끌려 올라가 그리스도의 심판석에서 면류관을 받게 될 것이고 주님께서 계신 셋째 하늘에 올라가 그리스도와 혼인식을 올린다. 그리고 지상에는 7년 대환란이 오고 그 끝 무렵에 주님과 함께 지상에 와서 마귀의 세력을 괴멸시킬 것이다. 그리고 그리스도께서 통치하시는 천년왕국 시대가 펼쳐지면 그리스도인들은 약속된 유업을 받고 그리스도와 함께 통치하게 될 것이다. 모든 그리스도인들은 이것을 미리 알고 있다. 천년왕국 끝 무렵에 백보좌 심판이 열리고 지옥에 갇혀 있던 마귀와 구원받지 못한 모든 죄인들을 그리스도인들은 주님과 함께 심판하고 영원한 불못에 던져 넣게 될 것이다. 그리고 하나님께로부터 하늘에서 내려오는 새 예루살렘에서 영원히 살게 될 것이다. 모든 그리스도인들은 이 엄청난 미래의 일들을 미리 알고 있는 예언자들이다. 그렇기 때문에 그리스도인들이 『**악한 자들의 미혹에 이끌려 자신의 견고한 입장에서 떨어지지 않도록 주의**』해야 하는 것은 당연하고도 매우 중요한 일이다. 그렇지 않으면 그리스도의 심판석에서 부끄러움을 당할 뿐만 아니라 영원한 유업을 상실하게 된다. 그리스도인들은 이 모든 사실들을 미리 알고 있고 이 복된 소망을 갖고 있는 사람들이며 이것을 모든 사람들에게 설교하는 예언자들이다. 그리스도인들은 이 모든 사실들을 성경을 통해서 안다. 그리스도인들은 오직 성경을 믿고 성경을 통해서 주 예수 그리스도를 아는 지식에서 자라가는 사람들이다.

『오직 은혜와, 우리 주 곧 구주 예수 그리스도를 아는 지식 안에서 자라가라. 영광이 이제와 영원토록 그에게 있을지어다. 아멘』(18절).

그리스도인들에게는 세 부류의 적들이 있다. 하나는 내부의 적이요, 하나는 외부의 적이며, 나머지 하나는 정체불명의 적이다. 내부의 적은 당신 자신의 육신이다. 외부의 적은 세상이다. 그리고 정체불명의 적은 곧 마귀이다. 마귀는 정체불명이며 무정형의 초자연적 존재다. 이러한 적들에게 굴복한 그리스도인은 마귀에게 미혹되어 마귀의 종이 되고, 세상과 쉽게 야합하고 육신적인 그리스도인으로 타락하게 된다.

이러한 적들에 둘러싸인 당신을 향한 베드로의 마지막 당부는 **『오직 은혜와... 예수 그리스도를 아는 지식 안에서 자라가라.』**는 권고다. 그리스도인들이 하나님의 은혜 안에서 성장해 나아가는 것은 물론 영적 성장도 해야 한다. 이 영적 성장을 가능케 하는 토대는 말할 것도 없이 믿음이다. 믿음이 늘어나고 견고하게 강화되어야 성장이 지속된다. 믿음이 늘어나려면 믿음의 대상인 예수 그리스도에 대한 지식이 증가하고 심화되어야 한다. 그분에 대하여 당신이 알아 가면 갈수록 당신의 믿음은 그만큼 증가하고 공고해진다. 그와 함께 당신은 계속 자라나 예수 그리스도의 형상과 일치해 간다. 이것이 당신을 부르신 하나님의 뜻이었다. 이렇게 하시기 위해 하나님께서는 그 아들을 내어주셨다. 하나님께서는 구원받은 당신이 예수 그리스도를 닮되, 온전히 일치하기를 원하신다. 그리스도인이 하나님의 자녀로서 예수 그리스도의 형제요 그분과 공동 상속자라면 그분과 일치해야만 하는 것은 당연하다. 당신이 예수 그리스도와 일치하기 위해서는 그분을 아는 지식 안에서 성장해 가지 않으면 안 된다. 이러한 하나님의 뜻에 부응하여 당신이 하나님의 은혜와 예수 그리스도를 아는 지식 안에서 자라갈 때, 당신을 둘러싼 적들은 감히 대적해 오지 못하게 된다. 하나님께서 지켜 주시기 때문이다. 하나님께서는 『**미리 아신 자들을 자기 아들의 형상과 일치하게 하시려고 또한 예정하셨으니 이는 그를 많은 형제 가운데서 첫태생이 되게 하려 하심이니라.**』(롬 8:29)고 바울은 언급한다. 그리하여 하나님께서는 예정하신 이들을 부르시고 부르신 이들을 또한 의롭게 하시며 의롭게 하신 이들을 또한 영화롭게 하셨느니라고 바울은 그 다음 절에서 천명하고 있다. 그런즉, 하나님께서 우리를 위하신다면 누가 우리를 대적하겠느냐? 자기 아들을 아끼지 아니하시고 우리 모든 사람을 위하여 내어주신 분이 어찌 그 아들과 함께 또한 모든 것을 우리에게 값없이 주시지 아니하겠느냐는 것이 바울의 결론이다(롬 8:29-32). 당신은 구원받아 하나님의 자녀가 되었기에 이미 그분의 『**은혜**』 안에 들어와 있다. 당신을 의롭게 하기 위하여 자신의 아들을 값없이 내어주신 것은 엄청난 은혜였다. 그 은혜는 그것으로 끝난 게 아니라 영원한 생명을 보장받은 당신에게 하나님의 은혜는 영원토록 지속된다. 당신은 그 은혜 가운데서 성장해야 한다. 그리하여 예수 그리스도와 일치하게 되지 않으면 안 된다. 당신이 예수 그리스도를 아는 지식에서 자라갈 수 있는 것 자체가 하나님의 은혜다. 이 은혜를 절대로 놓치지 말라. 베드로가 『**예수 그리스도를 아는 지식 안에서 자라가라.**』는 권고와 함께 이 서신서의 대미를 장식하고 있는 까닭이 여기에 있다. 모든 그리스도인들이 하나님의 『**은혜와, 우리 주 곧 구주 예수 그리스도를 아는 지식 안에서 자라**』갈 때, 『**영광이 이제와 영원토록 그에게 있을지어다.**』라는 베드로의 축원이 당신에게 반드시 이루어질 것을 빌어마지않는다. 아멘!

피터 럭크만의 주석서

베드로전후서

2002년 8월 15일 초판1쇄
2021년 11월 30일 개정판1쇄
지은이 피터 S. 럭크만
옮긴이 편 집 부
펴낸이 이 송 오
펴낸곳 말씀보존학회

서울시 강서 우체국 사서함 제90호
전화 (02) 2665-3743 / 팩스 (02) 2665-3302
인터넷 / www.biblemaster.co.kr
출판등록 1988. 12. 12. 제16-223호

값 20,000 원